后浪出版公司

日本历史风俗图录

資料 日本歴史図録

笹间良彦

[日] ささま よしひこ 编著

庄千里 译

四川人民出版社

目录

前言 1

第一辑　生活及一年中的习俗 1

古代的生活 2
寝殿造及其室内 4
武士、农民的生活 5
住家与生活 6
武士的生活 7
农家 9
商铺与街道房屋的排列 10
商人的备品 11
商家的广告牌 12
长屋生活 13
正月庆祝、装饰饼、大宴席 14
正月与二月里的习俗 15
三月至八月的习俗 16
九月至十二月的习俗、出生至成年的风俗 17
相亲、婚礼和葬礼 18
婚礼的装饰、葬礼的器具 19
澡盆热水浴和蒸汽澡堂 20
蒸汽澡堂、公共浴室 21
桶浴 22
澡堂 23
便所 24
高级便所 25
火舍、木桶、炭柜 26
炭柜、火桶 27
火桶、火盆 28
火盆 29
被炉、行火、取暖设备附属工具 30
炉、围炉里 31
围炉里 32
灯台与灯笼、石灯笼 34
行灯和灯台 35
行灯 36
雪洞、手烛、烛台、提灯 38
烛台、提灯、灯笼 39
提灯和纸烛、松明、篝火 40
樽 41
酒瓶、长柄、德利、铫子 42
酒筒、杯台、杯 43
烟草盆 44
烟管、烟盒 47
茶壶、铁壶、茶道具 48

目录

茶罐、锅与风炉 49
家居、日用品 50
文具 51
制本、装订 52
三味线 53
散乐、舞乐、田乐、能乐、戏剧 54
舞台 55
孩子的游戏 56
玩具 60
注释 61

第二辑 殿舍及住宅

木工和工具 63
木工工具 64
屋顶及柱子、横木、木框 65
屋顶 66
神社建筑 67
寺院建筑 68
门 69
其他的门 71
塀 75
垣 76
竹垣和木垣 78
门与蔀门 79
板门 80
移门和上撑门 81
防雨门板以及各类窗户 82
窗 83
城郭上的窗 84
窗 85
关西地方的窗 86
各种床之间 87
床之间、床胁的种类 88
床胁的种类 89
书院 90
高御座和御张台 91
几帐（薄绢帘） 92
御竹帘（玉竹帘） 93
各种竹帘 94
屏风 95
明障子 96
特殊的明障子 99
特殊的明障子和广告牌障子 100
广告牌障子 101

目录

广告牌障子、屏风 103
袄障子（隔扇、拉门） 104
注释 107

第三辑　服　装 109

服装 111
远古时期服装 115
平民时代 116
朝廷官员的服装 117
女装 118
礼服 119
冕服（大袖） 121
文官束带 122
武官束带 123
衣冠、直衣、小直衣 124
御引直衣、狩衣、半尻 125
水干、直垂、小袖 126
长绢、细长 127
宫廷女官装束 128
汗衫、袙、小袿 130
宫廷女官装束——袭的各种颜色 131
袿单、单袴、被衣 132

少年少女的小袖、袴、单 133
武士服装 134
男性服装 135
小袖和被衣、打挂、腰卷 136
女性的小袖 137
男士服装 138
武士、庶民的服装 139
江户时代的礼服 140
江户中期女性的小袖和带 142
女性的服装 143
武士的服装 144
武士、士兵的服装 145
金铜冠、空顶黑帻 146
冕冠、礼服冠、武礼冠 147
文官的冠 148
武官的冠 149
幞头、冠、乌帽子 150
乌帽子 151
折乌帽子（侍乌帽子） 152
各种帽子 153
帽子、头巾 154
头巾 155

目录

妇人的帽子 156
笠 157
其他帽类 159
蓑 160
遮雨斗篷（合羽） 161
手套与足袋 162
扇 163
团扇 164
团扇的变形样式 165
沓、靴、鞋 166
沓 167
沓、草鞋 168
高齿木屐、草鞋 169
男式木屐、草鞋 170
女式木屐、草鞋 171
服饰品 172
化妆工具 173
梳子 174
簪子 175
整发工具及涂黑齿工具 176
男性发型 177
男性及幼女的发型 179

女性发型 180
注释 185
第四辑　武装及武器 189
甲胄（铠、胴丸、腹卷、当世足具） 191
甲胄（衣袖处铠甲连接绳的种类） 192
甲胄（绘韦的种类） 194
挂甲、短甲、绵袄甲 195
大铠 196
胴丸、腹卷、腹当 197
当世具足 198
刀剑 199
刀剑各部位的名称，腰刀、锷的种类 202
刀剑各部位名称 203
矛、薙刀 204
枪、矛、薙刀 205
其他武器 206
弩、石弓、弓 207
藤卷弓的种类 208
矢羽、镝、镞 209
其他的弓箭、靶、骑射 210
放箭的器具 211

铁炮（步枪） 212
马具 213
幕、幔、帟 215
盾 216
攻防工具 217
旗差物、马验 218
注释 219

第五辑　生产与其他产业 221
农业 222
注水与排水 223
农具 224
稻的播种与收割 228
收割作物以及养蚕 229
林业 230
矿业、林业工具，制铜用具 233
采矿、选矿、甄别 234
各种矿业 235
狩猎和畜牧 236
山野里的副产品 238
捕鱼法和渔具 239
捕鲸、种海苔、制寒天粉、制盐 242
艺人 243
职业 244
游女 251
街头艺人 252
街头艺人和叫卖人 255
工匠与商贩 256
商贩 257
街头表演艺人与商贩 260
商贩 261
注释 265

第六辑　乘物及旅行风俗 267
牛车 268
舆 270
驾笼 273
骑马 277
货运牛及驮马 279
马橹、尘取、肩车、莲台 280
船 281
军船 283
运送船、军船 284
弁才船的各部名称 285

目录

各种各样的船 286
注释 287

第七辑　信仰与生活 289
佛教习俗 290
神道、修验道 291
如来像 292
佛顶尊像、如来像 293
菩萨像 294
观音像 296
明王像 299
天部像 300
诸天部像 305
佛具 306
台座 309
光背 310
石塔、印相 311
平安时代的神像、神佛习合神、日本本土神 312
日本本土神 313
田神、道祖神 315
注释 316

前　言

现如今，得益于我们周遭的历史遗迹与古代墓葬的发掘，祖先的生活和文化也逐渐为人们所知。一件遗物，或者一幅画，就为朝鲜半岛、中国、北欧、东南亚、丝绸之路沿线大范围文化区域间存在的相互关联提供了实证。这让我们在惊讶的同时，也体味到属于祖先的那段历史的广博性。

从古文书和古记录中，我们学到了许多历史知识。而从语言和文字中无法获取的史实，倒有很大一部分可以从“物”中习得。尤其是，为了认清各时代、各地域的生活史与生活者的真实面貌，参考一些揭示“物”与“人”关系的视觉性史料就成了不可或缺的工序。

举例来说，江户时代的长屋是怎样的布局；房门、隔间门和暖器有哪些种类，分别叫作什么；澡堂构造如何；男女的发型、服装，农村、山村、渔村的人们的谋生工具是怎样的……这其中有许多无法通过文字的说明理解清楚，却可以通过视觉准确理解。

本书的编纂目的在于，从生活史、生活者的角度出发，以视觉为媒介，以史料为根本，还原、再现古代起直至江户时代的日本人的历史。图片与手绘是本书的主体，书中尽可能地标注出各物件各部分的名称。这样做是因为传统的生活器具有些已经消失，有些不断变化，这些名称成为历史用语，正在逐渐退出历史舞台。可以说标注出各部分名称（又称作“名所”）是本书最大的特色。

此书的定位为生活史料，由此编纂过程中参考了各类记录、文献、绘图、遗物或其照片，以及农业用书之类的地方史料，也搜集了建筑、生活器具等的关资料，广泛应用了多种现存资料。在各幅图片附近，我们对所依据的资料名称进行了适当的标注。建筑与现存资料的图片中的多数是由专家与我们合作制作而成。另外，由于绘者的人为因素，作为历史资料的绘画类图片会有一些夸张和改动，而我们对本书的选材对象又有一系列规范措施，造成收录图片的风格出现一定程度的偏倚，对于这一点还请读者朋友们理解。*

* 为尊重原著、尽可能保留作者所整理资料的原貌，本书在翻译、编辑过程中，未对原书体例、编排等进行调整。——编者

本书是为了能让对历史感兴趣的各领域人士可以从各自不同的观点出发来使用而编纂，同时我也期待它能发挥作为历史教育资料的价值。

近年，历史教育的方向出现了不少疑问，但追求探索生活潮流的教育倒也日益兴起。当我们探讨起学习历史的意义时，历史教育重在挖掘人的生活与社会的关系这一点不容非议，换句话说，就是从多角度把握生活者的真实状态。

学生们对于源平时代和战国时代尤其感兴趣，但并非限于玩笑般地被关乎权力兴亡、力量比拼的武打场面所吸引，而是用看图的视觉方式来窥视战争背后的生活，这会唤起我们对每一个个体共同创造活着的历史这一过程的共鸣。正如俗话所说，“百闻不如一见”，本书将日本历史通过图片进行讲解，作为一本十分形象的视觉读物，我想即便是小学生使用起来也会得心应手。

最后，我要郑重感谢为本书的编辑提供宝贵资料与知识的机构、出版社及各位相关人士。另外，从头至尾为本次编辑掌舵的柏美术出版社的远藤茂先生，柏书房的平泽公裕先生、天野清文先生和铃木早苗女士，以及为本书精心装帧的神田昭夫先生等，也贡献出了巨大的努力，在此我也要向各位表示深深的谢意。

笹间良彦

一九九二年九月

第一辑

生活及一年中的习俗

从旧石器时代到绳文时代前后的竖穴居所
（推测图）
石器的各种制作方法
石头相互敲击以造型
用石凿敲击石锥来调整石头
用石凿完成细部加工
黑曜石的形状也是用石头打出来的
弥生时代竖穴居所的搭建方法及内部生活
（搭好框架后在上面铺草）
石制刀具
稻穗的收割
（用刀子割下稻穗）（推测图）
稻谷的切割方法

庶民的生活（《日本历代风俗照片大典》）

豪族的生活（《日本历代风俗照片大典》）

官吏、僧人、贵族的妇人们（《过去现在因果经》）

边防战士出征时与家人道别（推测图）

农民生活（奈良时代）（推测图）

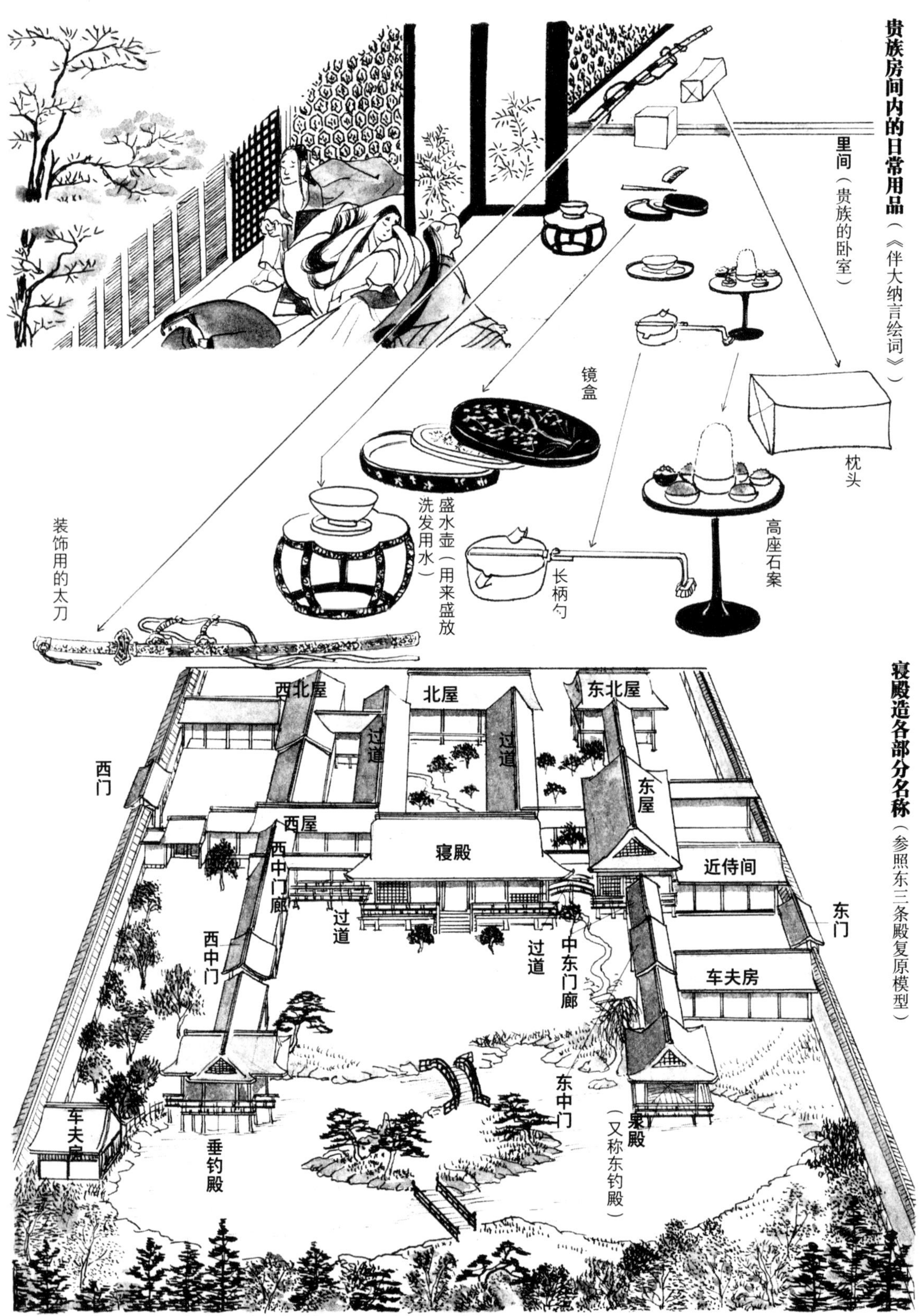
贵族房间内的日常用品（《伴大纳言绘词》）
里间（贵族的卧室）
镜盒
枕头
高座石案
盛水壶（用来盛放洗发用水）
长柄勺
装饰用的太刀
寝殿造各部分名称（参照东三条殿复原模型）
西北屋
北屋
东北屋
过道
过道
西门
东屋
西屋
寝殿
近侍间
西中门廊
东门
过道
西中门
过道
中东门廊
车夫房
东中门
泉殿（又称东钓殿）
车夫房
垂钓殿

武士家庭的厨房（《春日权现灵验记》）

厨房和厨房用具（《病草纸》）

豪族武士的家庭（《一遍上人绘传》）

僧人的厨房（《慕归绘》）

农家生活（《洛中洛外图屏风》）

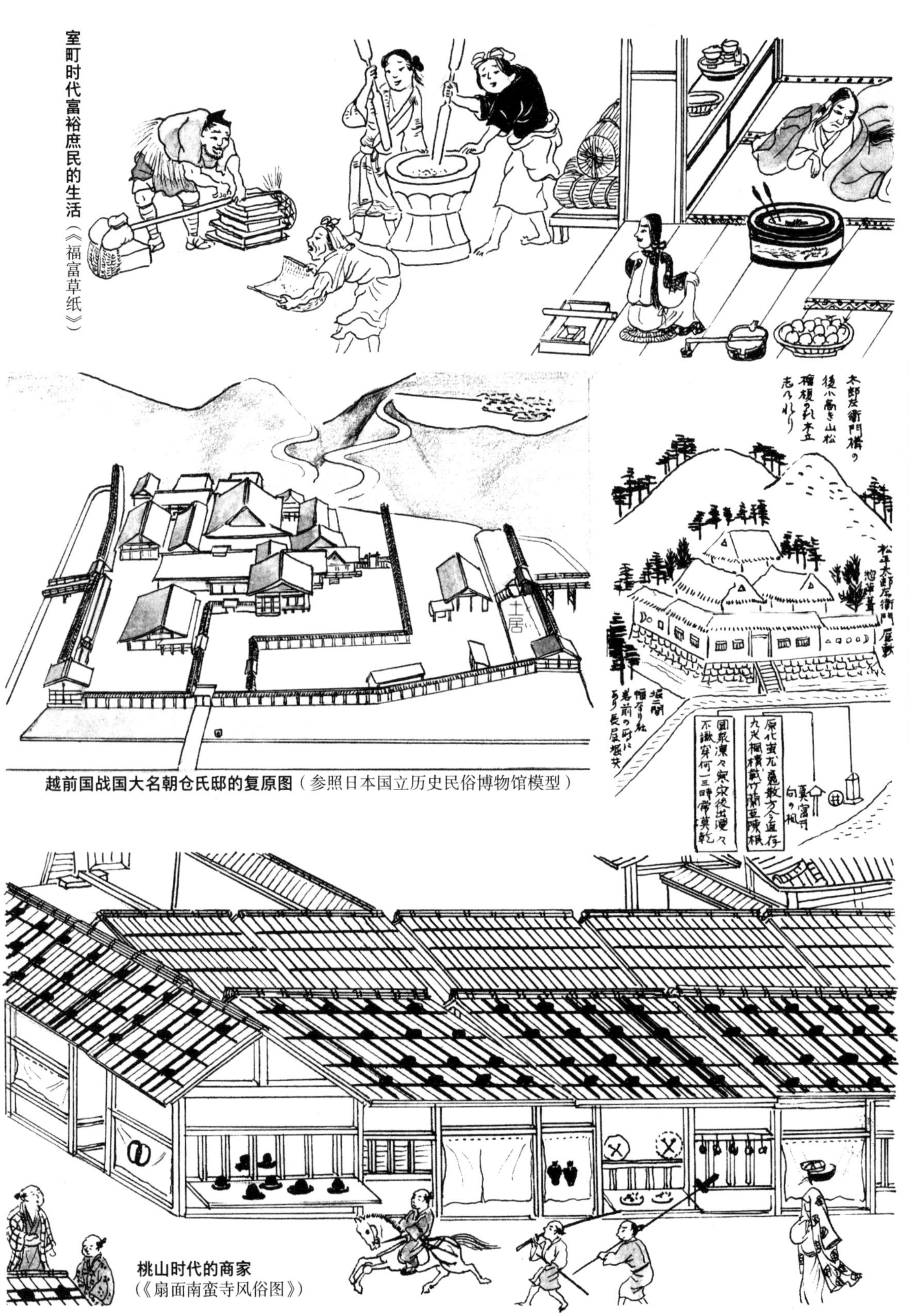

室町时代富裕庶民的生活（《福富草纸》）

越前国战国大名朝仓氏邸的复原图（参照日本国立历史民俗博物馆模型）

松平太郎左卫门邸（小豪族）（《千代乃松根》下卷）

桃山时代的商家（《扇面南蛮寺风俗图》）

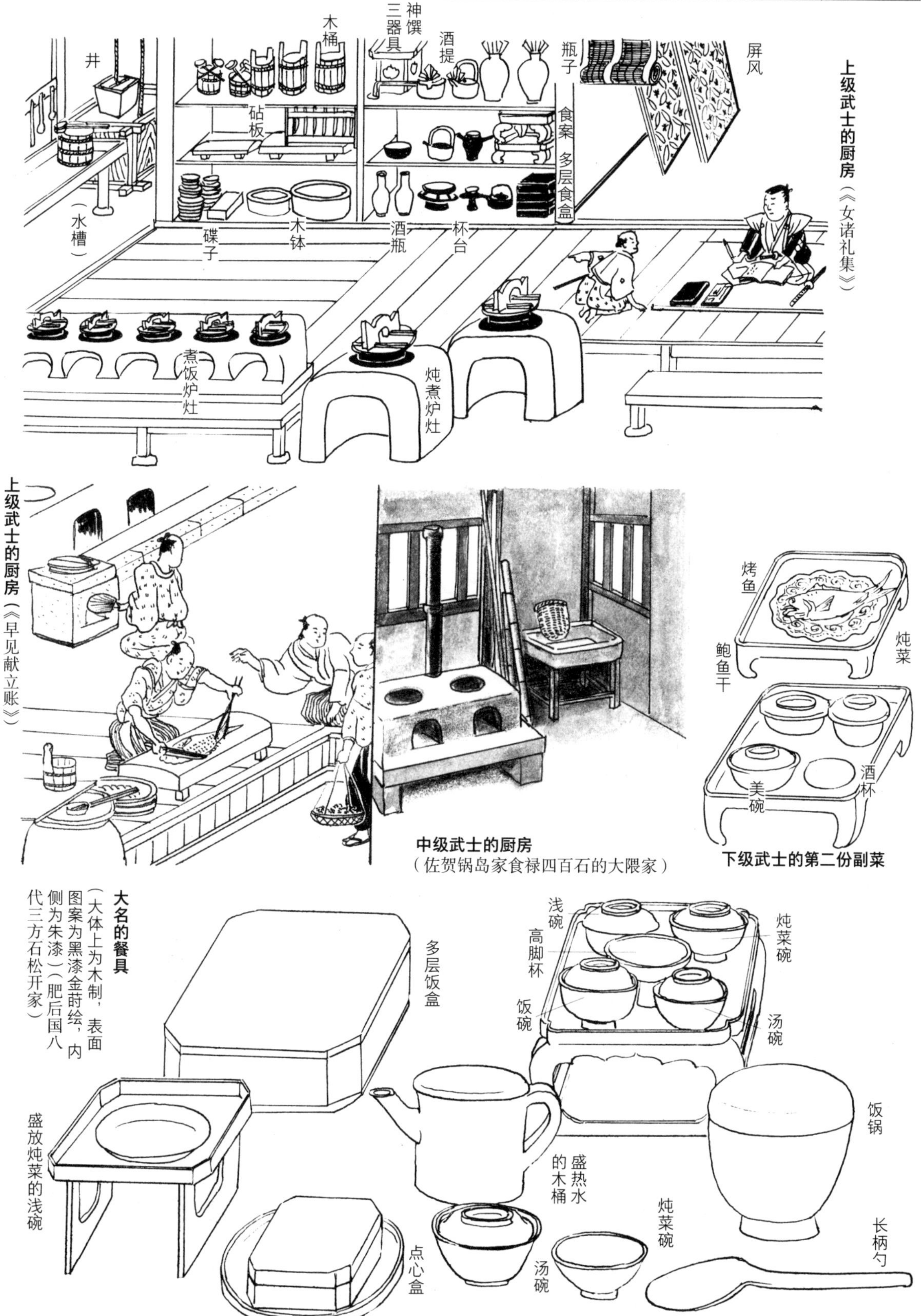

上级武士的厨房（《女诸礼集》）

上级武士的厨房（《早见献立账》）

中级武士的厨房（佐贺锅岛家食禄四百石的大隈家）

下级武士的第二份副菜

大名的餐具（大体上为木制，表面图案为黑漆金莳绘，内侧为朱漆）（肥后国八代三方石松开家）

江户时代武家的房屋（一千八百石级的上级武士）

占地面积600坪[1]以上，建筑面积近300坪。
长屋是武家奉公人[2]居住的房间。
主屋是主人与其家人居住，或接待客人的房间。
起居室是私密房间，里屋为女性居住处。

下级武士的副业（贴伞、制笔、种树、日用品制作的转包人）

步兵长屋示例

米泽上杉家下级武士房间布局图（九石俸禄）

出典：今和次郎《民间见闻野贴》

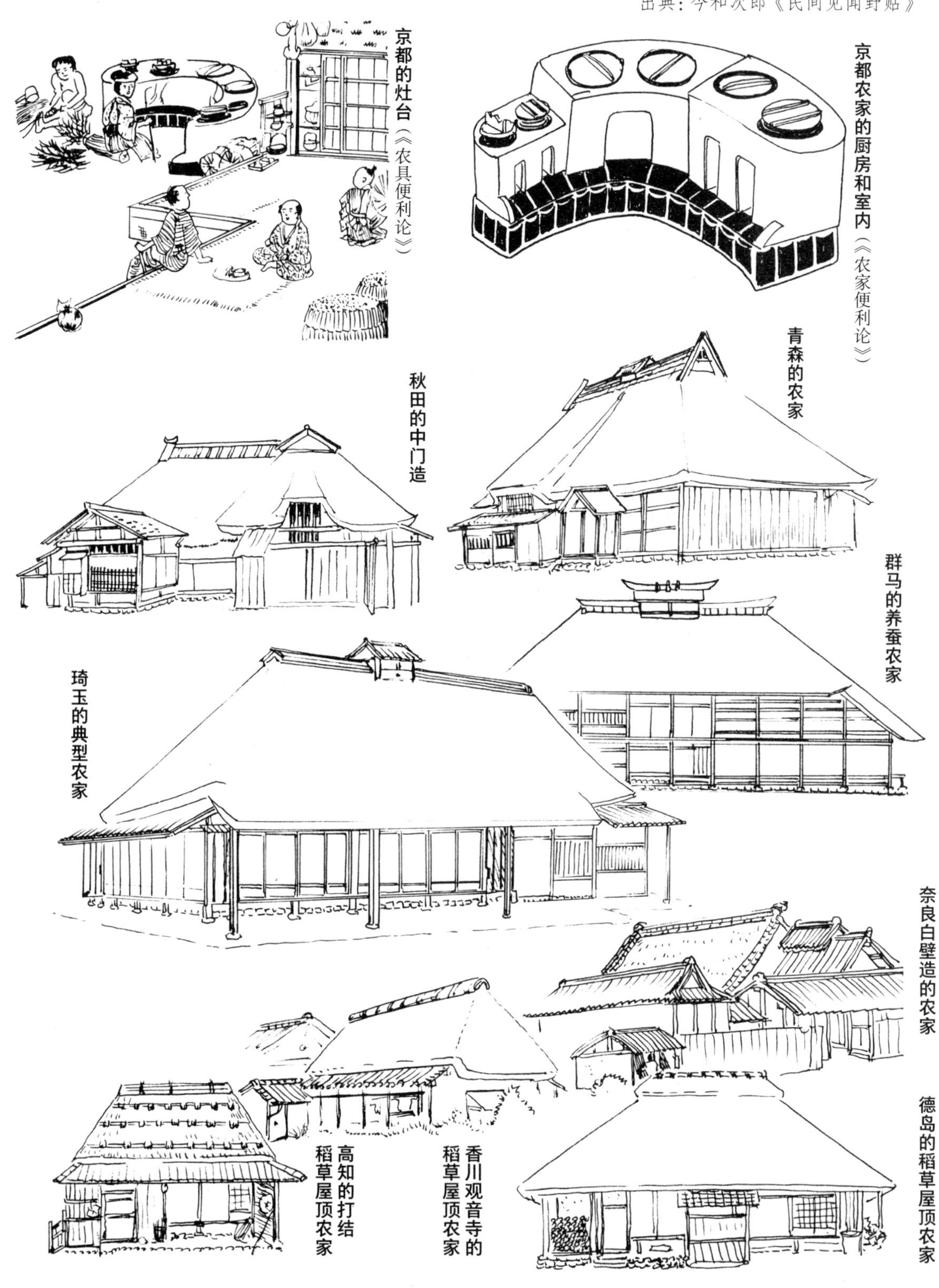

参考：深川江户资料馆发行资料

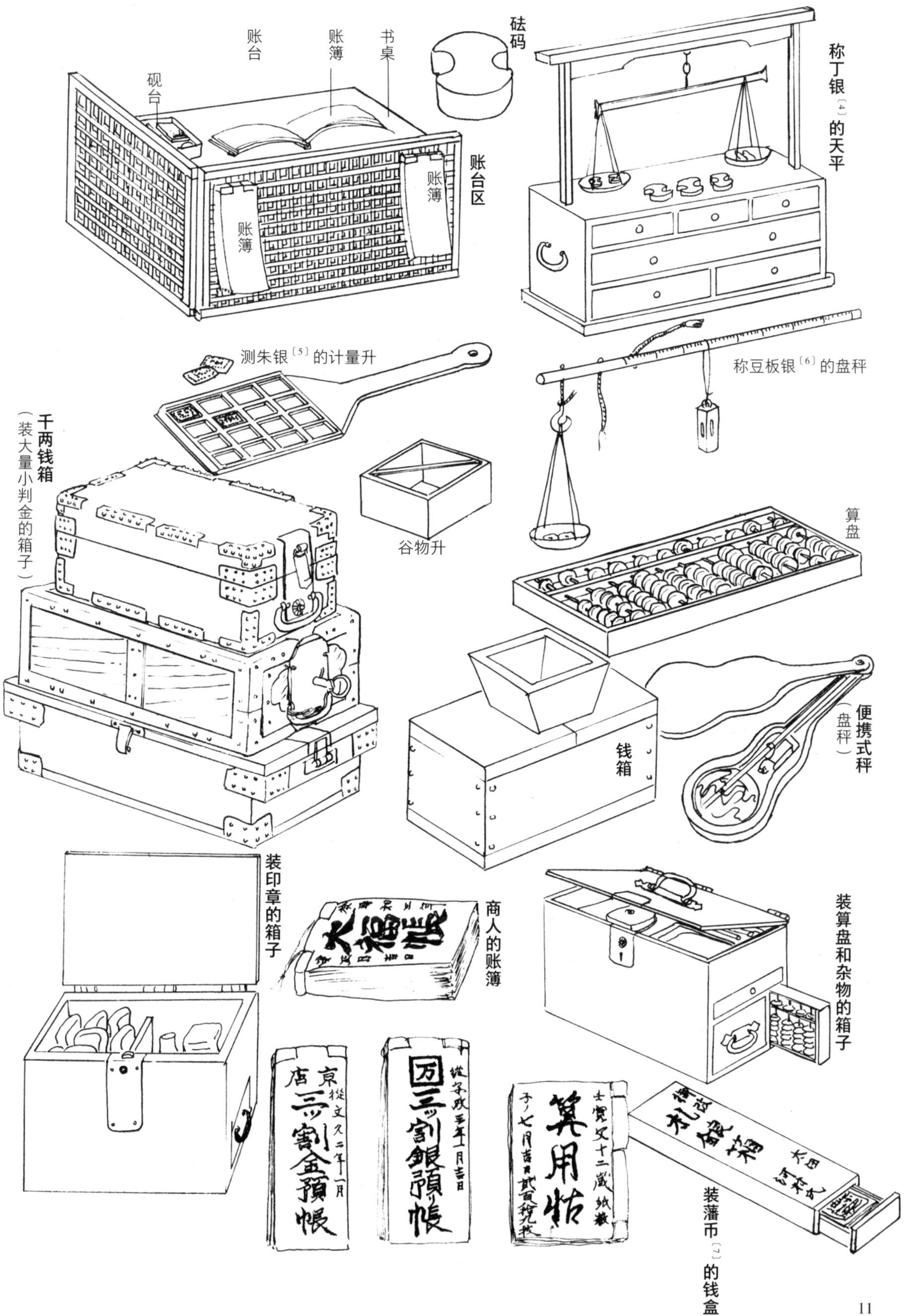
账台
账簿
书桌
砚台
砝码
称丁银〔4〕的天平
账台区
账簿
账簿
测朱银〔5〕的计量升
称豆板银〔6〕的盘秤
千两钱箱
（装大量小判金的箱子）
谷物升
算盘
便携式秤
（盘秤）
钱箱
装印章的箱子
商人的账簿
装算盘和杂物的箱子
京店
从文久二年一月
三ッ割金預帳
従寿政三年一月吉日
三ッ割銀預帳
算用帖
装藩币〔7〕的钱盒

蔬菜店（萝卜）
玩具店（武士）
毛笔店（毛笔）
印章店（印章）
御印判師
辣椒店（辣椒）
白酒店（富士山和旅行者）
白酒
寒仕込
馒头、团子店（相扑选手）
力
角
布料店（衣服）
かつけ
脚气治疗所
货币兑换店（金的砝码）
両替
金平糖店（金平糖）
局部假发店[8]
木屐店（阿多福[9]）
足袋店（足形）
んとんう
乌冬店
药店
五龍圓
浆糊店
のり
御小間物
杂货店
酱油店（樽）
烟管店（烟管）
锉锯齿店（锯）
锁店（锁）
蜡烛店（蜡烛）
钥匙店（钥匙）
佛珠店（佛珠）
三味线皮膜替换店
はりかえ処
呉服物
布料店的屋顶广告牌

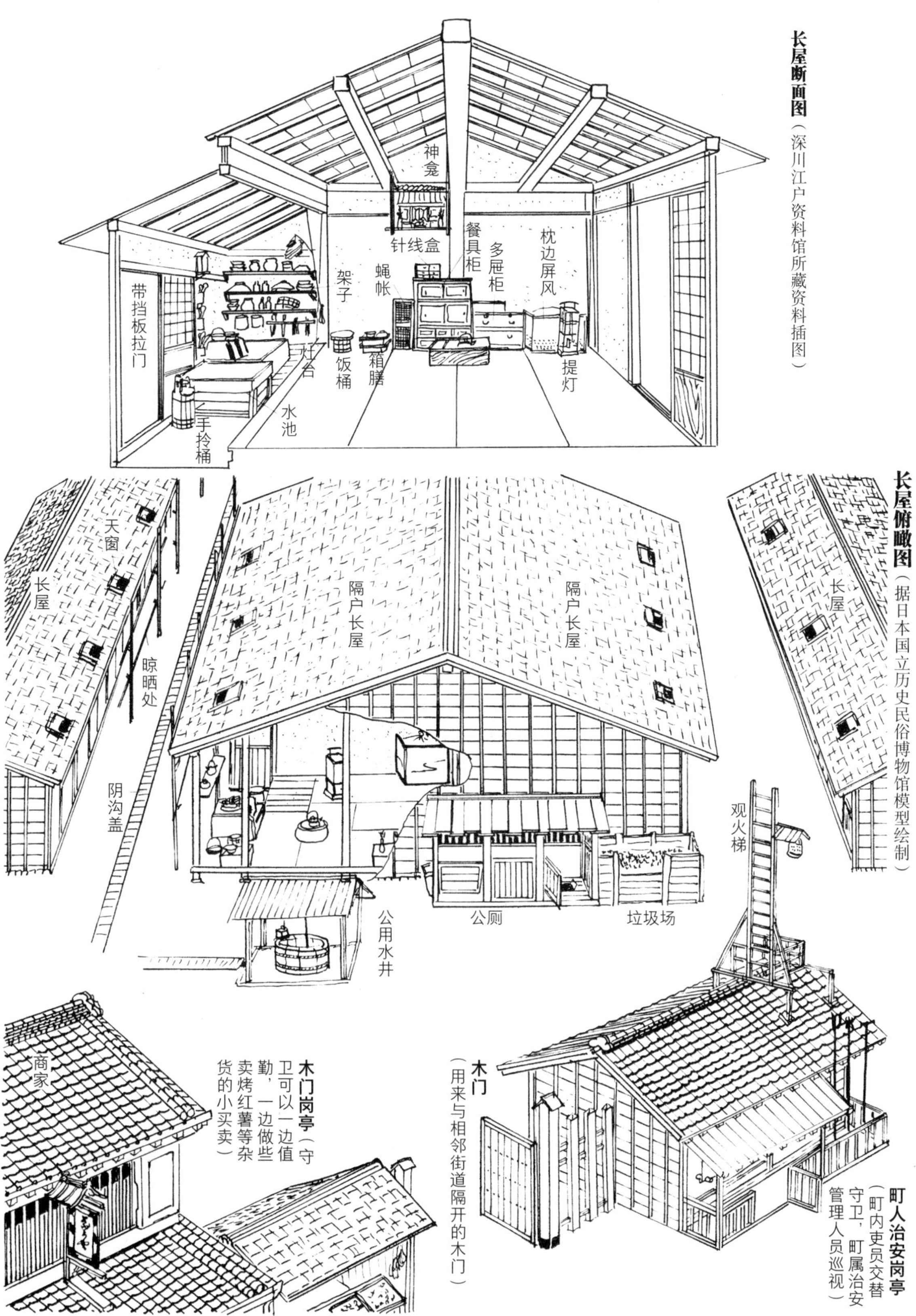
长屋断面图（深川江户资料馆所藏资料插图）
神龛
针线盒
餐具柜
多屉柜
枕边屏风
蝇帐
架子
带挡板拉门
灶台
饭桶
箱膳
提灯
水池
手拎桶
长屋俯瞰图（据日本国立历史民俗博物馆模型绘制）
天窗
长屋
晾晒处
阴沟盖
隔户长屋
隔户长屋
长屋
观火梯
公用水井
公厕
垃圾场
商家
木门岗亭（守卫可以一边值勤，一边做些卖烤红薯等杂货的小买卖）
木门（用来与相邻街道隔开的木门）
町人治安岗亭（町内吏员交替守卫，町属治安管理人员巡视）

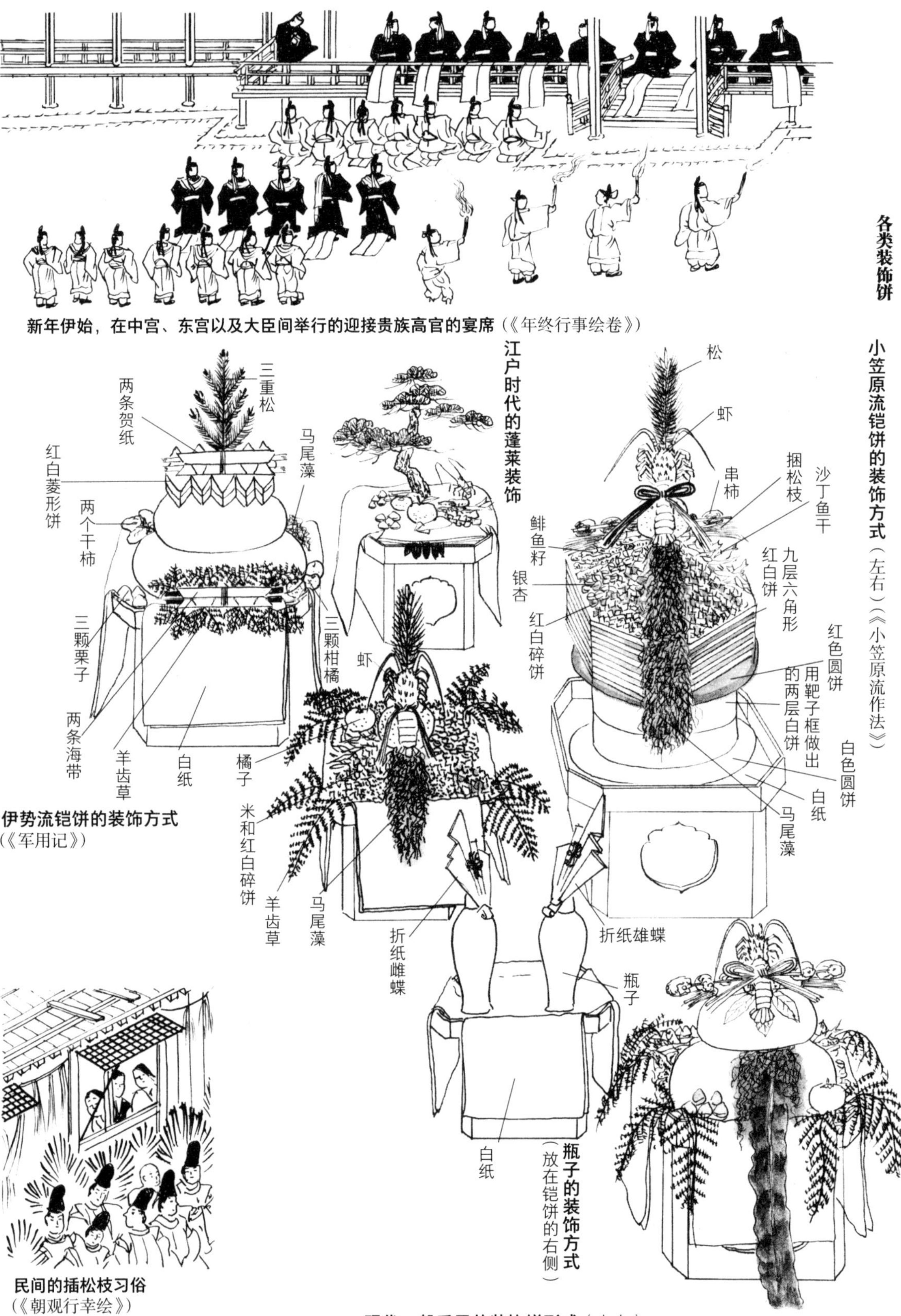

新年伊始，在中宫、东宫以及大臣间举行的迎接贵族高官的宴席（《年终行事绘卷》）

民间的插松枝习俗
（《朝观行幸绘》）

现代一般采用的装饰饼形式（左右）

正月与二月里的习俗

出典：*《江户府内绘本风俗往来》**《大和耕作绘抄》

汲若水[11]*

官员参朝**

武士登城**

拍羽毛毽*

正月二日工商业人家的年初互访

正月二日开始工作*（手工匠人）

二日武士初骑马*

七草节之前的漫才表演**

七日七草粥*

十一日幕府内开镜饼的日子*

商家的新年初次买卖*

花柳街吉原的初次迎客*

正月十六日学徒、用人的休息日*

二月初五稻荷祭*

二月十五日涅槃会*

二月撒豆子（原本为年末迎接节分而举行的活动，此处按惯行做法，将其列入二月）*

三月至八月的习俗

出典：*《大和耕作绘抄》**《日本历代风俗写真大观》

三月女儿节**（装饰人偶）

四月佛诞会*（释迦生日，亦称作花祭）

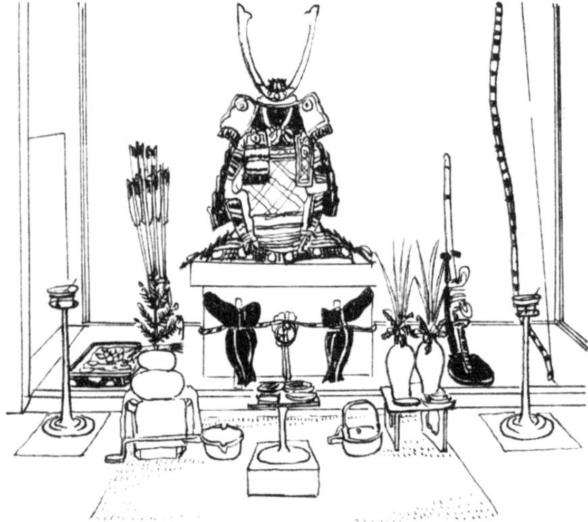

五月端午节**（装饰盔甲）

六月山王权现祭礼（是月，各地神社进行祭礼）
（《江户府内绘本风俗往来》）

七月七夕节**

八月十五夜赏月**（现行日历为九月）

九月至十二月的习俗、出生至成年的风俗

江户时代

出典：*《江户府内绘本风俗往来》**《大和耕作绘抄》

九月重阳节*（艺人们向师傅拜贺）

十月惠比须*（商家祭祀惠比须神）

十一月酉市*（买象征吉祥的熊手）

十一月七五三节（商家的奶妈或町内长官带小孩去神社参拜）

十二月扫煤（迎新年大扫除）

十二月打年糕**

通过礼仪（成长过程中的特定礼仪）

着带式（怀孕五个月时系上岩田带）

御宫参拜（男孩出生三十一天、女孩出生三十二天时，去地方守护神的神社里参拜）

初食祝贺（婴儿出生一百二十天后第一次进食的贺宴）

着袴祝贺（男孩五岁、女孩三岁时的庆贺习俗）（如洗画）

武家的元服仪式（男子在十五六岁的时候举行成人礼）

乌帽子亲[12]

冠者

（《眼前教近道》）

庶民的元服仪式（歌川丰广画）

婚礼

相亲（在赏花或看戏时互相见面）（《婚礼指南》）

迎接新娘的一家（家臣们手持火把迎接）（《风俗画报》）

下轿（轿子到达玄关处）（《婚礼指南》）

婚礼现场（结婚仪式）（《复仇奇谈安积沼》）

葬礼

葬礼（《法然上人绘传》）

野边送（送葬）（《北野天神缘起绘卷》）

江户时代的送葬图（西博尔德《日本》）

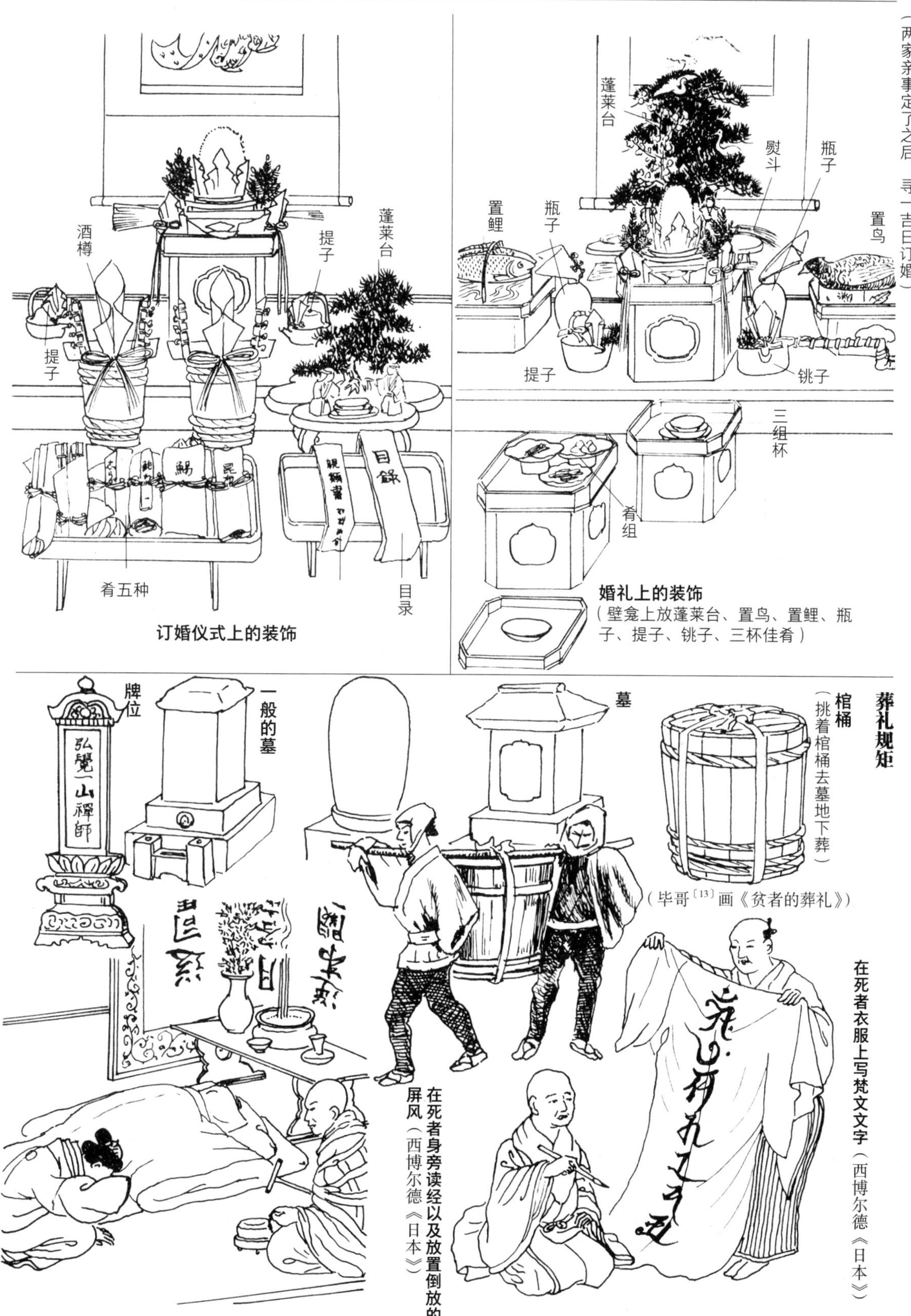
酒樽
提子
提子
蓬莱台
肴五种
目录
目録
订婚仪式上的装饰
婚礼装饰 五荷五种（樽十、肴五）
（两家亲事定了之后，寻一吉日订婚）
蓬莱台
熨斗
瓶子
置鲤
瓶子
置鸟
提子
铫子
三组杯
肴组
婚礼上的装饰
（壁龛上放蓬莱台、置鸟、置鲤、瓶子、提子、铫子、三杯佳肴）
牌位
弘覺一山禪師
一般的墓
墓
棺桶
（挑着棺桶去墓地下葬）
葬礼规矩
（毕哥[13]画《贫者的葬礼》）
在死者衣服上写梵文文字（西博尔德《日本》）
在死者身旁读经以及放置倒放的屏风（西博尔德《日本》）

洗热水澡（桶与盆）（平安时代）（《病草纸》）

蒸汽澡堂的点火口（镰仓至室町时代）（《慕归绘》）

澡盆热水浴（室町时代末期）（《鼠的草子》）

澡盆热水浴（桃山时代）（《市井风俗屏风》）

西本原寺黄鹤台浴室（桃山时代）

街坊澡堂（《洛中洛叶屏风》）

户棚澡堂[14]（名古屋城客殿下部墙纸）

搓澡女澡堂（《士庶游乐图》）

出典：*爱德华·S.摩士《日本的那些日子》

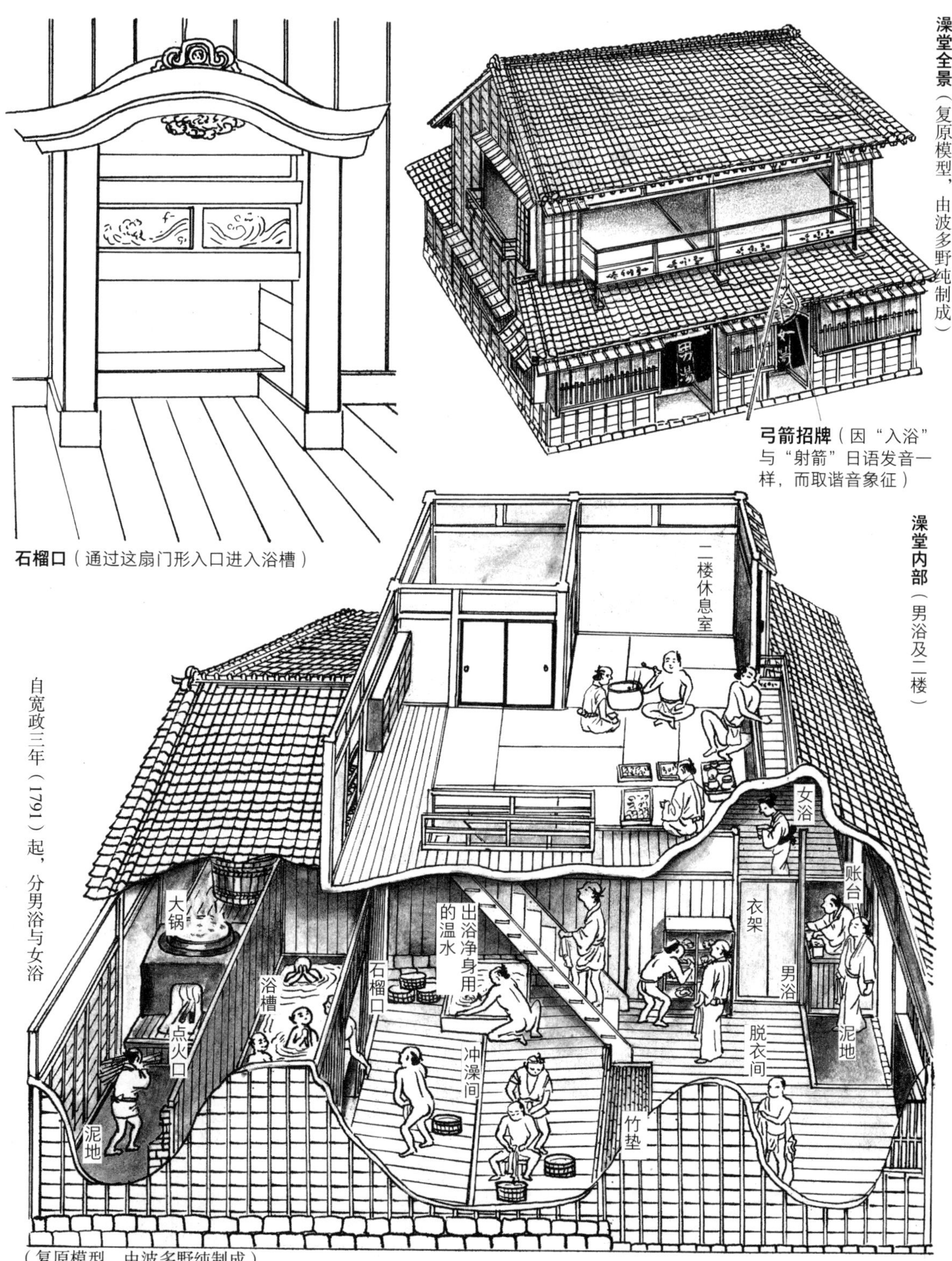

澡堂全景（复原模型，由波多野纯制成）

弓箭招牌（因“入浴”与“射箭”日语发音一样，而取谐音象征）

石榴口（通过这扇门形入口进入浴槽）

澡堂内部（男浴及二楼）

自宽政三年（1791）起，分男浴与女浴

（复原模型，由波多野纯制成）

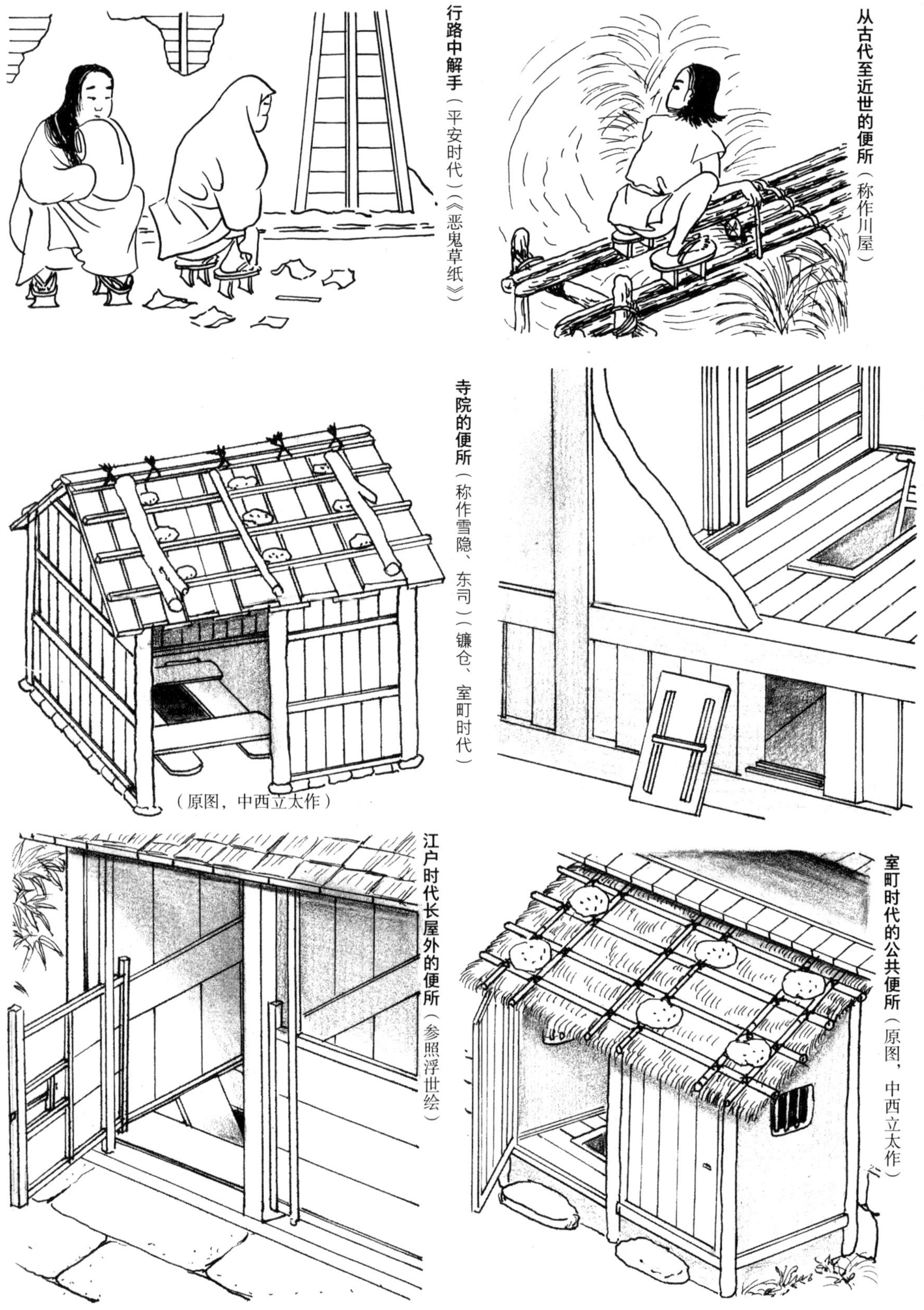
从古代至近世的便所（称作川屋）
行路中解手（平安时代）（《恶鬼草纸》）
江户时代武家的便所（摩士著《日本的那些日子》）
寺院的便所（称作雪隐、东司）（镰仓、室町时代）
（原图，中西立太作）
室町时代的公共便所（原图，中西立太作）
江户时代长屋外的便所（参照浮世绘）

出典:《摩士所见的日本》

挂擦手布处
便所外的洗手处（陶瓷制洗手盆）
便所外的洗手处（石制洗手盆）
雅致的大号间及喇叭花造型的陶器制小便池
大号间妇人用
喇叭花
便所外的洗手处（手桶、木勺及水池）
擦手布
厕所内部
便池
厕所内部
箱子
便池

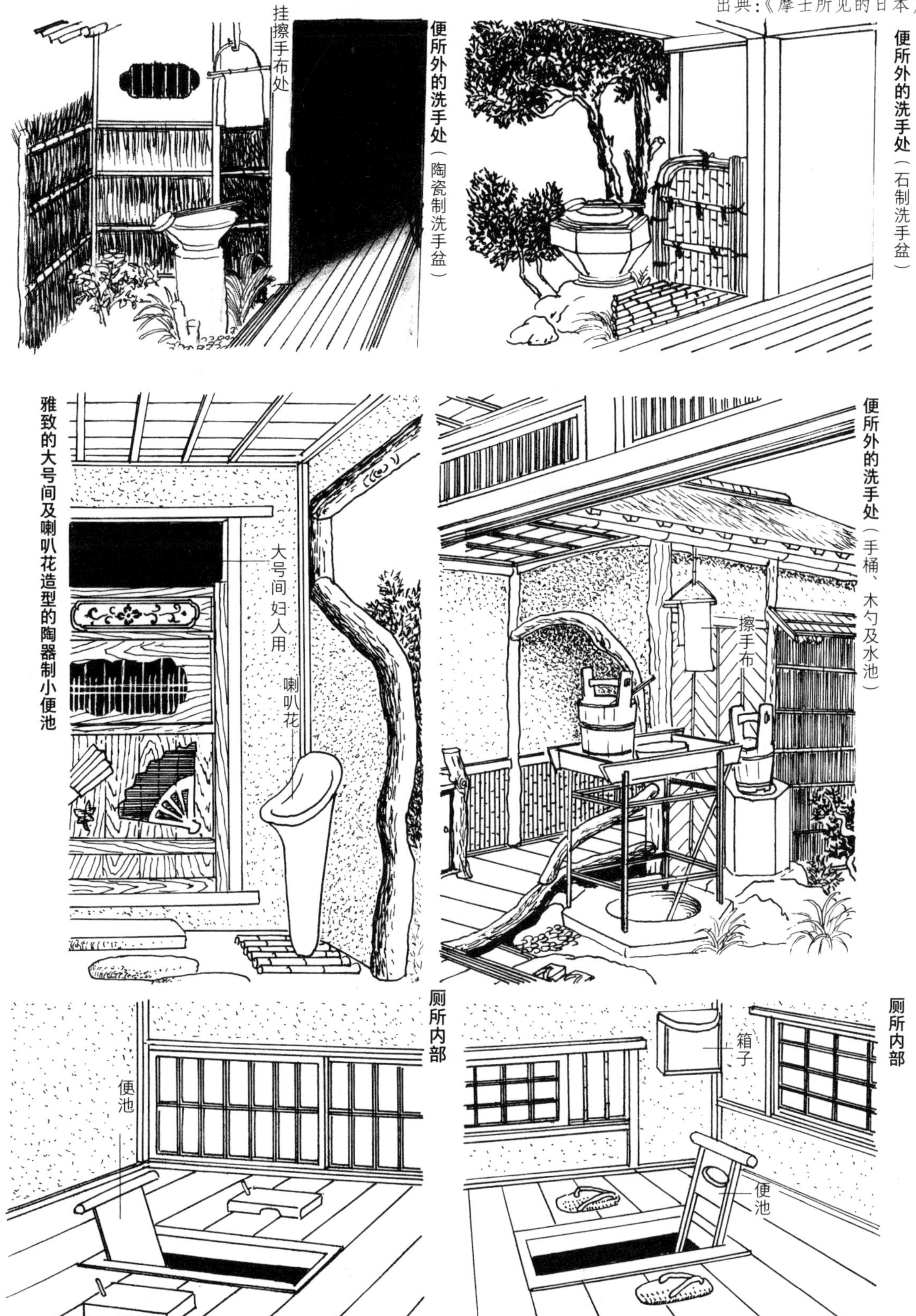

正仓院藏金铜制火舍（奈良时代）

炭柜（《志贵山缘起绘卷》）

曲木板做成的火桶（《志贵山缘起绘卷》）

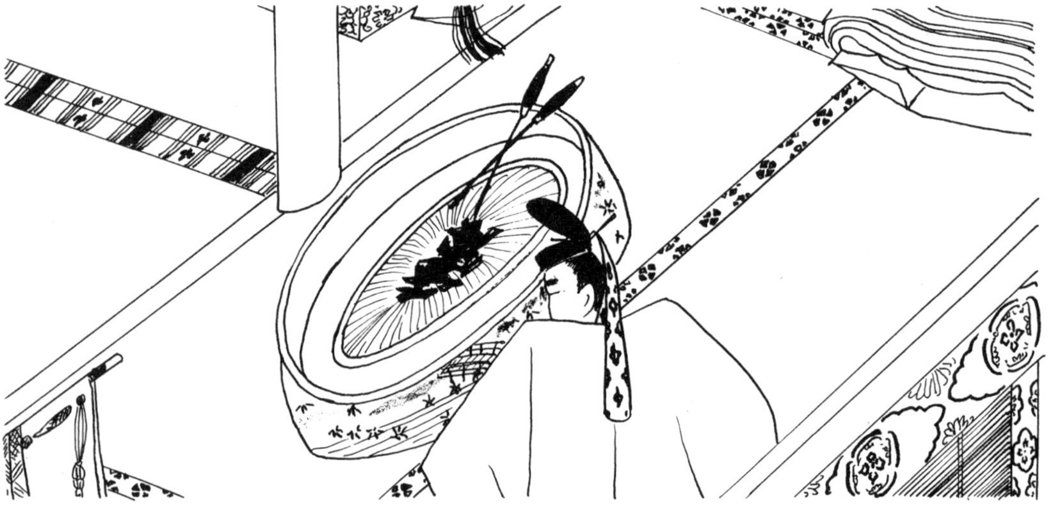

宫中火桶（《枕草子绘词》）

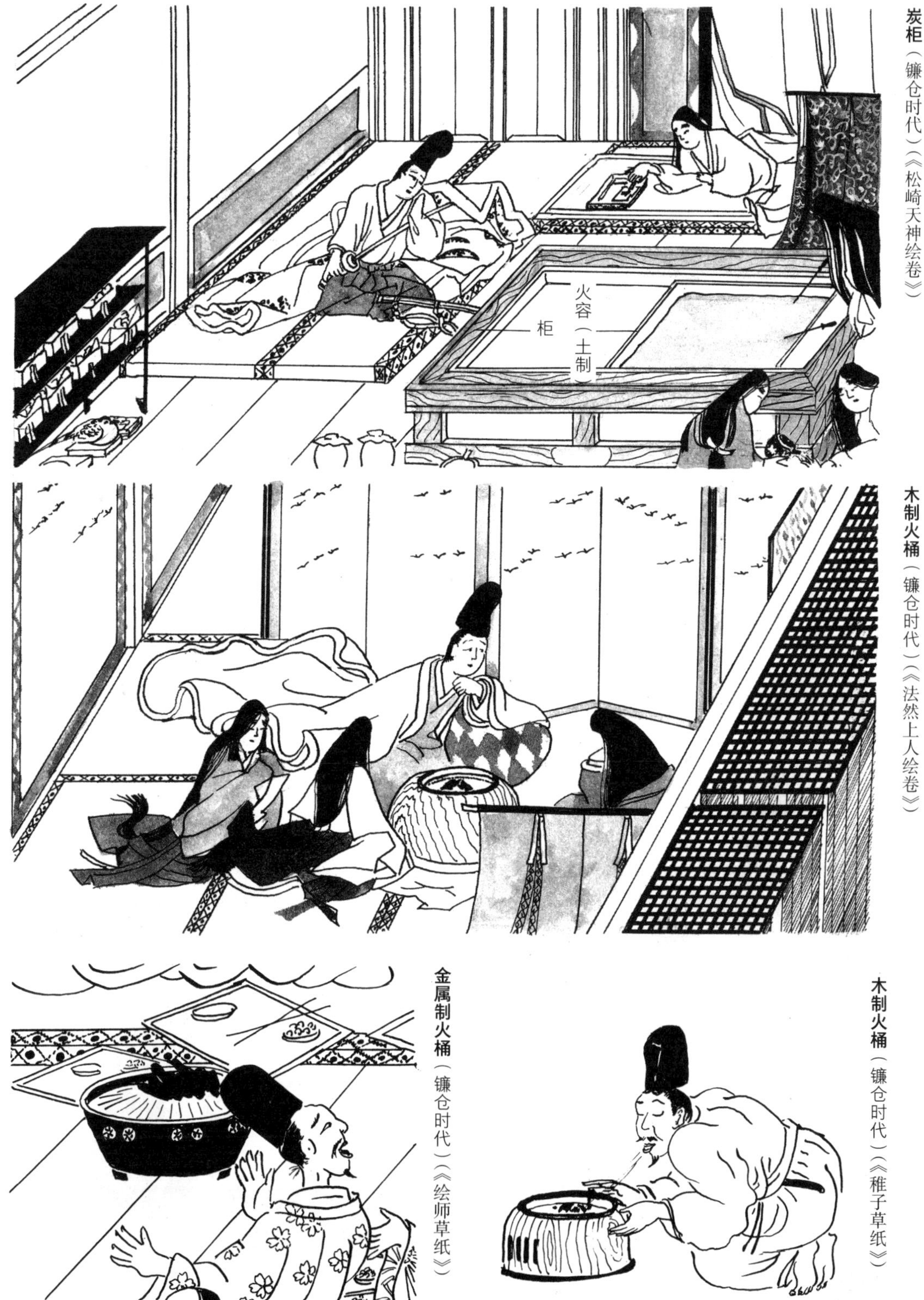

炭柜（镰仓时代）《松崎天神绘卷》

木制火桶（镰仓时代）《法然上人绘卷》

金属制火桶（镰仓时代）《绘师草纸》

木制火桶（镰仓时代）《稚子草纸》

火桶、火盆

木制火桶（室町时代）（《福富草纸》）

制乌帽子手工匠人家的火盆（镰仓时代）（《建保取人绘歌合》）

四角的火盆（室町时代）（《善教坊绘卷》）

弓匠家的火盆（桃山时代）（《职人绘图屏风》）

裁缝店的火盆（桃山时代）（《职人绘图屏风》）

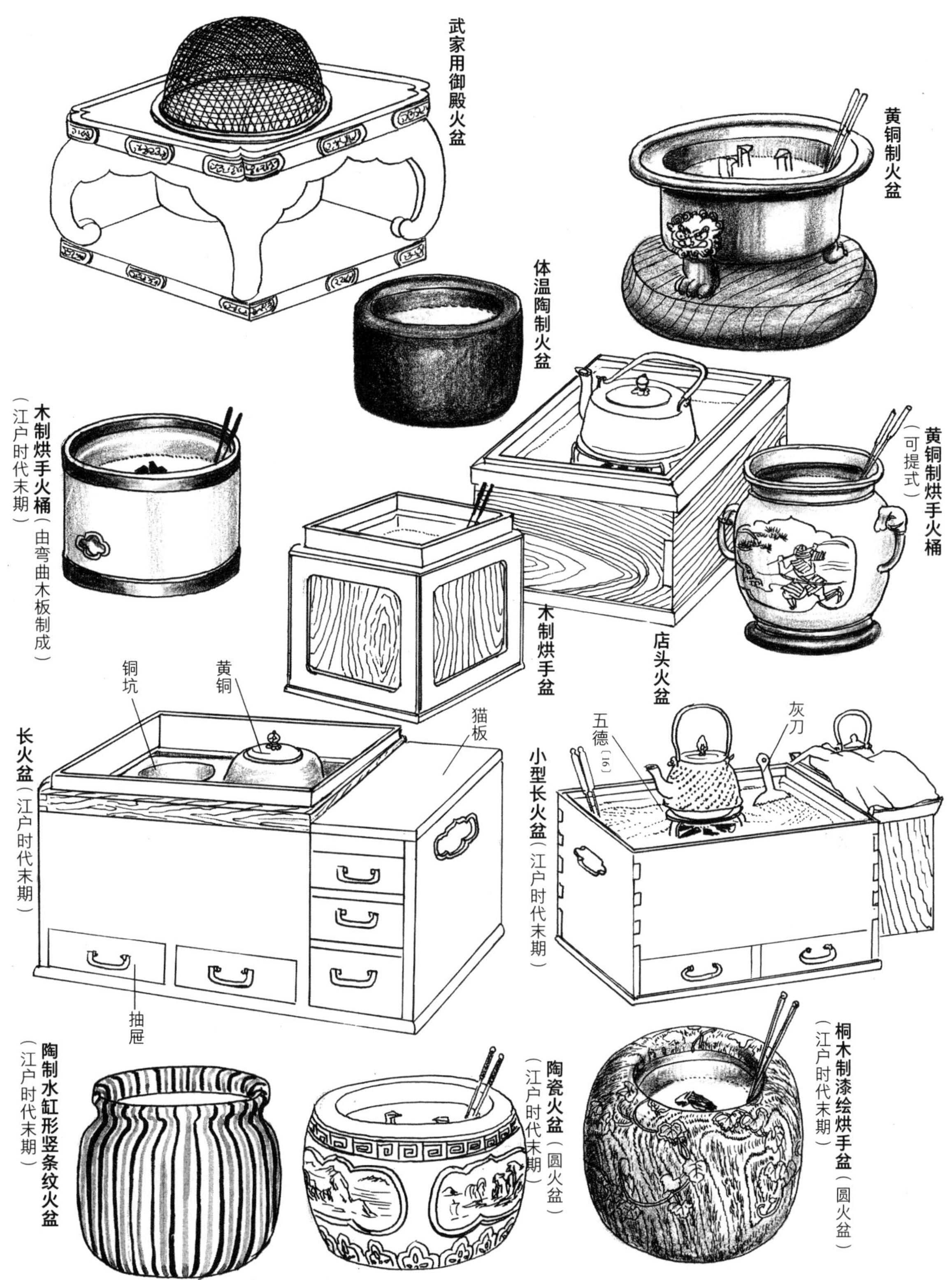
武家用御殿火盆
黄铜制火盆
体温陶制火盆
木制烘手火桶（由弯曲木板制成）（江户时代末期）
黄铜制烘手火桶（可提式）
木制烘手盆
店头火盆
铜坑
黄铜
猫板
长火盆（江户时代末期）
抽屉
五德[16]
灰刀
小型长火盆（江户时代末期）
陶制水缸形竖条纹火盆（江户时代末期）
陶瓷火盆（圆火盆）（江户时代末期）
桐木制漆绘烘手盆（圆火盆）（江户时代末期）

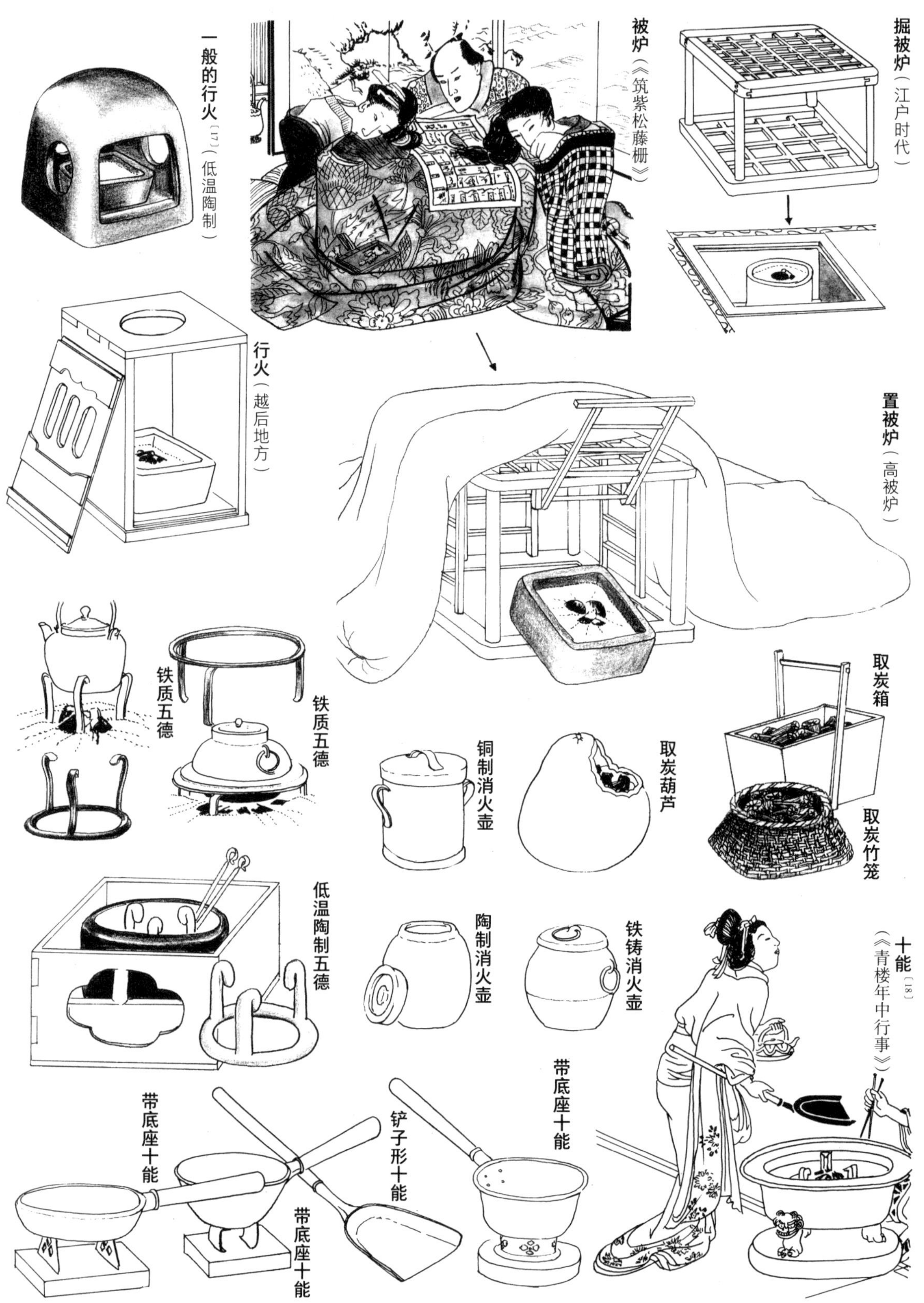
一般的行火[17]（低温陶制）
被炉（《筑紫松藤栅》）
掘被炉（江户时代）
行火（越后地方）
置被炉（高被炉）
铁质五德
铁质五德
铜制消火壶
取炭葫芦
取炭箱
取炭竹笼
低温陶制五德
陶制消火壶
铁铸消火壶
十能[18]（《青楼年中行事》）
带底座十能
带底座十能
铲子形十能
带底座十能

登吕遗迹（弥生时代）

先土器时代的炉火遗迹（静冈县）

绳文中期的住所及炉火遗迹

庶民家的围炉里（平安至镰仓时代）《荏柄天神缘起》

长野县平出遗迹复原图和内部炉火遗迹

庶民家的围炉里（平安至镰仓时代）《松崎天神绘卷》

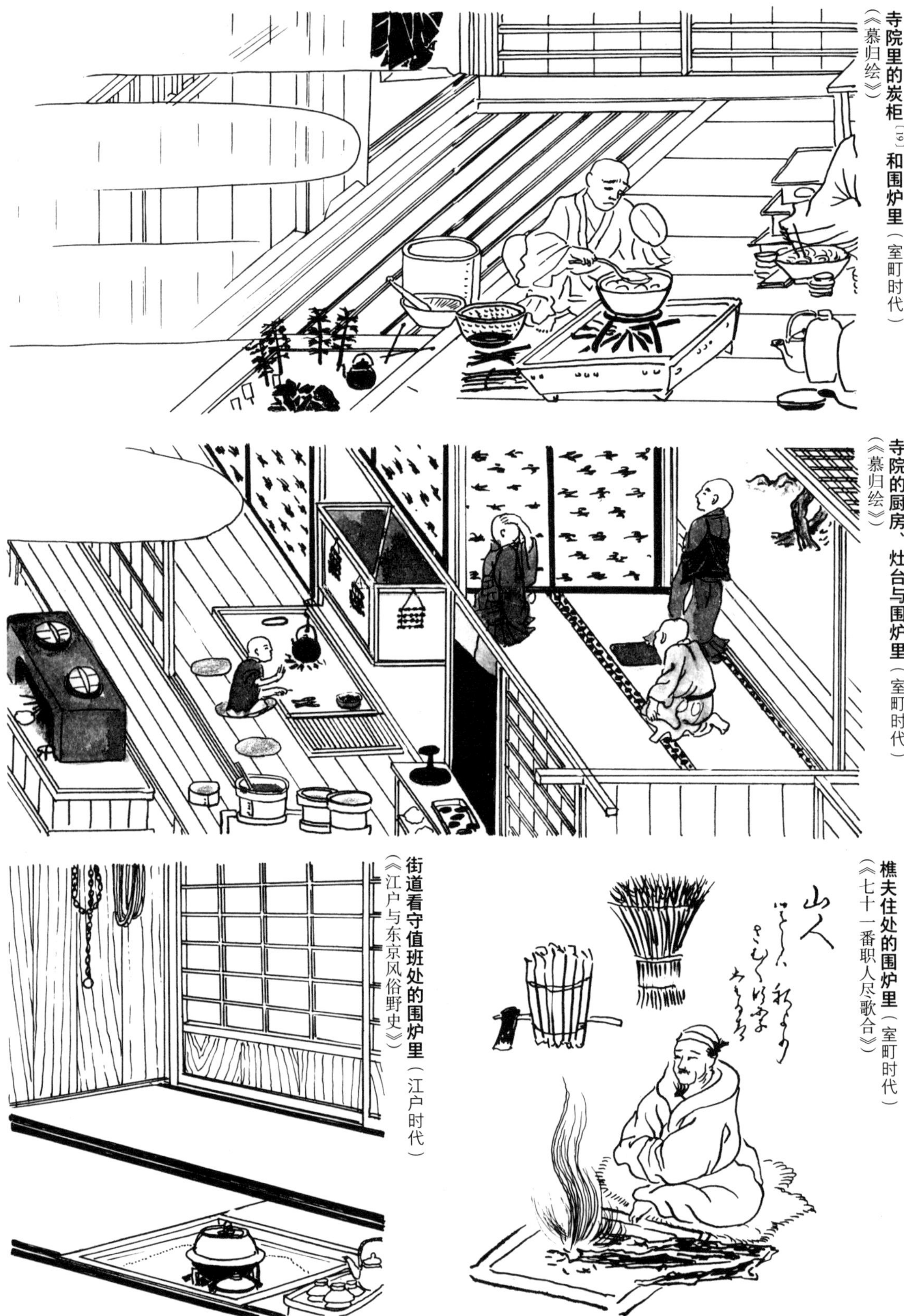

寺院里的炭柜[19]和围炉里（室町时代）
《慕归绘》

寺院的厨房、灶台与围炉里（室町时代）
《慕归绘》

街道看守值班处的围炉里（江户时代）
《江户与东京风俗野史》

樵夫住处的围炉里（室町时代）
《七十一番职人尽歌合》

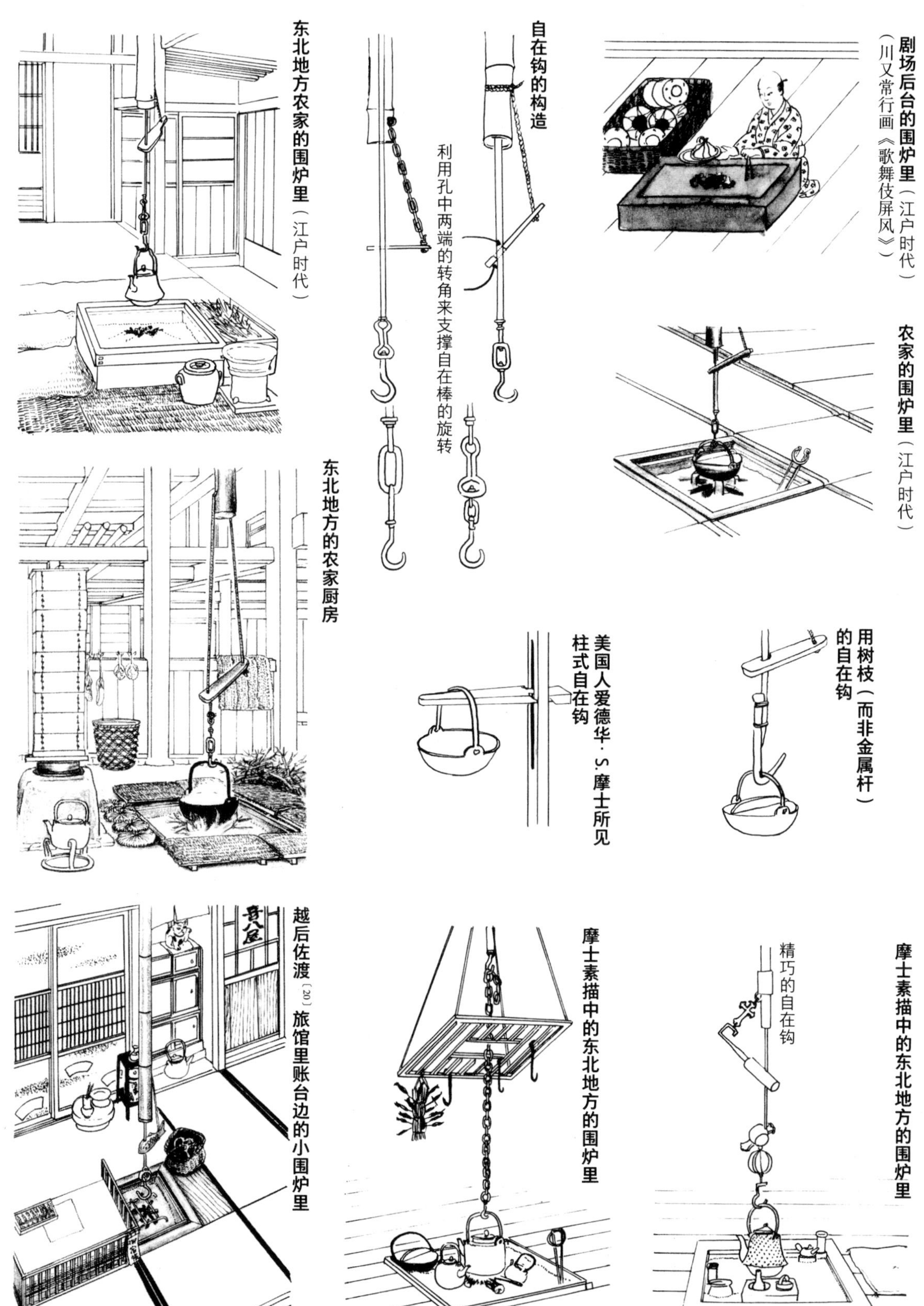

剧场后台的围炉里（江户时代）
（川又常行画《歌舞伎屏风》）
自在钩的构造
利用孔中两端的转角来支撑自在棒的旋转
东北地方农家的围炉里（江户时代）
农家的围炉里（江户时代）
东北地方的农家厨房
用树枝（而非金属杆）的自在钩
美国人爱德华·S.摩士所见柱式自在钩
越后佐渡[20]旅馆里账台边的小围炉里
摩士素描中的东北地方的围炉里
精巧的自在钩
摩士素描中的东北地方的围炉里

灯台与灯笼、石灯笼

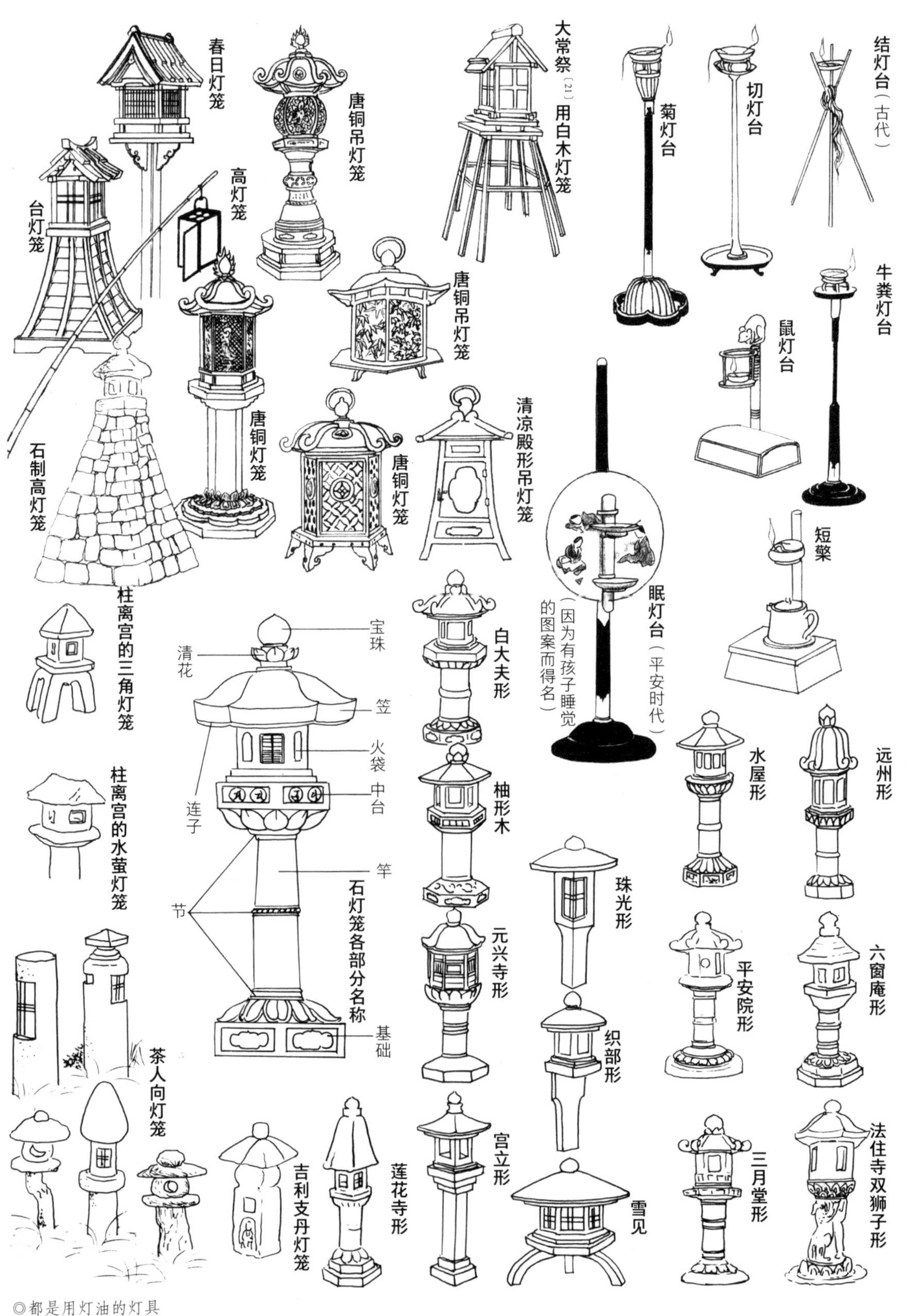

◎都是用灯油的灯具

置于枕边的行灯
各类柱形灯
行船用灯台
街角灯台
ふねやど
船宿
定席
土瓶灯台
私人宅地拐角处灯台
吉原灯台
商家
火之要心
本陣
船宿〔23〕
夜番
火之用心
走廊里的挂行灯
双关语行灯
町内安全
饭店灯台
商家
四方（吊于天花板上）
海螺灯台
瓦台灯
挂行灯
竹灯台
商家
八方（也称八间）
◎都是用灯油的灯具

行灯

参考:《江户与东京风俗野史》

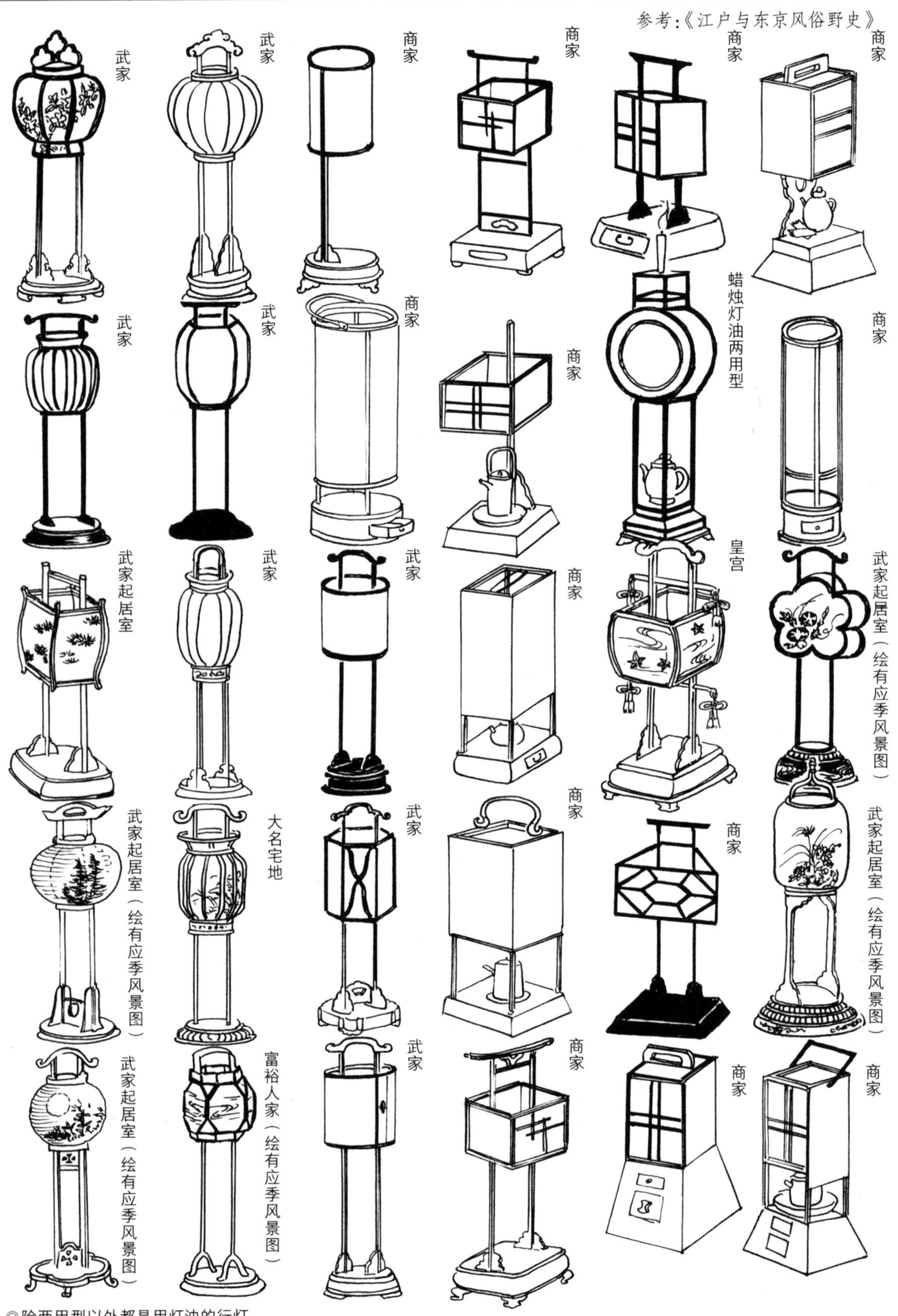

◎除两用型以外都是用灯油的行灯

参考:《江户与东京风俗野史》

◎都是用灯油的行灯

雪洞[23]、手烛、烛台、提灯

参考:《江户与东京风俗野史》

参考:(《江户与东京风俗野史》)

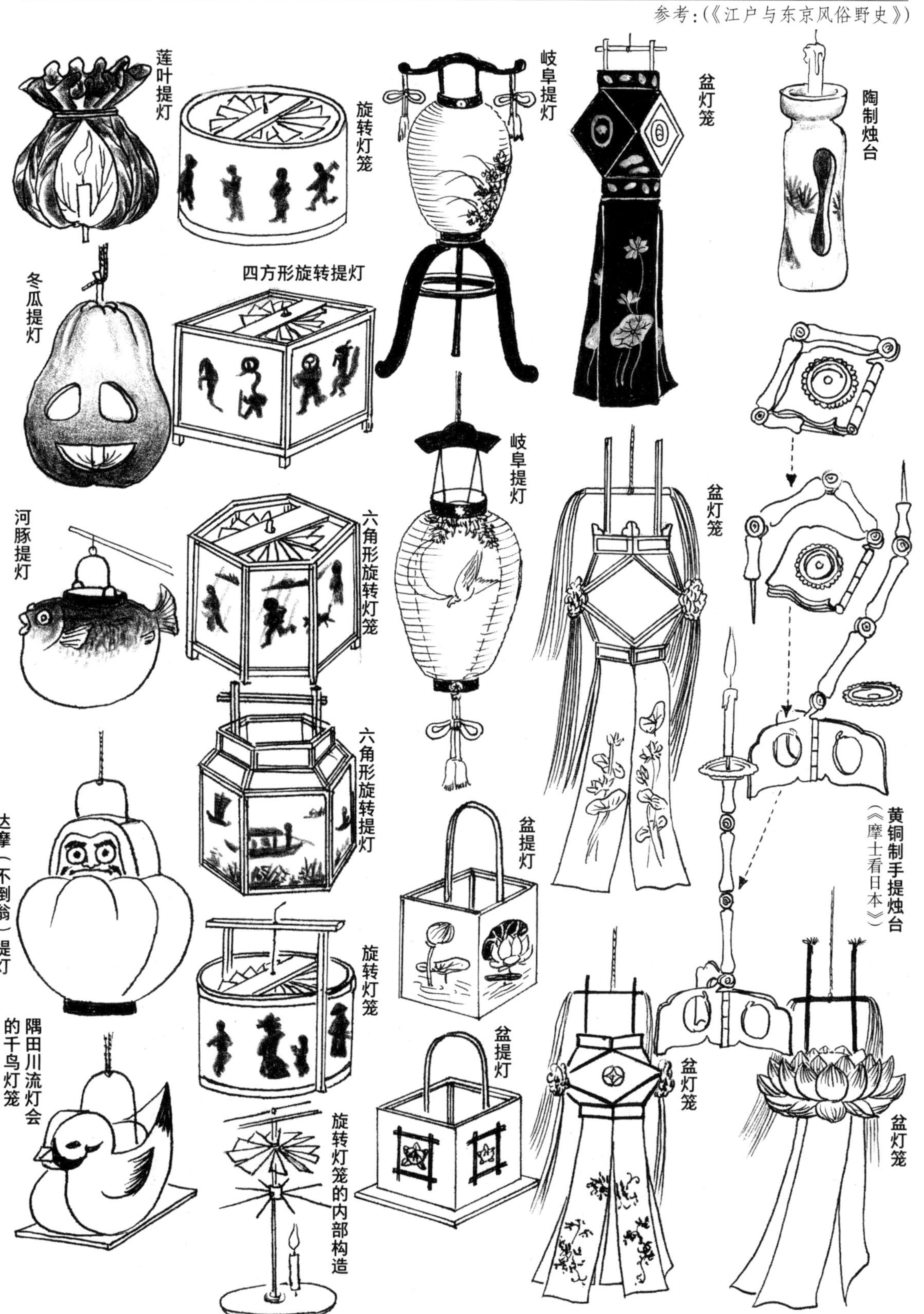

提灯和纸烛、松明、篝火

出典：*《法然上人绘传》，其他参考：《东京风俗野史》

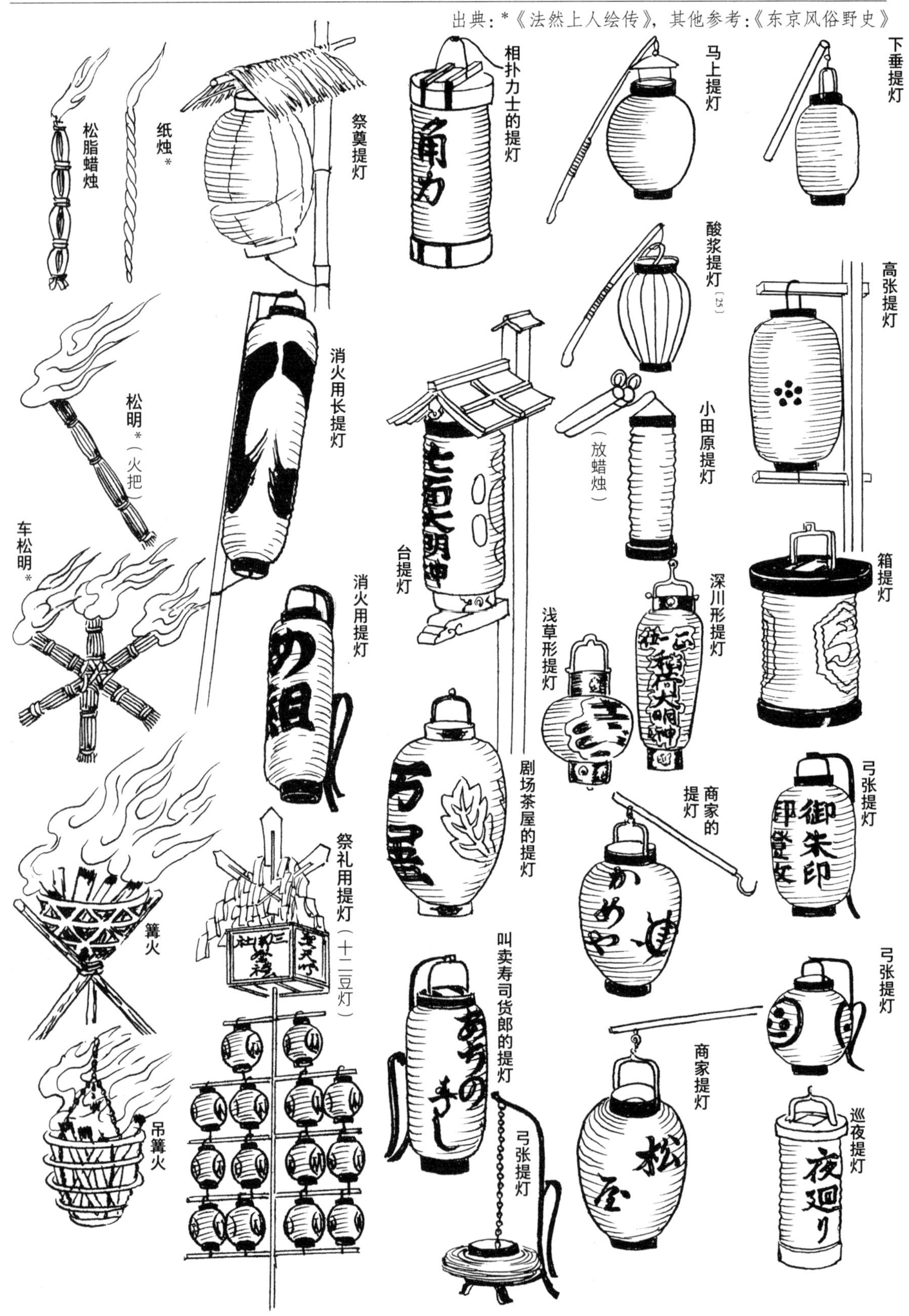

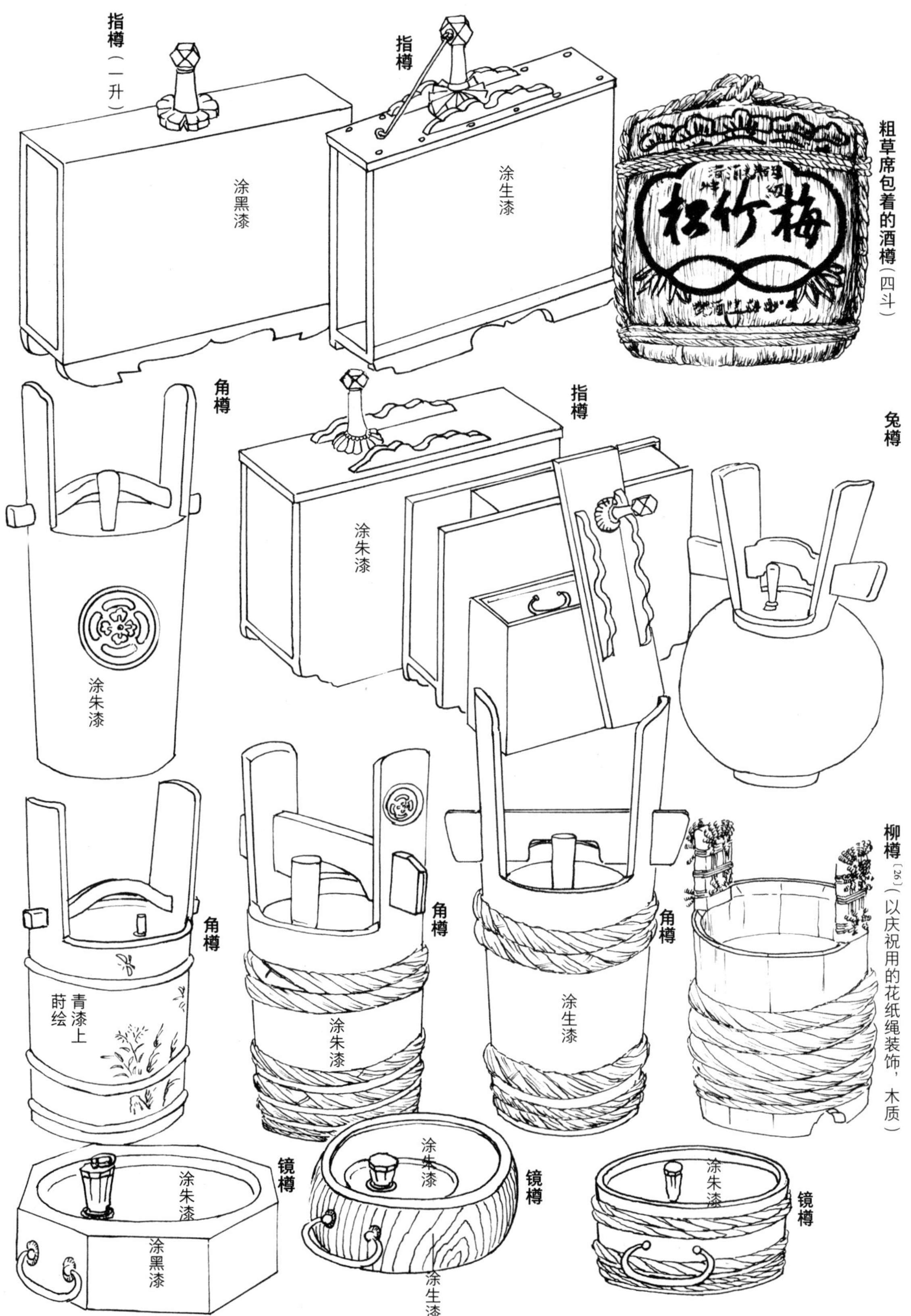
指樽（一升）
涂黑漆
指樽
涂生漆
粗草席包着的酒樽（四斗）
松竹梅
角樽
涂朱漆
指樽
涂朱漆
兔樽
角樽
青漆上莳绘
角樽
涂朱漆
角樽
涂生漆
柳樽[26]（以庆祝用的花纸绳装饰，木质）
镜樽
涂朱漆
涂黑漆
镜樽
涂朱漆
涂生漆
涂朱漆
镜樽

酒瓶、长柄、德利、铫子

薤状德利（备前烧，桃山时代）
古濑户壶（镰仓时代）
古濑户壶（镰仓时代）
木制漆绘铫子
德利（备前烧，平安时代）
平瓶（土器，古坟时代）
贴绘人偶德利（备前烧，江户初期）
猩猩德利[27]（备前烧，江户初期）
献上德利[28]（备前烧，江户初期）
木制漆绘铫子*
汤桶状铫子
平瓶（备前烧，桃山时代）
八角面取德利（备前烧，桃山时代）
德利套装[29]（备前烧，桃山时代）
大德利（备前烧，江户初期）
方德利（备前烧，江户末期）
长崎玻璃制热酒壶
单口长柄（室町时代以前）
双口长柄（室町时代以后）
大头菜状德利（备前烧，桃山时代）
振出德利*（备前烧）
金铜铫子*
鬼唐草[30]德利（伊万里烧，江户末期）
船德利[31]（备前烧）*
浮德利[32]*
绘葡萄德利*
脐德利（备前烧）*
木制涂漆铫子*
金属铫子*
木制德利*
木制漆绘德利*
长颈德利（江户末期）
贫乏德利[33]（江户末期）
船德利（苗代川烧）
金属铫子『提』（『提』为给铫子添酒的容器）
（*江户时期）

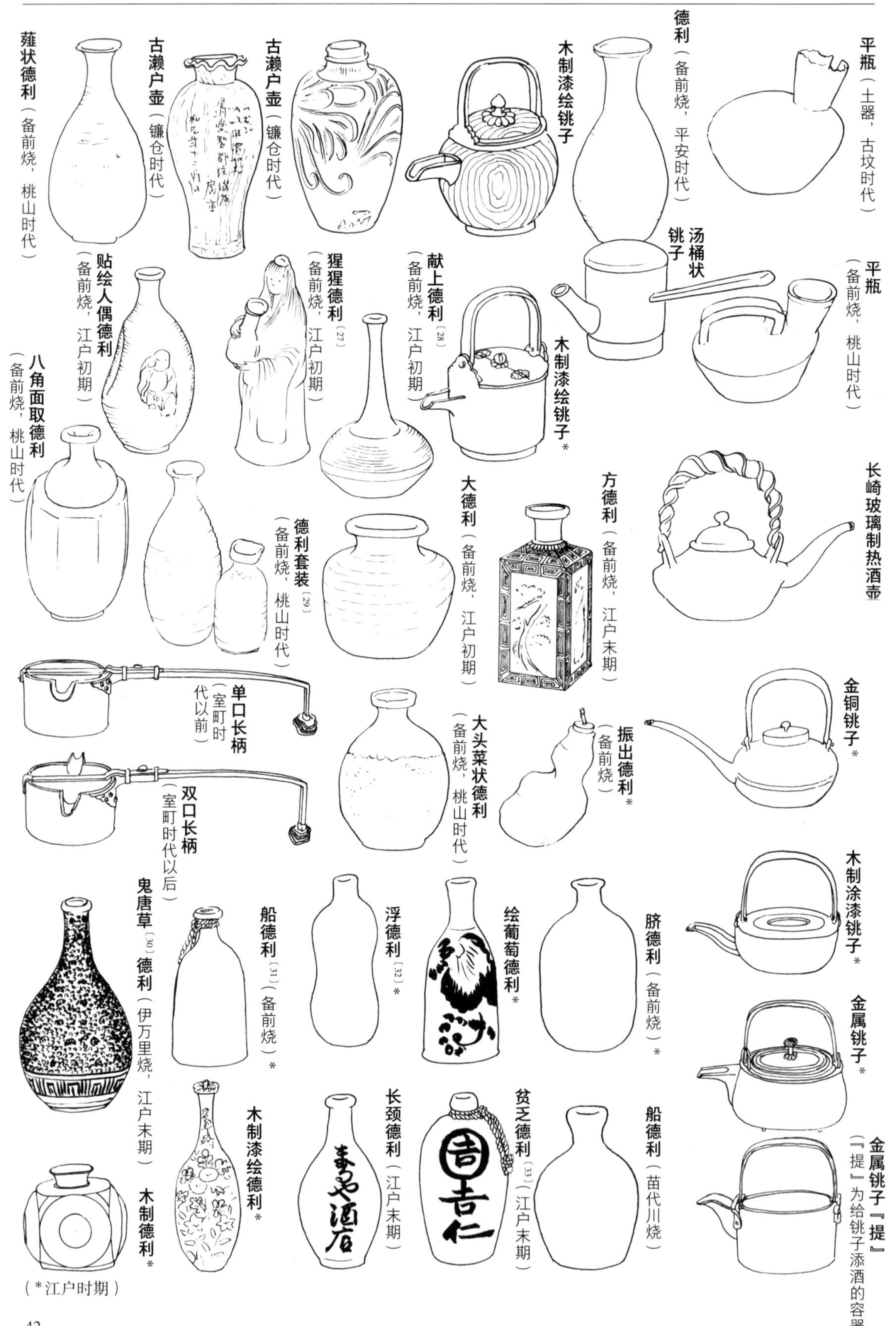

酒筒、杯台、杯

新月形酒筒
箱形酒筒
赏花登山用酒筒*
漆胡樽（正仓院藏，奈良时代）
扇形酒筒
重箱形酒筒
佩鞍酒筒*
竹制酒筒
涂漆酒筒
观世捻编酒筒*
瓢形酒筒
竹制酒筒*
一般酒筒
椭圆形酒筒*
佩刀形酒筒*
切子玻璃[34]杯
可杯[35]
典礼上用的三宝杯台（今天仍在使用）
杯台与三重杯
杯台与七重杯
杯
杯
深底宽沿杯
土器
杯台*
杯台*
杯台（至现代）
深底宽沿杯
杯
杯
杯
深底宽沿杯
杯台*
杯台*
大杯
单口杯*
（*江户时代）

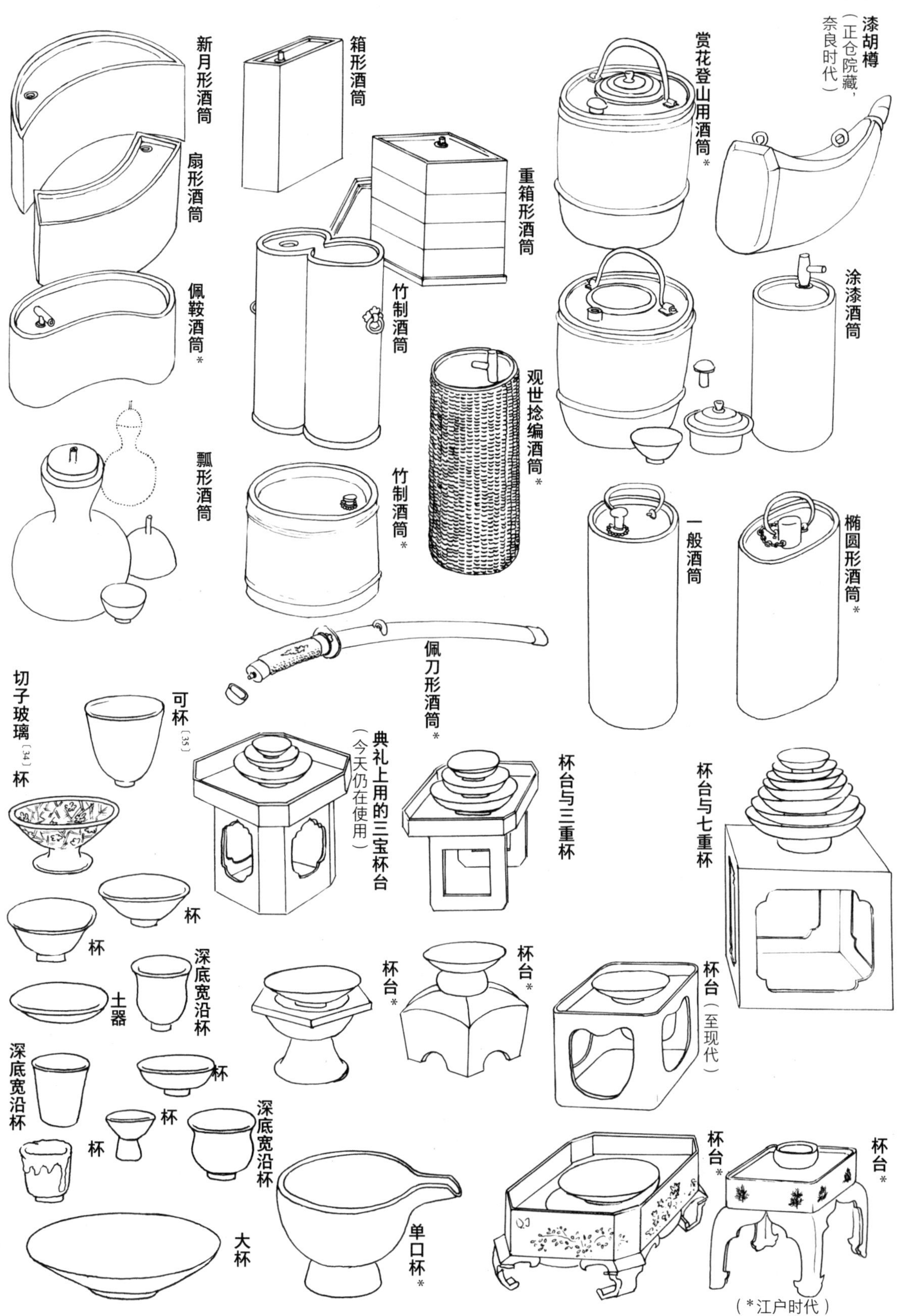

参考:《江户与东京风俗野史》

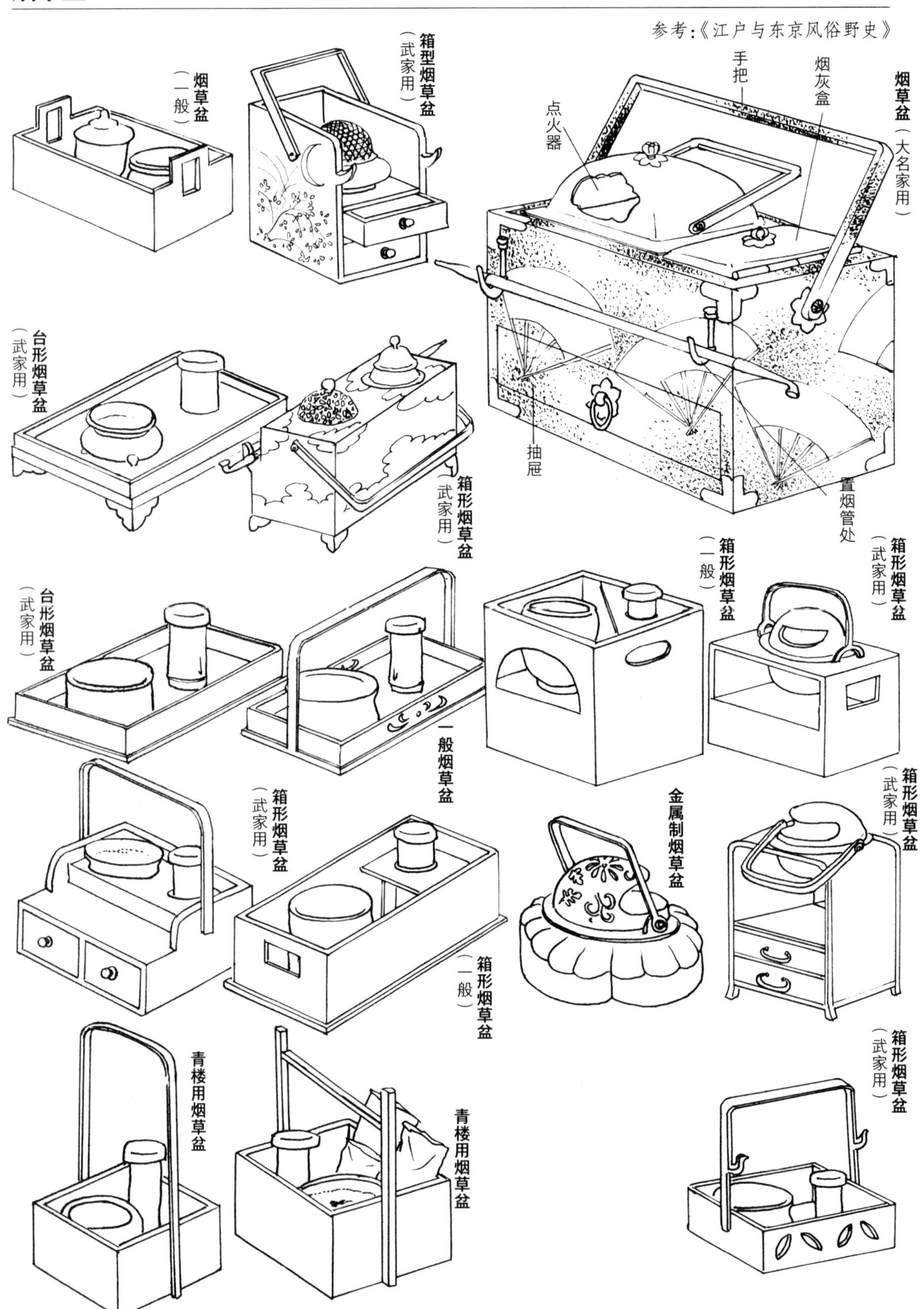

烟草盆

江户时代

参考：《江户与东京风俗野史》

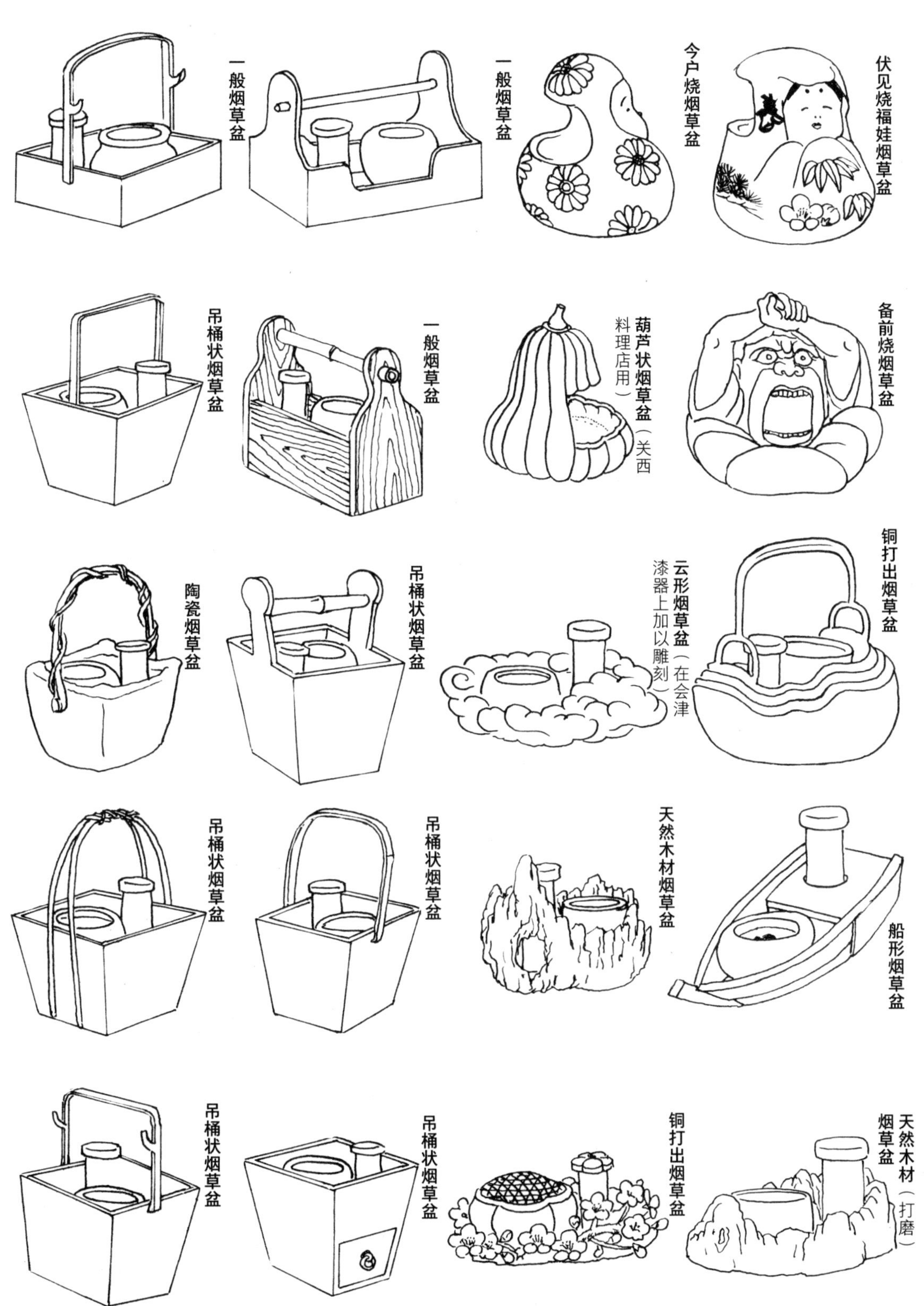

参考:《江户与东京风俗野史》

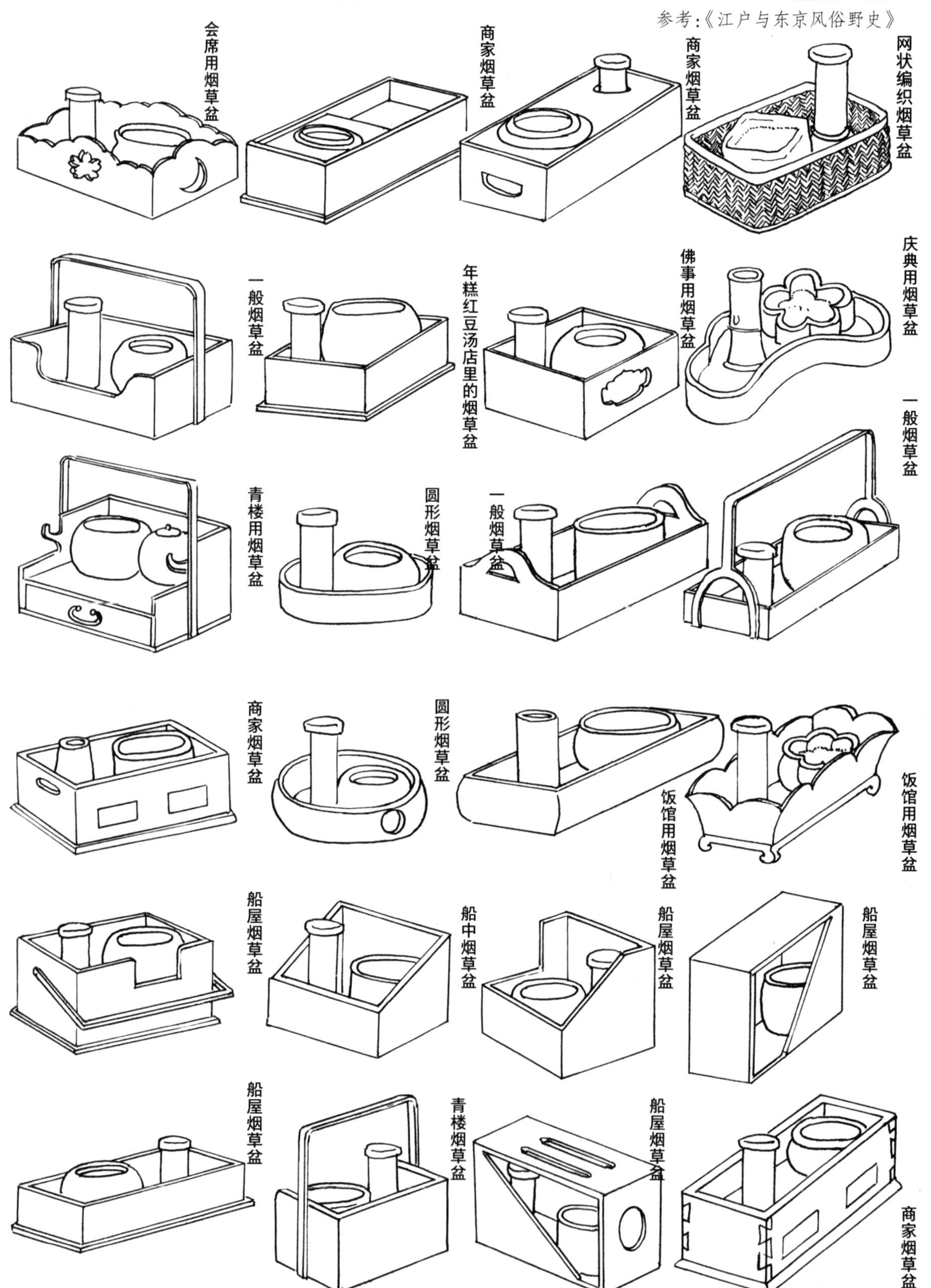

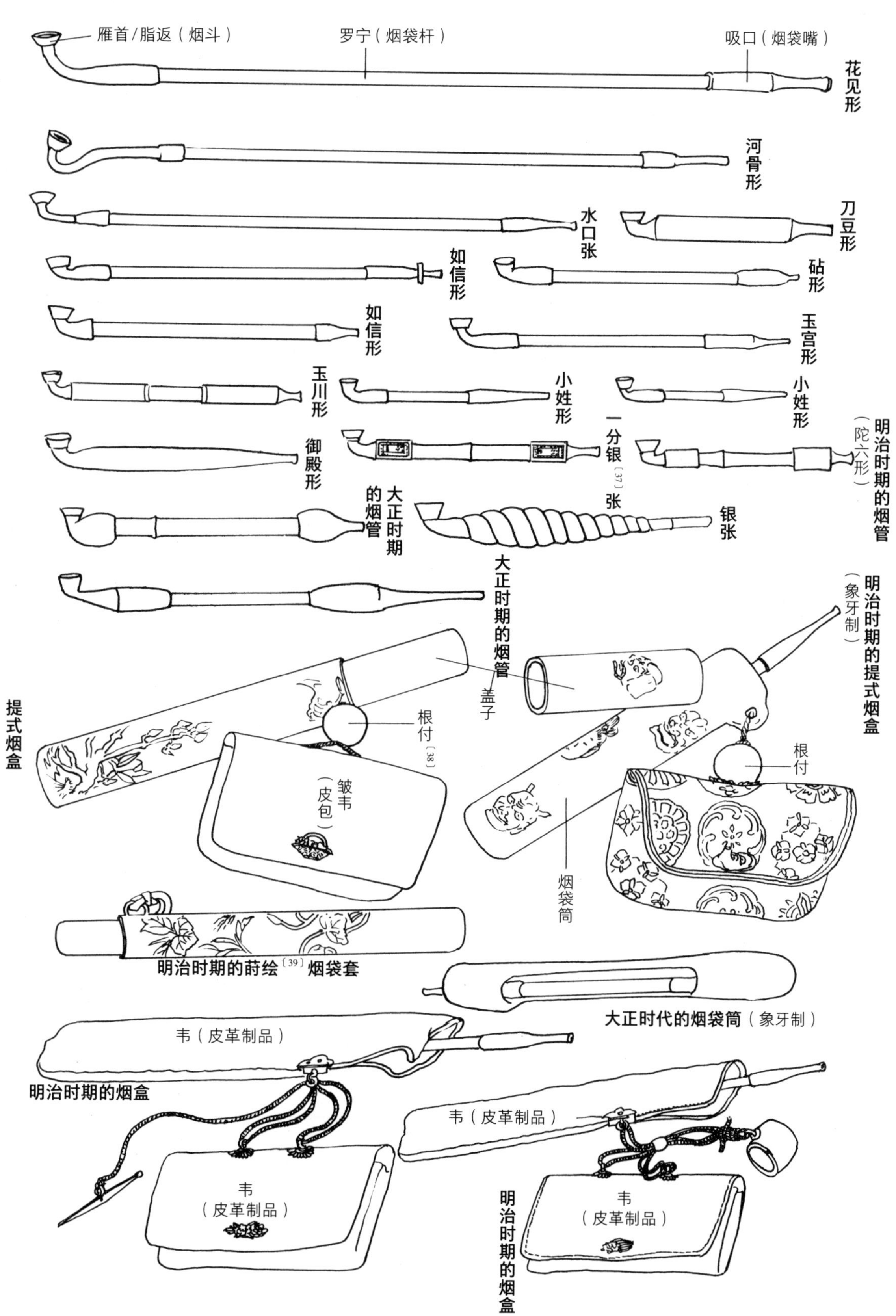
雁首/脂返（烟斗）
罗宇（烟袋杆）
吸口（烟袋嘴）
花见形
河骨形
水口张
刀豆形
如信形
砧形
如信形
玉宫形
玉川形
小姓形
小姓形
御殿形
一分银[37]张
明治时期的烟管（陀六形）
大正时期的烟管
银张
大正时期的烟管
明治时期的提式烟盒（象牙制）
盖子
提式烟盒
根付[38]
皱韦（皮包）
根付
烟袋筒
明治时期的莳绘[39]烟袋套
大正时代的烟袋筒（象牙制）
韦（皮革制品）
明治时期的烟盒
韦（皮革制品）
韦（皮革制品）
韦（皮革制品）
明治时期的烟盒

茶壶、铁壶、茶道具

碗口
茶筅壁
胴
腰
高台
高台胁
碗足
多足高台形
碗形
牵牛花形
马盥形
编笠形[40]
端反形（碗边外翻的形状）
天目形
真形
行形
草形
茶勺
圆挠
一段挠[41]
二段挠
茶勺柄
铁壶
热水壶
陶瓷风炉
茶筅
茶壶
茶碗和茶托
茶碗和茶托
茶托
茶托
茶壶
茶壶
架子（台子）
锅
铜风炉
水罐

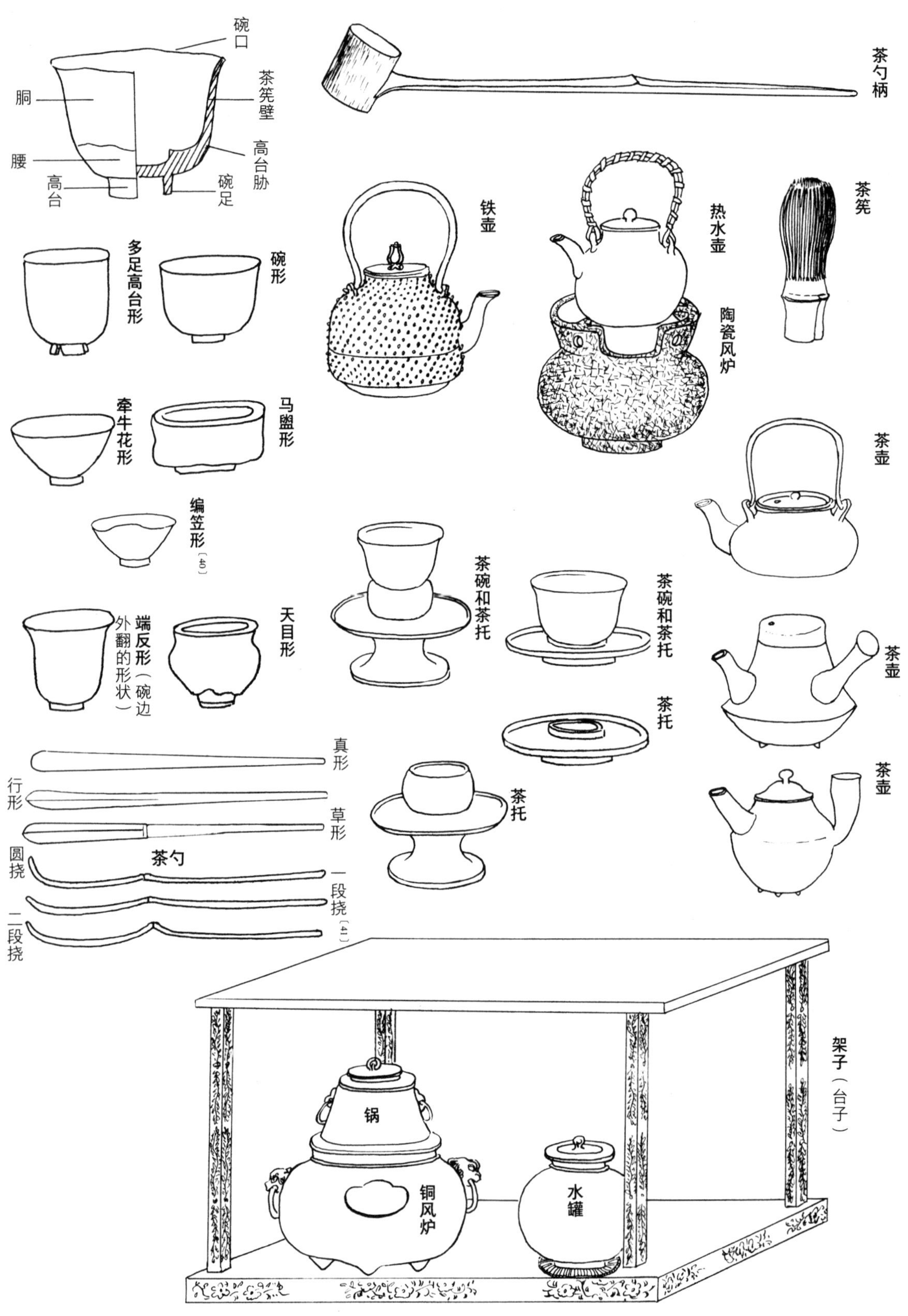

茶罐、锅与风炉

茶罐
吹雪
文茄茶罐
肩冲茶罐
芋子茶罐
鮟鱇茶罐
达摩茶罐
中次
汤桶茶罐
平枣
茶桶
圆壶
尻膨茶罐
水滴茶罐
枣[42]
茄子茶罐
文林茶罐
葫芦茶罐
锅
盖
把手
肩
甑
锅身
羽
火包
底
锅的各部分名称
富士
唐犬[43]
广口
姥口（外圈向上拱起）
野沟
鹤首
缫口
荷叶
甑口
真形
尾垂
蒲团
十王口
平蜘蛛
筋
田口
风炉
透木风炉
葫芦风炉
唐铜风炉
车轮
捆锅

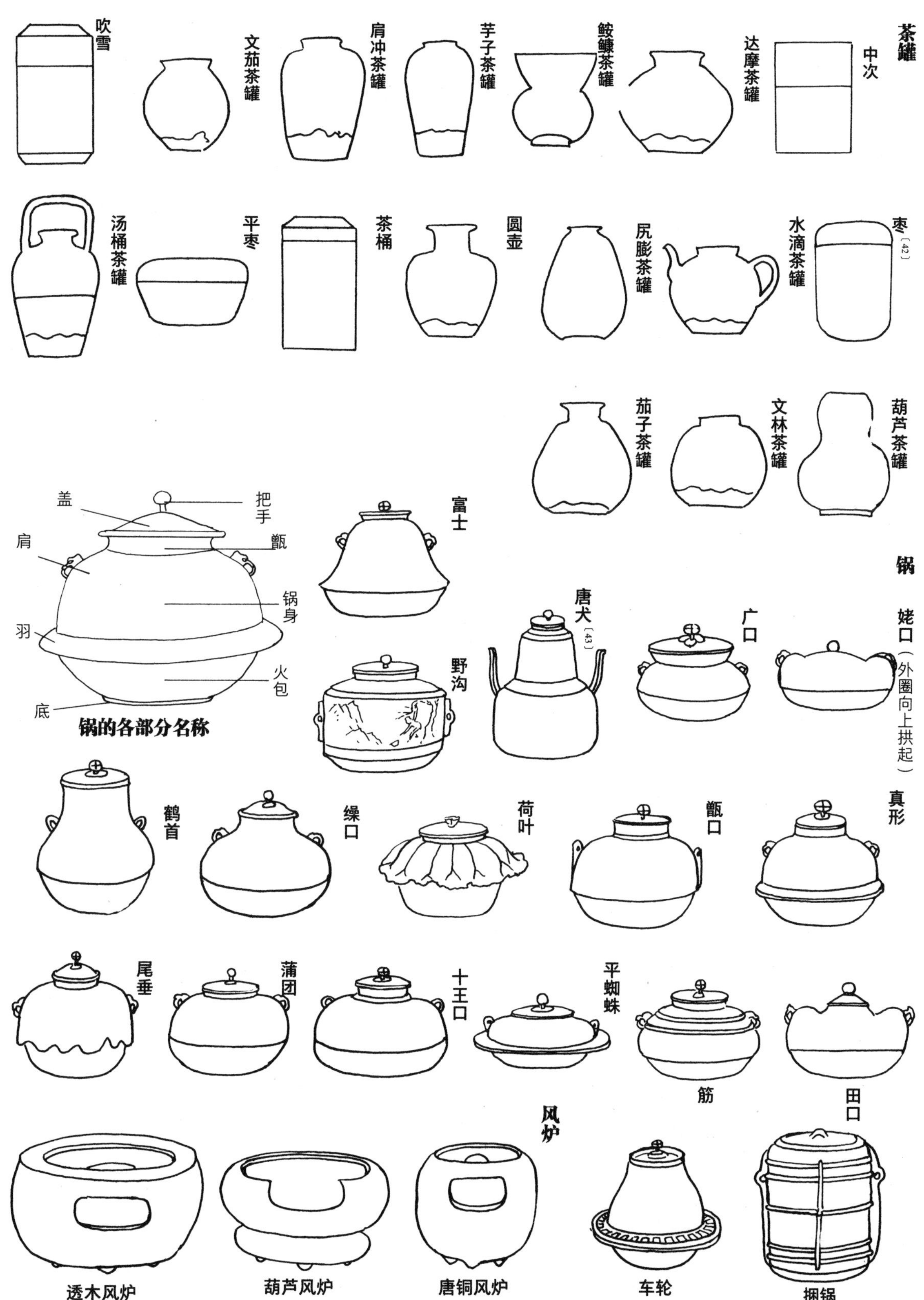

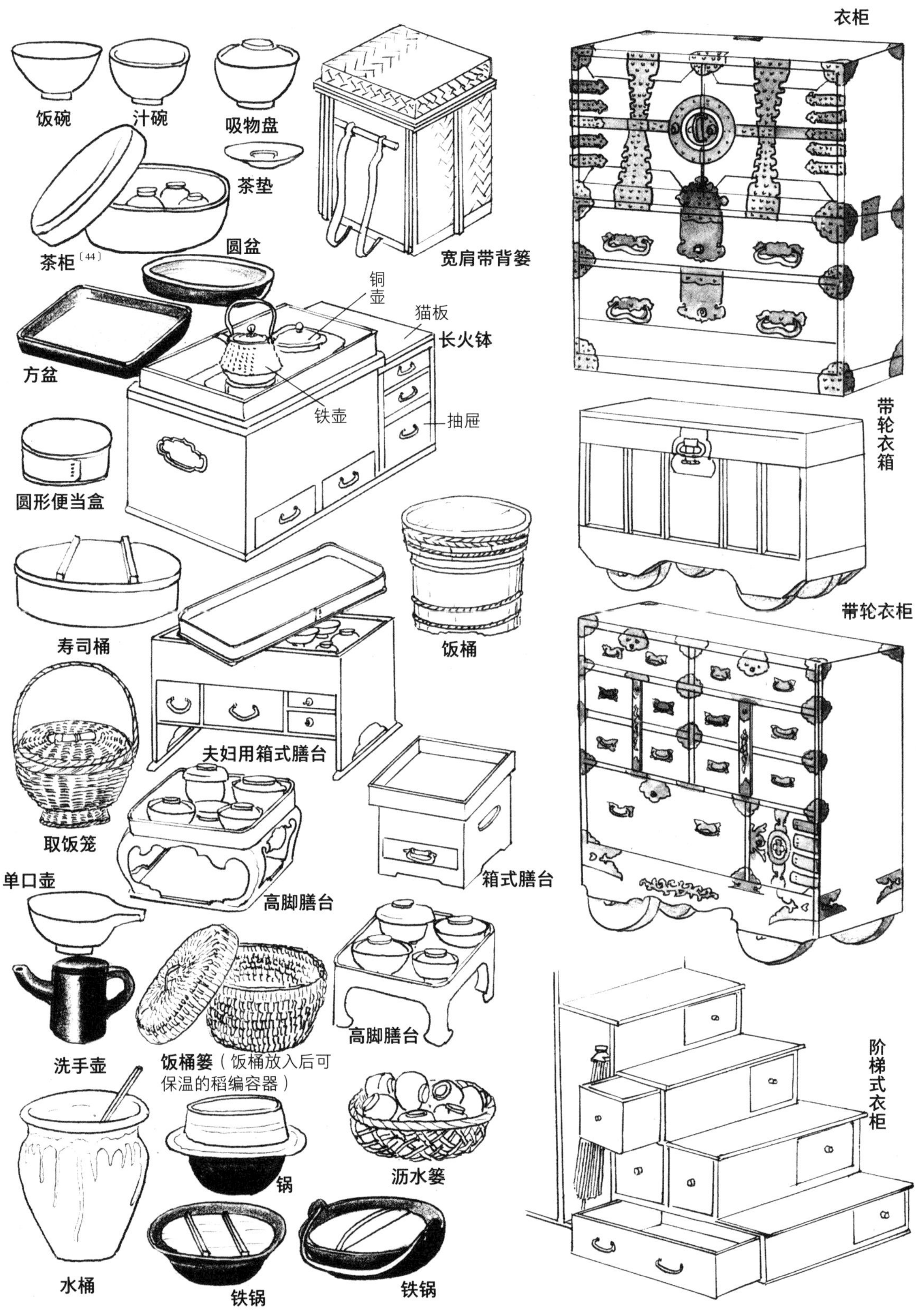
衣柜
饭碗
汁碗
吸物盘
茶垫
茶柜〔44〕
圆盆
宽肩带背篓
铜壶
猫板
长火钵
方盆
铁壶
抽屉
带轮衣箱
圆形便当盒
寿司桶
饭桶
带轮衣柜
夫妇用箱式膳台
取饭笼
单口壶
高脚膳台
箱式膳台
高脚膳台
洗手壶
饭桶篓（饭桶放入后可保温的稻编容器）
阶梯式衣柜
沥水篓
锅
水桶
铁锅
铁锅

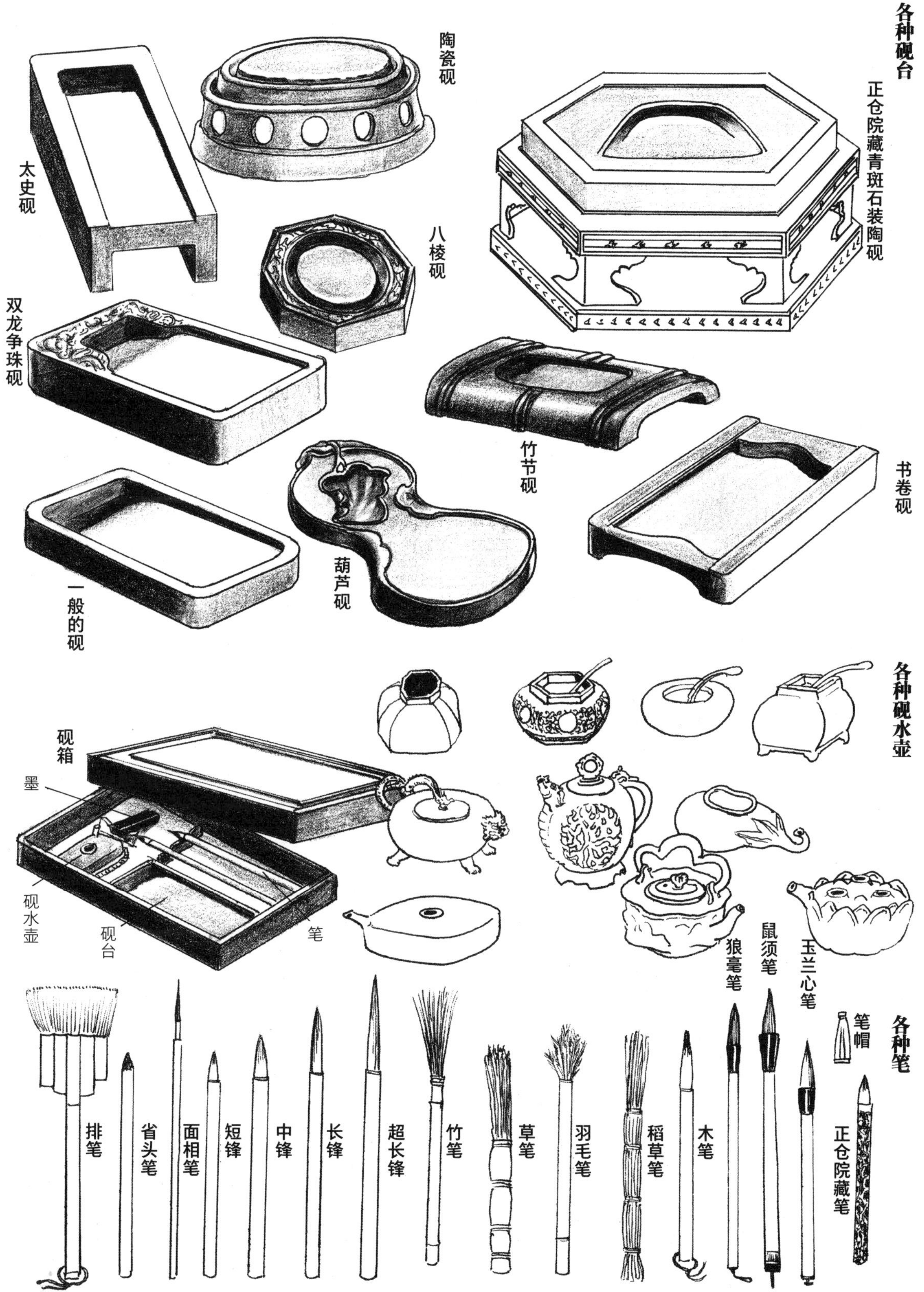
各种砚台
陶瓷砚
正仓院藏青斑石装陶砚
太史砚
八棱砚
双龙争珠砚
竹节砚
书卷砚
葫芦砚
一般的砚
各种砚水壶
砚箱
墨
砚水壶
砚台
笔
狼毫笔
鼠须笔
玉兰心笔
笔帽
各种笔
排笔
省头笔
面相笔
短锋
中锋
长锋
超长锋
竹笔
草笔
羽毛笔
稻草笔
木笔
正仓院藏笔

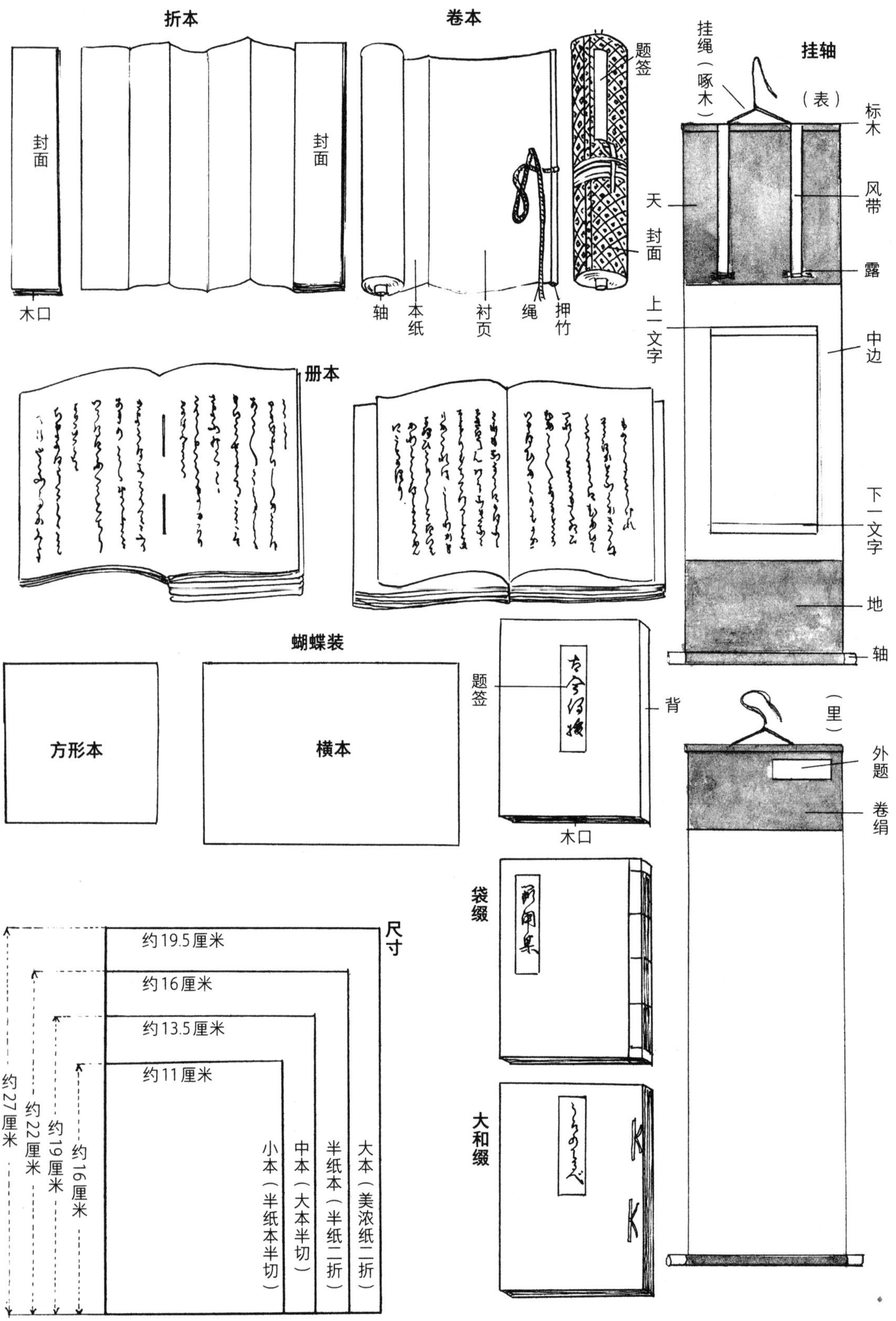
折本
封面
封面
木口
卷本
题签
封面
轴
本纸
衬页
绳
押竹
挂轴
挂绳（啄木）
（表）
标木
天
风带
露
上一文字
中边
下一文字
地
轴
（里）
外题
卷绢
册本
蝴蝶装
方形本
横本
题签
背
木口
袋缀
大和缀
尺寸
约19.5厘米
约16厘米
约13.5厘米
约11厘米
约27厘米
约22厘米
约19厘米
约16厘米
大本（美浓纸二折）
半纸本（半纸二折）
中本（大本半切）
小本（半纸本半切）

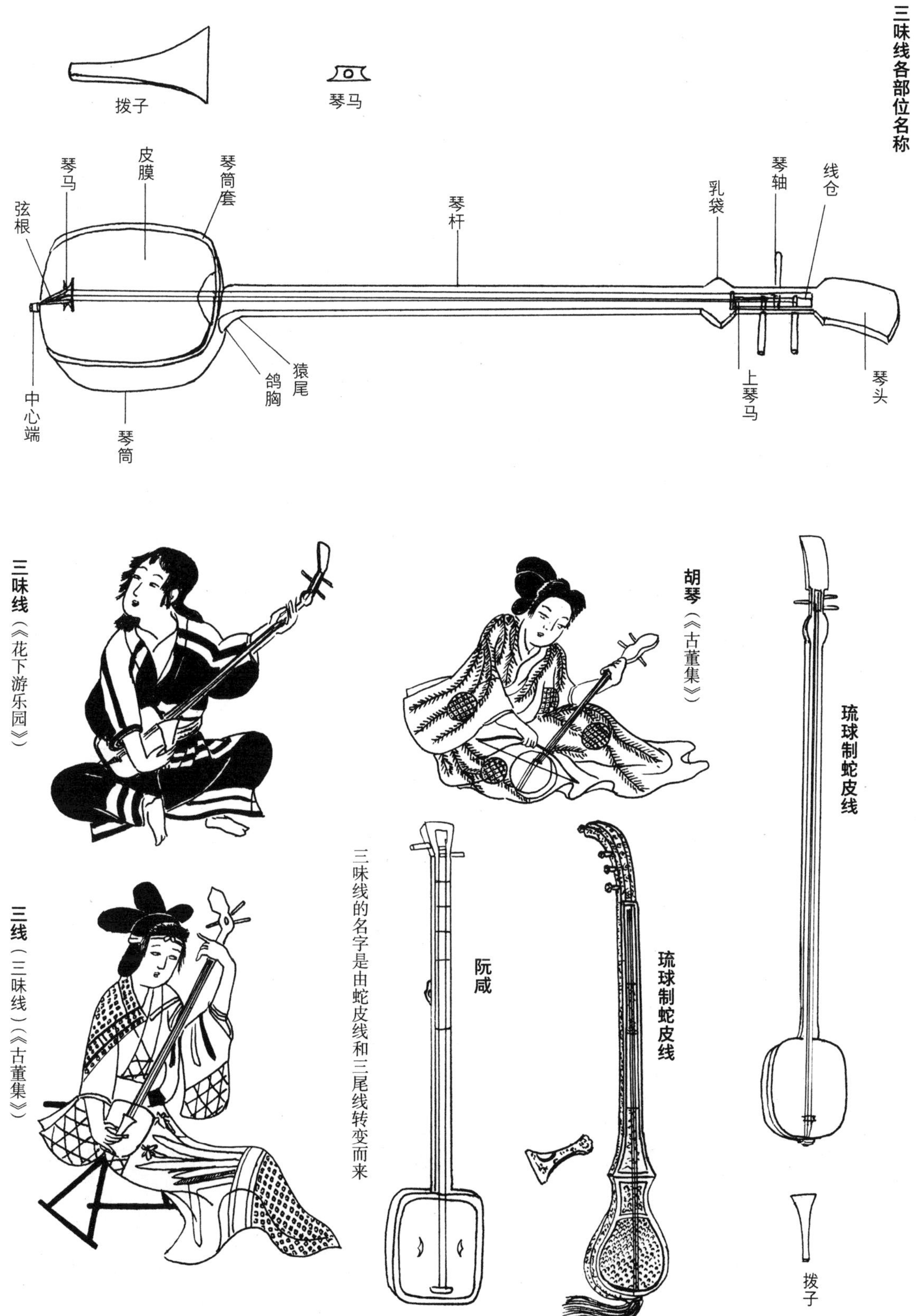
三味线各部位名称
拨子
琴马
弦根
琴马
皮膜
琴筒套
琴杆
乳袋
琴轴
线仓
中心端
琴筒
鸽胸
猿尾
上琴马
琴头
三味线（《花下游乐园》）
胡琴（《古董集》）
琉球制蛇皮线
三线（三味线）（《古董集》）
三味线的名字是由蛇皮线和三尾线转变而来
阮咸
琉球制蛇皮线
拨子

漆绘散乐（奈良时代）（正仓院藏弹弓上所绘）

宫中绫绮殿西厢前的女宫舞乐（平安时代）《年中行事绘卷》

田乐（平安至镰仓时代）《年中行事绘卷》

能乐舞台上的杨贵妃（室町时代）

江户时代中期以后的小剧场（参照浮世绘）

剧中舞蹈（江户时代初期）《歌舞伎草纸绘卷》

舞台

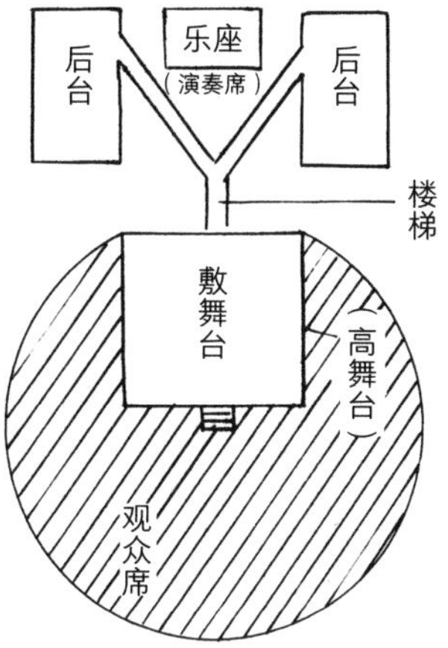

乐座
（演奏席）
后台
后台
楼梯
敷舞台
高舞台
观众席

舞乐的舞台

渡廊
镜间
五松
中庭
后台
四松
通道
狂言柱
镜板
挂
桥〔45〕
三松
二松
一松〔46〕
伴奏席〔47〕
地谣座〔49〕
白洲（碎石道）
主角柱
舞台
标志柱
白洲梯子〔48〕
大臣柱
观众席

能乐的舞台

后台
后台
观众席
舞台
栈敷（高位观众席）

田乐能的舞台

后台
伴奏
舞台
观众席

初期的歌舞伎剧场

后台
舞台
旋转舞台
下座
花道
假花道〔50〕
观众席
观众席
观众席
步道

江户时代中期以后的歌舞伎剧场

后台
下座〔51〕
舞台
床〔52〕
花道
假花道
观众席
观众席
观众席
步道
观众席

近代的歌舞伎剧场

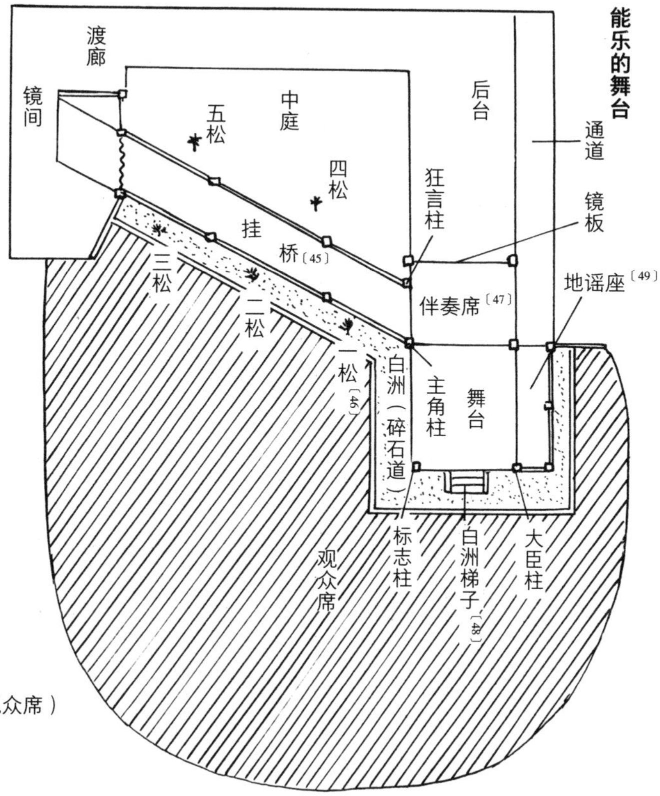

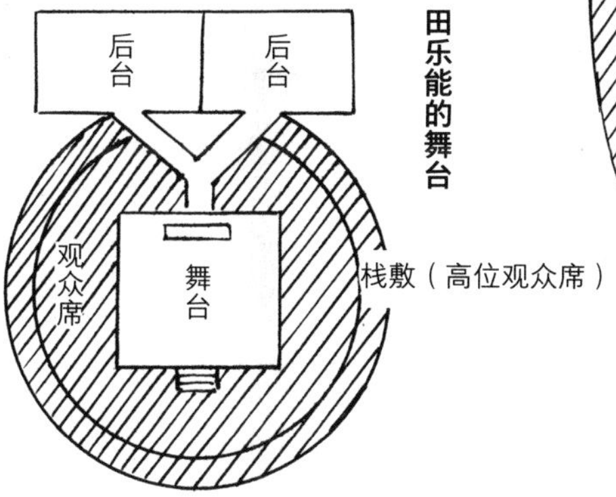

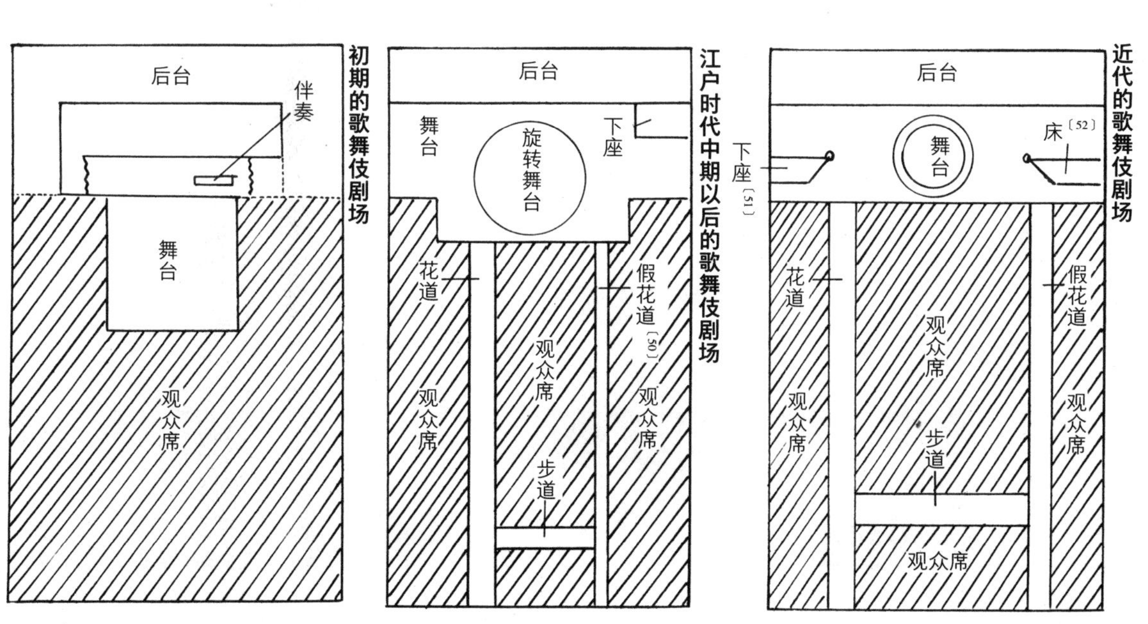

摘柿子（平安时代）（《扇面古写经下绘》）

抓小鸟（平安时代）（《扇面古写经下绘》）

镰仓时代的竹马（《慕归绘》）

平安时代的甩石头游戏（《年中行事绘卷》）

平安时代的立鼓游戏（宫内厅书陵部所藏《安德天皇八岁图》）

镰仓时代的竹马（《法然上人绘传》）

桃山时代的相扑（《名古屋城对面所袄绘》）[53]

江户时代的打仗游戏（《十二个月风俗图贴》）

江户时代的拍毽子游戏（《日吉屏风》）

江户时代初期的拍球游戏（《妇女图》）

江户时代中期的打菖蒲（用菖蒲做的绳子打地面。声音响者胜，或绳子先断者输）（《大和耕作绘抄》）

孩子的游戏

出典：*《古今百景吾妻余波》**《风流十二个月》***《蜘蛛的线卷》

跳绳*

毛毛虫走**（一群小孩并排蹲着走，后边的抓着前面的，嘴里唱毛毛虫歌）

老鹰抓小鸡**

锅鬼

弹珠*

翻墨块*（使自己的墨块弹跳至对方的墨块上）

翻竹片

找木屐（将木屐藏起来让别人找）

藏小东西**（一个人负责把小石头、小牙签等小东西藏起来，一个人负责找）

拍手掌**（你拍一我拍一）

抓狐狸**（取出绳子圈中的东西）

表演《胡萝卜、牛蒡和白萝卜》童话剧**

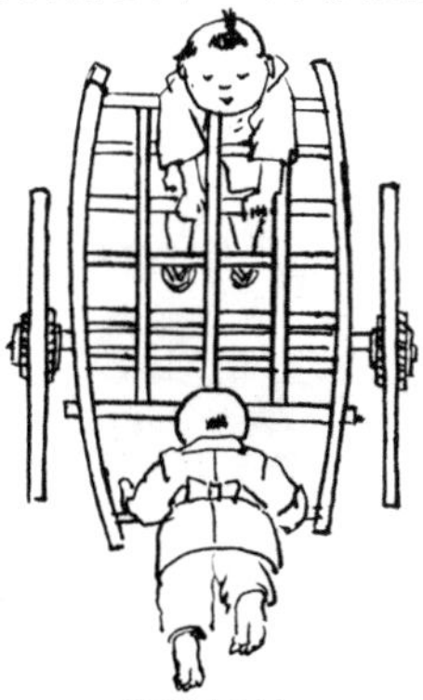

跷跷板**

拍面子（与拍洋画类似，不过当时的道具是泥制面子）

钻圆环***（一帮小孩手牵手形成一个圈，其中一人从圈下钻出）

孩子的游戏

出典：《古今百景吾妻余波》

堂堂转圈（两人手牵手绕着转圈）

踩高跷（源于江户时代）

滚铁环

抓蜻蜓（将系着发光物的绳子抛向空中，蜻蜓会追着它飞，以此来抓蜻蜓）

春驹（在马头形玩具后插一根棒子，跨在棒子上玩）

骑大马（两个人一人扮演马前足，一人扮演马后足，可以载上一人）

千手观音（倒背一个小孩走）

根木（削尖的木头插土里，让另一个小孩儿投掷削尖的木头，以把土中的木棍打倒）

菊花游戏（把菊花当作小沙包玩）

推馒头（嘴里一边说着“推馒头，推馒头，推不倒不准哭”，一边用手和身体推对方）

叠罗汉（往一个人的身上叠，能承受住最大重量的人获胜）

骑肩膀

上挑眼，下垂眼（上挑眼，下垂眼，提溜提溜猫猫眼）

听不见（在耳边说悄悄话，若对方听不见，会大声喊“听不见”）

吹泡泡

过独木桥

孩子的游戏

出典:《古今百景吾妻余波》
瞪眼（谁先笑谁输）
卖烟啦卖纸啦（把孩子横过来背在背上，做出卖东西的样子）
单脚跳（单脚或进或退或推人）
老头老太（弯着腰拄棍前行）
茶师（蒙着眼睛将茶托放在别人面前并猜他的名字）
金山银山（蒙住一人的眼睛，拉着他的手到处走，边对他说“这是金山”“这是银山”，边让他摸那些东西，让他猜是什么）
踩影子（就着十月十日的晚上的月光相互踩影子）
草鞋在哪里（把草鞋藏起来，让一个人猜草鞋在哪）
当心屁股（边说“今天二十八呀，屁股要当心呀”，边提起衣摆遮着屁股走路）
笼中鸟
捆王八（突然将站着的孩子用绳子转着圈捆住）
陀螺（让陀螺相互碰撞斗乐）
投掷小布袋
淀川濑（手拉着手向后转、向前转）
对面的老婆婆（“对面的老婆婆你过来，怕鬼的小孩我过不去”）

响螺
木制陀螺
跳棋
太鼓
竹马
时装娃娃
爬子[54]
捆猴[55]
歌留多纸牌
水枪
手球
巧巧板
绘风筝
将棋
智慧之轮
乌贼风筝
鲶鱼风筝
三番叟风筝
一目风筝
奴风筝[56]
孔雀风筝
达摩风筝
扇子风筝
福助风筝
振袖风筝
剑风筝
鸢风筝
将棋风筝
花魁风筝

注释

1. 1坪≈ 3.306平方米。
2. 奉公人，地位低于武士、为武家工作的人。
3. 围炉里，在地板挖开一块四方形空间并铺上灰烬，主要做暖房或料理用途。
4. 丁银，室町时代至明治维新流通的一种无面值银币。
5. 朱银，江户后期开始流通的带面值的银币。
6. 豆板银，江户时代流通的银币的一种。又称小粒银、小玉银。
7. 藩币，藩发行的纸币。
8. 局部假发，在梳一些特殊发型（多见于各种日本式发型）时，用来增加原发厚度与长度的假发。
9. 阿多福，额高脸圆颊肥鼻梁低的脸型。
10. 饼，日本的“饼”由糯米制成，形状各异，类似于中国的年糕。
11. 若水，是元旦清晨由井中取出的第一桶水。首先要供奉在神龛，再用它做杂煮或泡茶，如此可以去除往年的邪气，带来新年的好运。
12. 男子成年时进行元服礼，会由一位特定人物为他戴上乌帽子，这位特定人物被称为“乌帽子亲”。
13. 毕哥，Georges Ferdinand Brgot（1860—1927），法国人，明治时期在日本作画长达二十年。
14. 户棚澡堂，继蒸汽澡堂后的一种洗浴方式。木板下的蒸汽使其上的热水保持温度，洗澡时下半身泡在热水中，上半身裸露在充斥着整个房间的蒸汽中。
15. 行水，用盆浇水洗身体。
16. 五德，即炉架。
17. 行火，由移动炭火、电或化学发热体来供暖的一人用可移动取暖装置。
18. 十能，铲除煤灰、炭灰的工具。
19. 炭柜，用烧炭来取暖的四方形火盆，通常固定在屋内一角。
20. 越后佐渡，相当于今天的新潟县。
21. 大常祭，天皇继位第一年的新尝祭。新尝祭是宫中祭祀之一，以庆祝收获。在11月23日，天皇将新五谷进奉于天神地祇，之后天皇本人用膳新五谷，向当年的丰收表示感谢。
22. 船宿，为船员提供饭食与住宿的设施。
23. 雪洞，在烛台外罩纸或绢，底部加上台座的灯具。
24. 料理茶屋，提供饭食的茶屋。
25. 酸浆提灯，小型红灯笼，在盂兰盆节时挂起，为祖先照亮归途。盂兰盆节结束后取下。
26. 柳樽，红白喜事时，系在红包或赠品包装上的红色白色或黑色白色的线绳。
27. 猩猩德利，雕成人形的德利。
28. 献上德利，造型雅致、雕绘精良的德利。
29. 德利套装，一德利一酒杯的组合。
30. 鬼唐草，蔓草纹的一种。
31. 船德利，底部平整宽大，稳定性好，便于在船中使用。
32. 浮德利，底部宽且重，瓶身厚而不易倒。
33. 贫乏德利，酒家卖一升以内的酒于顾客时，以此容器盛酒，顾客将酒注入自家容器时，再将其归还于店家。瓶身上标有店家名。
34. 切子玻璃，刀工细致且透明度高的铅玻璃。
35. 可杯，底部有小孔需用手指堵住后再倒酒，注入酒后必须一饮而尽。也有的可杯为尖底，不饮尽无法置于桌上。
36. 烟草盆，在吸烟场所中盛放各种吸烟器具的容器。
37. 一分银，江户末期流通的一种长方形货币，表面写有“一分钱”字样。
38. 根付，即吊坠，以微雕工艺品为主。
39. 莳绘，日本传统漆绘工艺。

注释

40. 编笠形，小而低的天目形碗底，碗身为漏斗状，碗口收拢。
41. 茶勺前端取茶部分的弯曲处有各种形状，称为“挠”。
42. 枣，木制涂漆茶罐，有盖容器。因其形状与枣相似而得名。
43. 唐犬，因其两侧把手似犬耳而得名。
44. 茶柜，放成套煎茶茶具的容器。
45. 挂桥，演员进出舞台的通道。作为舞台的外延部分，也是重要的演技展示空间。
46. 在挂桥近观众席一侧，摆三棵松树，以其远近大小来为观众增加戏剧的立体感。其中最靠近舞台的称作“一松”，其他依此类推。
47. 伴奏席，伴奏组坐的地方。能剧的伴奏有四个角色，分别是笛、小鼓、大鼓、太鼓的演奏者。
48. 白洲梯子，在江户时代，由当日的寺社奉行宣布能剧开始、递赏赐物给能剧演员时，上下舞台的梯子。
49. 地谣，能剧中负责弹唱故事背景、人物心情旁白的角色，由六到十二人组成，多为八人。地谣座即他们所坐的位置。
50. 假花道，设置在面朝舞台的右侧位置，多为根据剧情需要临时设置的花道。
51. 下座，在舞台右侧（面朝观众方向）的角落里黑色帘子后为歌舞伎配乐的乐队，以三味线、鼓、笛为主。江户时代的下座设置于舞台左侧。
52. 床，与“下座”同为乐队，位于舞台左侧，以三味线伴奏义太夫节为主。
53. 袄，指类似屏风的和室房间内的隔扇；袄绘，即隔扇上的画作。
54. 爬子，幼儿枕边人形玩具，有三岁之前的护身符一说。
55. 捆猴，以猴子四肢被捆住来寓意要自律自制，不随心所欲。
56. 奴，对于在武家劳作的低微身份人群的蔑称。

第二辑

殿舍及住宅

镰仓时代的建筑（《春日权现灵验记》）
刨工（切削加工平面的人）
墨斗[1]工
（将墨斗的线拉直）
亲方[2]
（亦称大工、栋梁）
锯工（锯木材）
土台（打地基）
手斧工
（削木材的人）
角尺工（切割四棱木材时测定尺寸）
盛水器（在盒子里盛水，以检查是否水平）
刨刀
盛水器
差金（角尺）
墨斗
凿子
手斧
手斧
钉锤
镰仓时代的木工工具

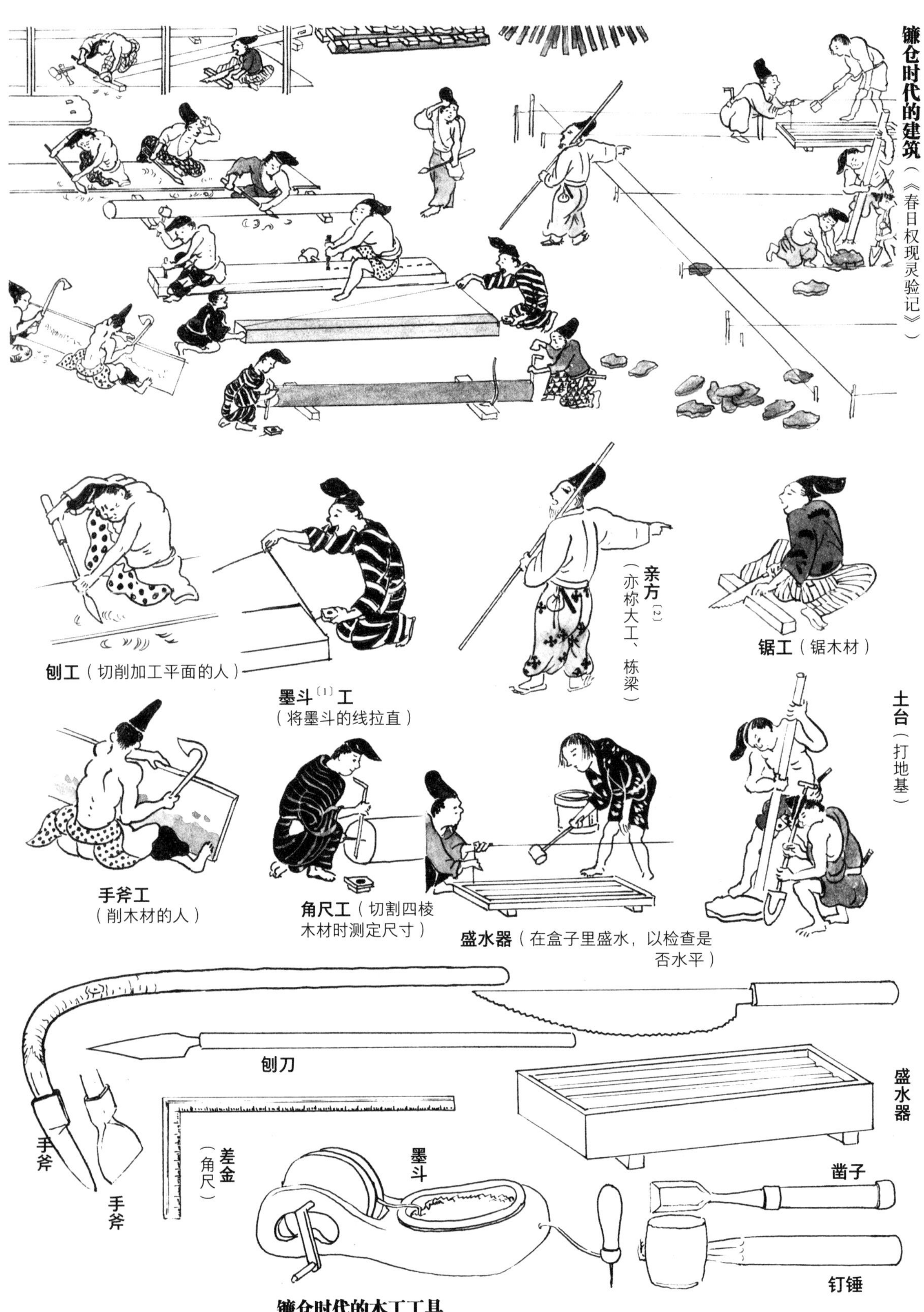

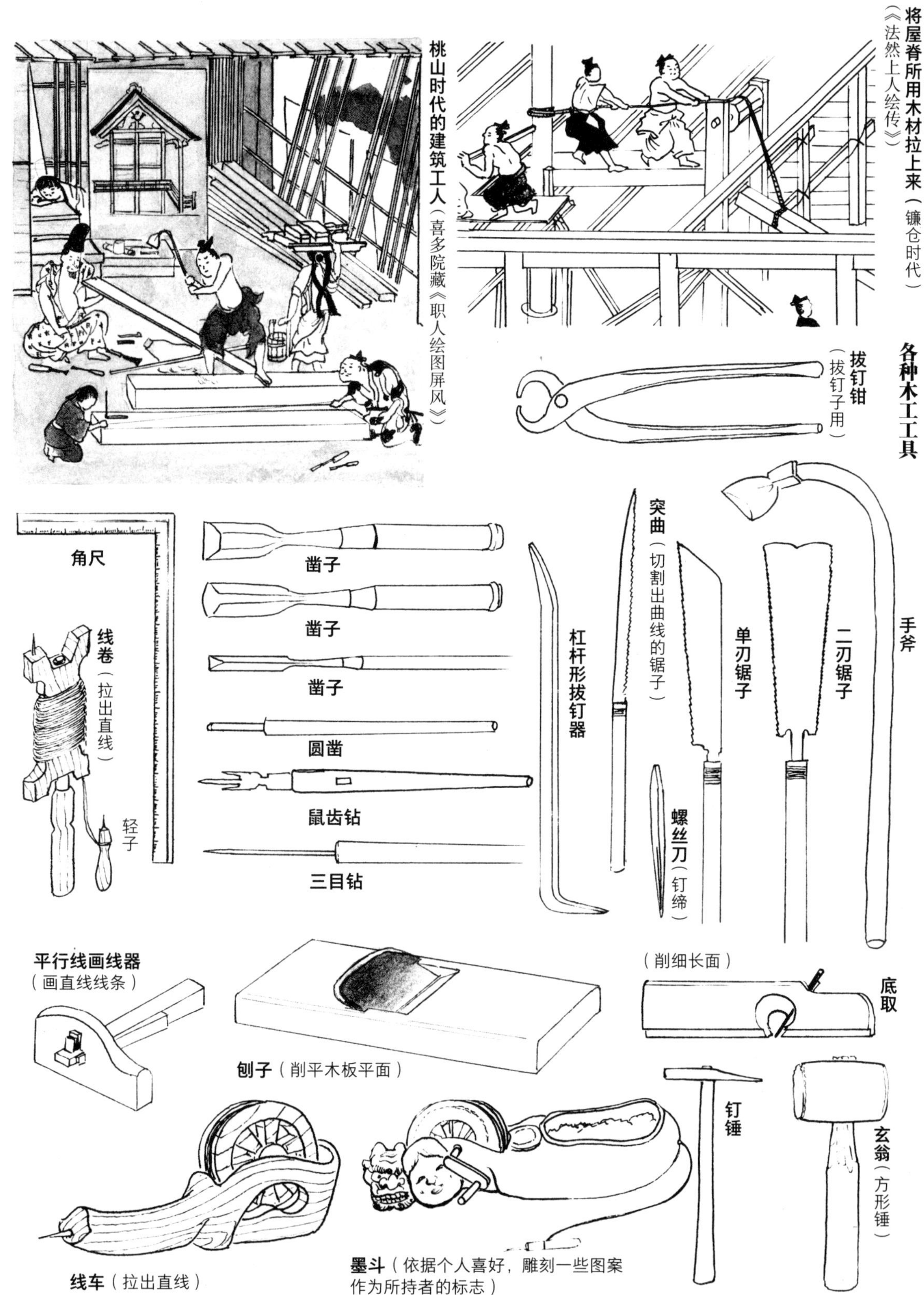
桃山时代的建筑工人（喜多院藏《职人绘图屏风》）
将屋脊所用木材拉上来（镰仓时代）
（《法然上人绘传》）
各种木工工具
拔钉钳（拔钉子用）
角尺
凿子
凿子
凿子
圆凿
鼠齿钻
三目钻
线卷（拉出直线）
轻子
杠杆形拔钉器
突曲（切割出曲线的锯子）
螺丝刀（钉缔）
单刃锯子
二刃锯子
手斧
平行线画线器（画直线线条）
刨子（削平木板平面）
（削细长面）
底取
钉锤
玄翁（方形锤）
线车（拉出直线）
墨斗（依据个人喜好，雕刻一些图案作为所持者的标志）

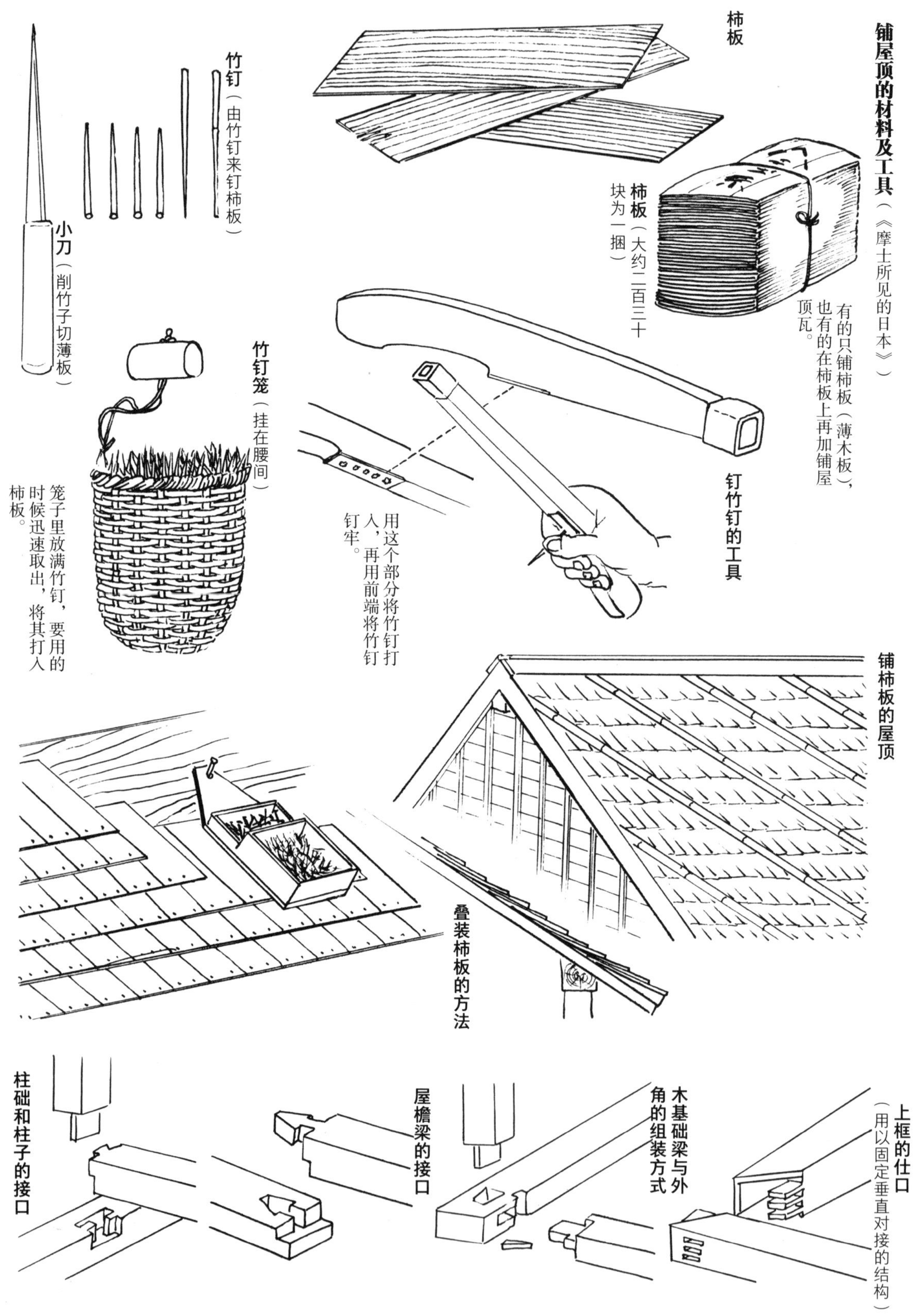
铺屋顶的材料及工具（《摩士所见的日本》）
柿板
柿板（大约二百三十块为一捆）
有的只铺柿板（薄木板），也有的在柿板上再加铺屋顶瓦。
竹钉（由竹钉来钉柿板）
小刀（削竹子切薄板）
竹钉笼（挂在腰间）
笼子里放满竹钉，要用的时候迅速取出，将其打入柿板。
钉竹钉的工具
用这个部分将竹钉打入，再用前端将竹钉钉牢。
铺柿板的屋顶
叠装柿板的方法
柱础和柱子的接口
屋檐梁的接口
木基础梁与外角的组装方式
上框的仕口（用以固定垂直对接的结构）

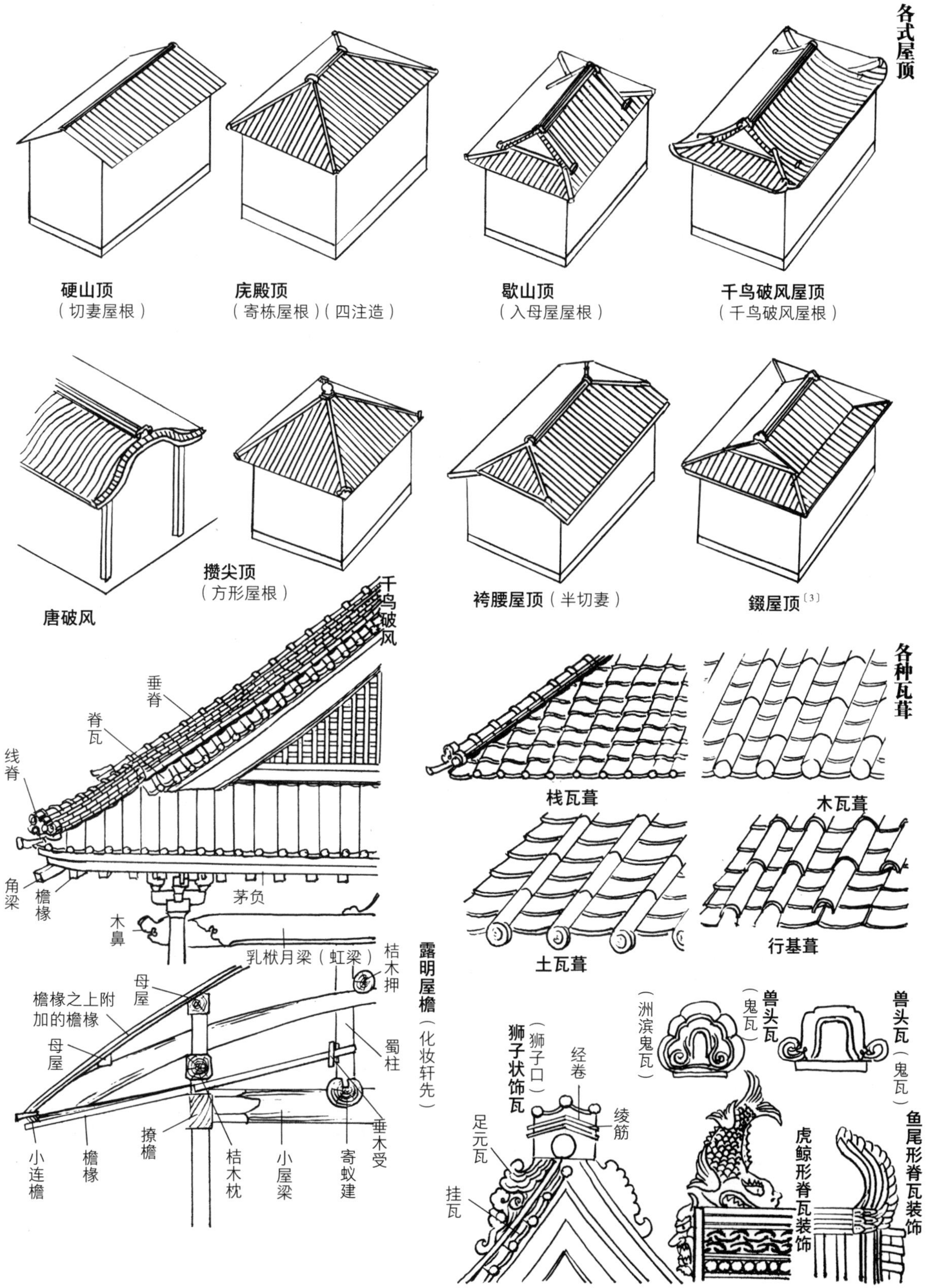
各式屋顶
硬山顶
（切妻屋根）
庑殿顶
（寄栋屋根）（四注造）
歇山顶
（入母屋屋根）
千鸟破风屋顶
（千鸟破风屋根）
唐破风
攒尖顶
（方形屋根）
袴腰屋顶（半切妻）
錣屋顶[3]
千鸟破风
垂脊
脊瓦
线脊
角梁
檐椽
茅负
木鼻
乳栿月梁（虹梁）
桔木押
母屋
檐椽之上附加的檐椽
母屋
蜀柱
垂木受
小连檐
檐椽
撩檐
桔木枕
小屋梁
寄蚁建
露明屋檐（化妆轩先）
各种瓦葺
栈瓦葺
木瓦葺
土瓦葺
行基葺
狮子状饰瓦（狮子口）
经卷
绫筋
足元瓦
挂瓦
（洲滨鬼瓦）
兽头瓦（鬼瓦）
兽头瓦（鬼瓦）
虎鲸形脊瓦装饰
鱼尾形脊瓦装饰

神社建筑

参考:《建筑用语图解辞典》

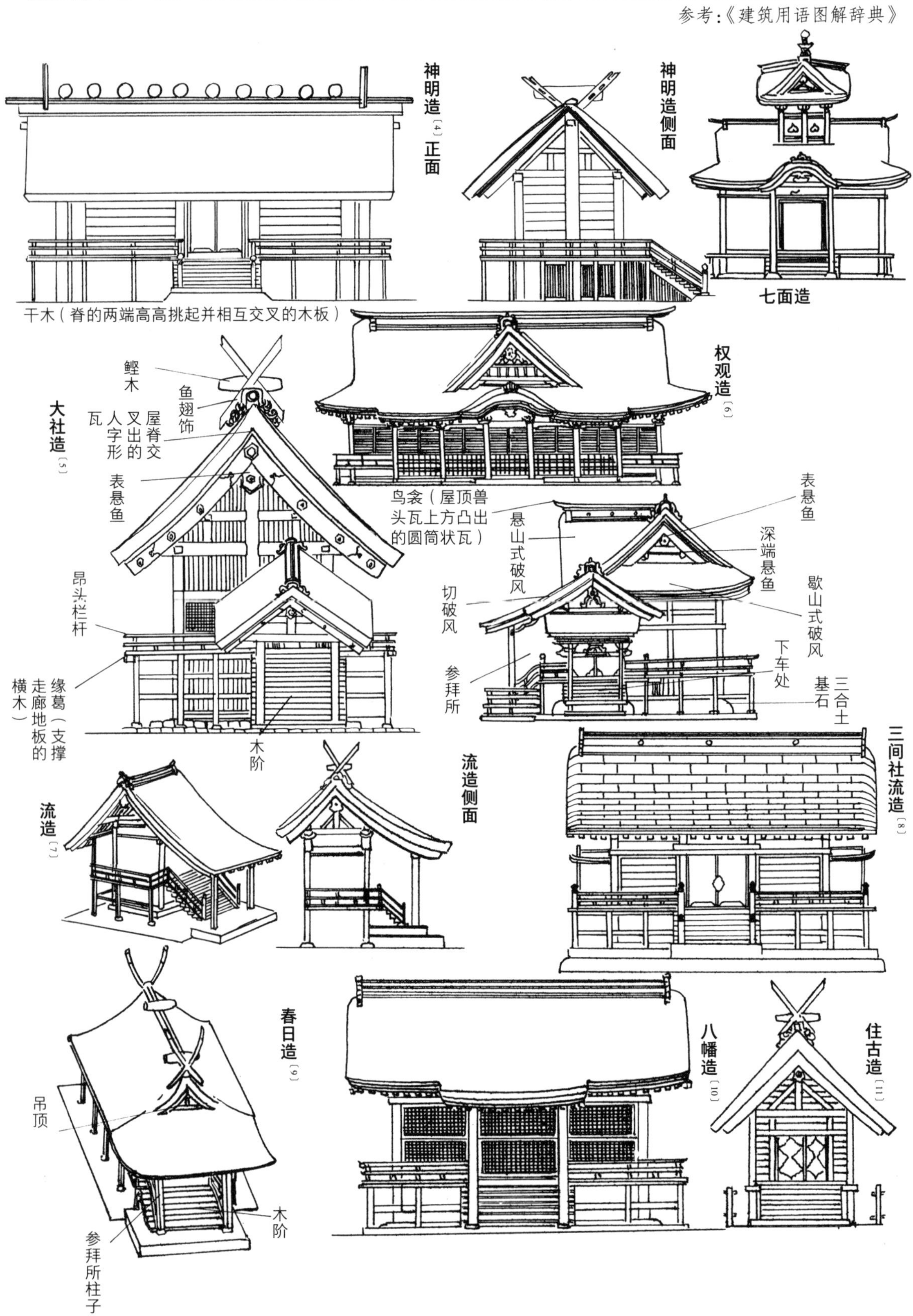

寺院建筑

参考:《江户与东京风俗野史》

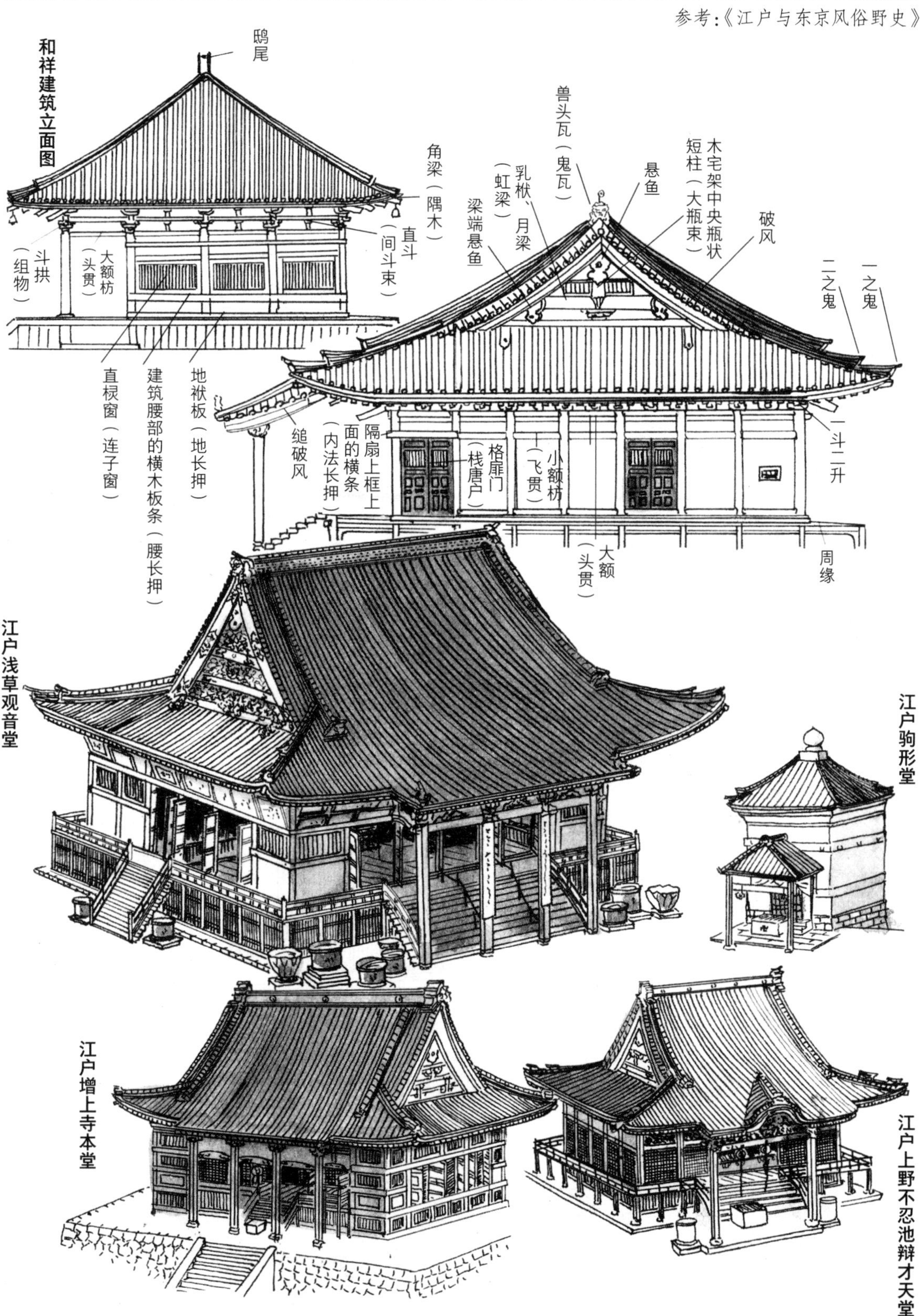

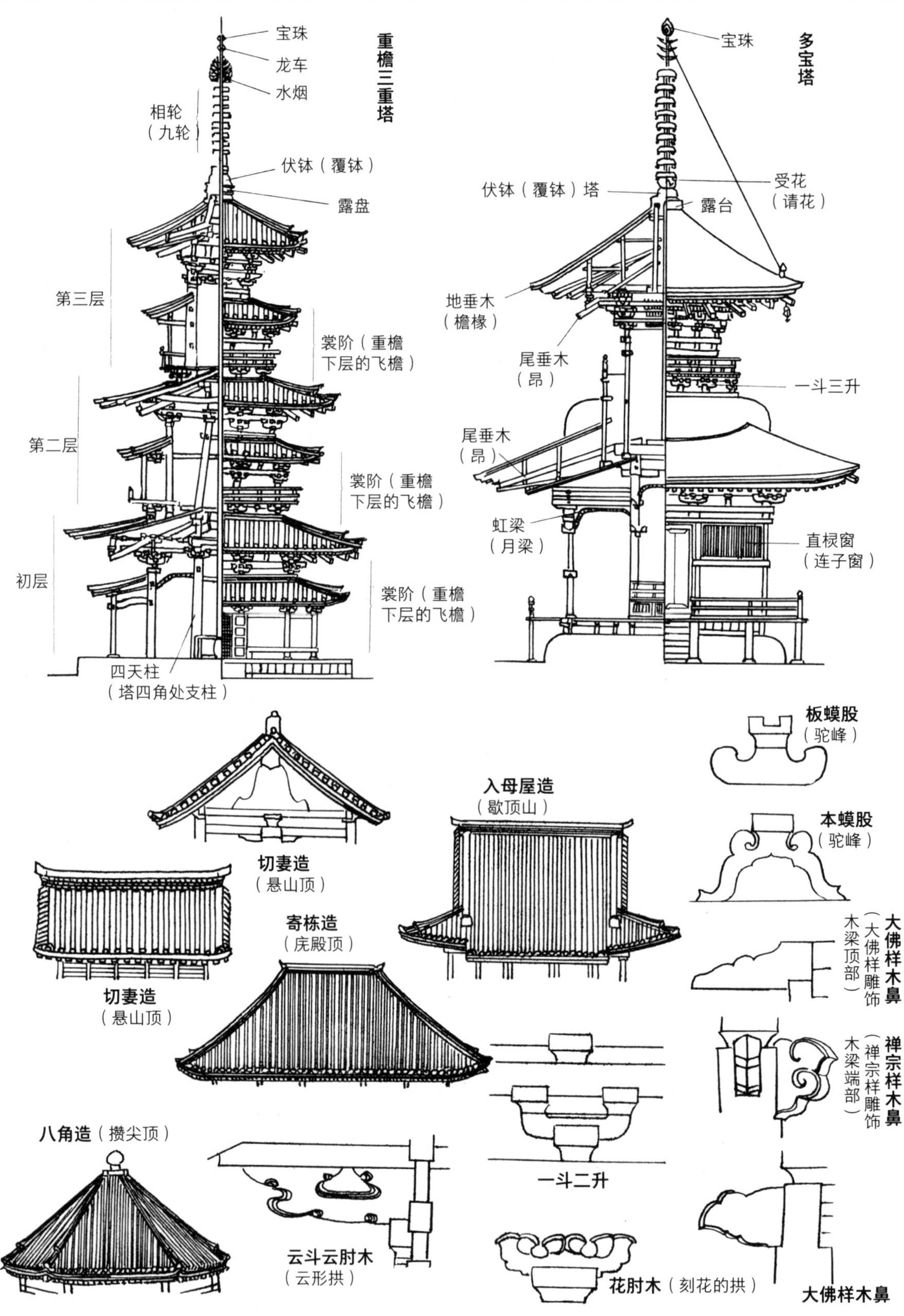

重檐三重塔
宝珠
龙车
水烟
相轮（九轮）
伏钵（覆钵）
露盘
第三层
裳阶（重檐下层的飞檐）
第二层
裳阶（重檐下层的飞檐）
初层
裳阶（重檐下层的飞檐）
四天柱（塔四角处支柱）
多宝塔
宝珠
伏钵（覆钵）塔
受花（请花）
露台
地垂木（檐椽）
尾垂木（昂）
一斗三升
尾垂木（昂）
虹梁（月梁）
直棂窗（连子窗）
板蟆股（驼峰）
入母屋造（歇顶山）
本蟆股（驼峰）
切妻造（悬山顶）
寄栋造（庑殿顶）
切妻造（悬山顶）
大佛样木鼻（大佛样雕饰木梁顶部）
禅宗样木鼻（禅宗样雕饰木梁端部）
八角造（攒尖顶）
一斗二升
云斗云肘木（云形拱）
花肘木（刻花的拱）
大佛样木鼻

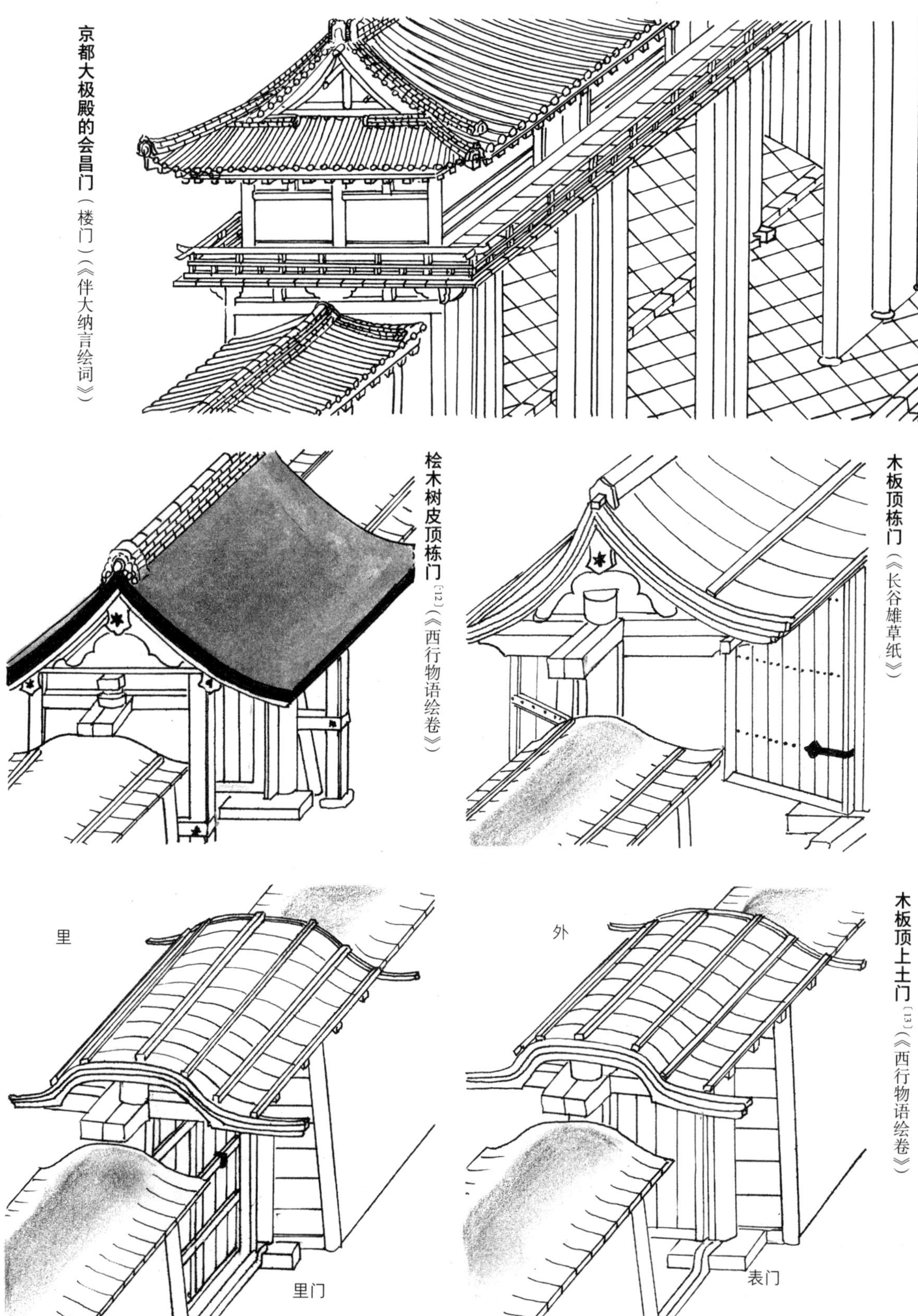

京都大极殿的会昌门（楼门）（《伴大纳言绘词》）

桧木树皮顶栋门[12]（《西行物语绘卷》）

木板顶栋门（《长谷雄草纸》）

木板顶上土门[13]（《西行物语绘卷》）

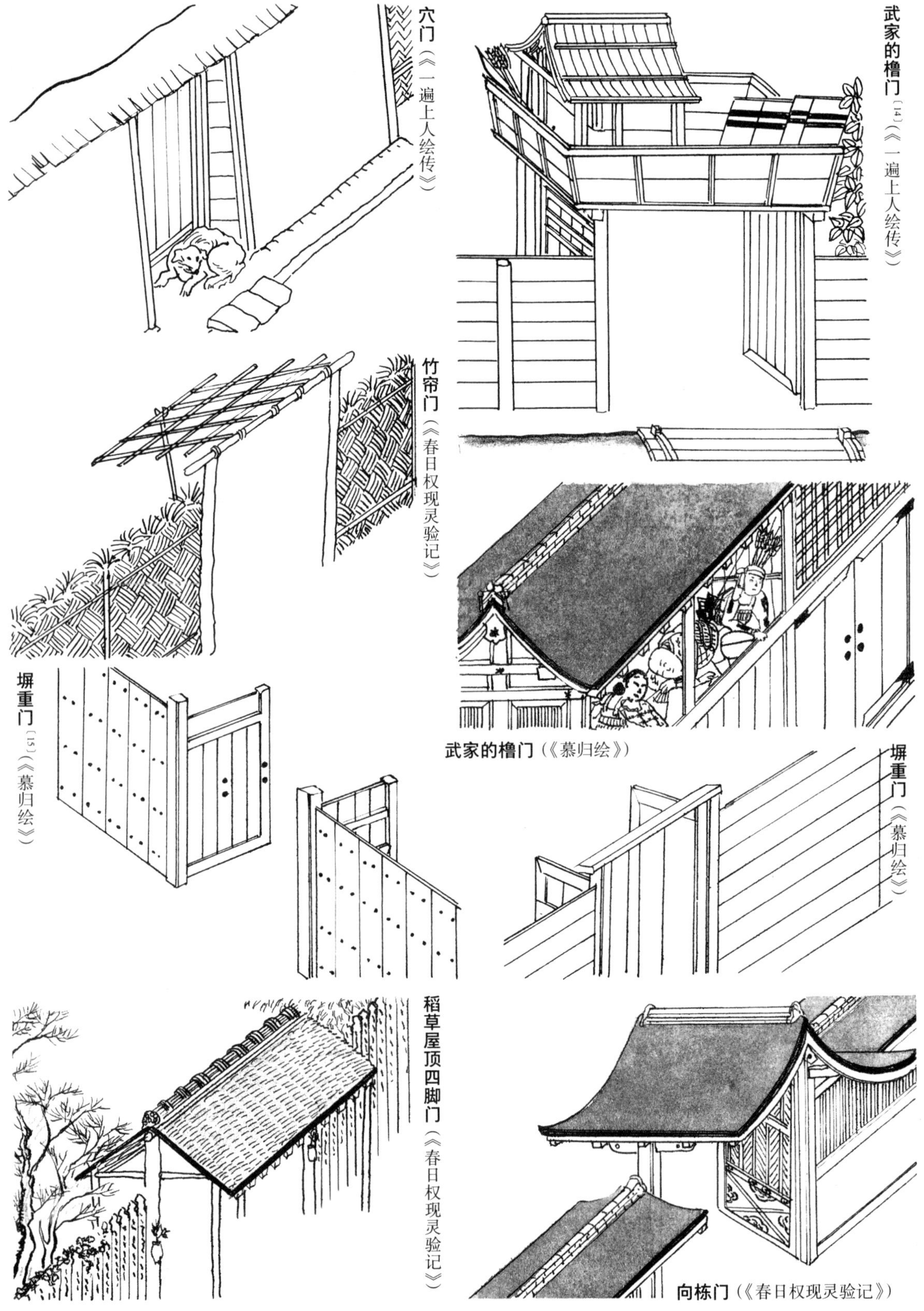

穴门（《一遍上人绘传》）

武家的橹门[14]（《一遍上人绘传》）

竹帘门（《春日权现灵验记》）

塀重门[15]（《慕归绘》）

武家的橹门（《慕归绘》）

塀重门（《慕归绘》）

稻草屋顶四脚门（《春日权现灵验记》）

向栋门（《春日权现灵验记》）

参考:《建筑用语图解辞典》

向唐门[16](四脚门)
女梁
男梁
出梁
绘镇板
门枋
扬土门
门
门柱
土墙
御守殿门(东京大学赤门内侧)
四脚门侧面
低收入武士家的长屋门
露明脊
留盖瓦
叉手
门枋
药医门
支撑穿
门柱(圆)
女梁
男梁
下支撑穿
柱础
门枋
栈梁
武士家的长屋门
武士家的长屋门
物见窗
切户
馒头形状金属条
八双金属片

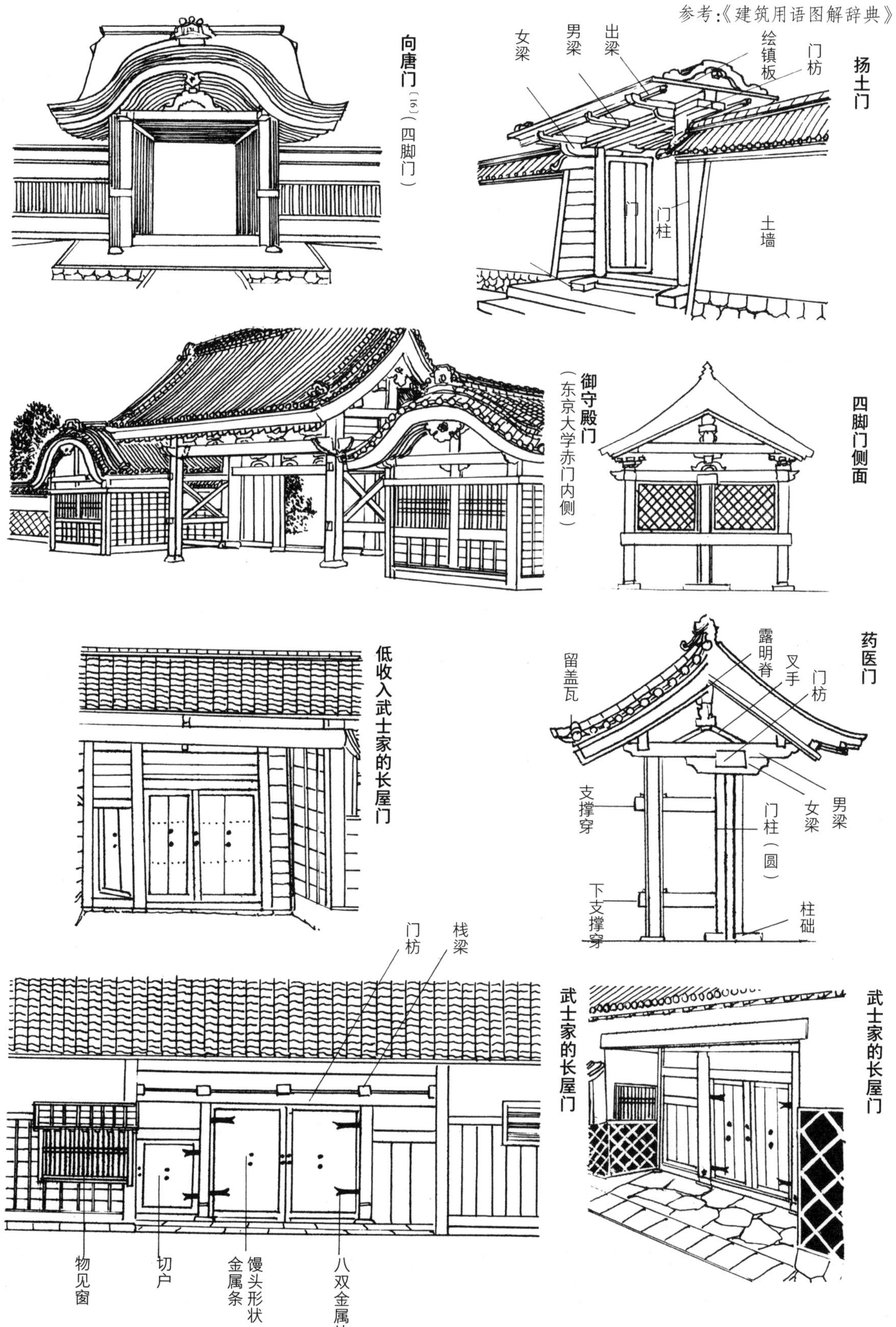

参考:《建筑用语图解辞典》

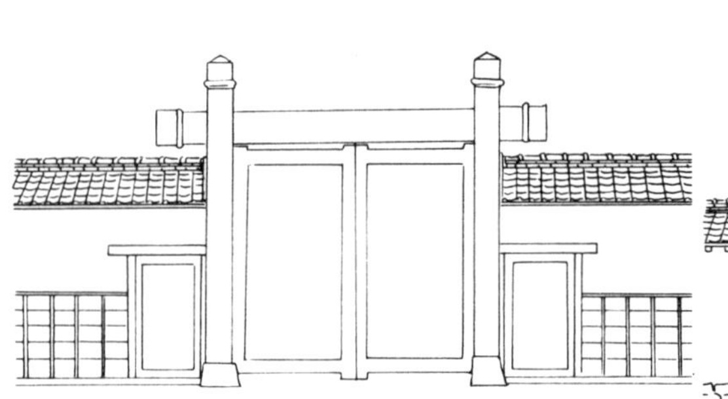

二百俵与力[17]的宅院门
（冠木门）

至昭和初期立于四谷盐町的二百石旗本松平新九郎府邸宅院门（俗称德利门番之门）

北町奉行所推定图

锻冶桥御门

南町奉行所推定图

吴服桥御门

数寄屋桥御门

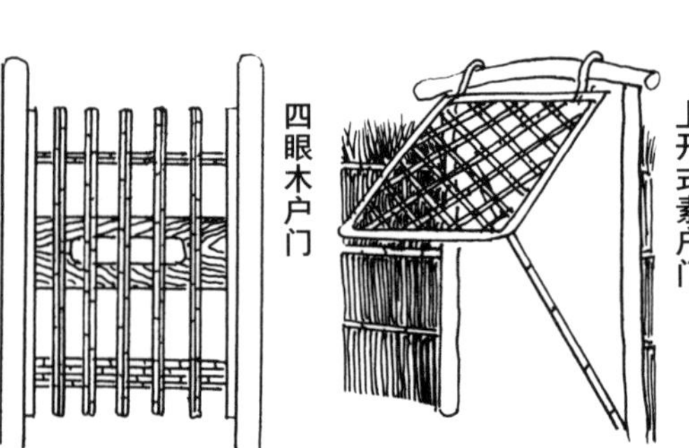

四眼木户门

上开式素户门

庭门

透门

其他的门

腕木门（木户门）
飞贯
框控柱
潜户（鼠木户）
瓦屋顶半开门
自然木的吹拔门
绘木纹葺门
目通大和打门
板屋顶木户门
网状木户门
板葺屋顶木户门
街道入口处的木户门
茶室院子入口处的木户门
半开式拉门

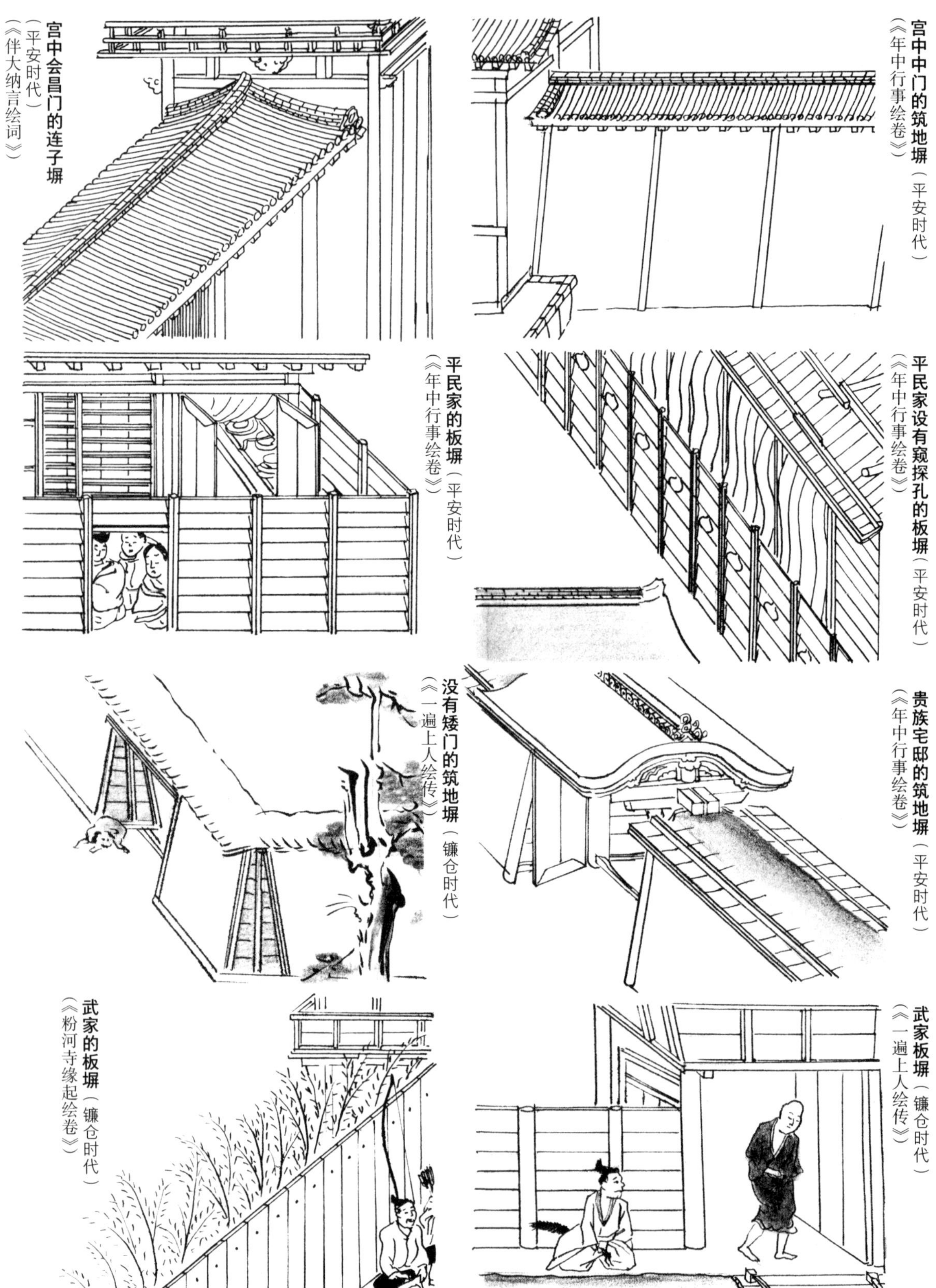

宫中会昌门的连子塀（平安时代）《伴大纳言绘词》

宫中中门的筑地塀（平安时代）《年中行事绘卷》

平民家的板塀（平安时代）《年中行事绘卷》

平民家设有窥探孔的板塀（平安时代）《年中行事绘卷》

没有矮门的筑地塀（镰仓时代）《一遍上人绘传》

贵族宅邸的筑地塀（平安时代）《年中行事绘卷》

武家的板塀（镰仓时代）《粉河寺缘起绘卷》

武家板塀（镰仓时代）《一遍上人绘传》

塀

参考:《建筑用语图解辞典》

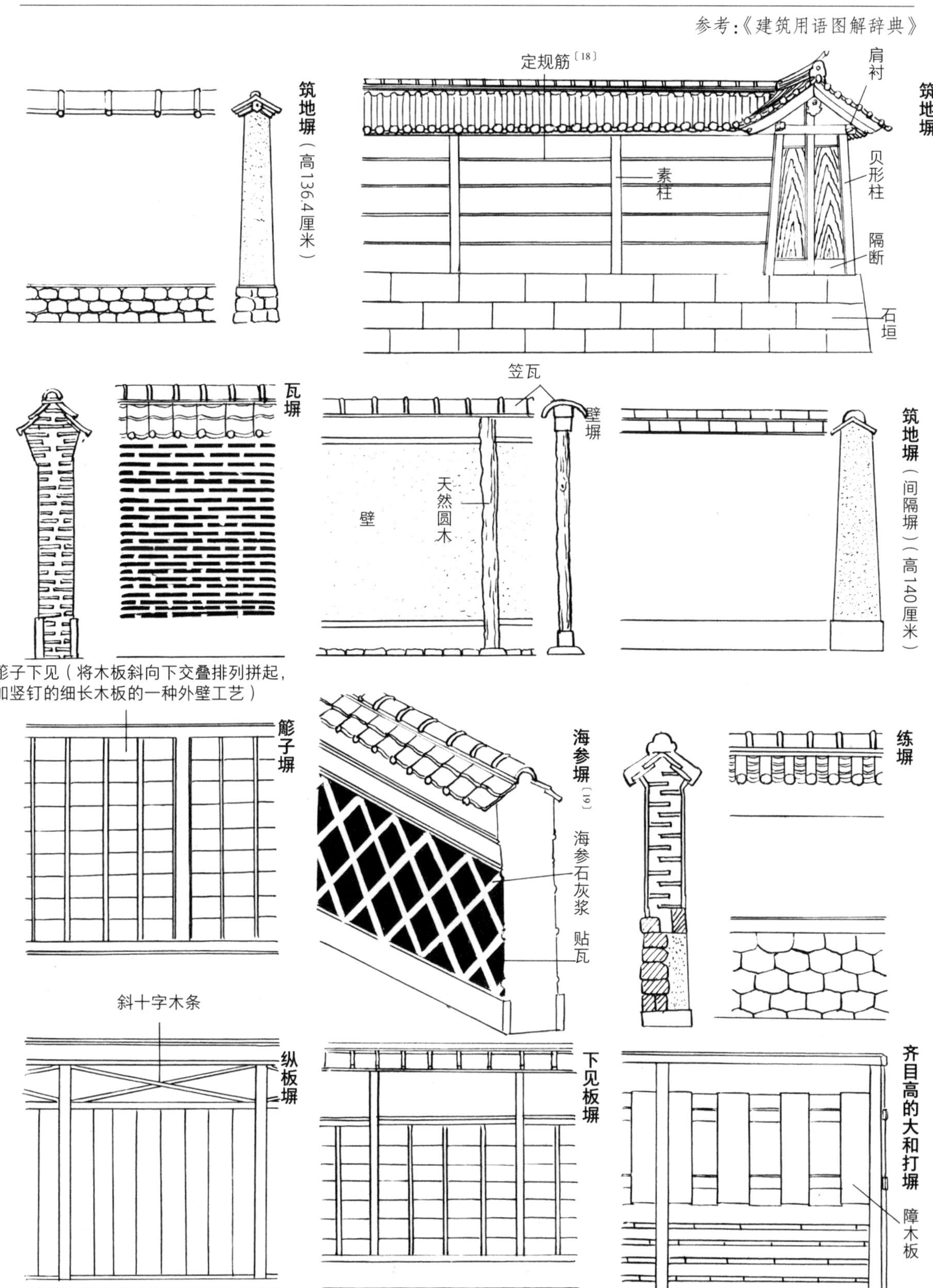

出典：*《法然上人传》，其他出自《春日权现灵验记》

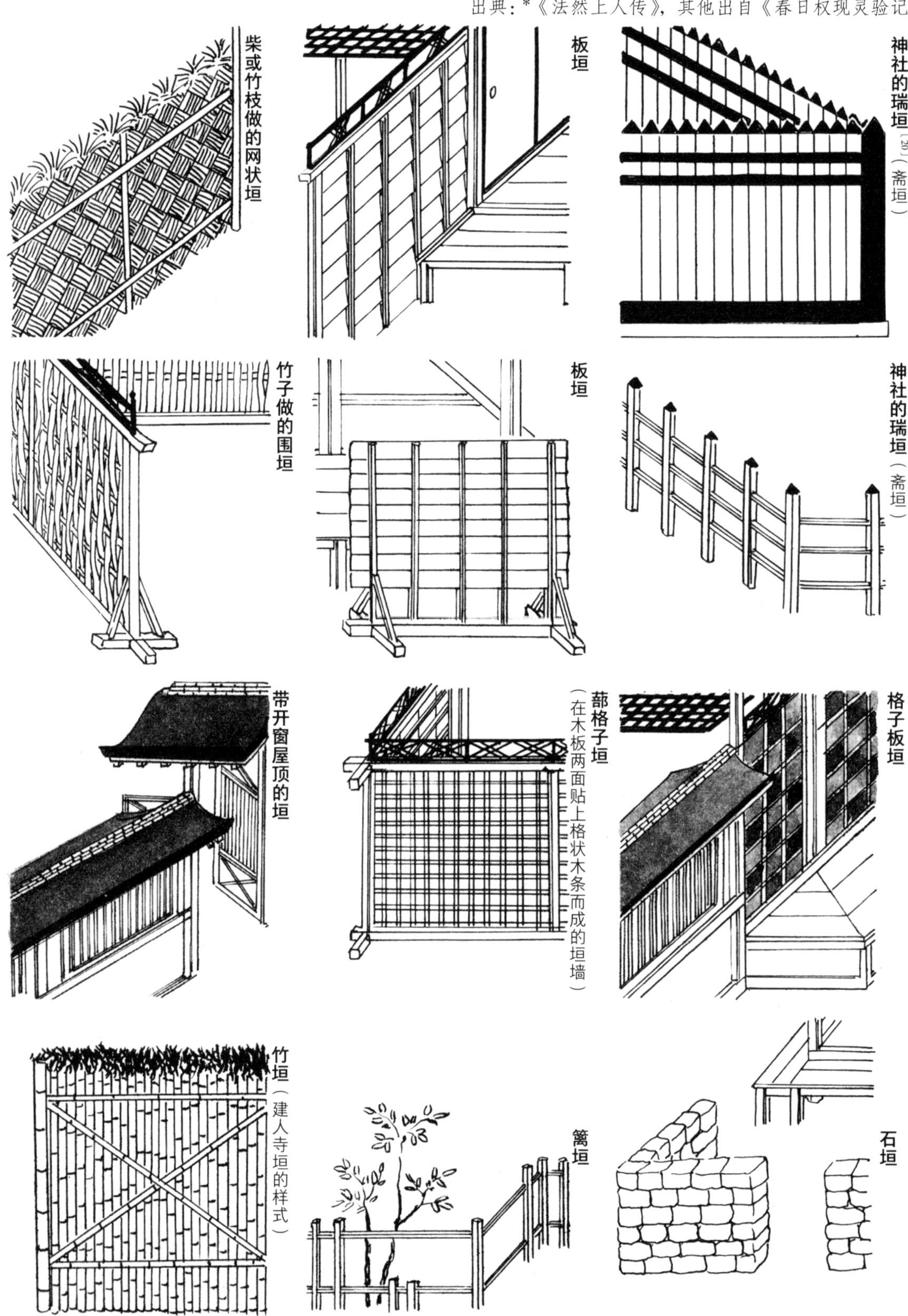

竹垣和木垣

参考：《建筑用语图解辞典》

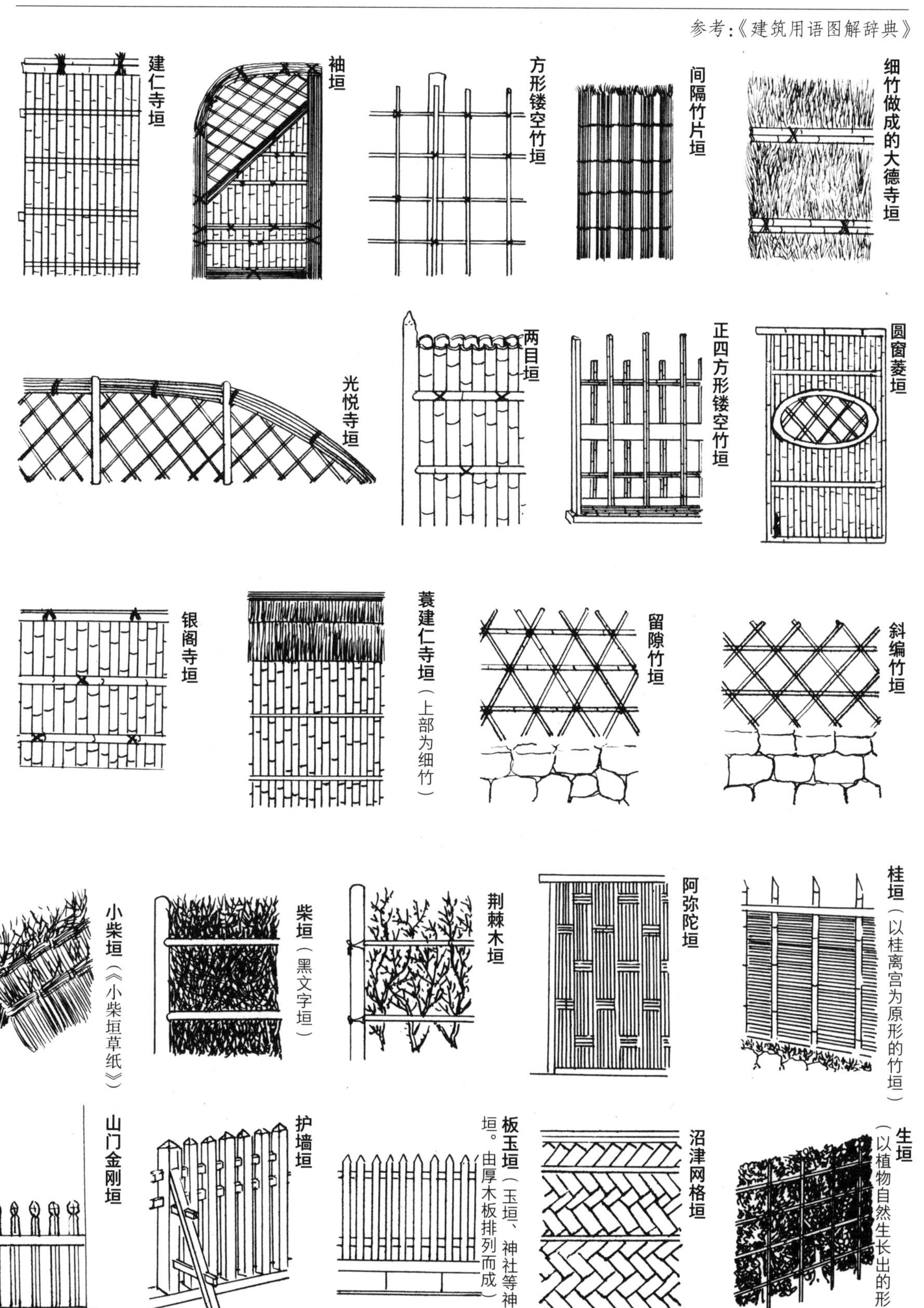

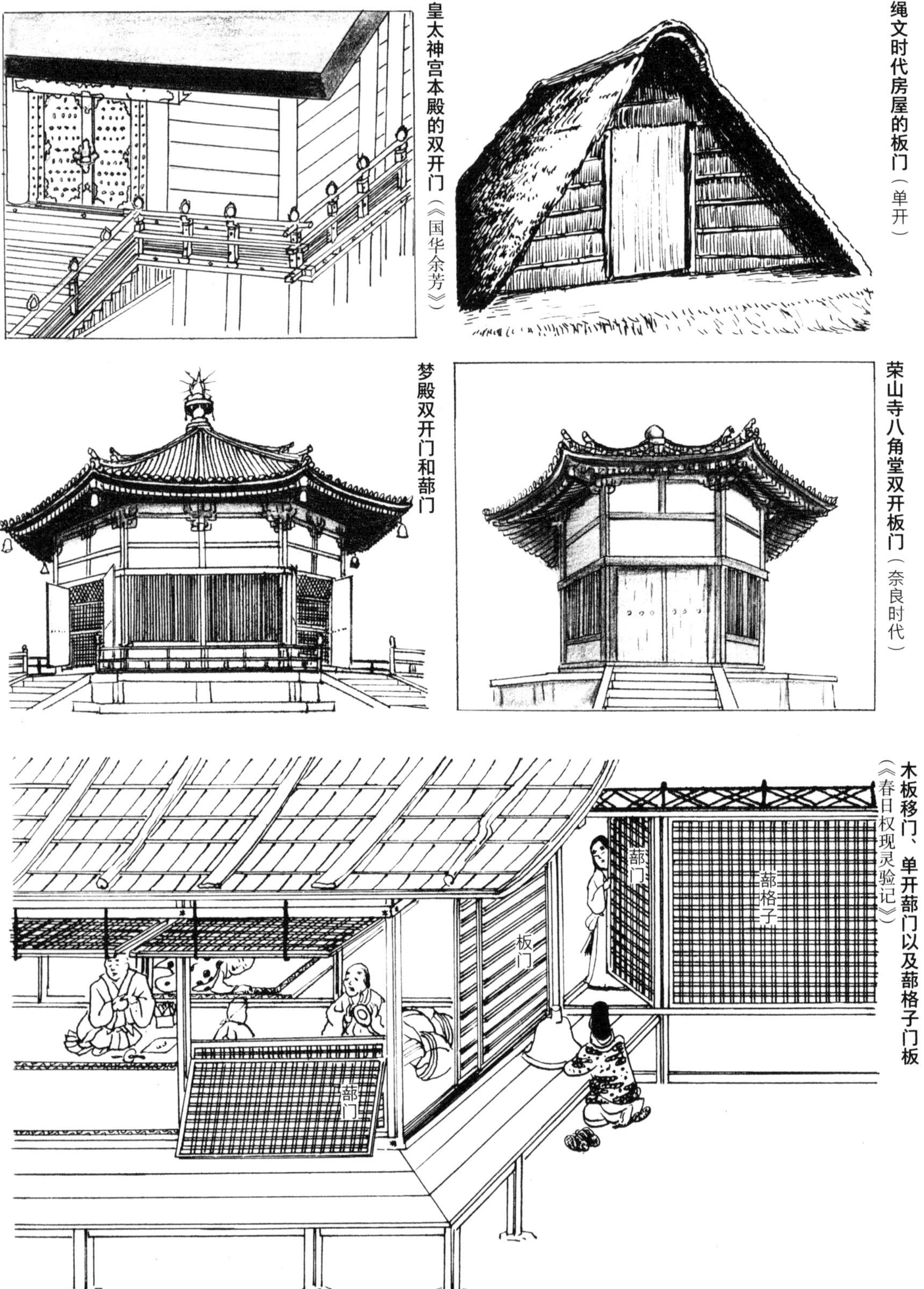

绳文时代房屋的板门（单开）

皇太神宫本殿的双开门（《国华余芳》）

荣山寺八角堂双开板门（奈良时代）

梦殿双开门和蔀门

木板移门、单开蔀门以及蔀格子门板（《春日权现灵验记》）

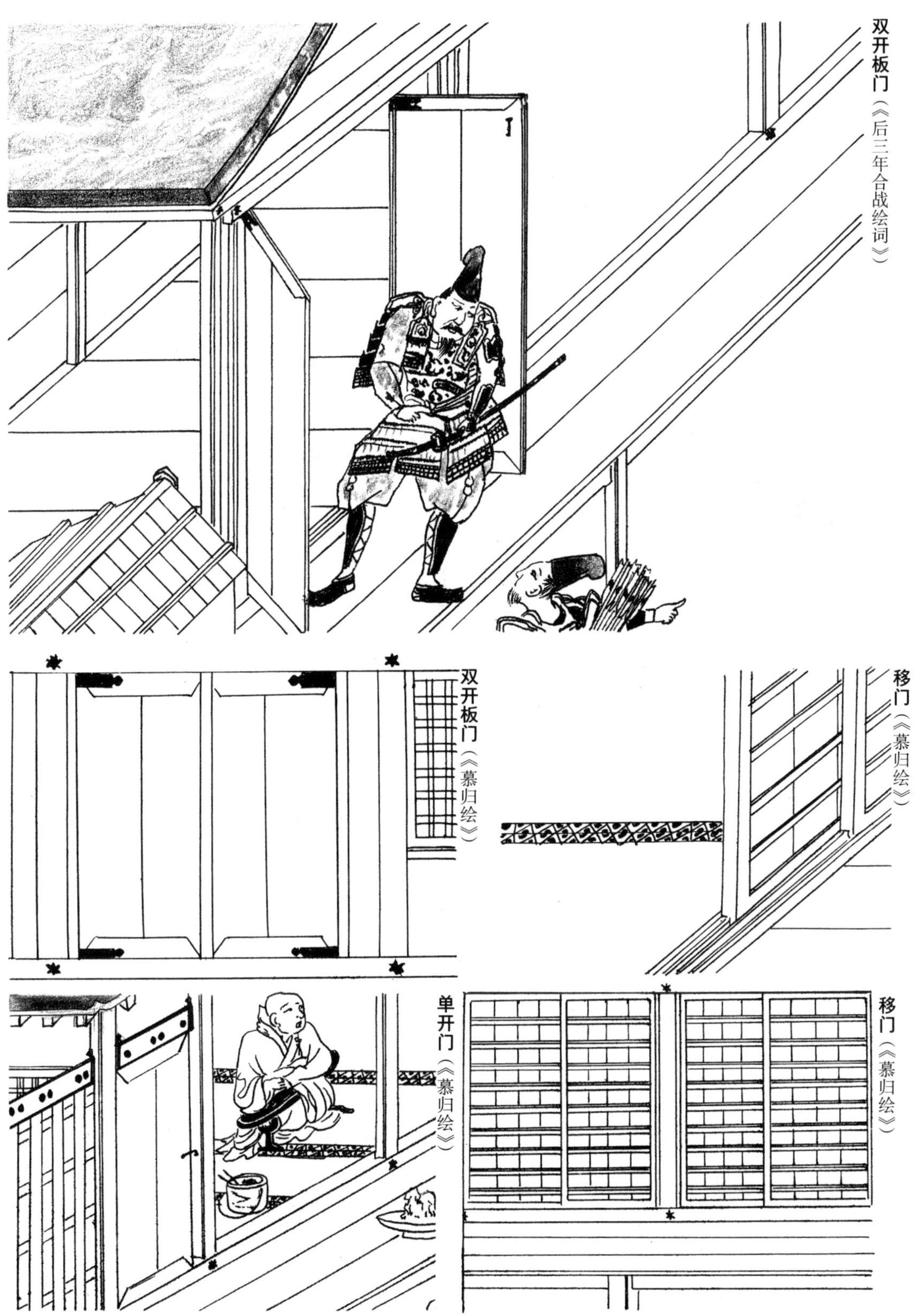

双开板门（《后三年合战绘词》）

双开板门（《慕归绘》）

移门（《慕归绘》）

单开门（《慕归绘》）

移门（《慕归绘》）

木板移门（杉户）（室町时代）（《慕归绘》）
小商店向外伸的遮雨篷（江户时代末期）
商店的大门与矮门（江户时代）
大门
矮门
上撑门（桃山时代）（《职人尽绘》）
商店的木板移门（带户）（江户时代）

防雨门板以及各类窗户

参考:《建筑用语图解辞典》

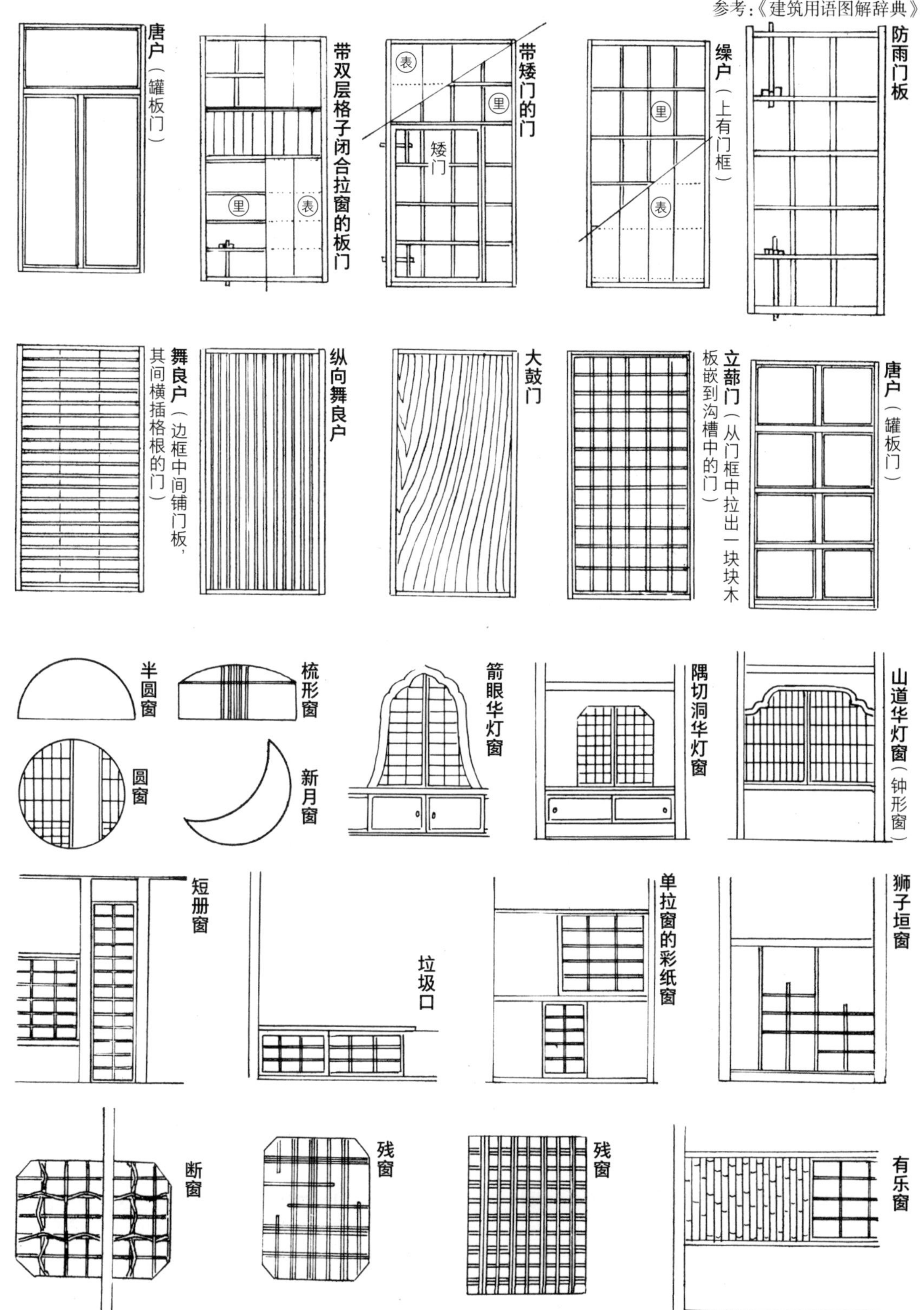

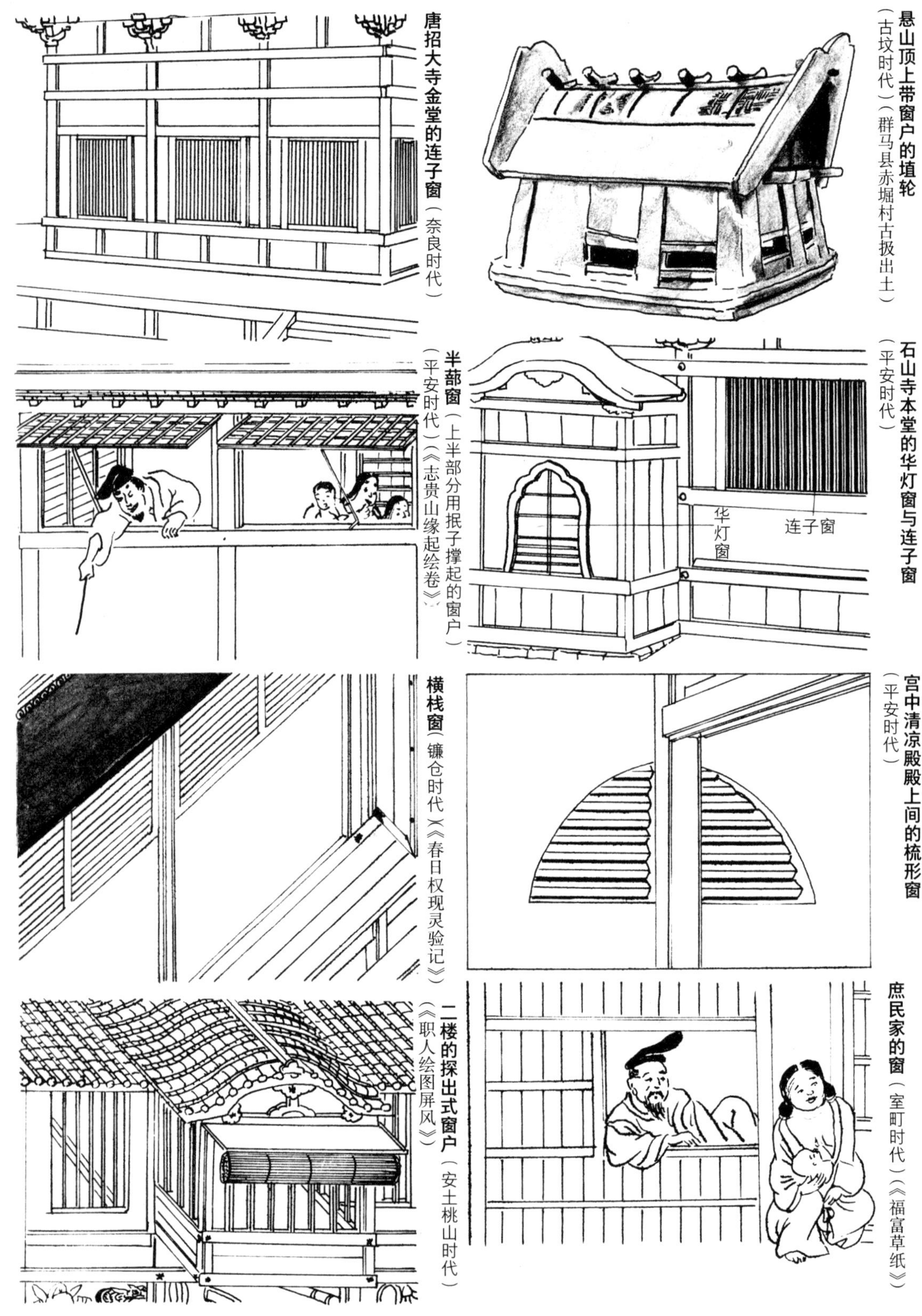

唐招大寺金堂的连子窗（奈良时代）

悬山顶上带窗户的埴轮（古坟时代）（群马县赤堀村古扱出土）

半蔀窗（上半部分用扺子撑起的窗户）（平安时代）《志贵山缘起绘卷》

石山寺本堂的华灯窗与连子窗（平安时代）

横栈窗（镰仓时代）《春日权现灵验记》

宫中清凉殿殿上间的梳形窗（平安时代）

二楼的探出式窗户（安土桃山时代）《职人绘图屏风》

庶民家的窗（室町时代）《福富草纸》

城郭上的窗

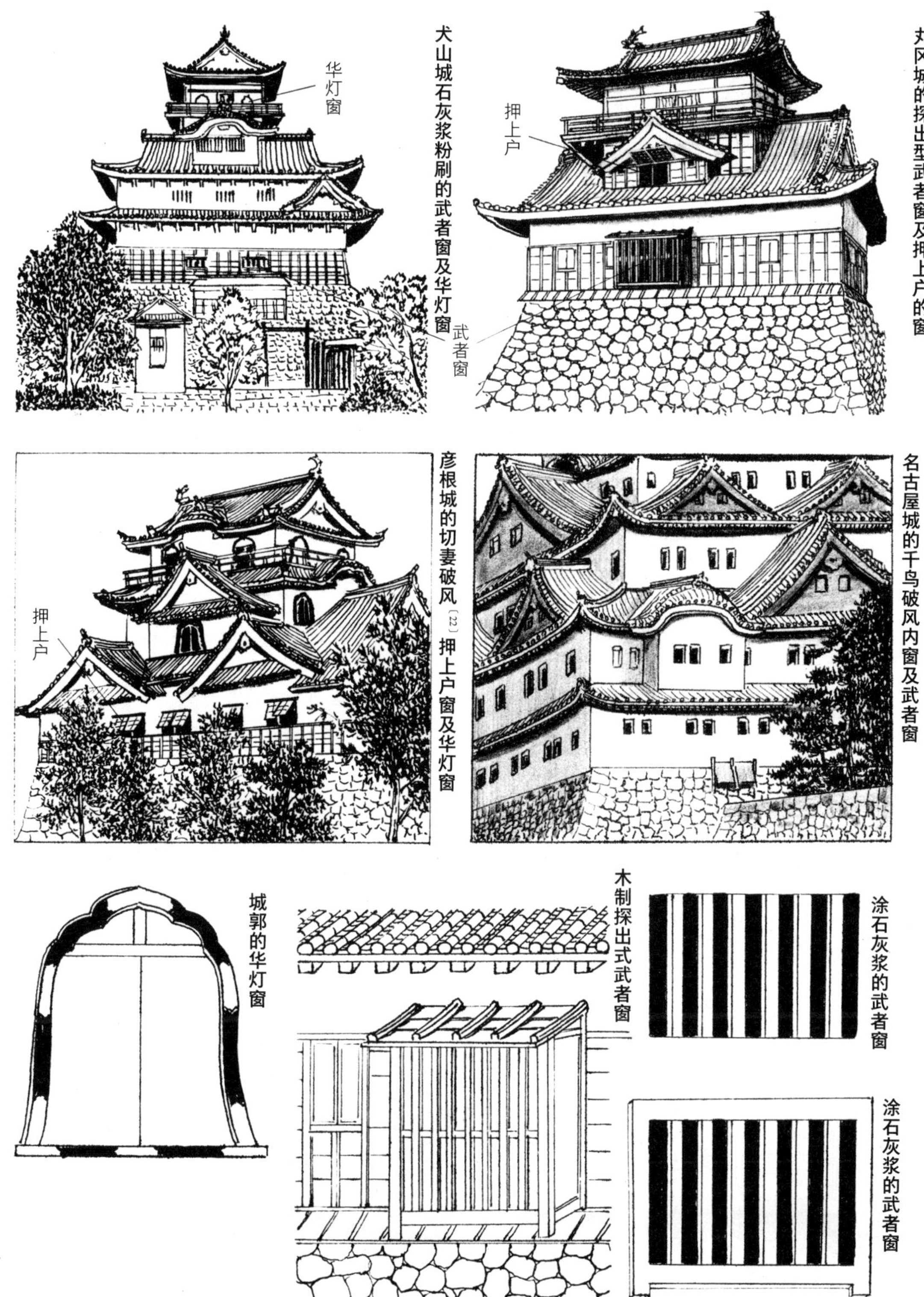

犬山城石灰浆粉刷的武者窗及华灯窗

丸冈城的探出型武者窗及押上户的窗

彦根城的切妻破风〔22〕押上户窗及华灯窗

名古屋城的千鸟破风内窗及武者窗

城郭的华灯窗

木制探出式武者窗

涂石灰浆的武者窗

涂石灰浆的武者窗

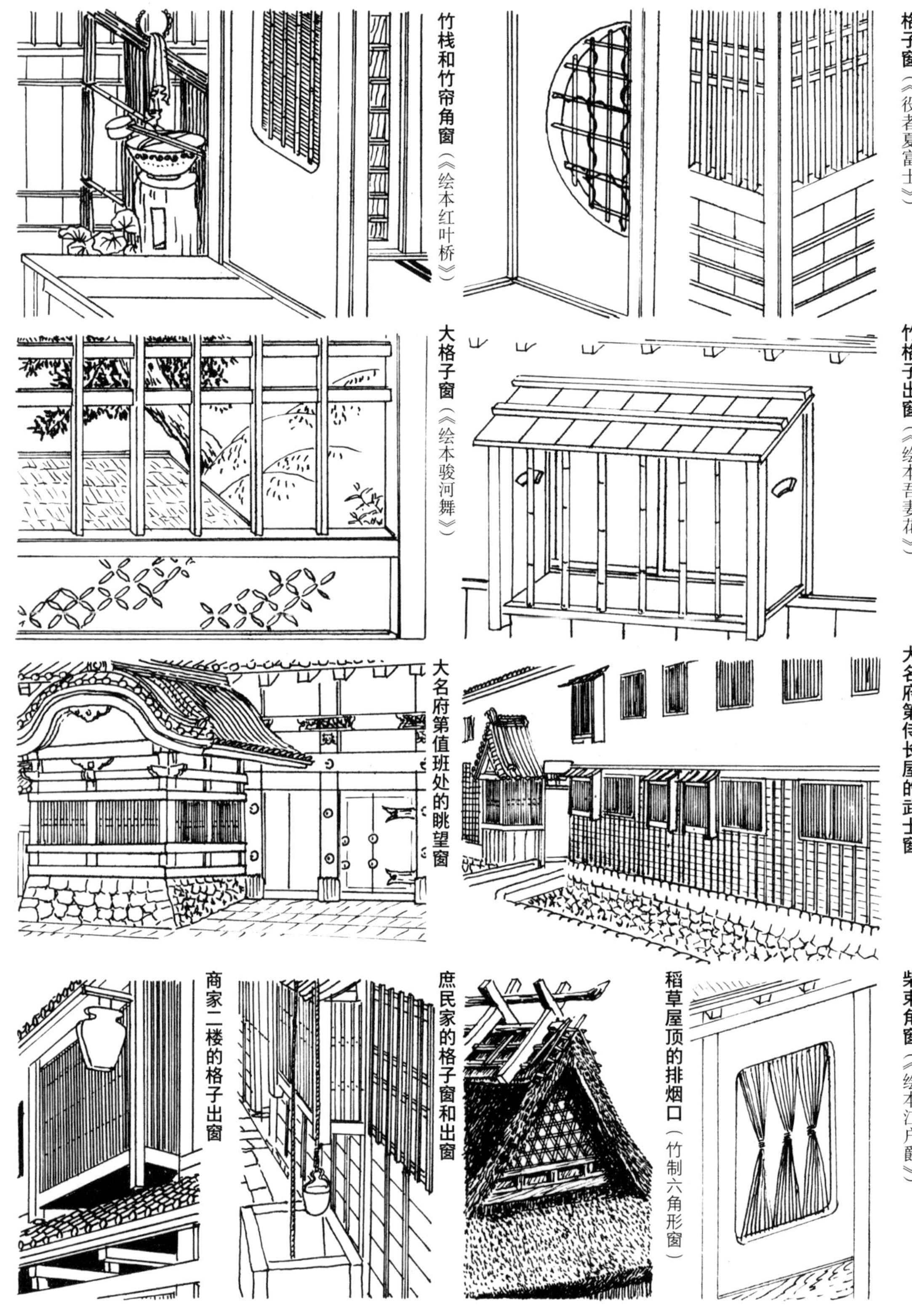

格子窗（《役者夏富士》）

竹栈和竹帘角窗（《绘本红叶桥》）

竹格子出窗（《绘本吾妻花》）

大格子窗（《绘本骏河舞》）

大名府第侍长屋的武士窗

大名府第值班处的眺望窗

柴束角窗（《绘本江户爵》）

稻草屋顶的排烟口（竹制六角形窗）

庶民家的格子窗和出窗

商家二楼的格子出窗

土墙上开的带小栅栏的格子窗

格子出窗

『日』字形窗

入口旁的小眼格子窗

门口的眺望窗

竹板中虫笼窗[23]

梅花形采光窗

土墙的铁门窗

土墙的双平窗

涂石灰浆的栅栏窗

涂石灰浆的栅栏窗

土墙铁格子窗

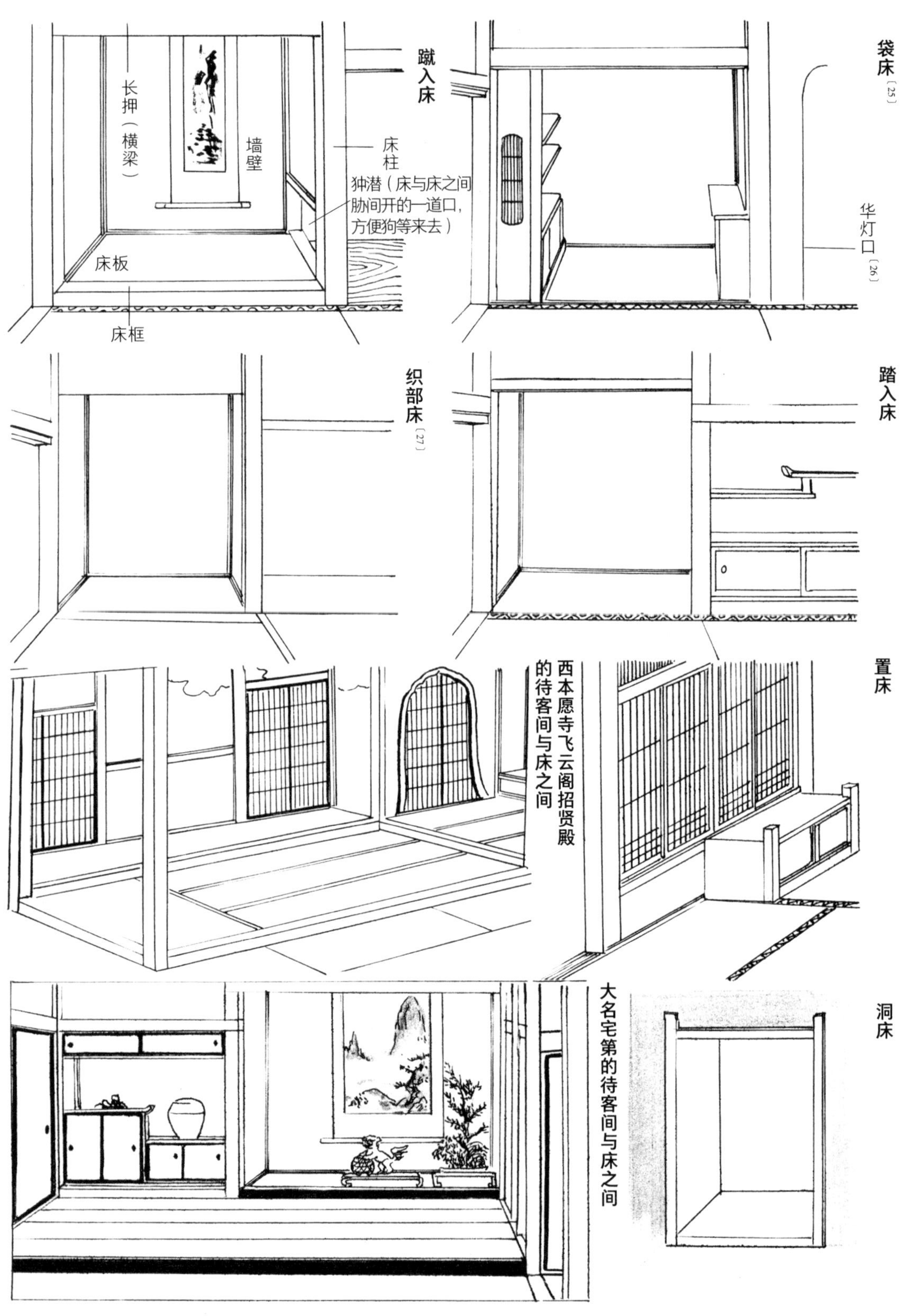
蹴入床
长押（横梁）
墙壁
床柱
狆潜（床与床之间胁间开的一道口，方便狗等来去）
床板
床框
袋床[25]
华灯口[26]
织部床[27]
踏入床
西本愿寺飞云阁招贤殿的待客间与床之间
置床
大名宅第的待客间与床之间
洞床

床之间、床胁[28]的种类

丁字架
泉架
绵叶架
袋架
笔返[29]的种类
鸠胸形
若叶形
空波形
返波形
立波形
棒形
房间内各部分名称
橱柜
错层架下板
海老束[30]
错层架上板
长押（横梁）
鸭居（上滑槽）
墙壁
墙壁
墙壁
天板
床之间
床胁
户当束[31]
付书院
天板
纳柜
地袋收
榻榻米
床板或者
床框
床柱
地袋收纳柜
地板
重重架
吴服架
连子架
寝觉架

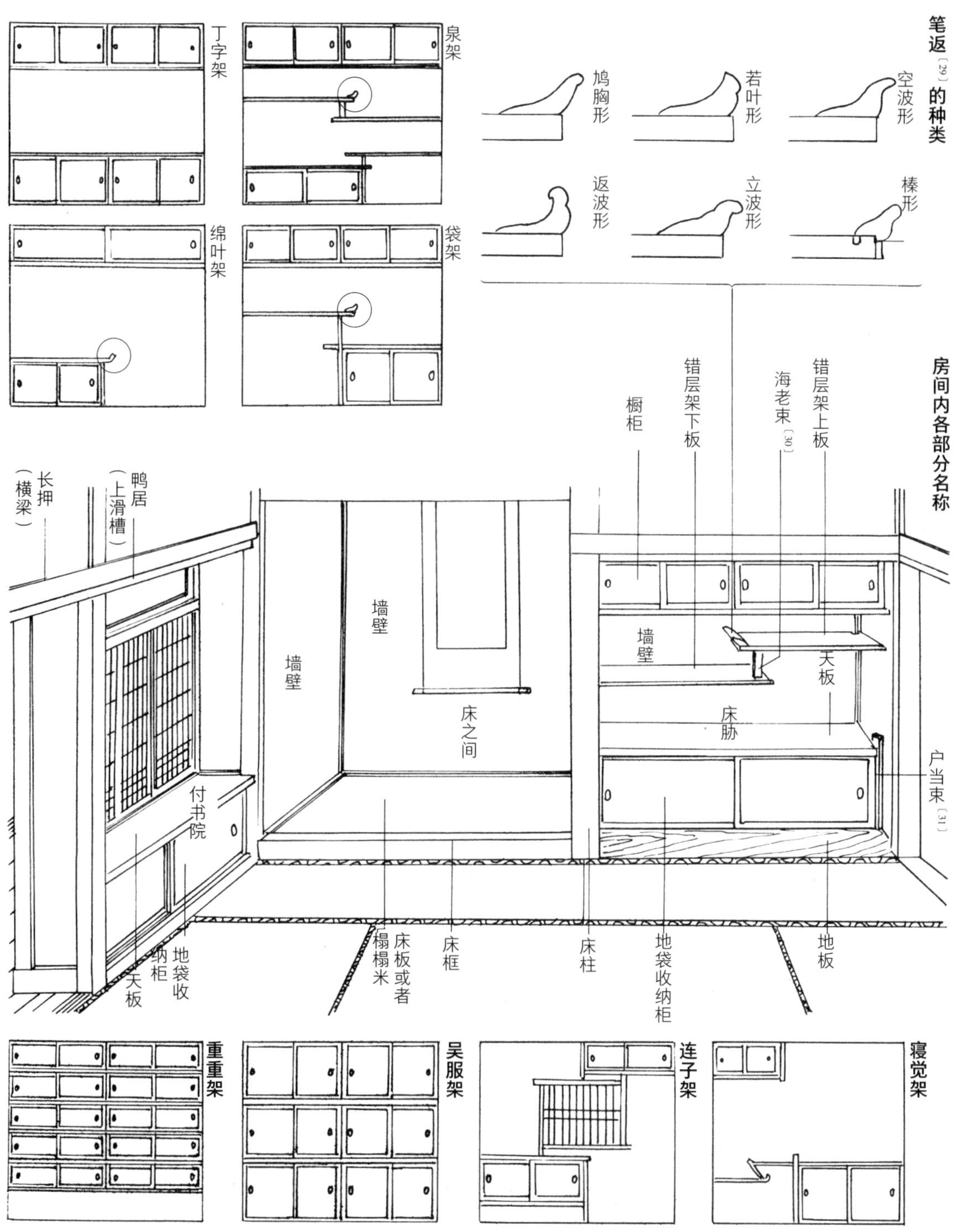

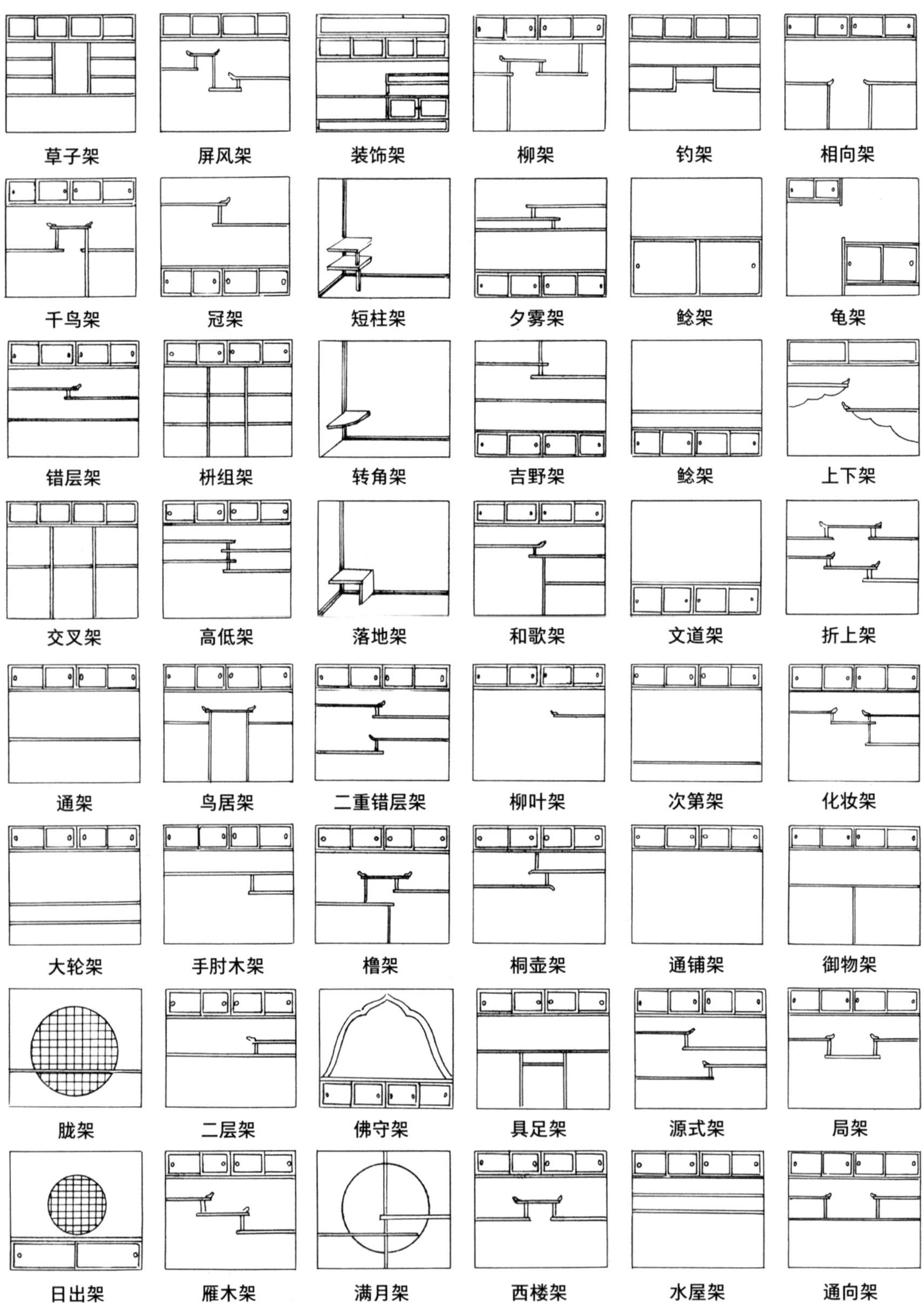
草子架
屏风架
装饰架
柳架
钓架
相向架
千鸟架
冠架
短柱架
夕雾架
鲶架
龟架
错层架
枡组架
转角架
吉野架
鲶架
上下架
交叉架
高低架
落地架
和歌架
文道架
折上架
通架
鸟居架
二重错层架
柳叶架
次第架
化妆架
大轮架
手肘木架
橹架
桐壶架
通铺架
御物架
胧架
二层架
佛守架
具足架
源式架
局架
日出架
雁木架
满月架
西楼架
水屋架
通向架

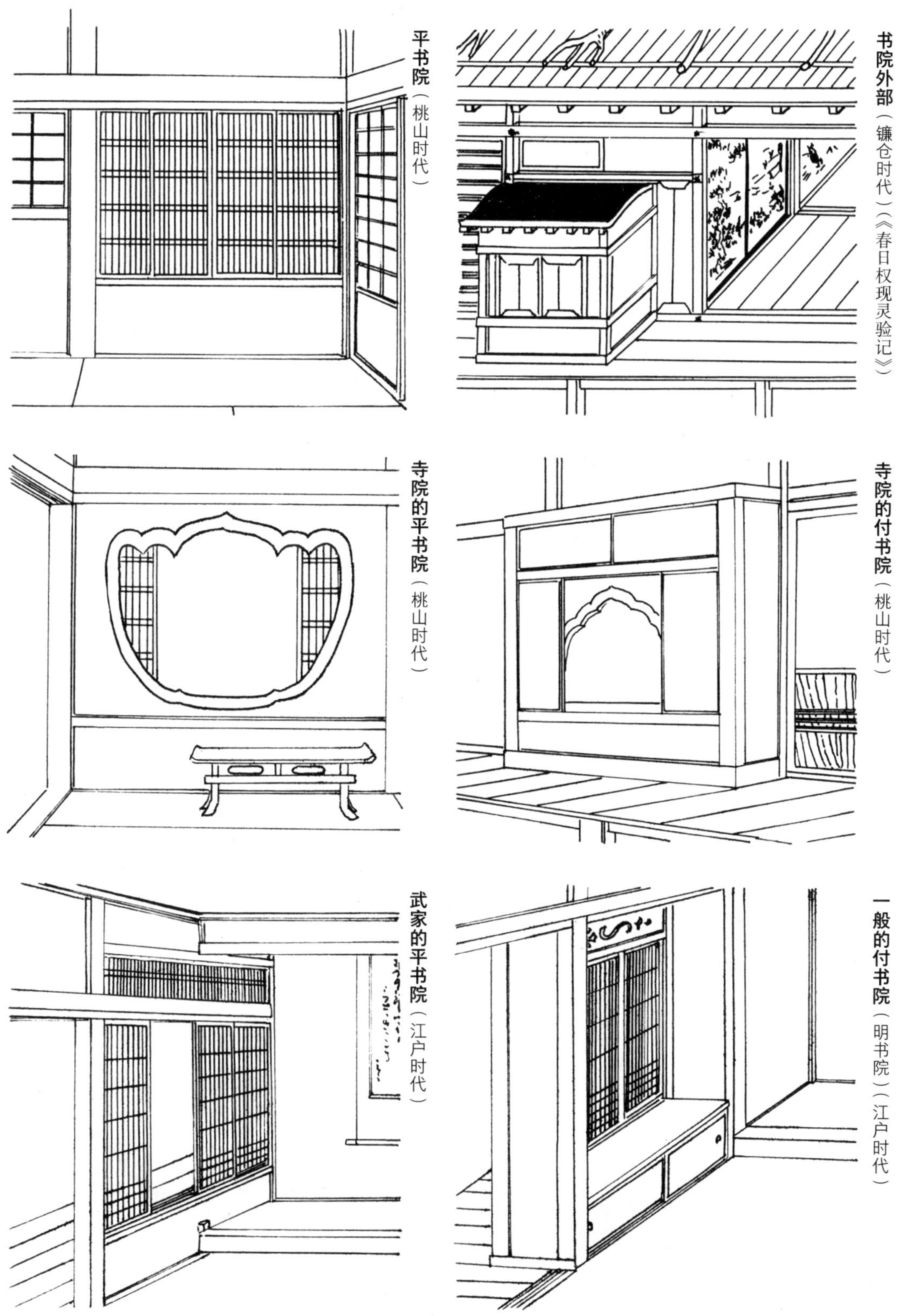

平书院（桃山时代）

书院外部（镰仓时代）（《春日权现灵验记》）

寺院的平书院（桃山时代）

寺院的付书院（桃山时代）

武家的平书院（江户时代）

一般的付书院（明书院）（江户时代）

高御座和御张台

太极殿与紫宸殿内天皇与皇后的坐席

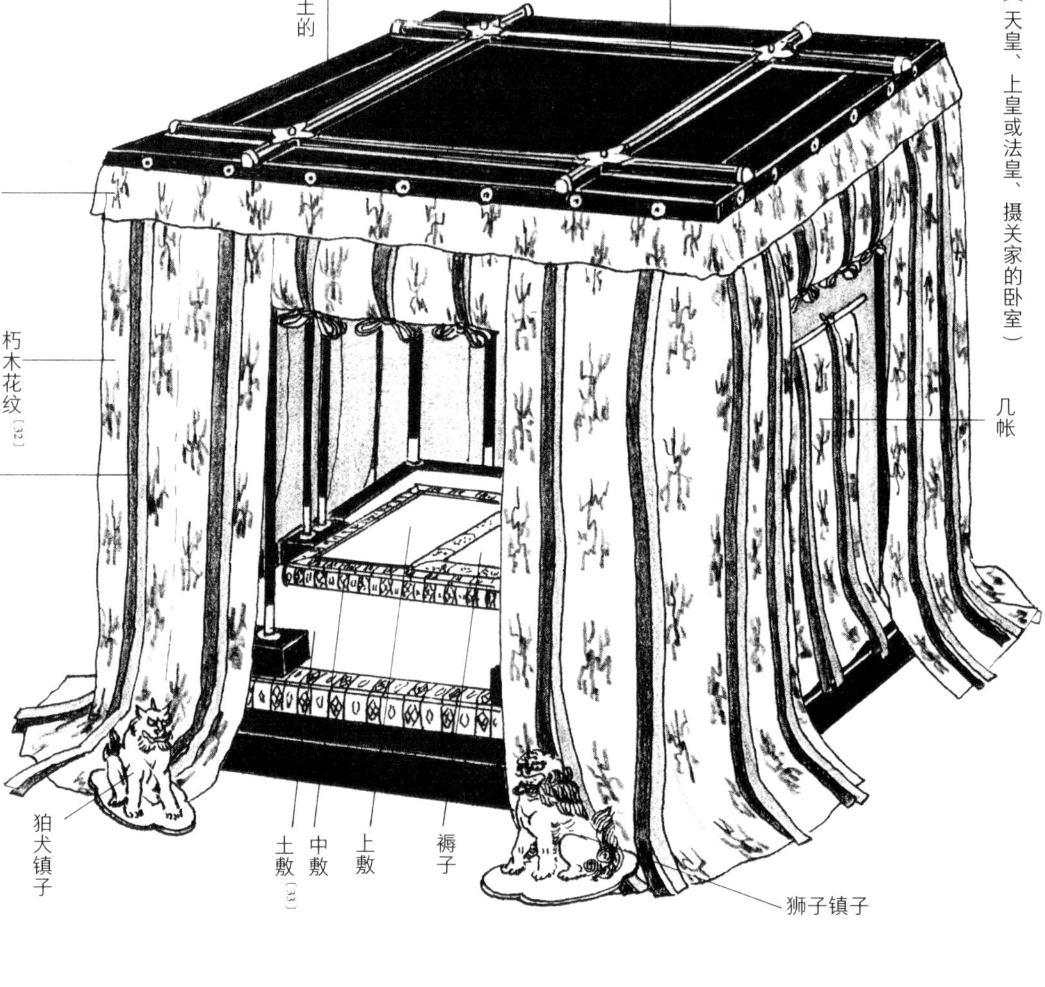

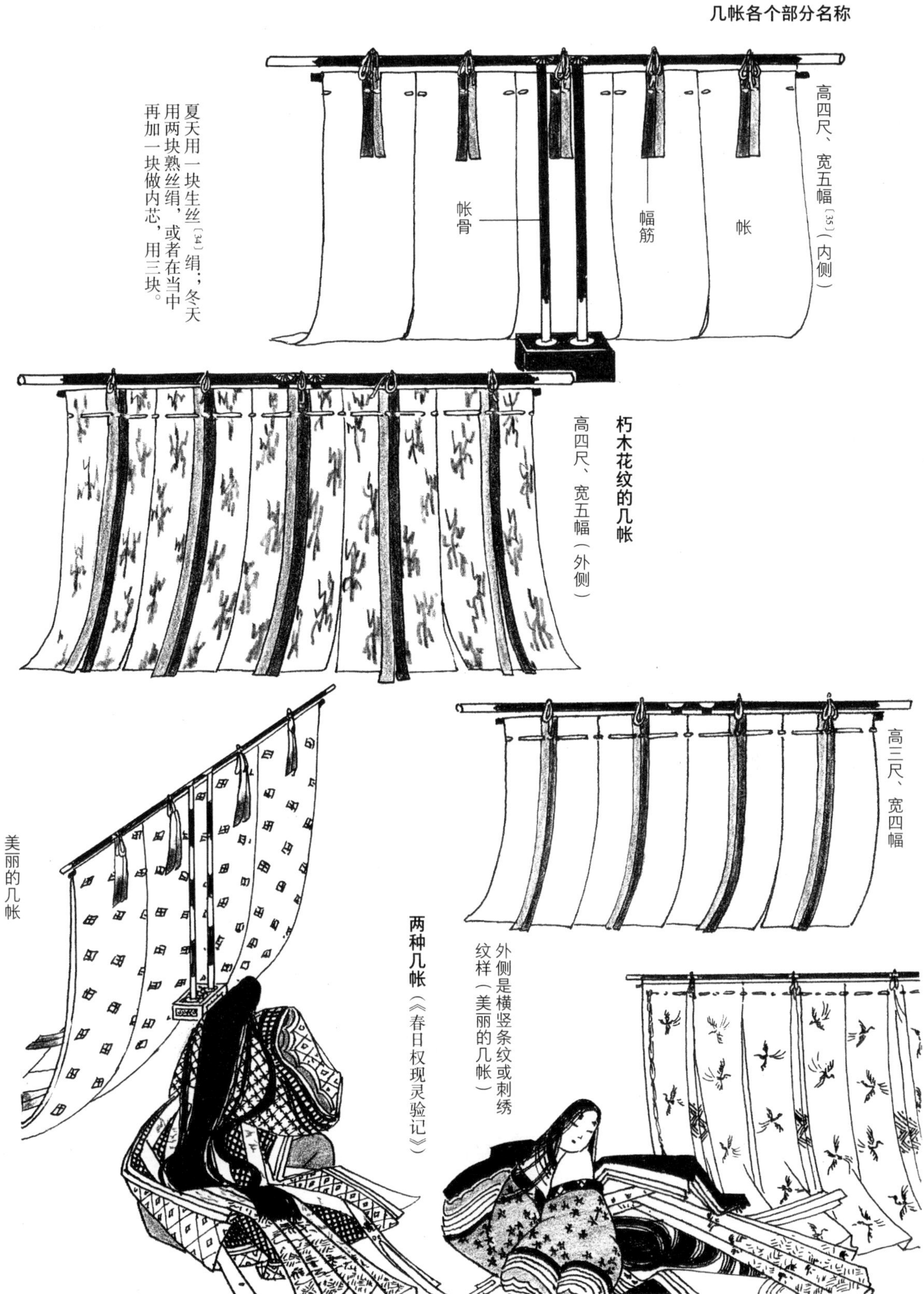
几帐各个部分名称
夏天用一块生丝[34]绢；冬天用两块熟丝绢，或者在当中再加一块做内芯，用三块。
帐骨
幅筋
帐
高四尺、宽五幅[35]（内侧）
朽木花纹的几帐
高四尺、宽五幅（外侧）
高三尺、宽四幅
美丽的几帐
两种几帐
（《春日权现灵验记》）
外侧是横竖条纹或刺绣纹样（美丽的几帐）

御竹帘[36]（玉竹帘）

平安时代的御竹帘（《紫式部日记绘卷》）
圆形钩线
钩
竹棒
窠纹[37]边（在嫩黄的绢布上印窠纹）
御竹帘各部分的名称
六尺和三尺的御竹帘（根据照片制成）
宽为三尺和一尺五寸的御竹帘

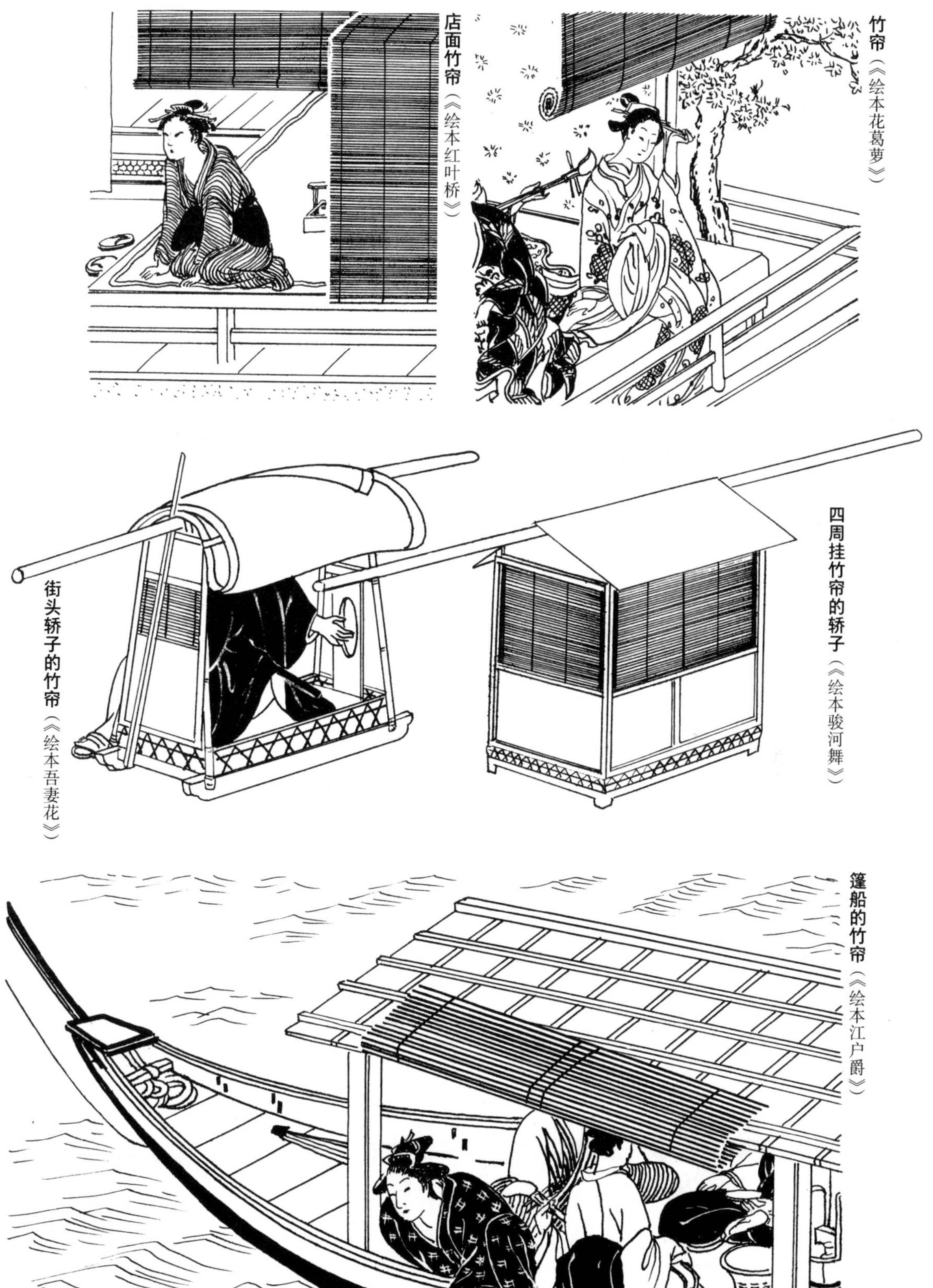

店面竹帘（《绘本红叶桥》）

竹帘（《绘本花葛萝》）

街头轿子的竹帘（《绘本吾妻花》）

四周挂竹帘的轿子（《绘本骏河舞》）

篷船的竹帘（《绘本江户爵》）

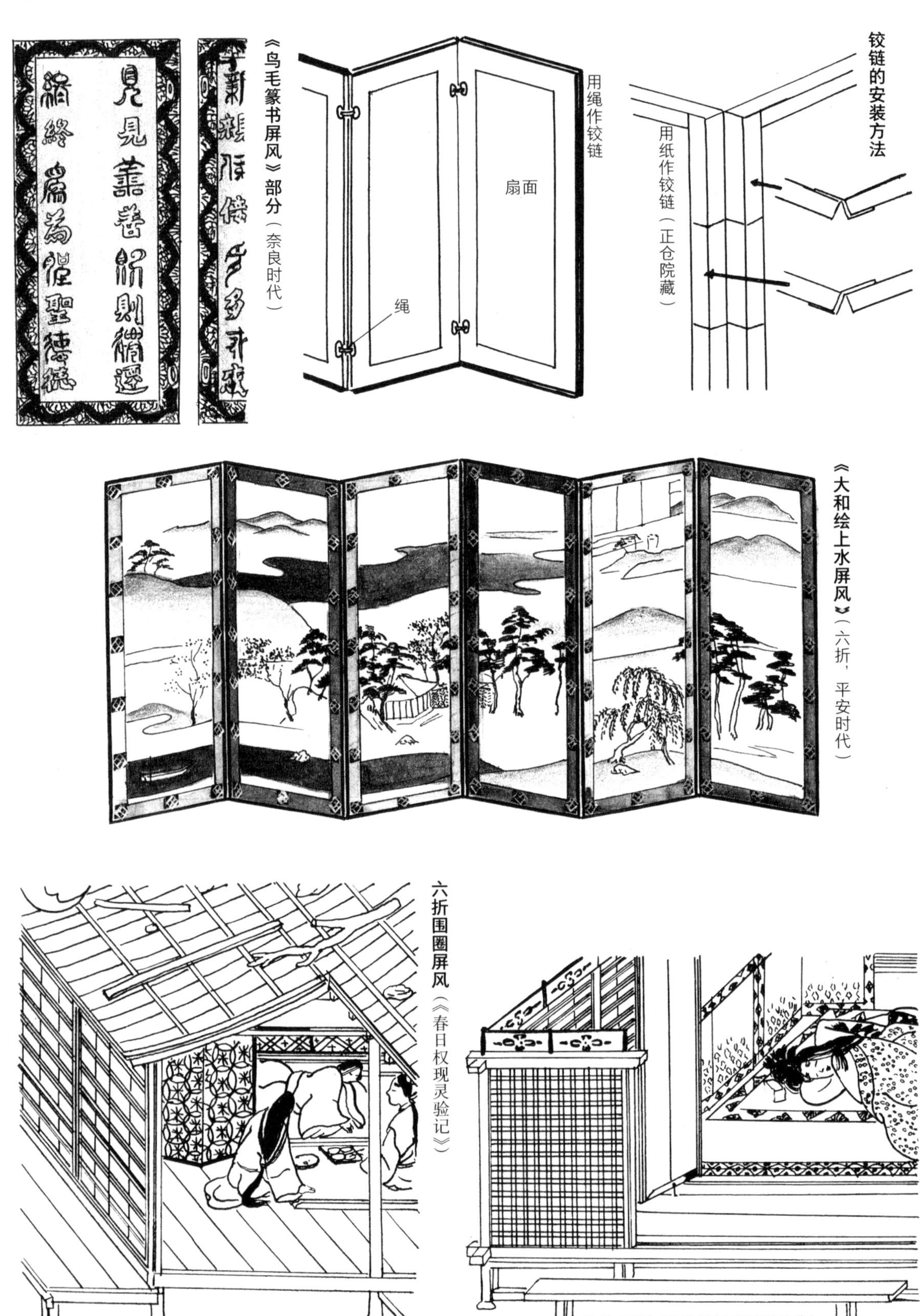

《鸟毛篆书屏风》部分（奈良时代）

《大和绘上水屏风》（六折，平安时代）

六折围圈屏风（《春日权现灵验记》）

枕边屏风（《春日权现灵验记》）

两折小屏风（《和园诸职绘尽》）

六折屏风作两折用（《绘本江户爵》）

竹帘屏风（中型锦绘[38]礼物）（矶田湖龙斋版画）

作为贺礼的金屏风（一面贴金箔）

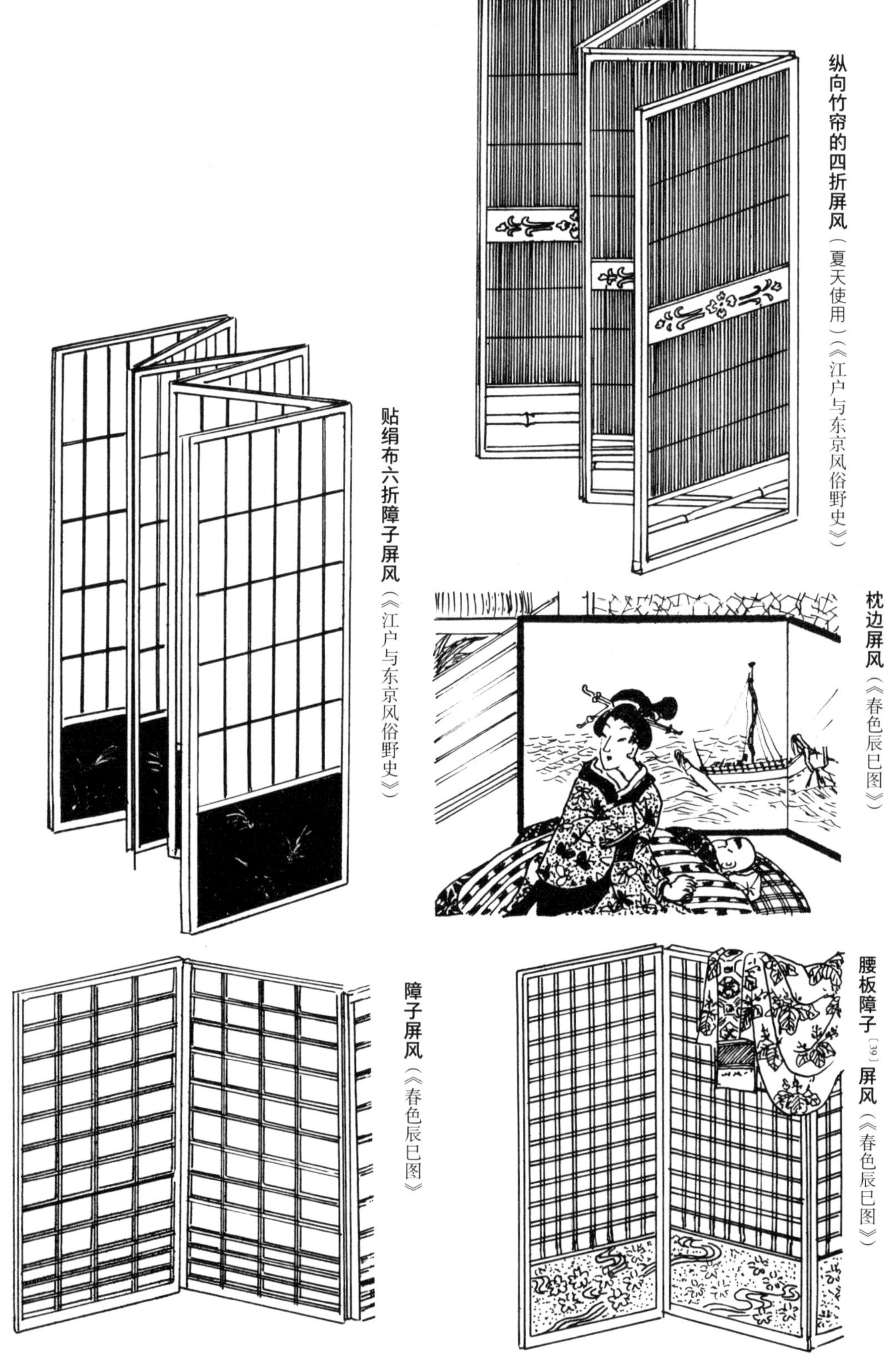

纵向竹帘的四折屏风（夏天使用）（《江户与东京风俗野史》）

贴绢布六折障子屏风（《江户与东京风俗野史》）

枕边屏风（《春色辰巳图》）

障子屏风（《春色辰巳图》）

腰板障子[39]屏风（《春色辰巳图》）

明障子〔40〕

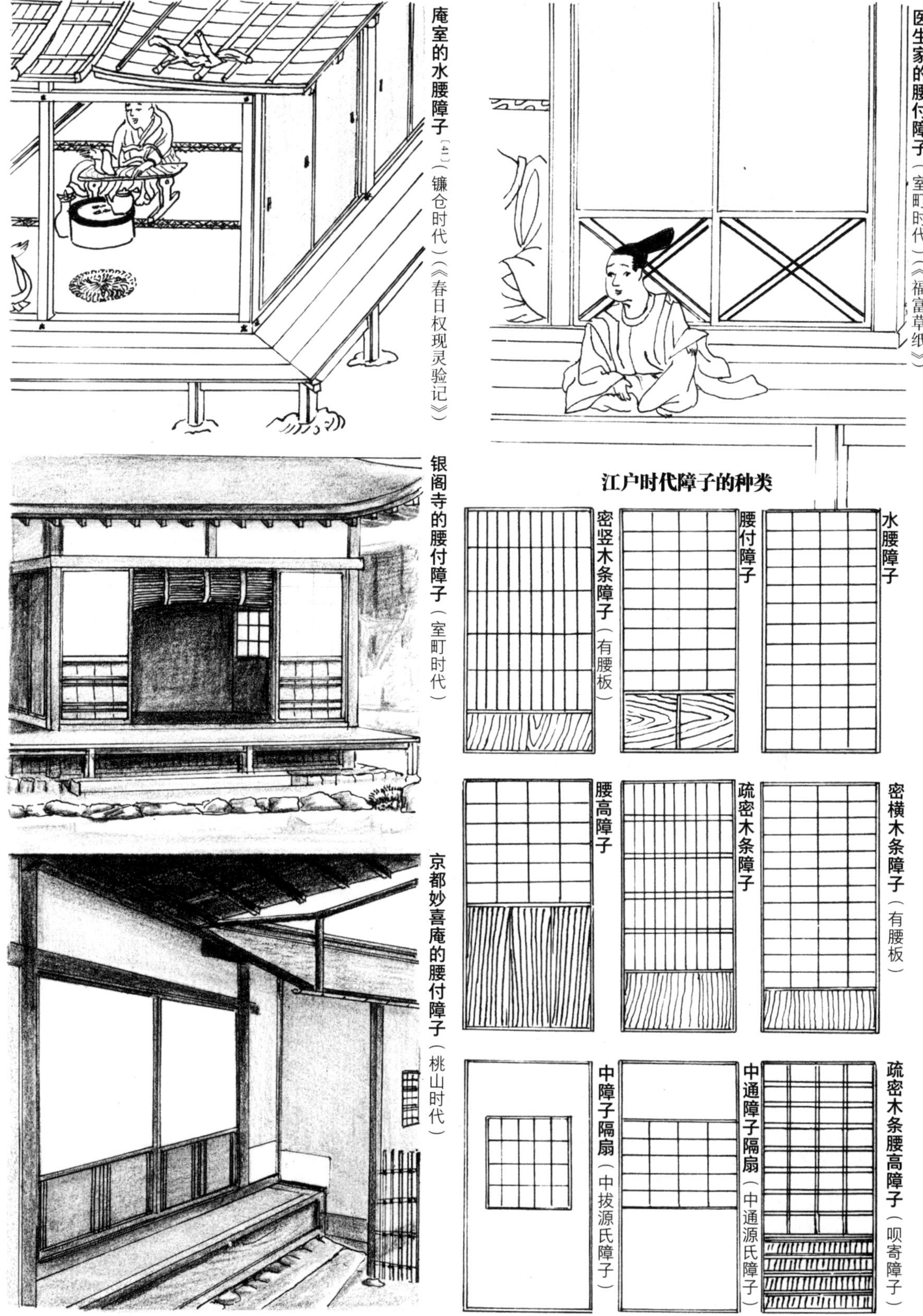

庵室的水腰障子〔41〕（镰仓时代）《春日权现灵验记》

医生家的腰付障子（室町时代）《福富草纸》

银阁寺的腰付障子（室町时代）

京都妙喜庵的腰付障子（桃山时代）

特殊的明障子

参考:《江户与东京风俗野史》

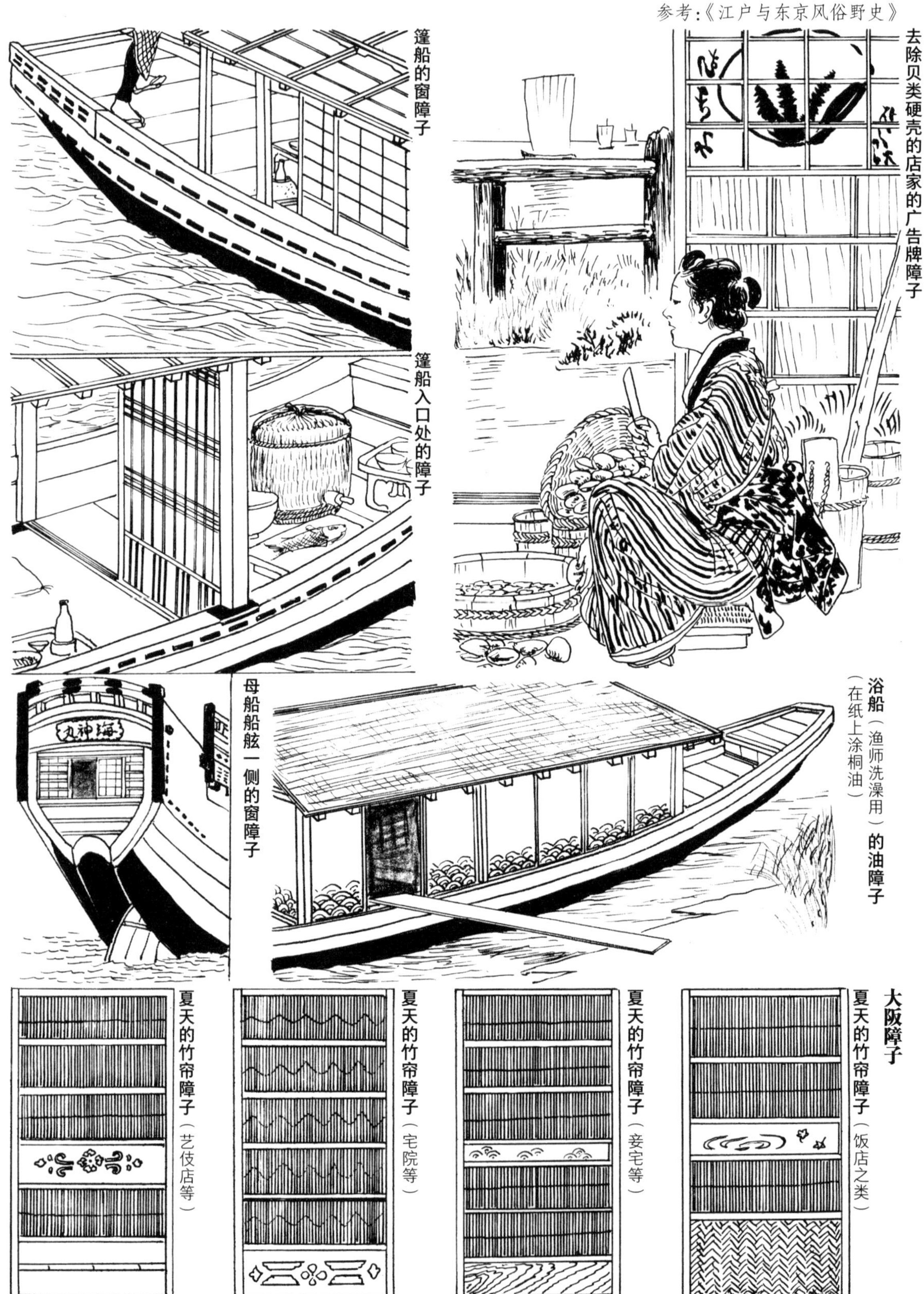

特殊的明障子和广告牌障子

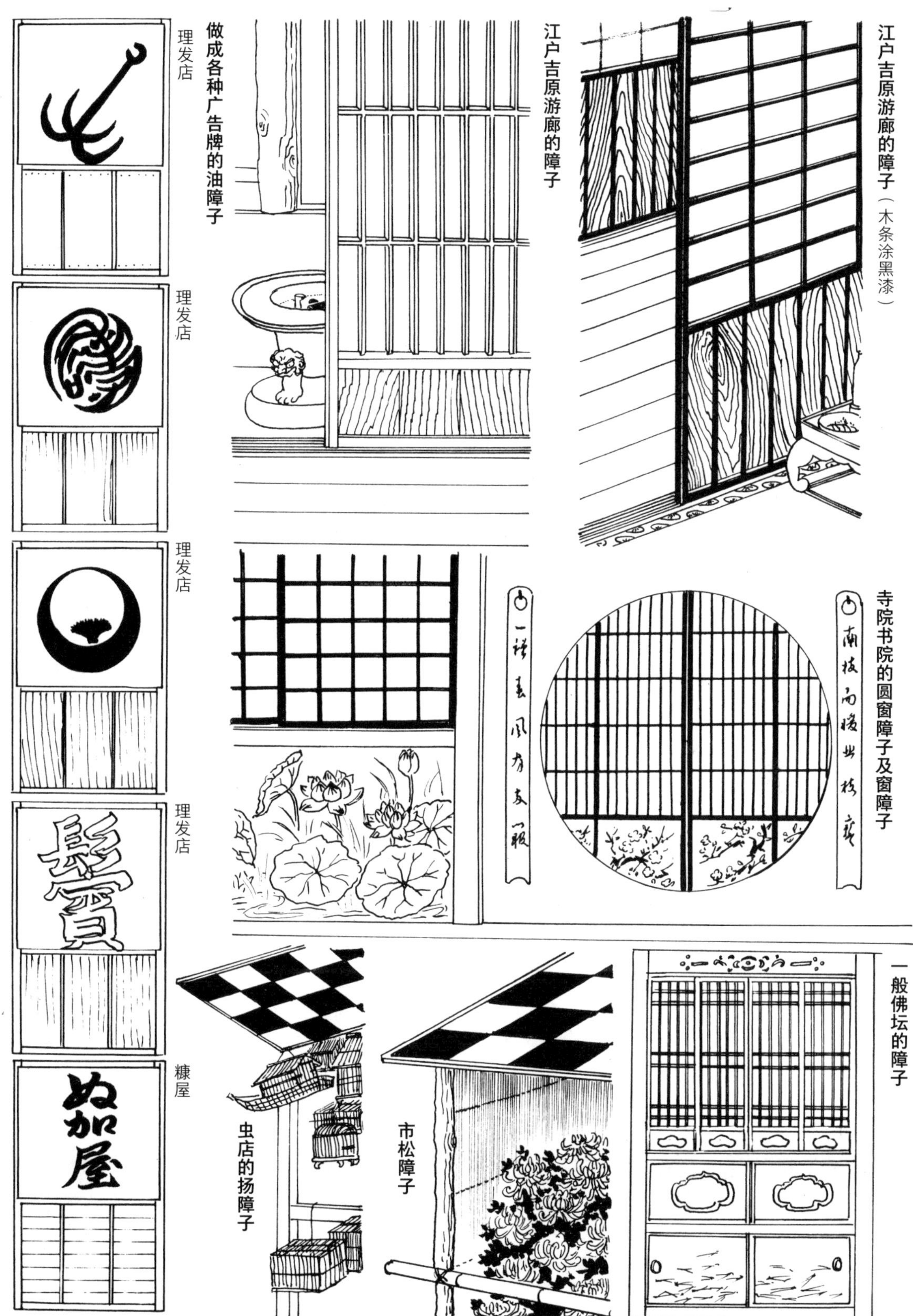

参考:《江户与东京风俗野史》

发油店　钱币兑换店　自治会集合茶屋　药店　鱼糕店　按摩治疗所

蜡烛店　瓦店　职业介绍所　画具店　扬弓[42]场　提灯店

租车店　盐店　休息所（茶店）　眼镜店　磨镜[43]屋　米店

印染店　梳子店　木赁宿[44]　桐油店　租马店　火番[45]小屋

鸡肉料理店　浊酒[46]店　租船店　售酒店　磨锯子店　高空作业的建筑工人之家

吉原扬（放豆腐[47]）　烟管店　花蛤文蛤店　杂货店　荞麦面店（二八荞麦[48]）　雀屋（放鸟屋）

鳗鱼店　两国几代饼[49]店　糖店　烟草店　辣椒屋　卖伞和木屐的店

广告牌障子、屏风

米饼店
天妇罗店
长命寺特产樱饼
稻荷寿司店
烤海螺店
小饭店
烤红薯店
蛇之目寿司店
言问团子店
红豆汤店
烤浇味噌茄子店
风筝店
荞麦面店
大桥团子店
河豚料理居酒屋
寿司店
兽肉店
甘酒店
一般屏风（江户时代）
平安时代的屏风（马形障子）《古典参考图录》，日本国学院高等学校发行
绘图屏风（室町时代）《福富草纸》
障子屏风（江户时代）《江户与东京风俗野史》
隔扇屏风（江户时代）《役者夏富士》
木板屏风（室町时代）《福富草纸》

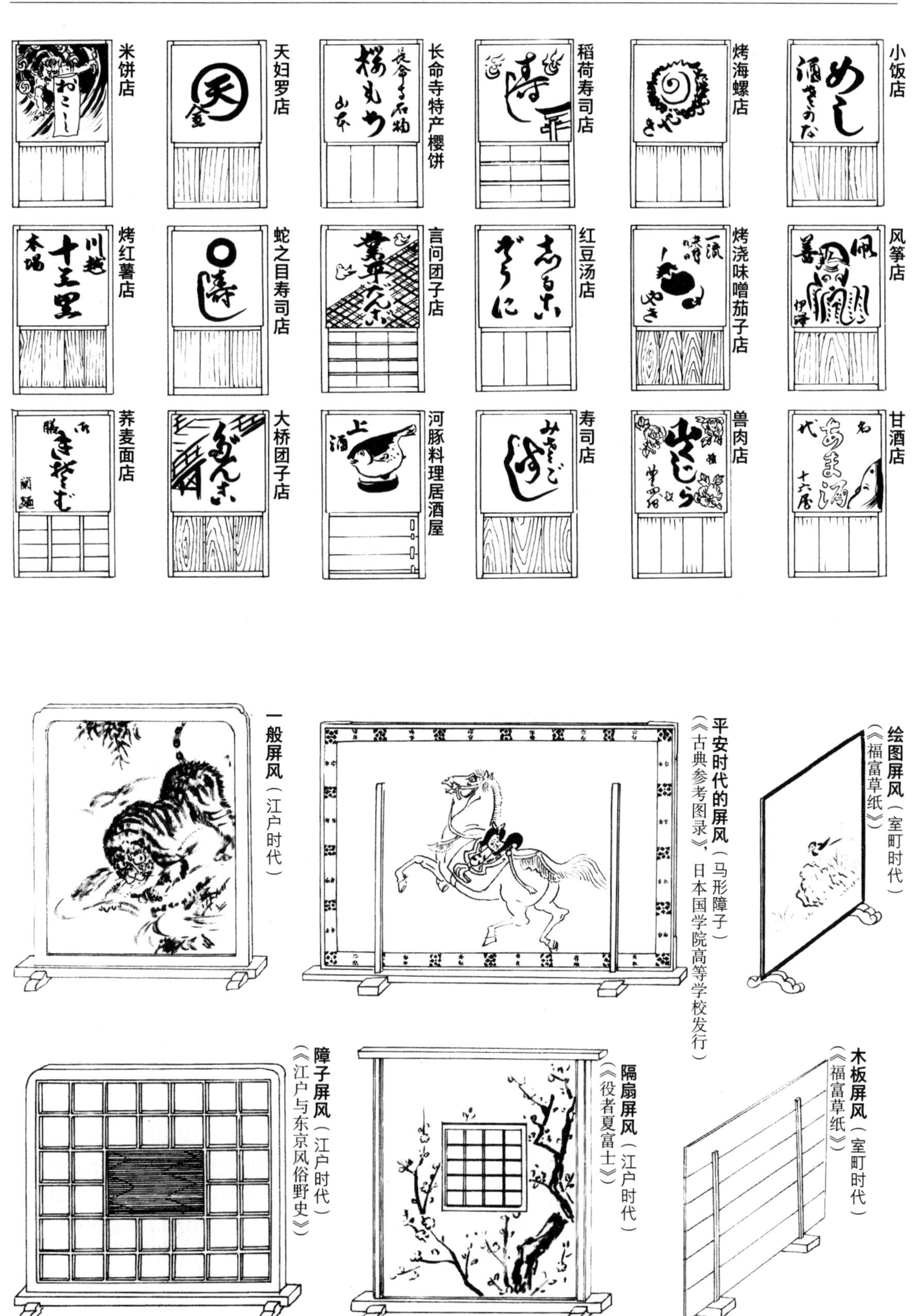

紫宸殿的圣贤拉门上描绘的三十二位中国圣贤功臣

山水画隔扇
山水画隔扇
山水画隔扇
几帐（薄绢帘）
镜台
砚箱
几帐（薄绢帘）
贵族房间的隔扇（镰仓时代后期）《春日权现灵验记》
源氏隔扇
上段明障子上的隔扇
隔扇（室町时代）《扫墨物语绘卷》
隔扇
隔扇（镰仓时代）《慕归绘》
大觉寺的隔扇绘（桃山时代）
牡丹图隔扇（一扇宽四尺七寸）
屏风
隔扇
《南蛮屏风》隔扇（桃山时代）

袄障子（隔扇、拉门）

二条城大广间的上段隔扇

东北农家采光用木板隔扇

不是拉门的可拆卸隔扇（武家）

绘图隔扇与横木条障子（《青楼年中行事》）

富商家厨房的木条错落不规则的木板隔扇

注释

1. 墨斗，以圆斗状的墨仓贮墨，线绳由一端穿过墨穴染色，已染色绳线末端有一小木钩，将其固定后拉绳，工地以此为地平直线标准。
2. 亲方，包工头、负责人。
3. 錣屋顶，线脊比较平的歇山顶。“錣”这个字来源于头盔下面的几块木片铁皮。
4. 神明造，伊势神宫的风格。
5. 大社造，日光东照宫的风格。
6. 权观造，出云大社的风格。
7. 流造，日本神社最普遍的风格。
8. 三间社流造，正面柱间为三间的流造。
9. 春日造，春日大社的风格。
10. 八幡造，石清水八幡宫的风格。
11. 住古造，住古大社的风格。
12. 栋门，日本公家、武家宅第或寺院塔头所使用的带屋顶大门。
13. 上土门，较之栋门，屋顶坡度平缓，且在木板上铺土。常见于室町时代武家宅第。
14. 橹门，上设城橹的门。
15. 塀重门，直接在墙上开出的门。
16. 屋顶上有唐破风结构的门称为“唐门”，唐破风朝向正面且有豪华装饰的称为“向唐门”。
17. 二百俵与力，收入为二百石左右的基层武士。
18. 定规筋，筑地塀上的白色横线。
19. 海参，在墙面上铺贴平瓦，瓦与瓦的间隙处涂上厚厚的灰烬，因灰烬形状似海参而得名。
20. 瑞垣，神社、宫殿周围垣墙的美称。
21. 蔀门，木板两面贴格状木条的门。
22. 破风，悬山顶上的博风板。
23. 虫龙窗，像虫子笼一样密密的长条形窗户。
24. 床之间，又称床，即凹间，是和室里的装饰空间。在房间一角做出一个内凹的小空间，通常以挂轴、插花或盆景装饰。
25. 袋床，左右两边会有一边有一凸出的小墙壁的床之间。
26. 华灯口，将军、大名等住房中从里间到茶室的过渡小间。
27. 织部床，没有正式的凹间，只是在天花板下墙壁上的木板上钉钉子以挂一些字画。传说是战国时代武将古田织部喜欢的床之间样式，古田织部集千利休茶之大成，享誉茶道界。
28. 床胁，一处用作收纳的空间。
29. 笔返，床胁的置物架上层木板一端的造型。
30. 海老束，错层上下板之间的连接柱。
31. 户当束，抵住柜门的柱子。
32. 朽木花纹，模拟枯木纹理的纹样。
33. 土敷，御张台内铺的繧繝缘榻榻米。繧繝缘是榻榻米四边最高级别的纹案，可以通过各榻榻米边缘四周的纹案判断席上人的身份。
34. 生丝，未除去丝胶的蚕丝。较之除去丝胶的熟丝，更有弹性，给人凉爽感，适合夏天使用。
35. 五幅，五块薄绢的长度。四幅等，同理。
36. 御竹帘，宫殿或寺院、神社等地使用的竹帘。
37. 窠纹，四至五个半圆像花瓣一样相连接，当中配唐花或鸟的图案。
38. 锦绘，浮世绘版画。
39. 腰板障子，下部为木板的障子。

40. 明障子，以和纸或薄绢制作的障子，光线可以照进屋内。一般说到障子，即指明障子。
41. 水腰障子，下部设有木板、全面糊纸的障子。
42. 扬弓，以杨柳做成的游戏用的小型弓。
43. 磨镜，在玻璃镜子出现推广以前，金属镜子需定期磨光。
44. 木赁宿，各街道宿区最便宜的旅馆。旅馆不提供食物，旅行者必须自己做饭，甚至要自带被褥。
45. 火番，注意自己辖区内不发生火灾的职务名。
46. 浊酒，未经过滤程序、带有米渣的米酒。
47. 放豆腐，在豆腐中混入了蔬菜、鸡蛋等的加工型豆制品。
48. 二八荞麦，将乌冬粉与荞麦粉以2:8的比例混合制成的荞麦面，价格较为低廉。
49. 两国几代饼，江户时代中期山阳山阴地区与四国地区的特产。当时十分流行盛行，但进入明治时期后逐渐消失。

第三辑 服装

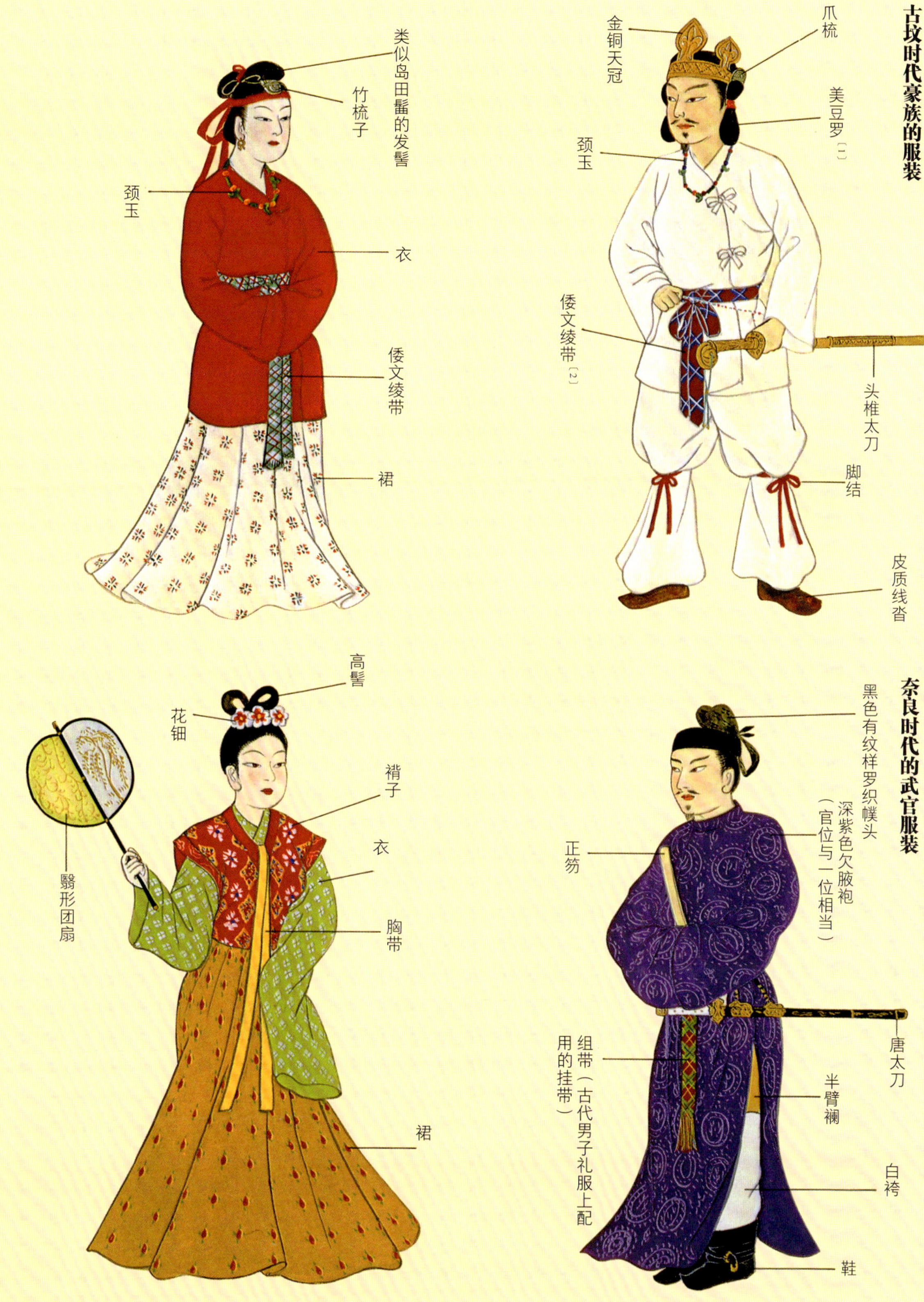
古坟时代豪族的服装
类似岛田髷的发髻
竹梳子
颈玉
衣
倭文绫带
裙
金铜天冠
爪梳
美豆罗[1]
颈玉
倭文绫带[2]
头椎太刀
脚结
皮质线沓
奈良时代的武官服装
高髻
花钿
褙子
衣
胸带
翳形团扇
裙
黑色有纹样罗织幞头
深紫色欠腋袍（官位与一位相当）
正笏
组带（古代男子礼服上配用的挂带）
唐太刀
半臂襕
白袴
鞋

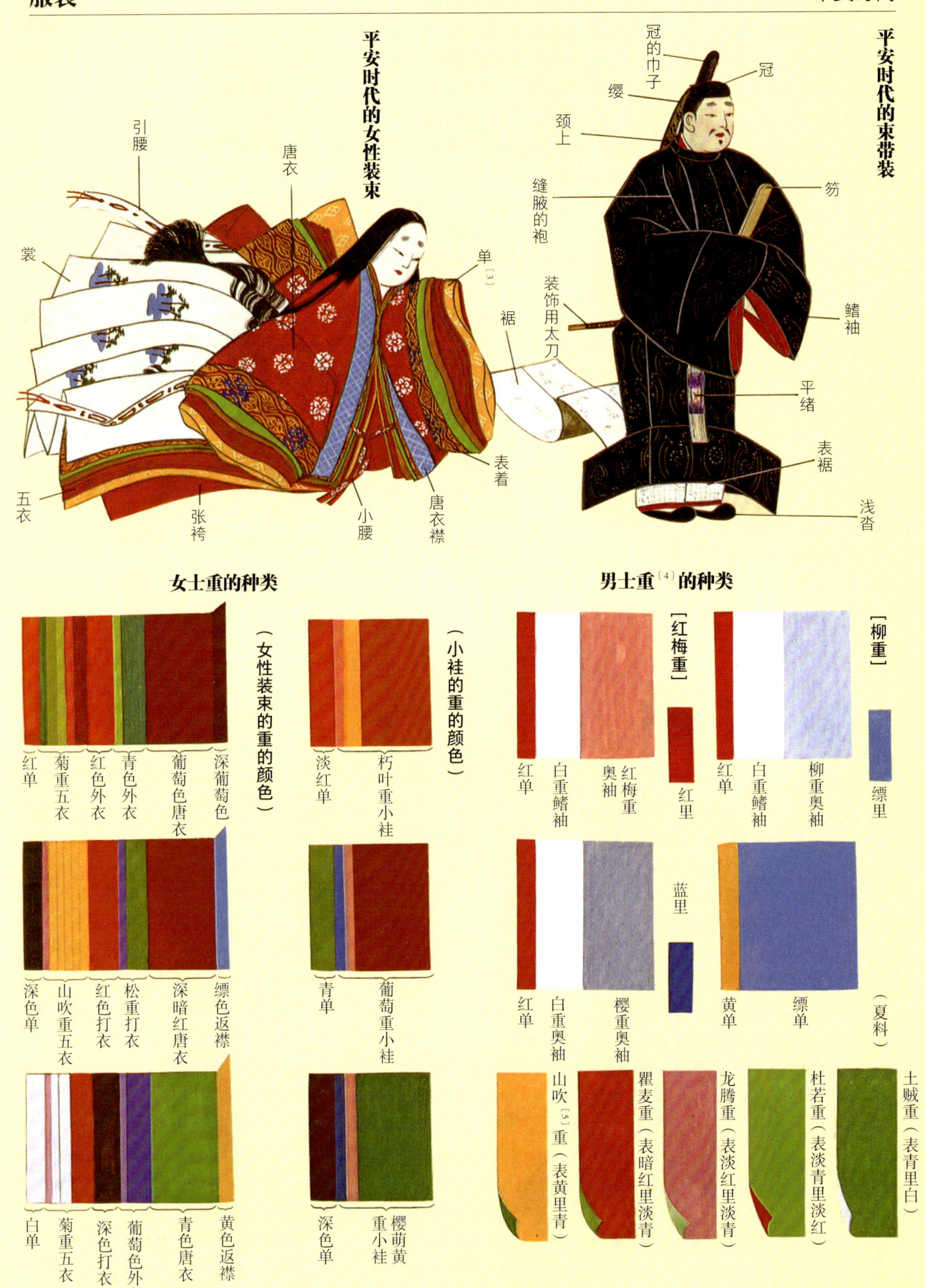

平安时代的女性装束
引腰
唐衣
裳
单[3]
裾
五衣
张袴
小腰
唐衣襟
表着
平安时代的束带装
冠的巾子
冠
缨
颈上
缝腋的袍
笏
装饰用太刀
鳍袖
平绪
表裾
浅沓
女士重的种类
（女性装束的重的颜色）
红单
菊重五衣
红色外衣
青色外衣
葡萄色唐衣
深葡萄色
（小袿的重的颜色）
淡红单
朽叶重小袿
深色单
山吹重五衣
红色打衣
松重打衣
深暗红唐衣
缥色返襟
青单
葡萄重小袿
白单
菊重五衣
深色打衣
葡萄色外衣
青色唐衣
黄色返襟
深色单
樱萌黄重小袿
男士重[4]的种类
【红梅重】
红单
白重鳍袖
红梅重奥袖
红里
【柳重】
红单
白重鳍袖
柳重奥袖
缥里
红单
白重奥袖
樱重奥袖
蓝里
黄单
缥单
（夏料）
山吹[5]重（表黄里青）
瞿麦重（表暗红里淡青）
龙腾重（表淡红里淡青）
杜若重（表淡青里淡红）
土贼重（表青里白）

镰仓时代武士着水干模样
立乌帽子
穿作垂领〔6〕的水干
首纸的绳带
菊缀
小袴（与水干不同，此为布料）
镰仓时代武士着直垂模样
侍乌帽子
直垂
袴（若与上半身面料相同，我们称其为上下）
室町时代武士着素袄〔7〕模样
胸绳
皮质菊缀
素袄
小刀
镰仓时代上流妇人的服装
小袿
袴
单
室町时代的妇人着小袿的模样
室町时代末期上流妇人着腰卷的模样
小袖
腰卷

桃山时代至江户时代初期的男士服装

江户时代中期的武士正装

江户时代中期富裕商人的服装

本多风髷
襟卷
羽织（以长款为主）
时髦角带
长襦袢［8］

桃山时代至江户时代初期的女式服装

江户时代中期的庶民女士的服装

江户时代末期的庶民女士的服装

丸髷
带
小袖
长襦袢

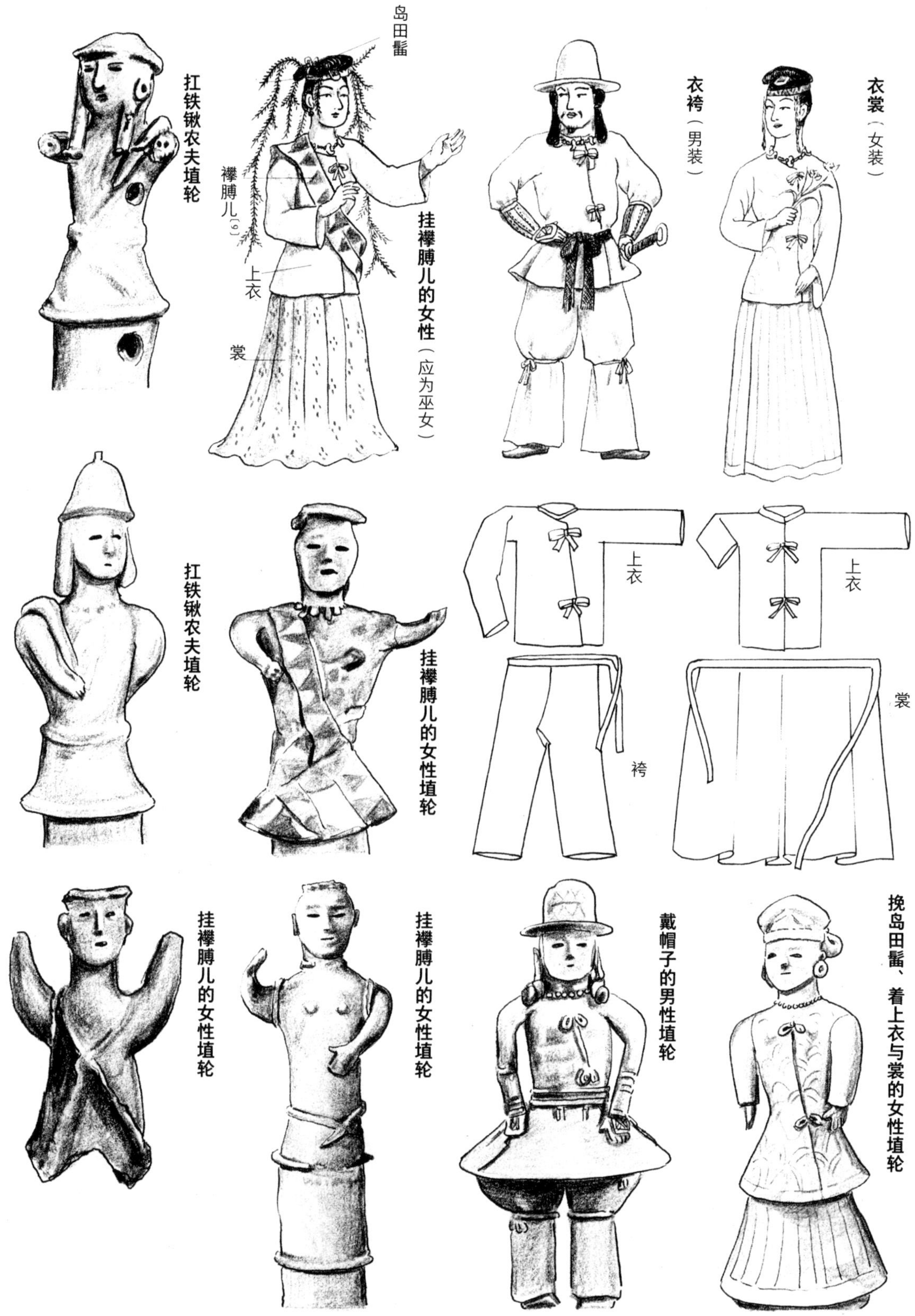
打铁锹农夫埴轮
岛田髷
襷䙓儿[9]
上衣
裳
挂襷䙓儿的女性（应为巫女）
衣袴（男装）
衣裳（女装）
打铁锹农夫埴轮
挂襷䙓儿的女性埴轮
上衣
上衣
袴
裳
挂襷䙓儿的女性埴轮
挂襷䙓儿的女性埴轮
戴帽子的男性埴轮
挽岛田髷、着上衣与裳的女性埴轮

朝服（奈良药师寺藏《野见宿祢参内图》）

风俗画　妇人与童子（教王护国寺藏《延喜的唐柜》）

正仓院所藏的写经生净衣

落书《大大论（口论）》的幞头
（正仓院文书《天平十七年写经受纸帐》）

一般平民之遗物与画极度缺乏。除此之外，还有画于正仓院所藏弹弓上的散乐〔11〕漆绘、正仓院所藏阮咸拨绘中的妇女奏乐图等。

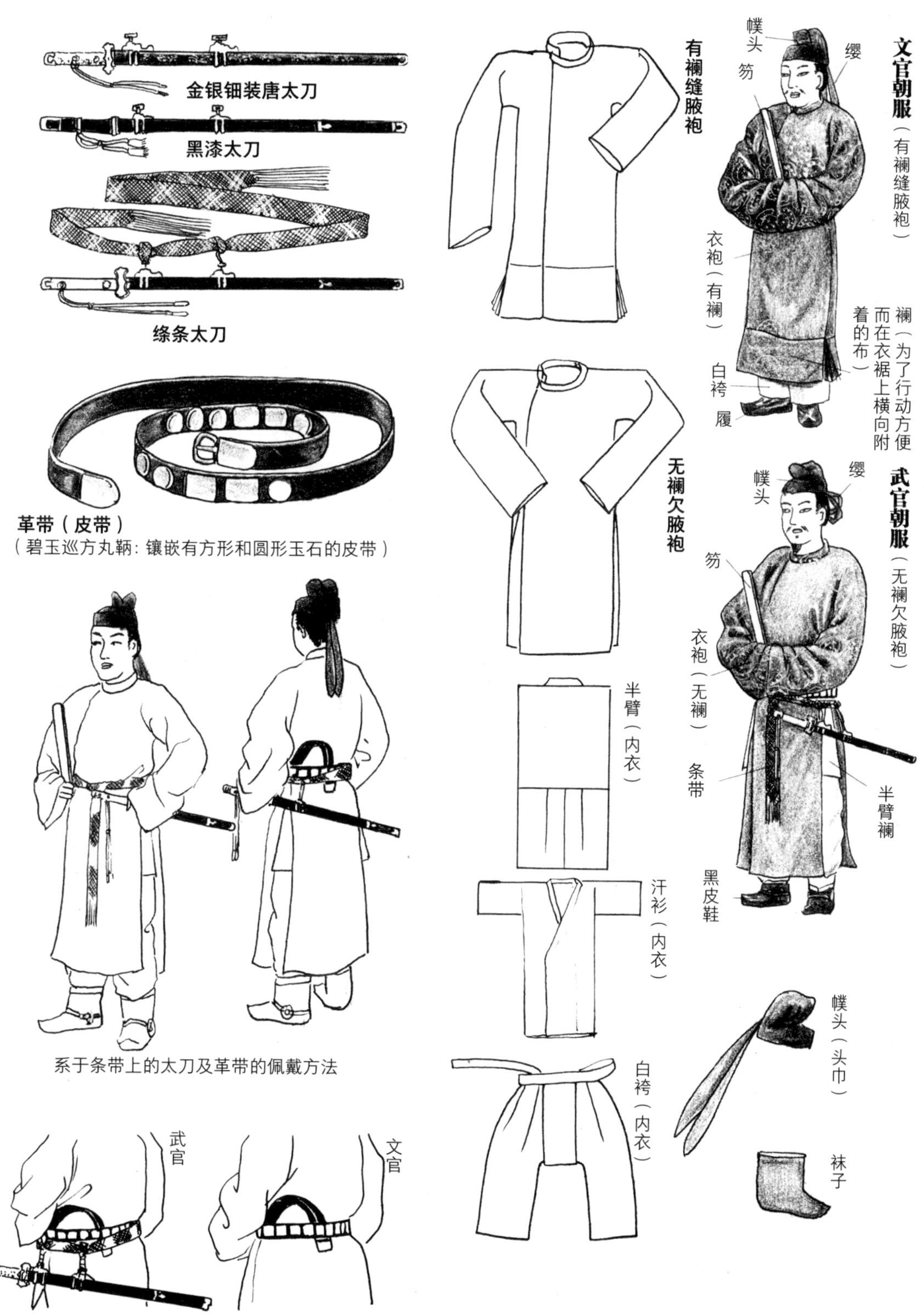
金银钿装唐太刀
黑漆太刀
绦条太刀
革带（皮带）
（碧玉巡方丸鞆：镶嵌有方形和圆形玉石的皮带）
系于条带上的太刀及革带的佩戴方法
武官
文官
有襕缝腋袍
无襕欠腋袍
半臂（内衣）
汗衫（内衣）
白袴（内衣）
文官朝服（有襕缝腋袍）
幞头
缨
笏
衣袍（有襕）
襕（为了行动方便而在衣裾上横向附着的布）
白袴
履
武官朝服（无襕欠腋袍）
幞头
缨
笏
衣袍（无襕）
条带
半臂襕
黑皮鞋
幞头（头巾）
袜子

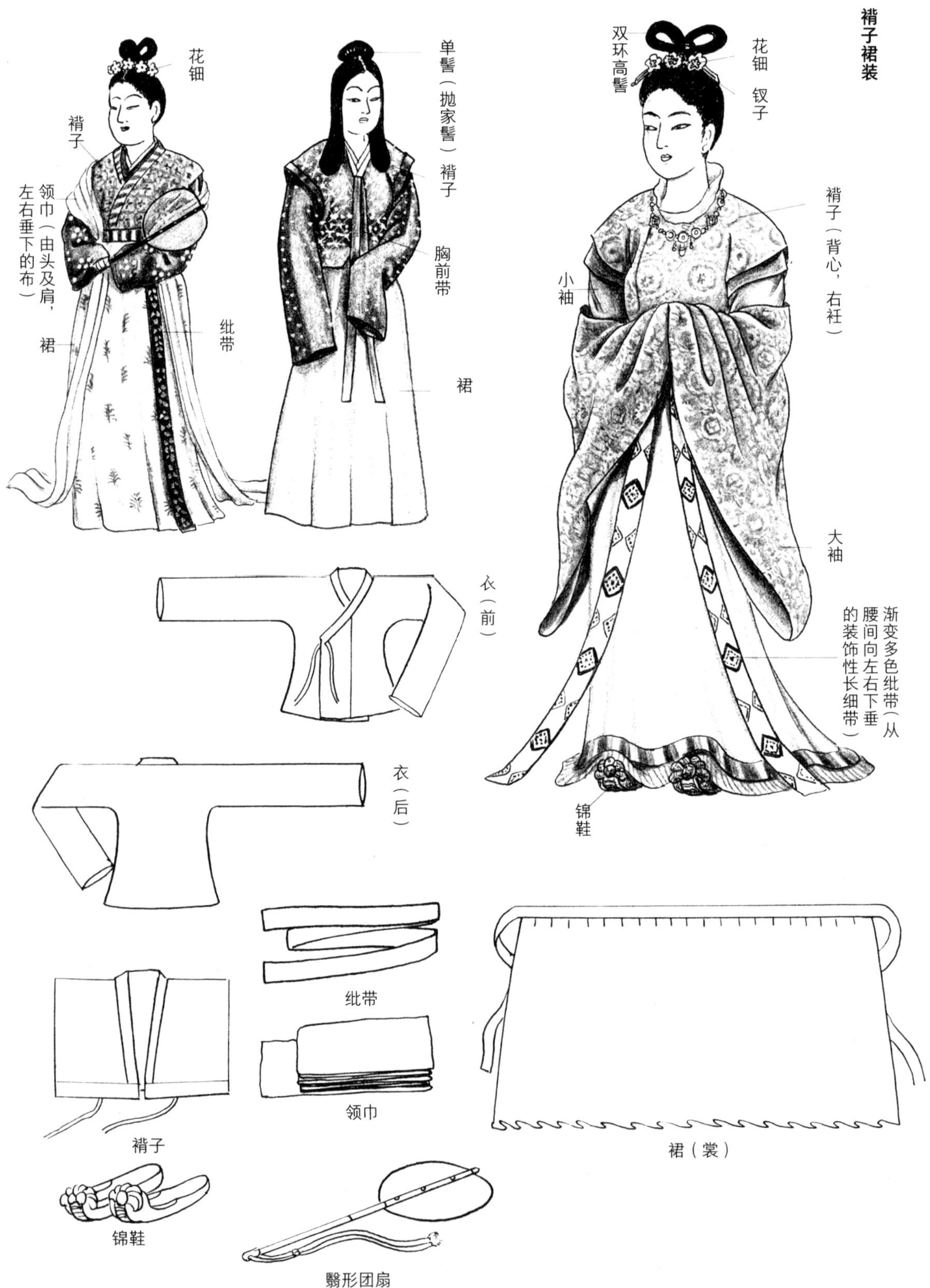
褙子裙装
花钿
褙子
领巾（由头及肩，左右垂下的布）
裙
纰带
单髻（抛家髻）
褙子
胸前带
裙
双环高髻
花钿
钗子
褙子（背心，右衽）
小袖
大袖
渐变多色纰带（从腰间向左右下垂的装饰性长细带）
锦鞋
衣（前）
衣（后）
纰带
领巾
褙子
裙（裳）
锦鞋
翳形团扇

出典:《故实丛书·历世服饰考》

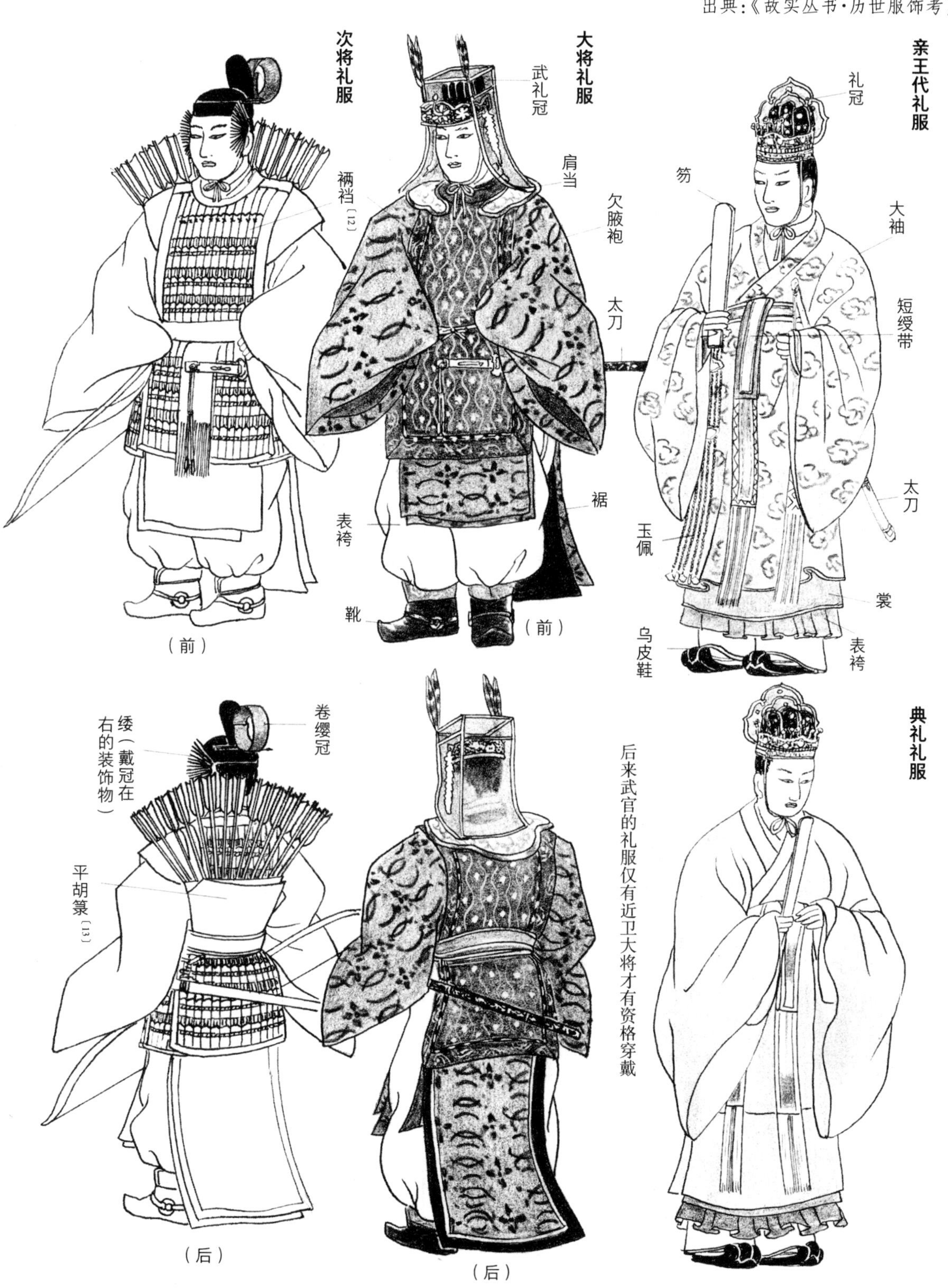

出典:《故实丛书·冠帽图会》《故实丛书·历世服饰考》

天皇的礼服部分

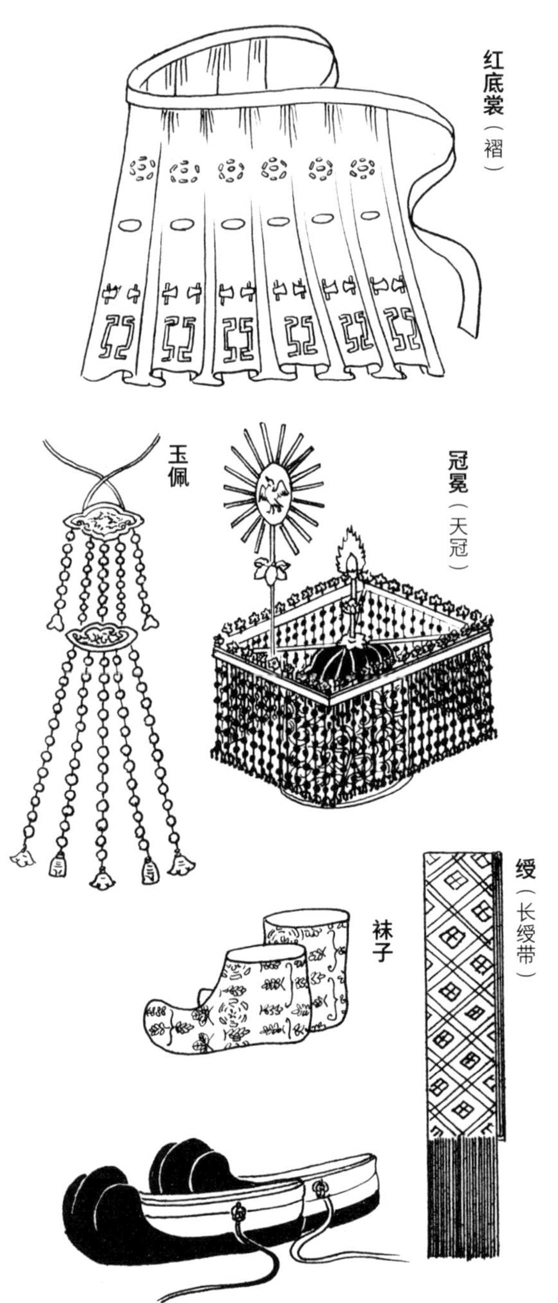

文官									
玉佩	鞋	袜子	褶	带	袴	笏	衣		
有	黑皮	锦	深绿纱	条	白	牙	深紫	亲王	
同	同	同	同	同	同	同	同	一位	诸王
同	同	同	同	同	同	同	浅紫	二位	
同	同	同	同	同	同	同	同	三位	
	同	同	同	同	同	同	同	四位	
	同	同	同	同	同	同	同	五位	
有	同	同	深缥纱	同	同	同	深紫	一位	诸臣
同	同	同	同	同	同	同	浅紫	二位	
同	同	同	同	同	同	同	同	三位	
	同	同	同	同	同	同	深绯	四位	
	同	同	同	同	同	同	浅绯	五位	

武官									
行縢	靴	袴	横刀	腰带	裲裆	袄	笏	冠	
锦	黑皮	白	金银装	金银装	绣	浅绯	牙	皂罗皂绫	卫府督佐
同		同	同	同	云锦	同	同	同	兵卫督

内亲王、女王、内命妇									
鞋	袜	裙	褶	纰带	衣		宝髻		
绿	锦	紫苏绿芳缬深浅	浅绿	苏芳深浅	深紫		每品别制	内亲王	
同	同	同	同	同	同		每位别制	一位	女王
同	同	深苏浅芳绿深缬紫	同	同	浅紫			二、三位	
黑	同	同	同	深浅绿紫	同			四位	
同	同	同	同	浅浅绿紫	同			五位	
绿	同	紫苏绿芳缬深浅	浅缥	苏芳深紫	深紫		每位别制	一位	内命妇
同	同	深苏浅芳绿深缬紫	同	同	浅紫			二、三位	
黑	同	同	同	深浅绿紫	深绯			四位	
同	同	同	同	浅浅绿紫	浅绯			五位	

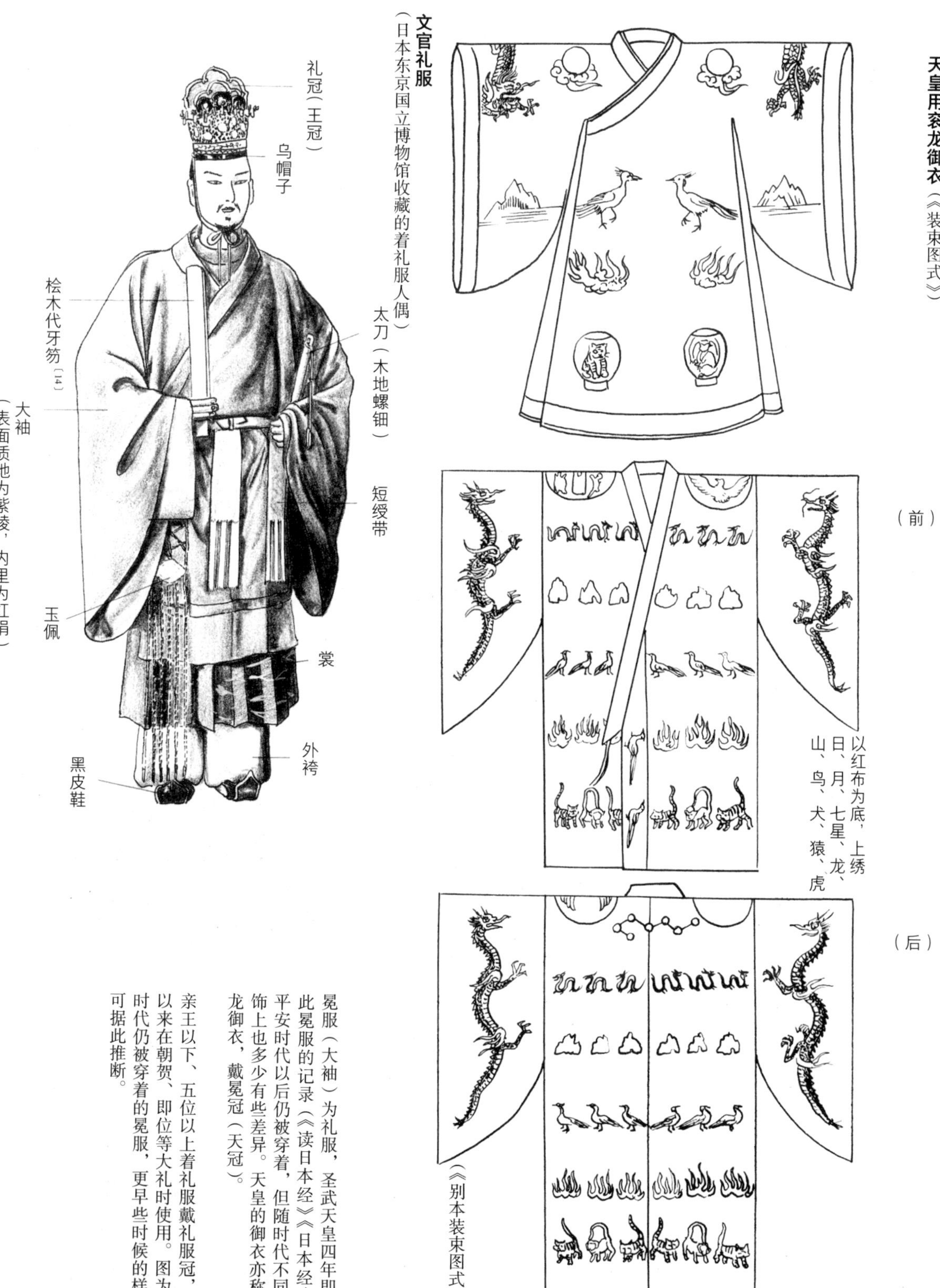

文官礼服（日本东京国立博物馆收藏的着礼服人偶）

天皇用衮龙御衣（《装束图式》）

以红布为底，上绣日、月、七星、龙、山、鸟、犬、猿、虎

（《别本装束图式》）

冕服（大袖）为礼服，圣武天皇四年即有着此冕服的记录（《读日本经》《日本经略》）。平安时代以后仍被穿着，但随时代不同，服饰上也多少有些差异。天皇的御衣亦称为衮龙御衣，戴冕冠（天冠）。

亲王以下、五位以上着礼服戴礼服冠，自古以来在朝贺、即位等大礼时使用。图为江户时代仍被穿着的冕服，更早些时候的样式也可据此推断。

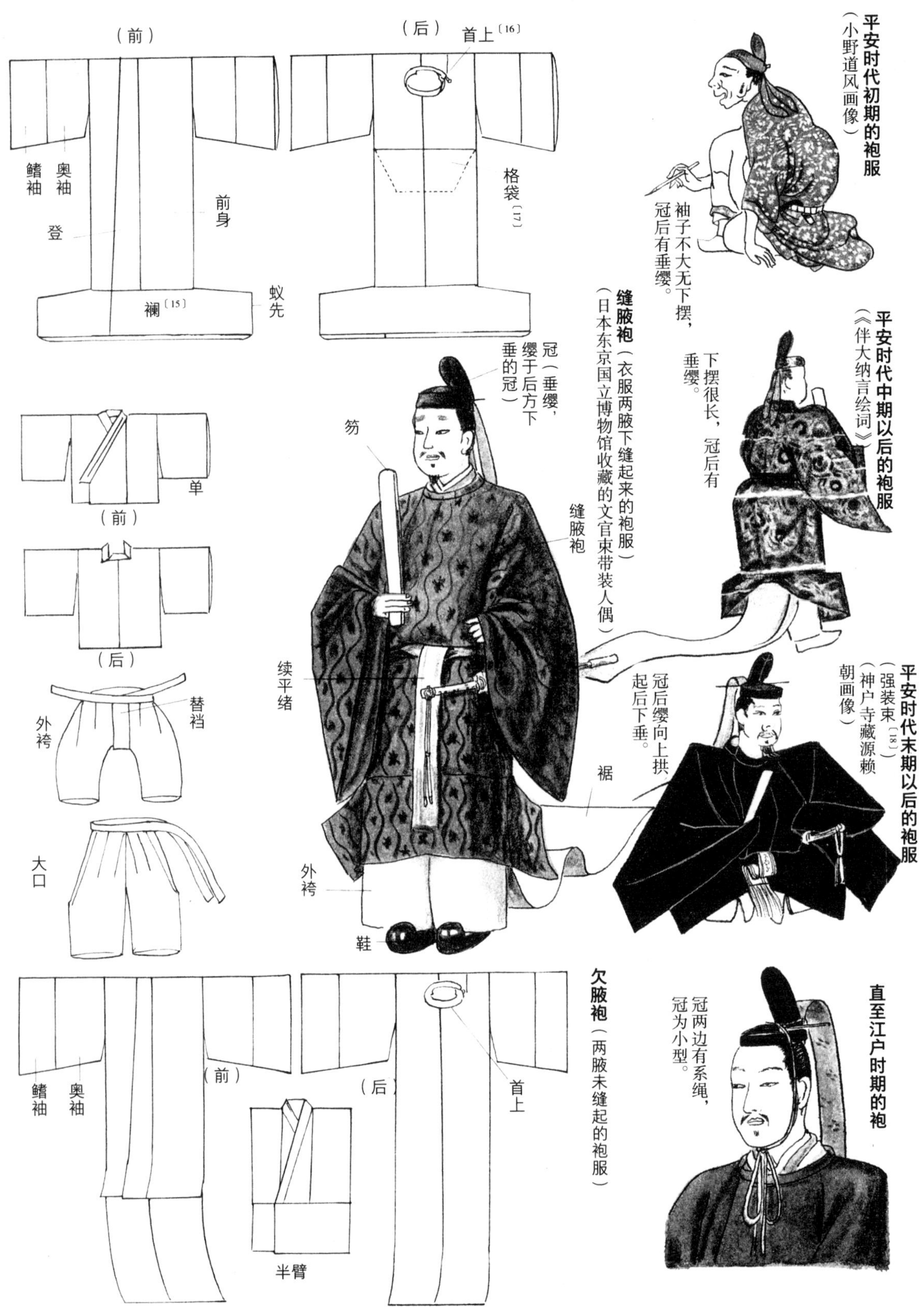
（前）
（后）
首上[16]
鳍袖
奥袖
前身
登
格袋[17]
襕[15]
蚁先
平安时代初期的袍服
（小野道风画像）
袖子不大无下摆，冠后有垂缨。
缝腋袍（衣服两腋下缝起来的袍服）
（日本东京国立博物馆收藏的文官束带装人偶）
冠（垂缨，缨于后方下垂的冠）
笏
单
缝腋袍
（前）
（后）
外袴
替裆
大口
续平绪
外袴
鞋
裾
平安时代中期以后的袍服
《伴大纳言绘词》
下摆很长，冠后有垂缨。
平安时代末期以后的袍服
（强装束[18]）
（神户寺藏源赖朝画像）
冠后缨向上拱起后下垂。
欠腋袍（两腋未缝起的袍服）
鳍袖
奥袖
（前）
（后）
首上
半臂
直至江户时期的袍
冠两边有系绳，冠为小型。

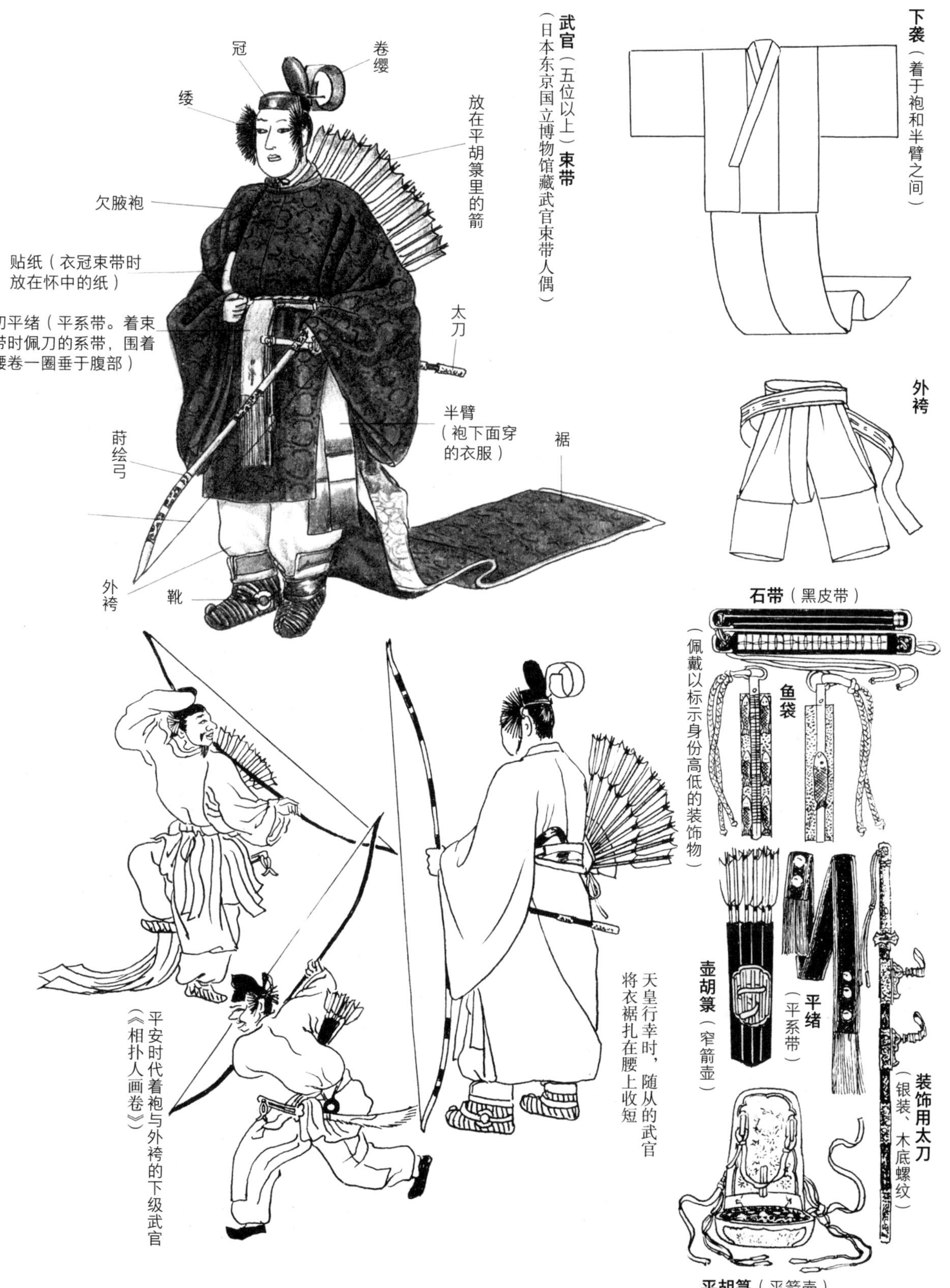

冠
卷缨
緌
放在平胡箓里的箭
欠腋袍
贴纸（衣冠束带时放在怀中的纸）
切平绪（平系带。着束带时佩刀的系带，围着腰卷一圈垂于腹部）
太刀
半臂（袍下面穿的衣服）
莳绘弓
裾
外袴
靴
武官（五位以上）束带（日本东京国立博物馆藏武官束带人偶）
下袭（着于袍和半臂之间）
外袴
石带（黑皮带）
（佩戴以标示身份高低的装饰物）
鱼袋
壶胡箓（窄箭壶）
平绪（平系带）
装饰用太刀（银装、木底螺纹）
平胡箓（平箭壶）
天皇行幸时，随从的武官将衣裾扎在腰上收短
平安时代着袍与外袴的下级武官《相扑人画卷》

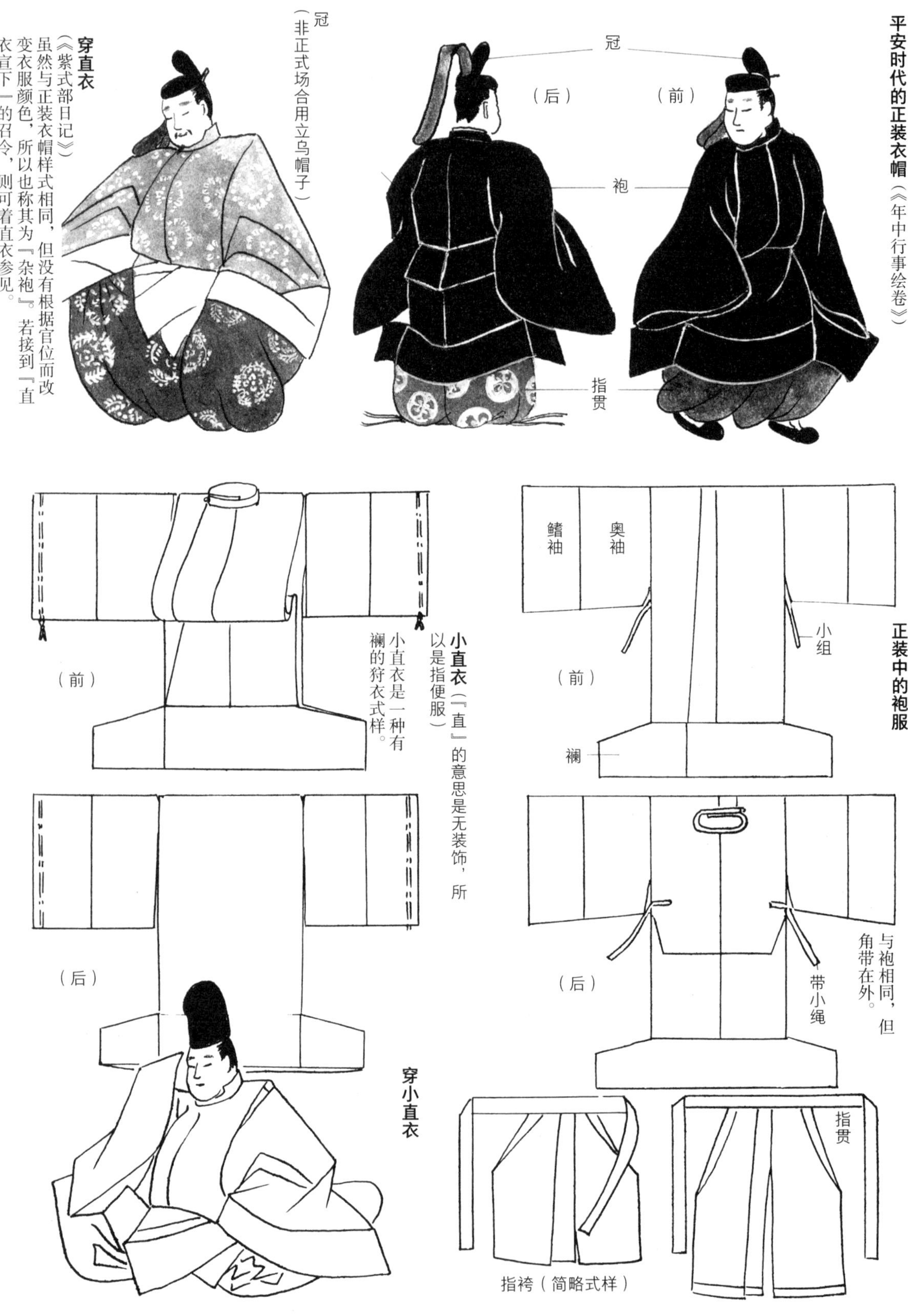

平安时代的正装衣帽
（《年中行事绘卷》）
冠
（后）
（前）
袍
指贯
冠
（非正式场合用立乌帽子）
穿直衣
（《紫式部日记》）
虽然与正装衣帽样式相同，但没有根据官位而改变衣服颜色，所以也称其为『杂袍』。若接到『直衣宣下』的召令，则可着直衣参见。
正装中的袍服
鳍袖
奥袖
小组
（前）
襕
（后）
带小绳
与袍相同，但角带在外。
小直衣（『直』的意思是无装饰，所以是指便服）
小直衣是一种有襕的狩衣式样。
（前）
（后）
穿小直衣
指袴（简略式样）
指贯

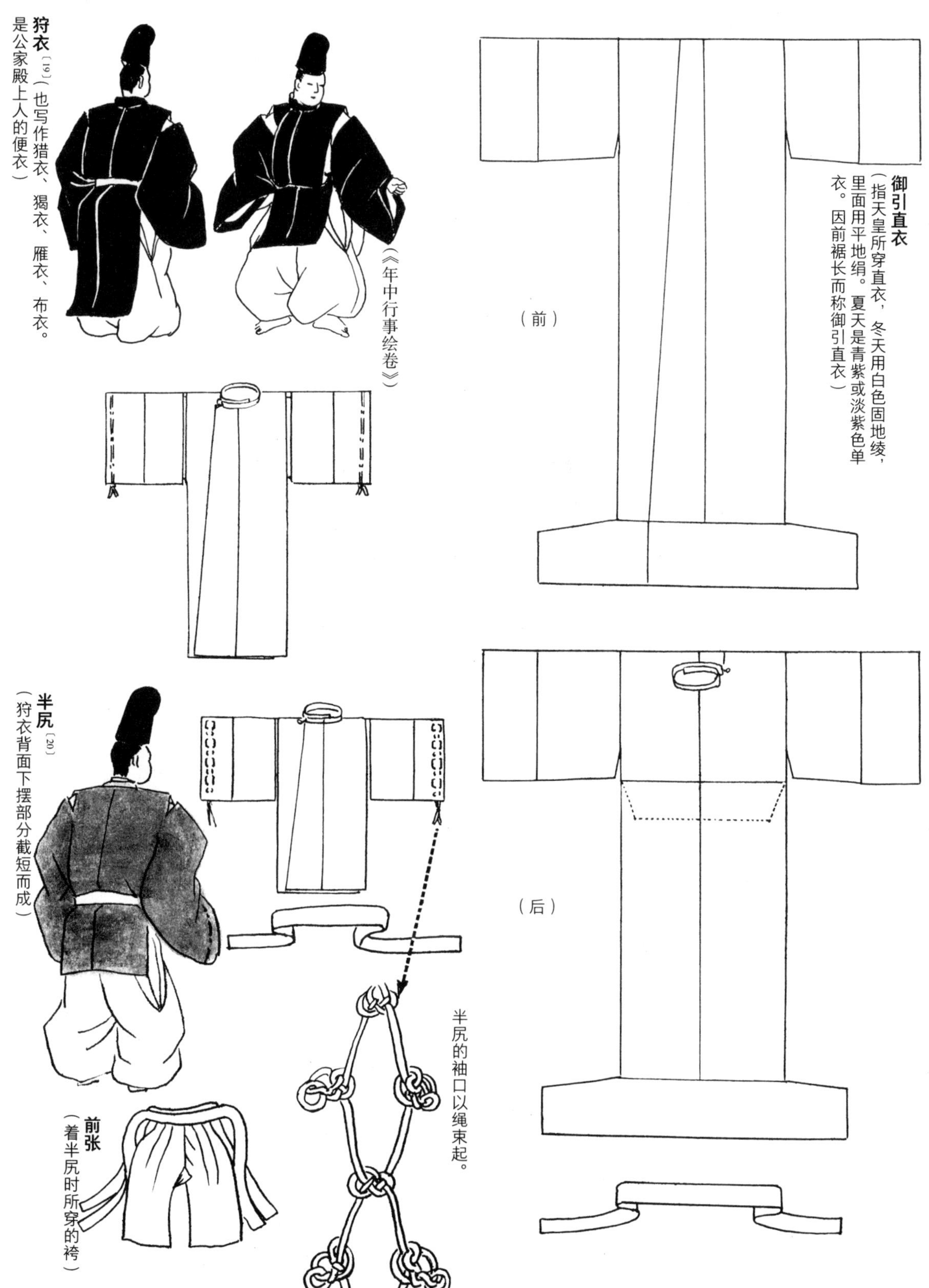

狩衣[19]（也写作猎衣、猲衣、雁衣、布衣。是公家殿上人的便衣）

（《年中行事绘卷》）

御引直衣（指天皇所穿直衣，冬天用白色固地绫，里面用平地绢。夏天是青紫或淡紫色单衣。因前裾长而称御引直衣）

半尻[20]（狩衣背面下摆部分截短而成）

前张（着半尻时所穿的袴）

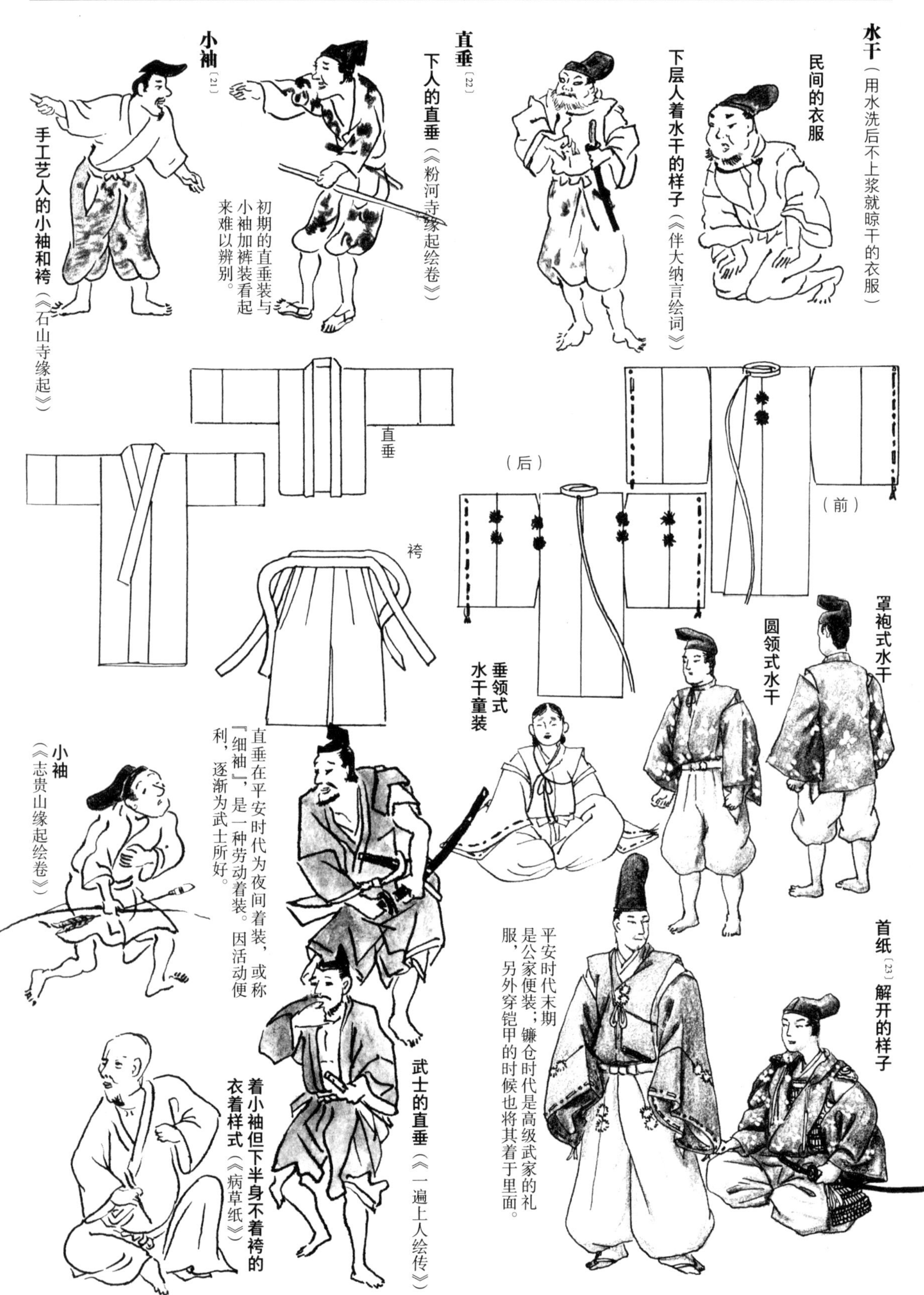

水干（用水洗后不上浆就晾干的衣服）
民间的衣服
下层人着水干的样子（《伴大纳言绘词》）
直垂[22]
下人的直垂（《粉河寺缘起绘卷》）
小袖[21]
手工艺人的小袖和袴（《石山寺缘起》）
初期的直垂装与小袖加裤装看起来难以辨别。
直垂
（后）
（前）
袴
垂领式水干童装
圆领式水干
罩袍式水干
小袖（《志贵山缘起绘卷》）
直垂在平安时代为夜间着装，或称『细袖』，是一种劳动着装。因活动便利，逐渐为武士所好。
平安时代末期是公家便装；镰仓时代是高级武家的礼服，另外穿铠甲的时候也将其着于里面。
首纸[23]解开的样子
武士的直垂（《一遍上人绘传》）
着小袖但下半身不着袴的衣着样式（《病草纸》）

长绢（据《延喜式》记录，长绢是长七丈五尺、宽一尺九寸的织幅较长的绢布。因常与狩衣、水干、直垂搭配穿用，进而也指礼服中的水干）

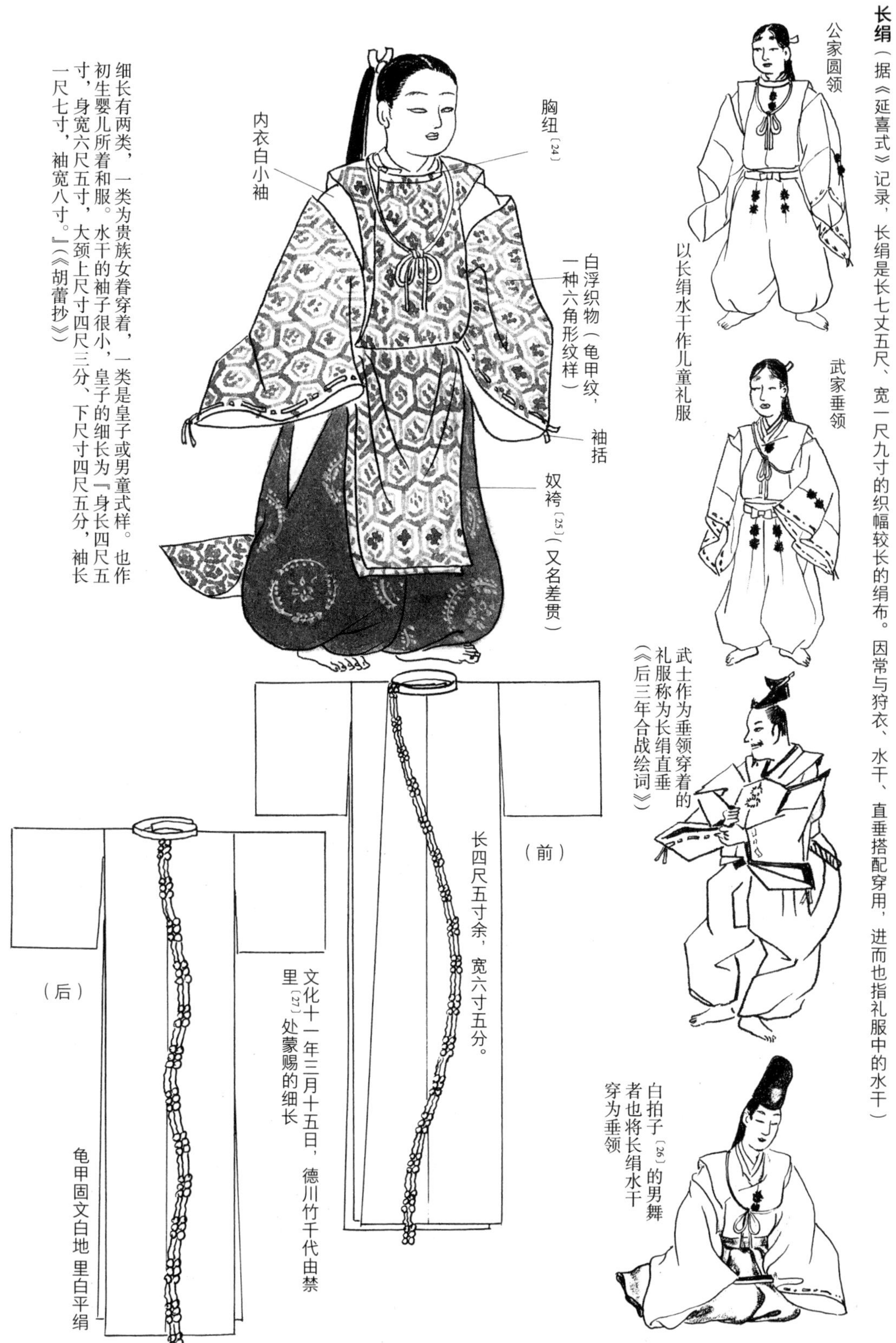

细长有两类，一类为贵族女眷穿着，一类是皇子或男童式样。也作初生婴儿所着和服。水干的袖子很小，皇子的细长为『身长四尺五寸，身宽六尺五寸，大颈上尺寸四尺三分、下尺寸四尺五分，袖长一尺七寸，袖宽八寸。』（《胡蕾抄》）

宫廷女官装束（俗称十二单衣）
表着
衵扇[28]
五衣
打着
唐衣
单
引腰[29]
裳
小腰
表着
单
张袴
五衣
唐衣（前）
唐衣（后）
表着
五衣
单
裳
张袴

头发垂至裳下的样子
裳着于唐衣外的样子（后世正式）
不着唐衣而在外衣上披裳的样子（屋内着装）
唐衣着于裳外的样子（正式）
镰仓时代宫中女性常用着装——裳唐衣
平安时代末期的裳唐衣（强装束样式，这里的强装束指衣料偏硬）

多层衵外套多层袴的样子
袿外穿五衣
（前）
红生袴[33]外着一层袴
穿汗衫的样子（侍奉后宫的童女的正装）
汗衫
衵
（前）
在张袴外套表袴
穿小袿的样子
（前）
小袿
表着
单的外袴
（后）
（后）
（后）
叠穿衵装
红袴
童女的夏季汗衫装
夏天的汗衫
切袴

宫廷女官装束——袭[34]的各种颜色

出典:《故实丛书·历世服饰考》《故实丛书·服饰图解》

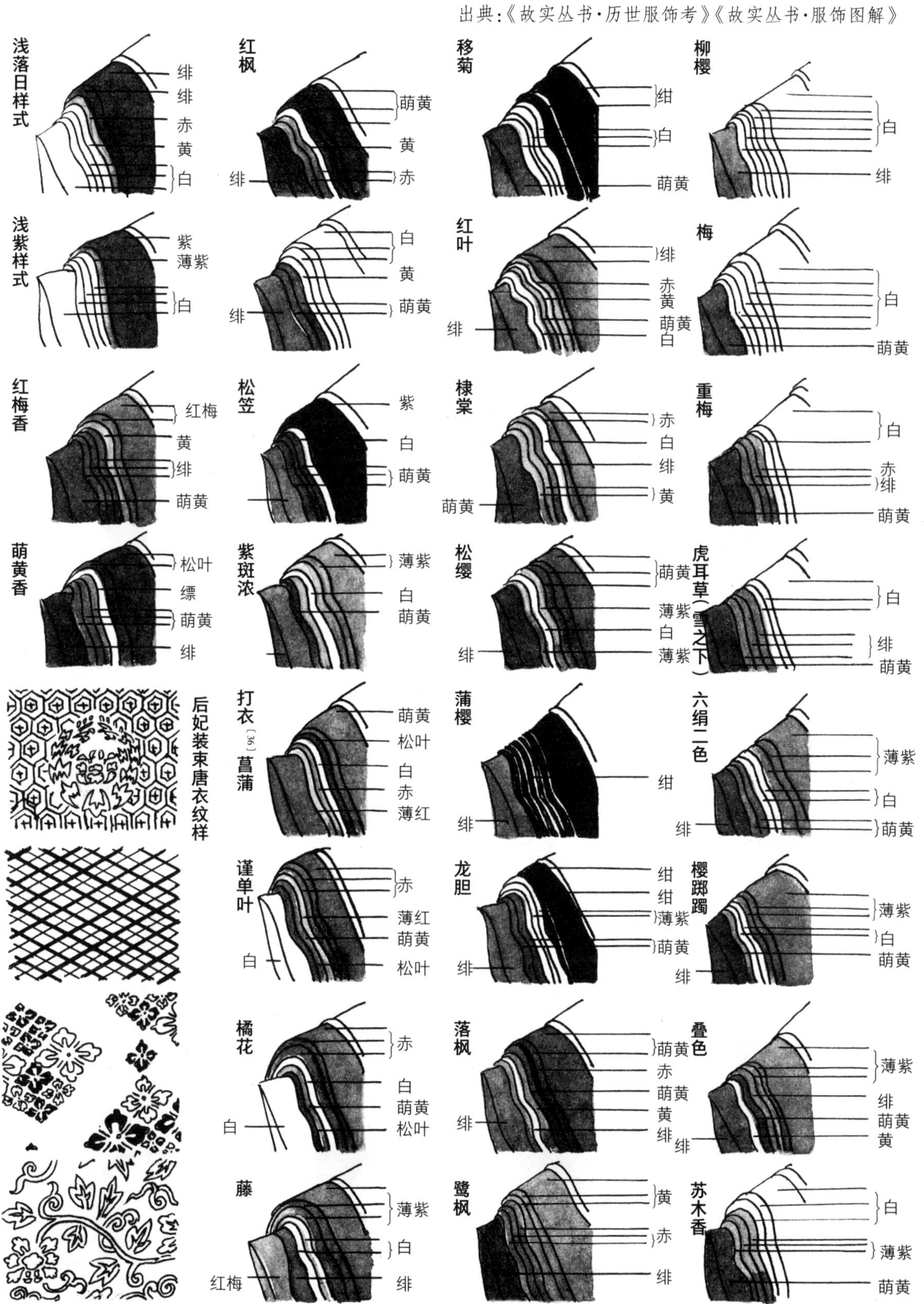

穿袿单
悬带
袿
单
在单上着袴
《扇面法华经下绘》
袿单
（前）
小袖
袿（季节不同叠穿的方法也会有所不同）
生袴
戴苎麻垂绢的市女[37]
苎麻垂绢[36]
穿被衣
被衣
（后）
袿
着被衣系悬带
悬带
被衣
单袴
生绢单
着被衣戴市女笠
市女笠
袿单
生袴

少年少女的小袖、袴、单

武士家庭的男孩（着小袖袴）和穿小袖付纽的女子《法然上人绘传》

上流阶层着单的儿童《扇面法华经下绘》

平民男孩着小袖《伴大纳言绘词》

平民男孩着小袖《一遍上人绘传》

平民男孩着小袖《春日权现灵验记》

平民男孩着小袖《病草纸》

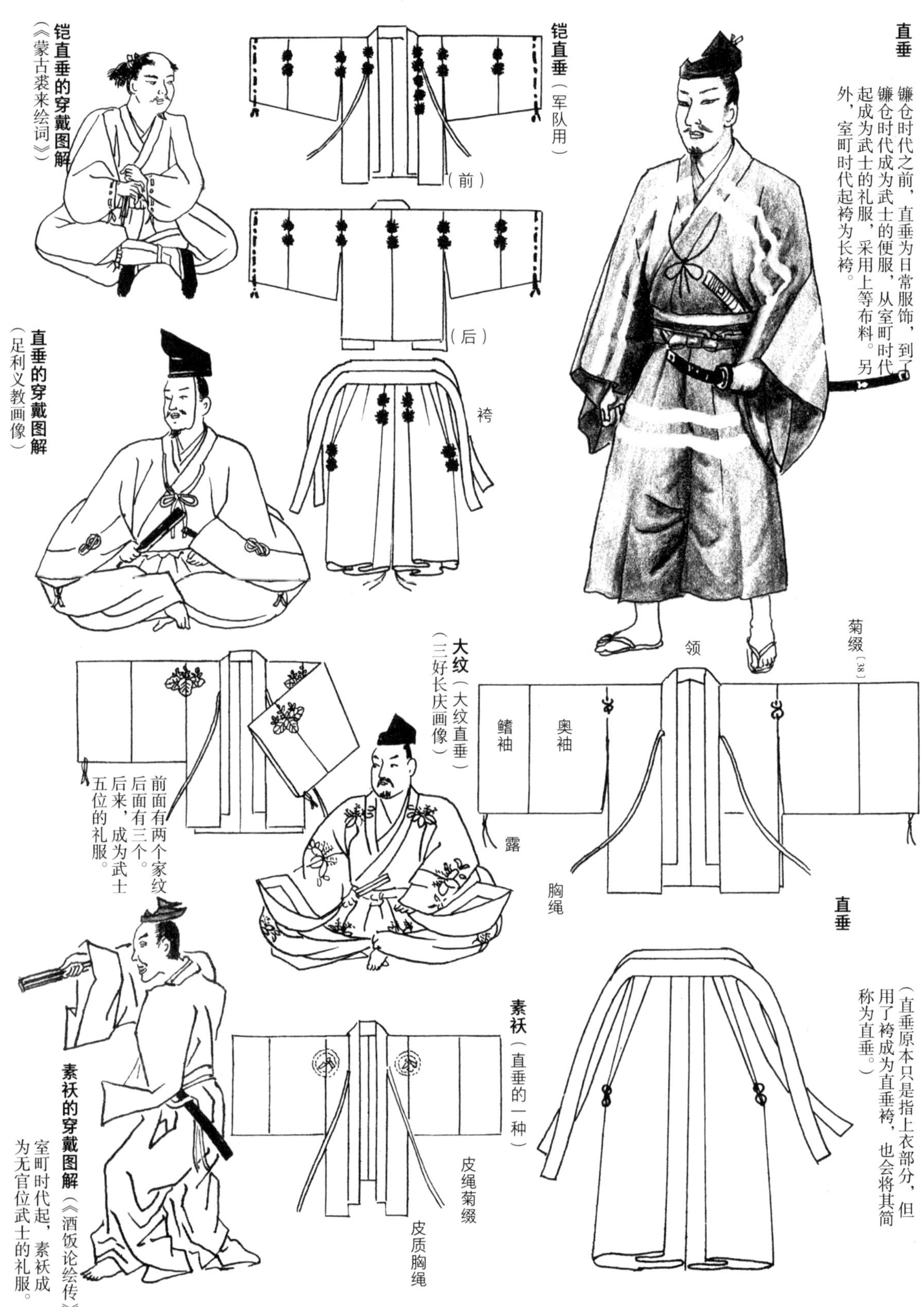
直垂
镰仓时代之前，直垂为日常服饰，到了镰仓时代成为武士的便服，从室町时代起成为武士的礼服，采用上等布料。另外，室町时代起袴为长袴。
铠直垂（军队用）
（前）
（后）
袴
铠直垂的穿戴图解（《蒙古袭来绘词》）
直垂的穿戴图解（足利义教画像）
菊缀[38]
领
鳍袖
奥袖
露
胸绳
直垂
大纹（大纹直垂）（三好长庆画像）
前面有两个家纹，后面有三个。后来，成为武士五位的礼服。
素袄（直垂的一种）
皮绳菊缀
皮质胸绳
（直垂原本只是指上衣部分，但用了袴成为直垂袴，也会将其简称为直垂。）
素袄的穿戴图解（《酒饭论绘传》）
室町时代起，素袄成为无官位武士的礼服。

身穿直垂头戴立乌帽子（《真如堂缘起绘卷》）

着小素袄的武士（《清凉寺缘起绘卷》）

着十德[39]的轿夫（《清凉寺缘起绘卷》）

着大纹的武士（《真如堂缘起绘卷》）

左右图案不对称的肩衣袴[40]（《真如堂缘起绘卷》）

着小素袄的随从

头戴编笠身穿长羽织（《七十番职人尽歌合》）

着素袄的武士（《酒饭论起绘》）

手持鱼网的渔夫（《真如堂缘起绘卷》）

着肩衣袴（《织田信长画像》）

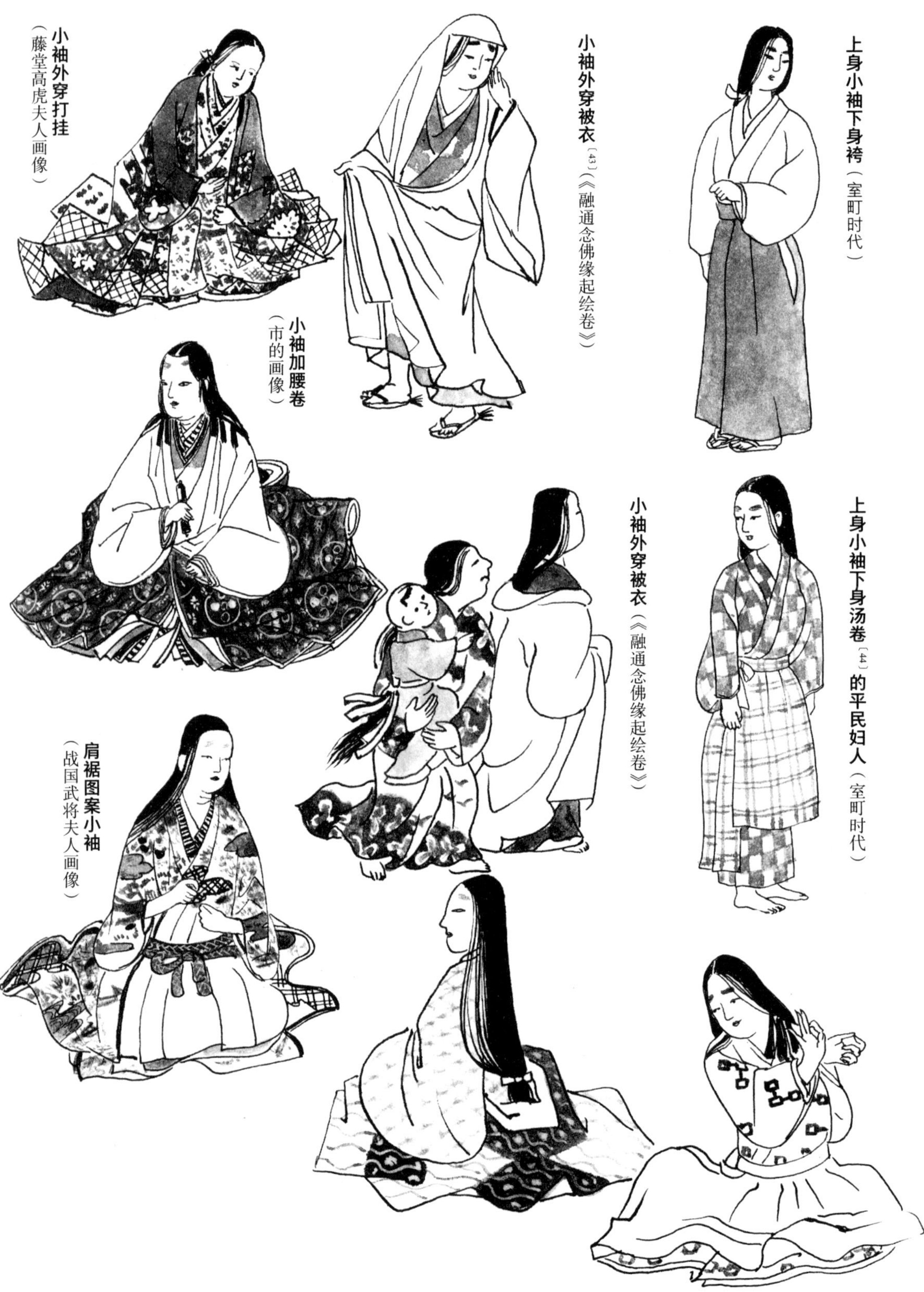

小袖外穿打挂（藤堂高虎夫人画像）

小袖外穿被衣〔43〕（《融通念佛缘起绘卷》）

上身小袖下身袴（室町时代）

小袖加腰卷（市的画像）

小袖外穿被衣（《融通念佛缘起绘卷》）

上身小袖下身汤卷〔44〕的平民妇人（室町时代）

肩裾图案小袖（战国武将夫人画像）

桃山时代
小袖与打挂（细川昭元夫人画像）
小袖（游女）（《彦根屏风》）
江户时代初期
小袖和名古屋带[45]
名古屋带
小袖加细带（平民）（《犬追物屏风》）
武士夫人的小袖和打挂（《花下群舞图屏风》）
振袖[46]（菱川师宣画《回眸美人》）
被衣加小袖（《丰国祭屏风》）
小袖加汤卷（《丰国祭屏风》）

桃山时代

小袖、小袴与尻敷（喜多院藏《职人绘图屏风》）

着无袖羽织与裁付袴[47]的武士（《犬追物屏风》）

江户时代初期

着蝙蝠羽织的年轻随从

着长款无袖和服的年轻随从（《彦根屏风》）

着长款和服不着袴的武士（《京名所图屏风》）

着短羽织的年轻随从（《和国诸职绘尽》）

基督教风格（彩色且上衣为无袖）（《歌舞伎草纸绘卷》）

着长款和服不着袴的商人（《京名所图屏风》）

着立袴步行的旗本[48]（《和国诸职绘尽》）

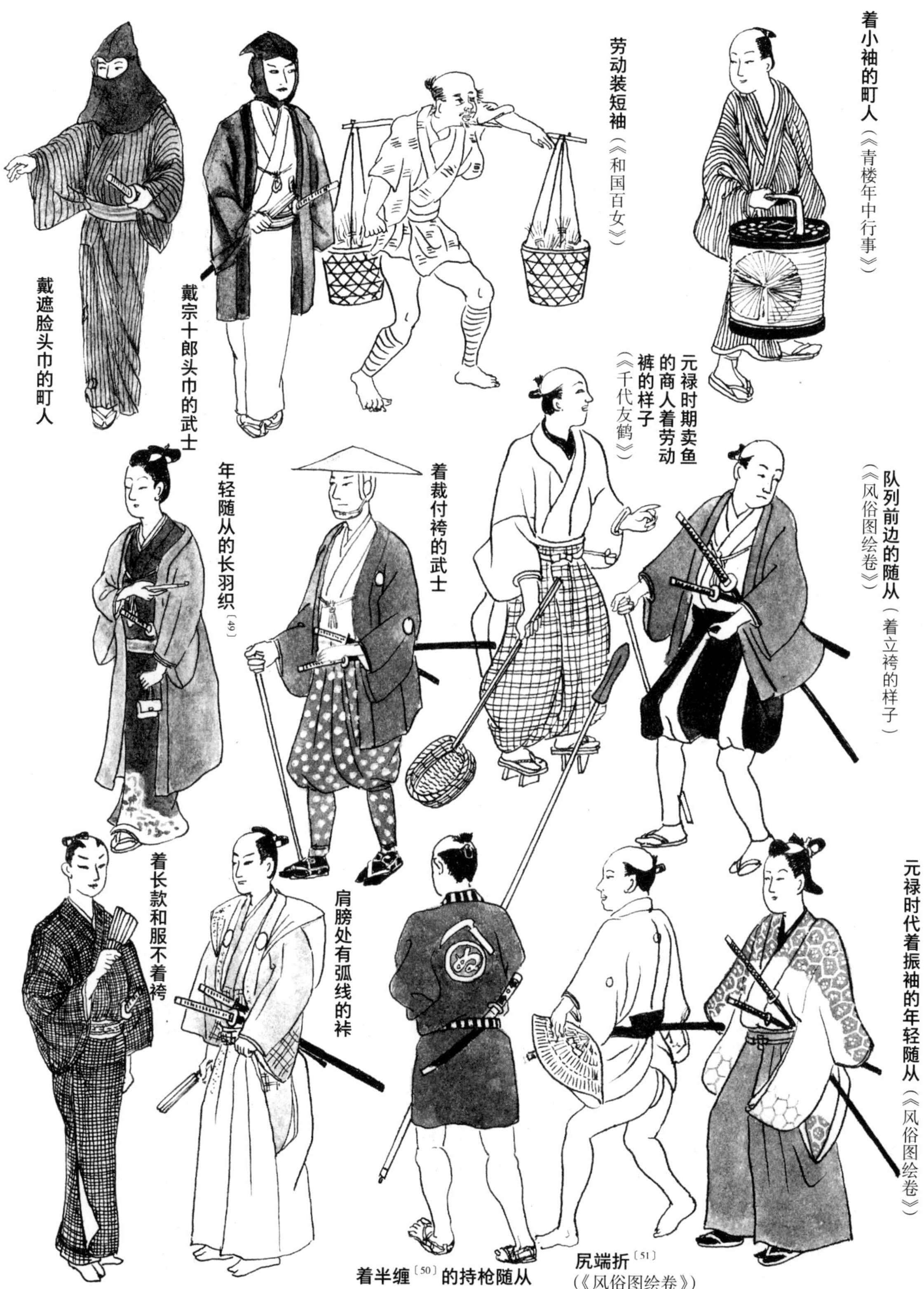
着小袖的町人（《青楼年中行事》）
劳动装短袖（《和国百女》）
戴宗十郎头巾的武士
戴遮脸头巾的町人
队列前边的随从（着立袴的样子）（《风俗图绘卷》）
元禄时期卖鱼的商人着劳动裤的样子（《千代友鹤》）
着裁付袴的武士
年轻随从的长羽织[49]
元禄时代着振袖的年轻随从（《风俗图绘卷》）
肩膀处有弧线的裃
着长款和服不着袴
尻端折[51]（《风俗图绘卷》）
着半缠[50]的持枪随从

江户时代的礼服

出典:《故实丛书·装束着用带》

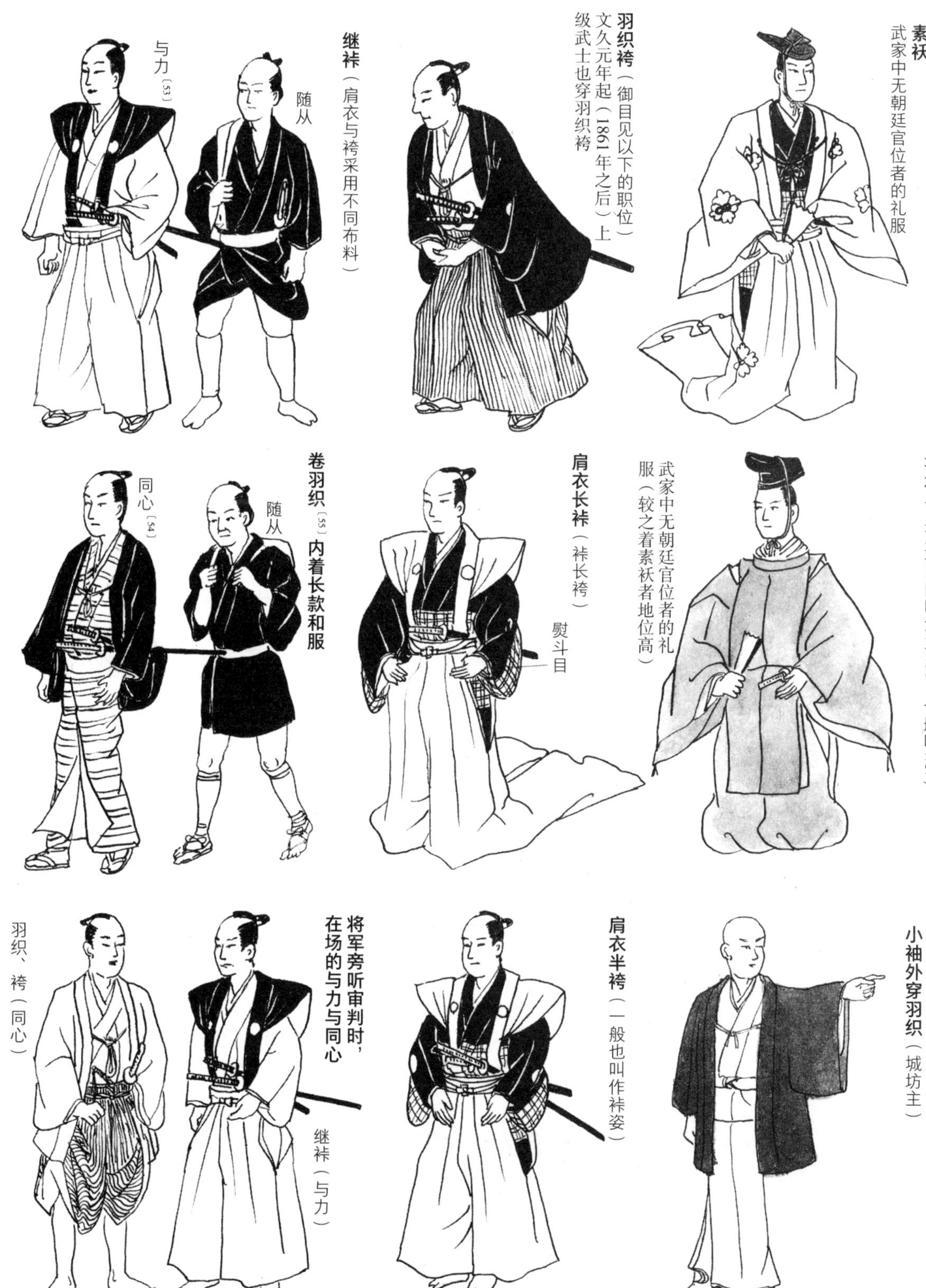
素袄
武家中无朝廷官位者的礼服
羽织袴（御目见以下的职位）文久元年起（1861年之后）上级武士也穿羽织袴
继裃（肩衣与袴采用不同布料）
随从
与力〔53〕
布衣（上方地区的叫法为hōe，一般叫hoi）
武家中无朝廷官位者的礼服（较之着素袄者地位高）
肩衣长裃（裃长袴）
熨斗目
卷羽织〔55〕内着长款和服
随从
同心〔54〕
小袖外穿羽织（城坊主）
肩衣半袴（一般也叫作裃姿）
将军旁听审判时，在场的与力与同心
继裃（与力）
羽织、袴（同心）

小袖外扎后带的武家女性（《越后屋吴服店图》）

小丸形角袖（《绘本花葛萝》）

小袖外扎前带的平民妻子（《绘本花葛萝》）

小袖外扎细带的平民女性（《和国百女》）

京都游女（《绘本花葛萝》）

短小袖外扎腰蓑衣的渔家女性（《绘本花葛萝》）

用襻将小袖袖子撩起的农家女性（《和国百女》）

着振袖的游女（《绘本花葛萝》）

小袖外扎前带的平民女性（《绘本花葛萝》）

参考：江户末期的浮世绘

卖春女的浴衣前挂
浴衣
一般平民女性的小袖
游女的长襦袢与打挂
着黑襟的商人女性
平民母亲（小袖）和幼儿的肚兜
年轻御殿女中着振袖，系矢字结腰带
艺伎
穿黑小袖的夜鹰[57]
御殿女中的小袖与打挂
商家女性的振袖

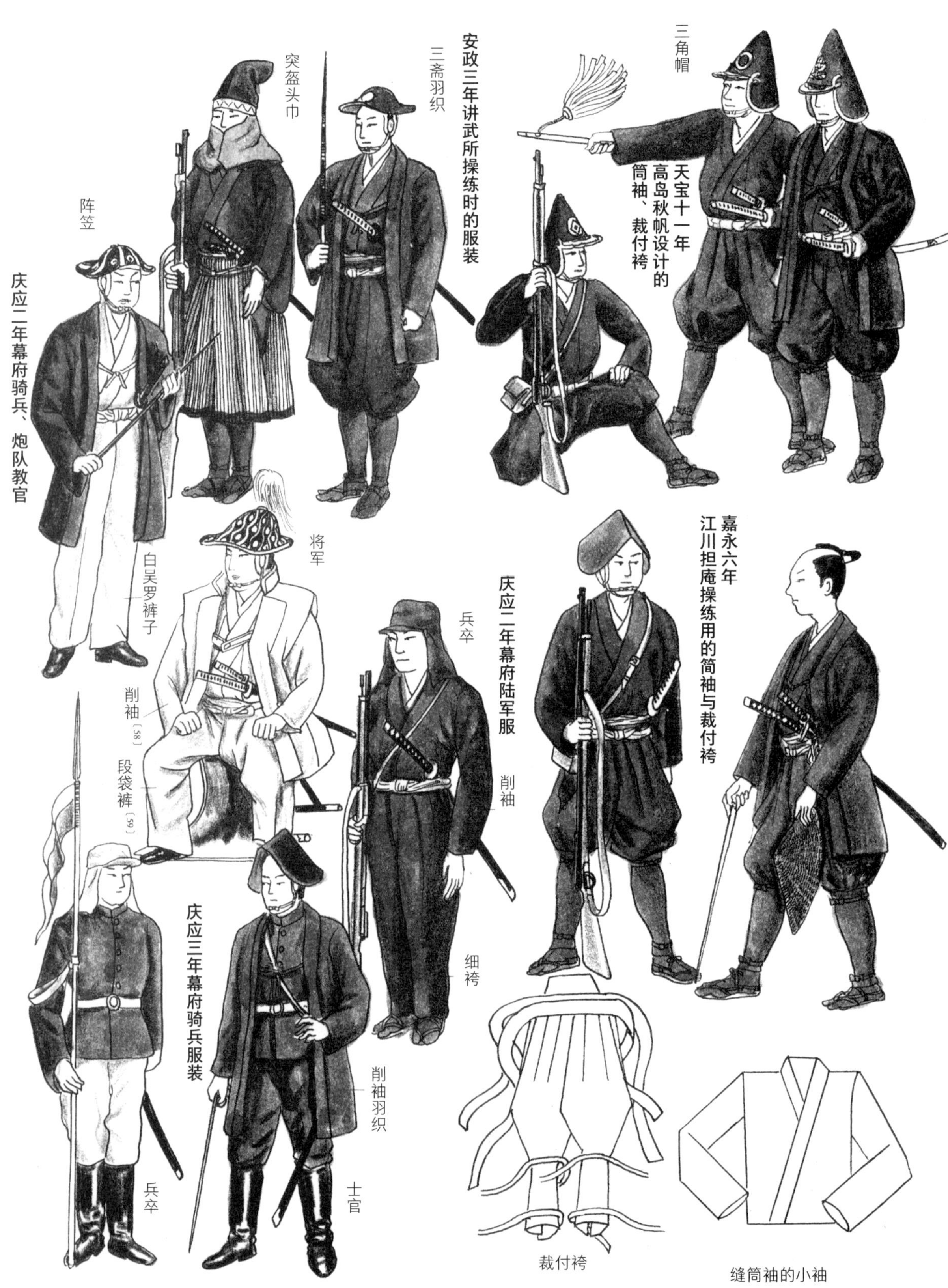
三角帽
天宝十一年
高岛秋帆设计的
筒袖、裁付袴
安政三年讲武所操练时的服装
三斋羽织
突盔头巾
阵笠
庆应二年幕府骑兵、炮队教官
白吴罗裤子
将军
削袖[58]
段袋裤[59]
兵卒
庆应二年幕府陆军服
削袖
细袴
嘉永六年
江川担庵操练用的筒袖与裁付袴
庆应三年幕府骑兵服装
削袖羽织
兵卒
士官
裁付袴
缝筒袖的小袖

出典：*《戊辰战争绘卷》**《日本军装》

金铜冠、空顶黑帻

出典:《故典丛书·冠帽图会》

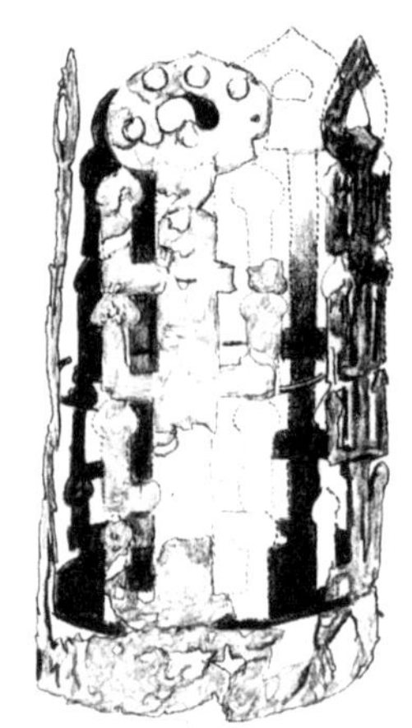

金铜冠（群马县前桥市山王町二子山古坟）

金铜冠（茨城县行方郡玉町三味冢古坟）

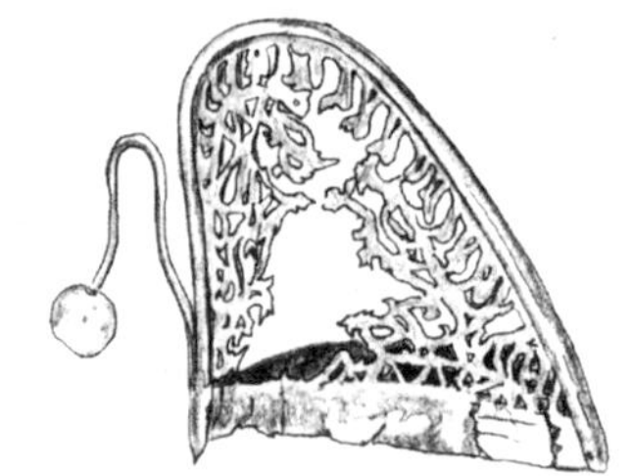

金铜冠（熊本县玉名郡菊水町船出古坟）

金铜透冠（正仓院所藏）

金铜透冠（正仓院所藏）

古坟时代的冠

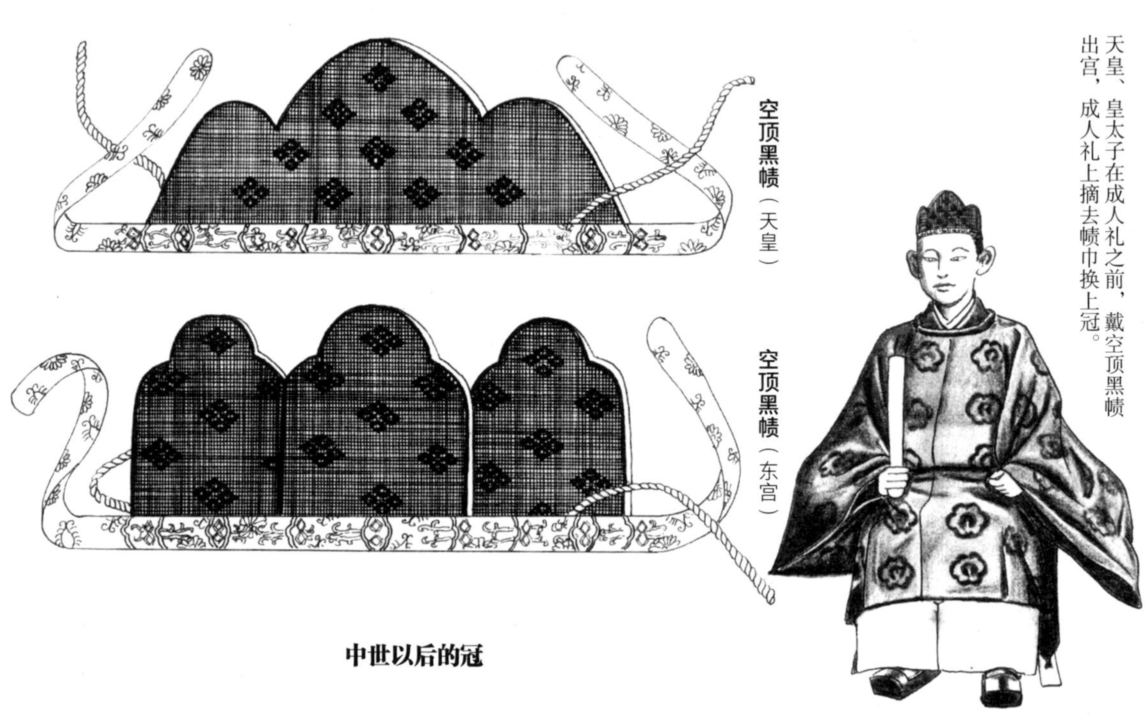

空顶黑帻（天皇）

空顶黑帻（东宫）

天皇、皇太子在成人礼之前，戴空顶黑帻出宫，成人礼上摘去帻巾换上冠。

中世以后的冠

冕冠、礼服冠、武礼冠

出典:《故典丛书·冠帽图会》

宝冠（女帝用）

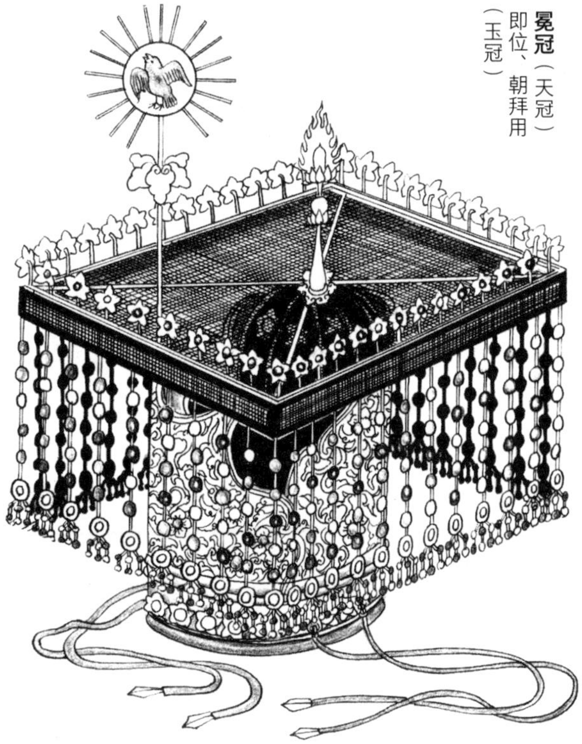

冕冠（天冠）即位、朝拜用（玉冠）

武礼冠（武官用）

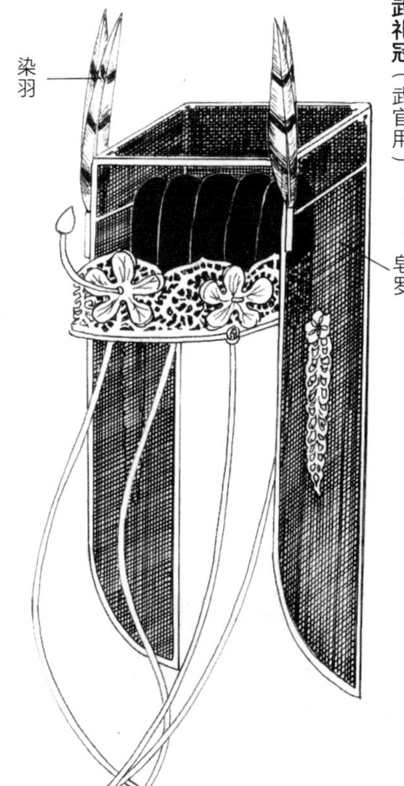

礼服冠（文官用）

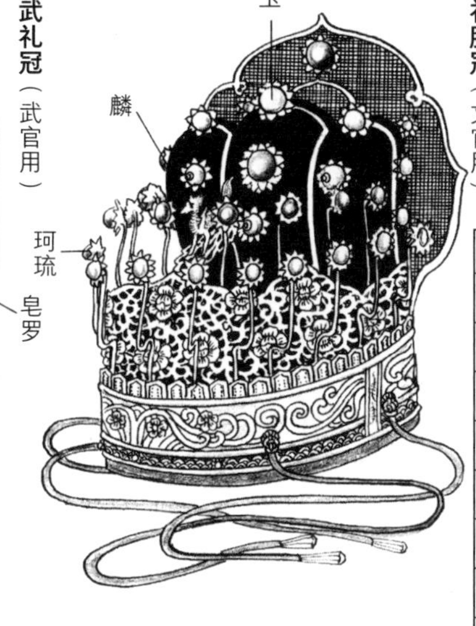

○礼服冠为亲王以下五位以上，在大型礼仪场合与礼服一同着用。

○武礼冠是大型礼仪时近卫大将，中少将，左右卫门督、佐，左右兵卫督、佐，中务省辅所戴。

	金麟	玉	珂琉	
正一位	正面向	青5赤6	上碧8 下前后各青10	金
从一位	正面向	青5赤6	上碧8 下前后各青10	金
正二位	正面向	白3赤3	上赤8 下前后各青10	金
从二位	正面向	白3赤3	上赤8 下前后各青10	金
正三位	正面向	白3赤3青5	上黄8 下前后各青10	金
从三位	正面向	白3赤3青5	上黄8 下前后各青10	金
正四位上	右向侧面	赤6青5	前白10 后青10	金银
正四位下	左向侧面	赤6青5	前白10 后青10	金银
从四位上	右向侧面	赤6青5	前白10 后青10	金银
从四位下	左向侧面	赤6青5	前白10 后青10	金银
正五位上	右向侧面	白3赤3	前白10 后青10	银
正五位下	左向侧面	白3赤3	前白10 后青10	银
从五位上	右向侧面	白3赤3	前白10 后青10	银
从五位下	左向侧面	白3赤3	前白10 后青10	银

出典:《故典丛书·冠帽图会》

冠
颈上
笏
鳍袖
饰剑
裾
下袭
表袴
平绪
文官束带
巾子
上系带
角（笄）
垂缨
甲
海
矶
缨壶
冠各部分的名称
冠分为有纹样（繁纹、远纹）和没有纹样（罗织）两种
立缨
日荫蔓[60]
用心叶[61]与日荫蔓装饰的冠（新尝祭神事用）
玉冠（天皇用）
御帻（天皇在新尝祭神事时穿戴）
透额冠[62]（年轻人用）
巾子纸叶（天皇的日常装束中会用到）
日荫蔓（丝织）
结花心叶
金铜心叶
半透额冠（年轻人用）
藤制头花
插头花的冠（临时祭礼时用）
贝制心叶
放巾子（天皇成人礼时用）

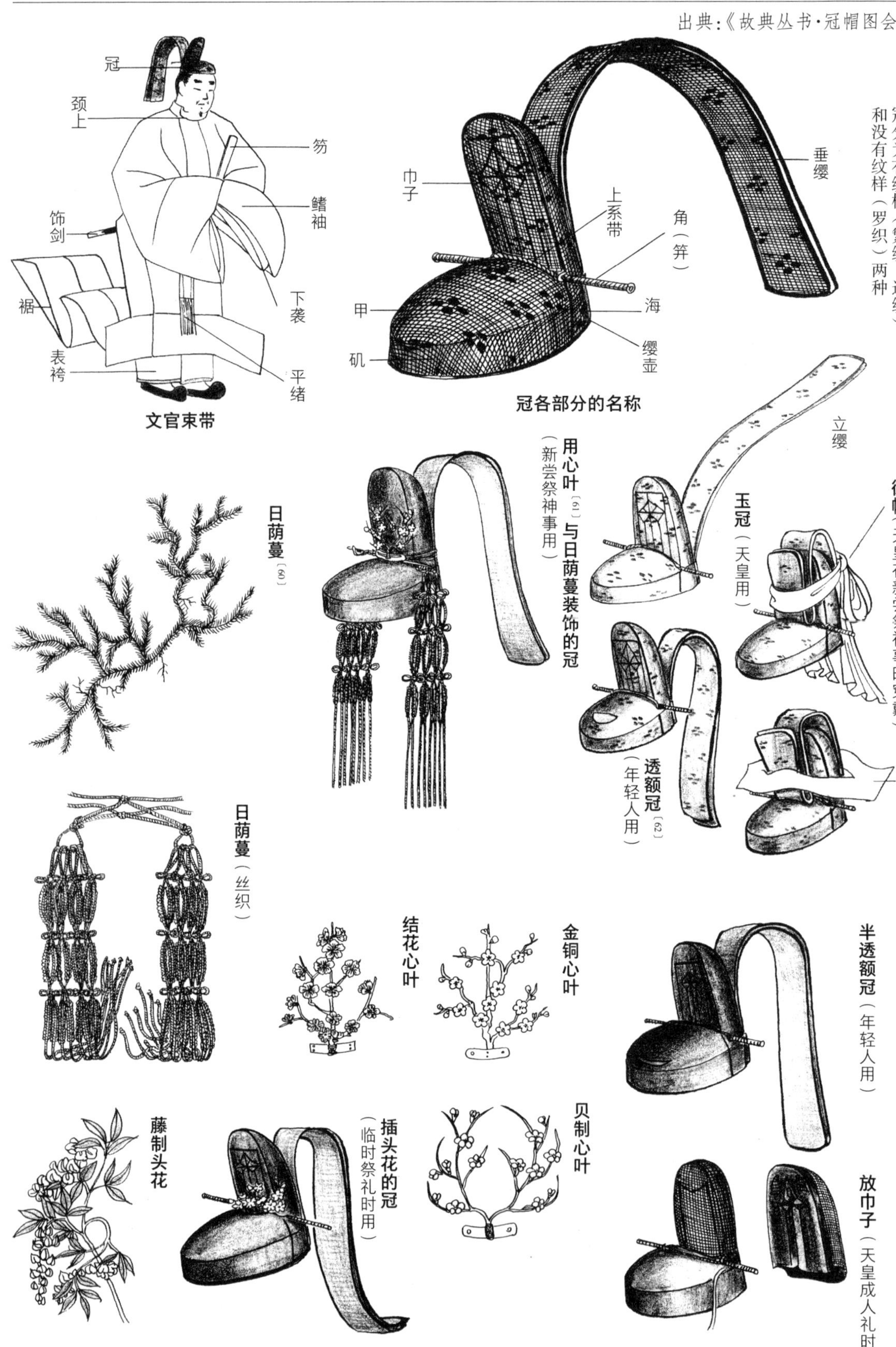

出典:《故典丛书·冠帽图会》

卷缨
巾子
角（笄）
甲
挟木[63]
矶
緌（马尾毛）
头花（棣棠花）
卷缨（中山家）
柏夹
凶事卷缨（丧中）
细缨（六位以下的武官所戴）
抹额（集会时卫士及赛马者所戴）
红色
红色
卷缨（山科家、一条家）
卷缨（近卫家）
卷缨（庭田家）
卷缨（劝修寺家）
卷缨（薮家）
弓
冠
卷缨
宽箭袋里插的箭
野剑
半臂忘绪
半臂襕
表袴
欠腋袍
靴
武官束带
绳缨（天皇服丧期间臣下的着用，有一条秸秆，一条黑布绳）

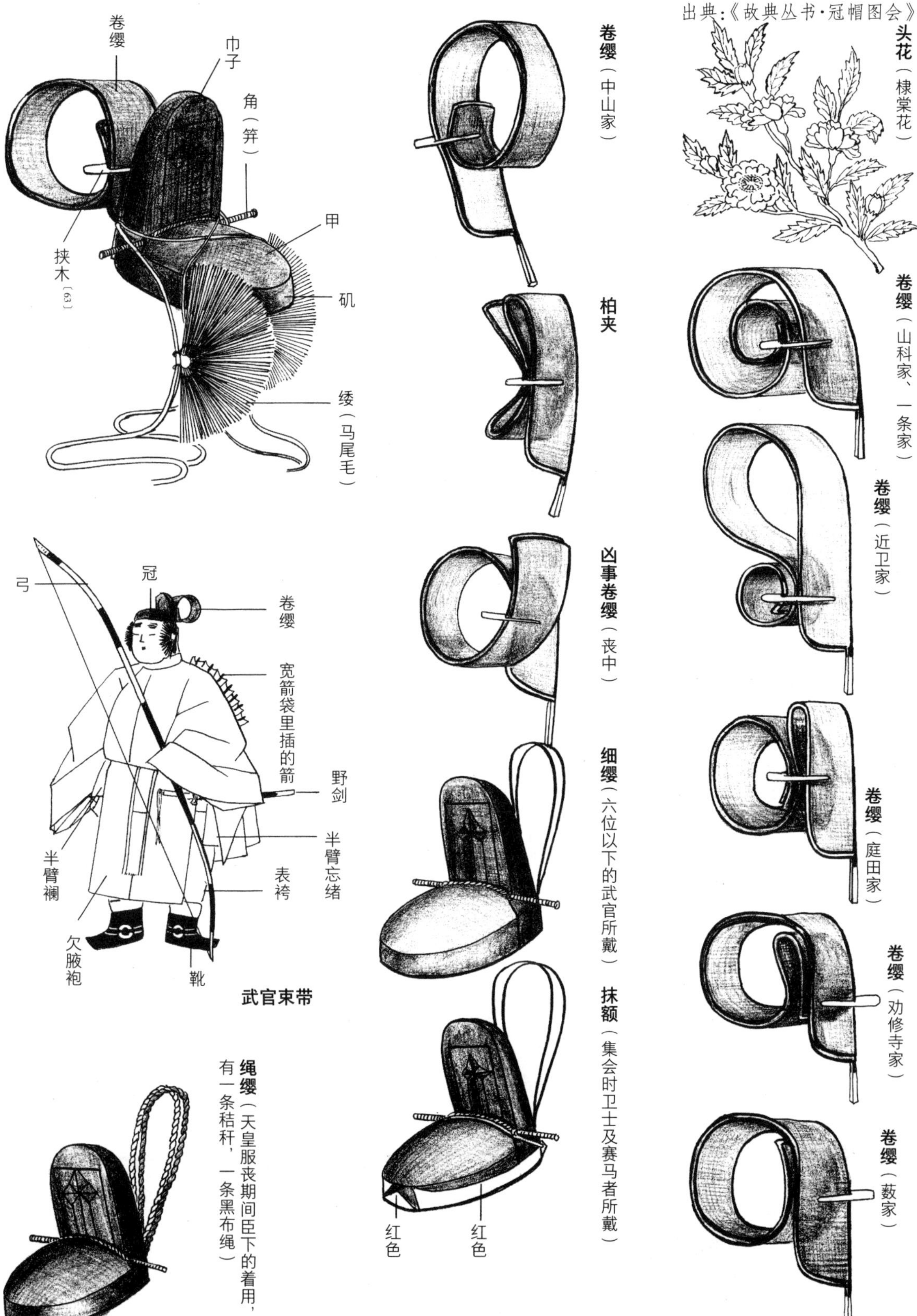

幞头、冠、乌帽子

出典：*《故典丛书·历世服饰考》

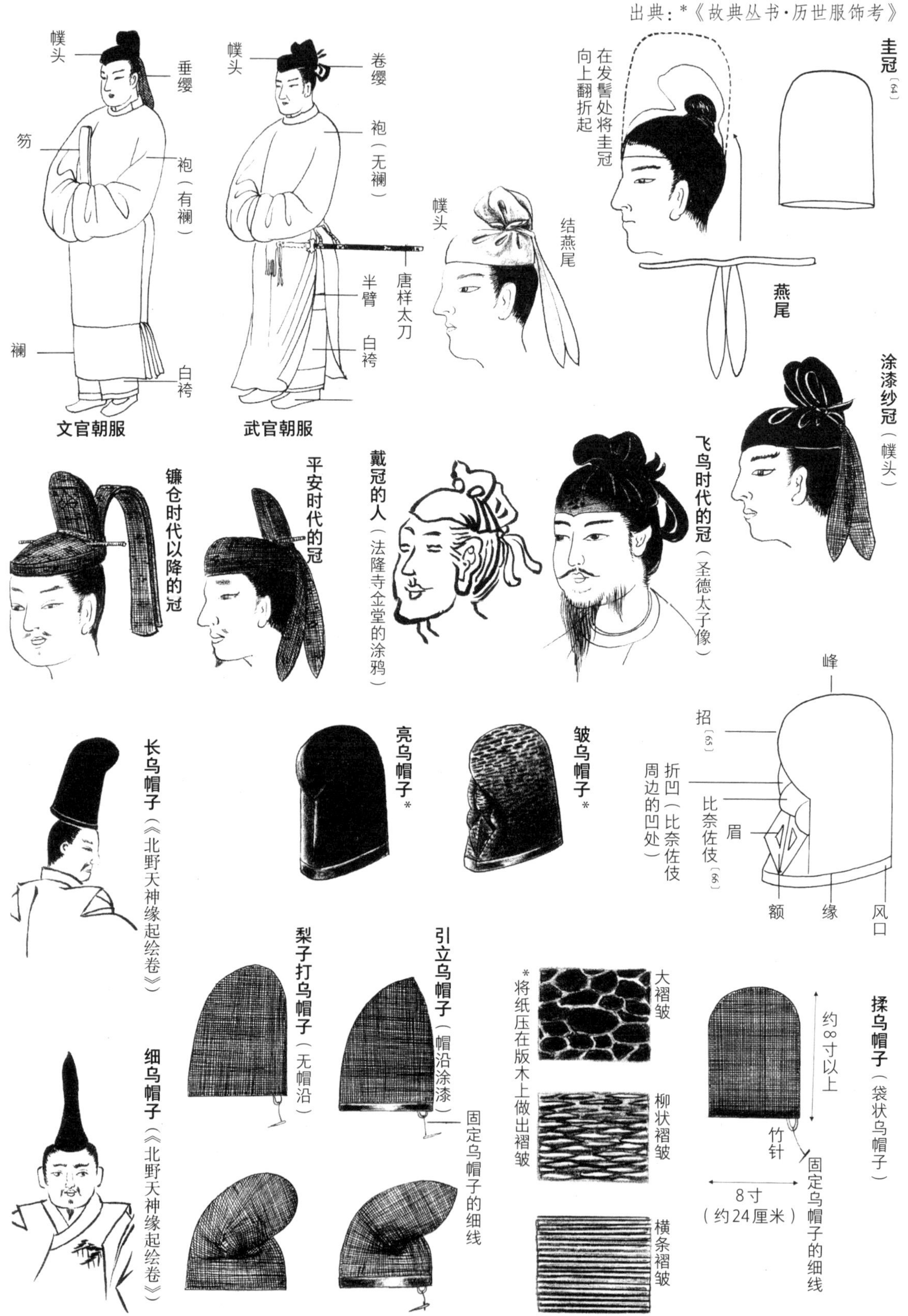

出典:《故典丛书·历世服考》

比奈佐伎
风口
额
缘
后世的平礼乌帽子
后世的立乌帽子
（锈漆加固）
平礼乌帽子
后世的细立乌帽子
左折的平礼乌帽子
右折的平礼乌帽子
比奈佐伎
风口
额
缘
（涂漆加固）
风折乌帽子（平礼乌帽子在后世的称呼）
小结系带
乌帽子的戴法
左折的乌帽子
（横条褶皱乌帽子）
头顶系带的使用方法
系在头顶的折乌帽子
穿过乌帽子正面的孔
将小结穿出来在后面打结
菱形
招
小结
梳子形
固定乌帽子的细线
缘或筒
山形
风口
皱形
横条褶皱乌帽子
折乌帽子
《后三年合战绘词》
将小结穿出来在前面打结

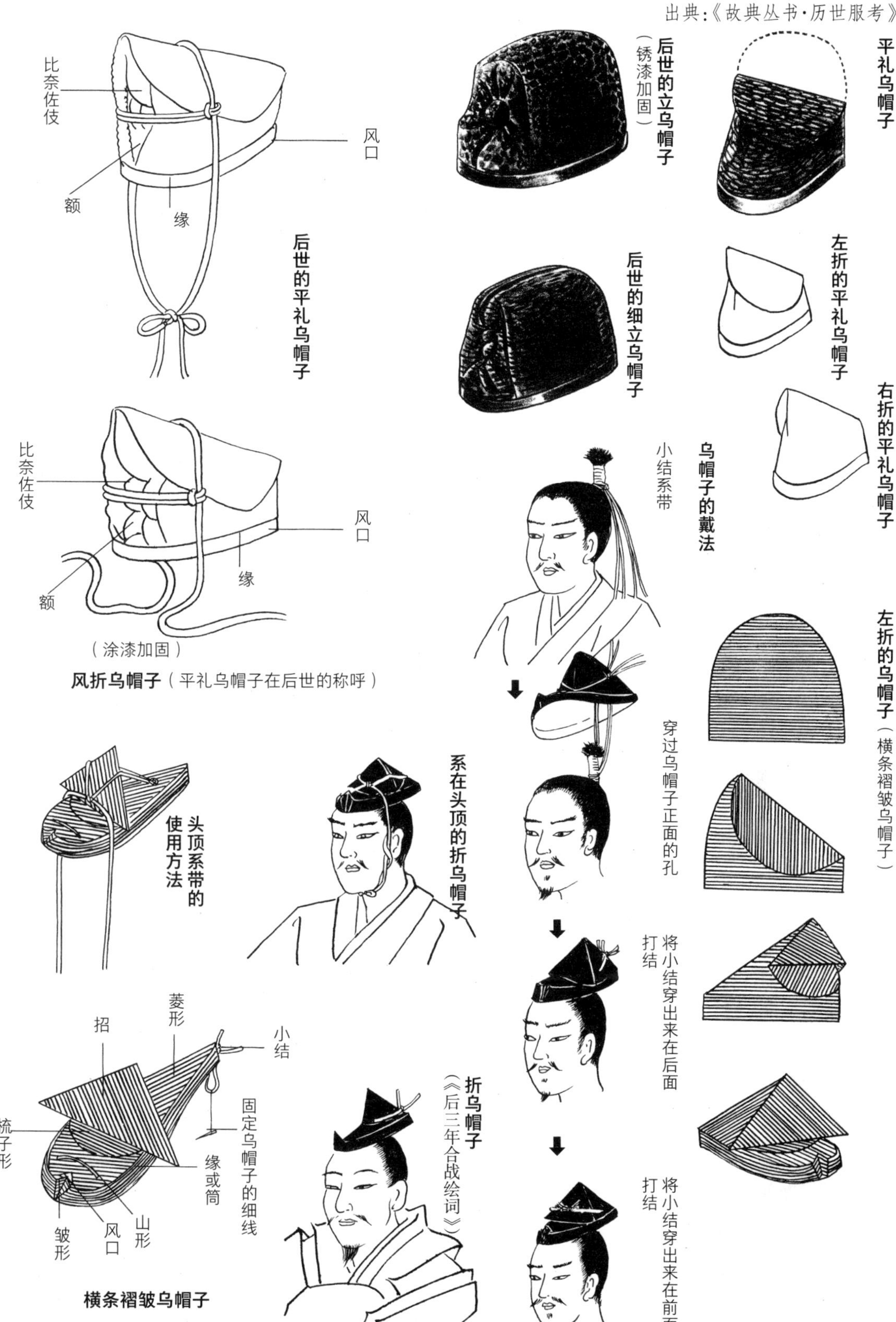

折乌帽子（侍乌帽子）[67]

出典：*《故典丛书·历世服考》**《故典丛书·本朝军器考集古图说》

引立乌帽子[68]的折乌帽子

新田折乌帽子

京极家折乌帽子

花园家折乌帽子

古代折乌帽子

（一）

（一）

（一）

（一）

（二）

（二）

（二）

（二）

（三）

（二）

（三）

古式折乌帽子

岛津折法的折乌帽子

平礼折乌帽子

柳壶折乌帽子

佐佐木折乌帽子

（一）

（一）

（一）

（二）

（二）

（二）

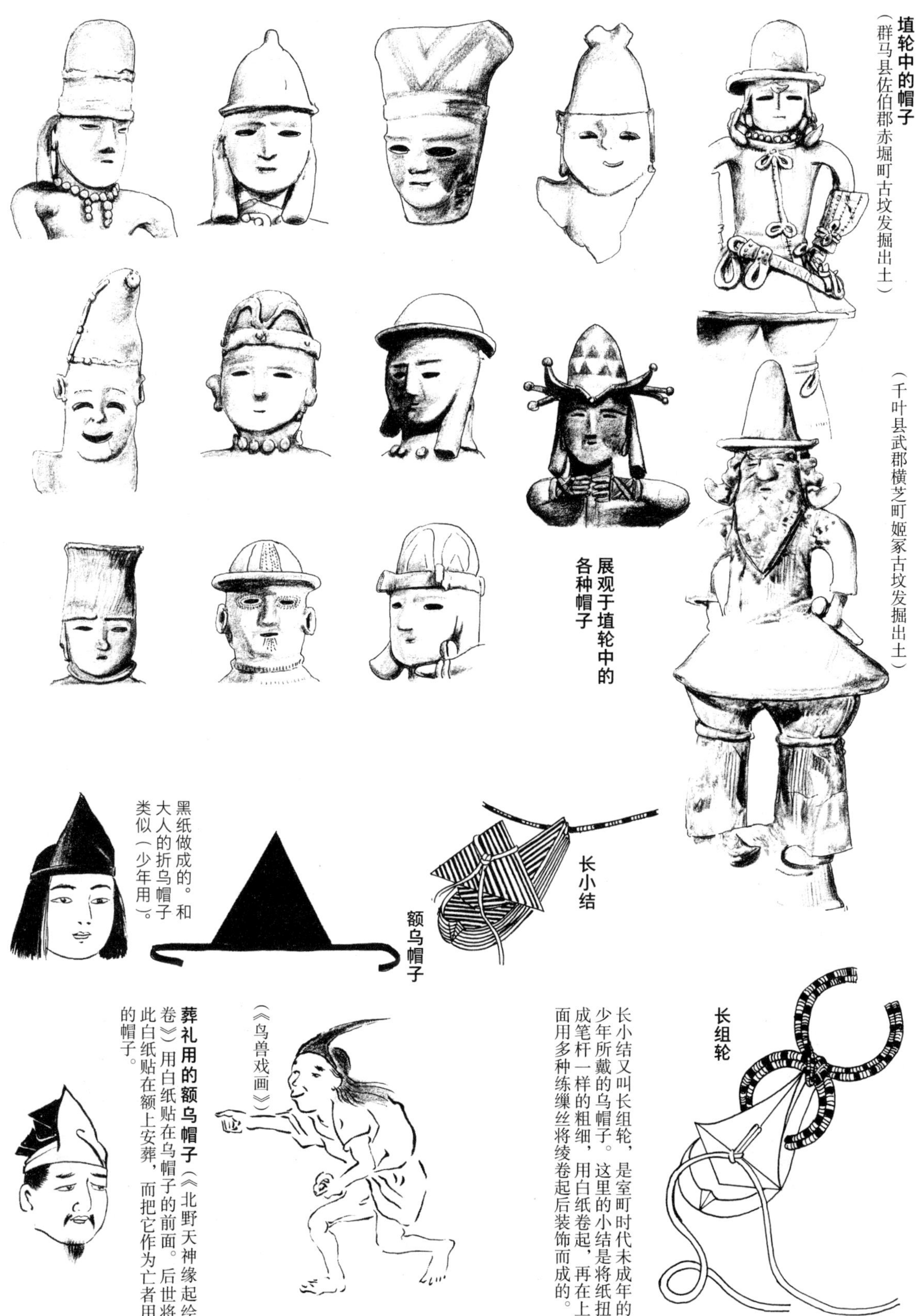

葬礼用的额乌帽子（《北野天神缘起绘卷》）用白纸贴在乌帽子的前面。后世将此白纸贴在额上安葬，而把它作为亡者用的帽子。

长小结又叫长组轮，是室町时代未成年的少年所戴的乌帽子。这里的小结是将纸扭成笔杆一样的粗细，用白纸卷起，再在上面用多种练缫丝将绫卷起后装饰而成的。

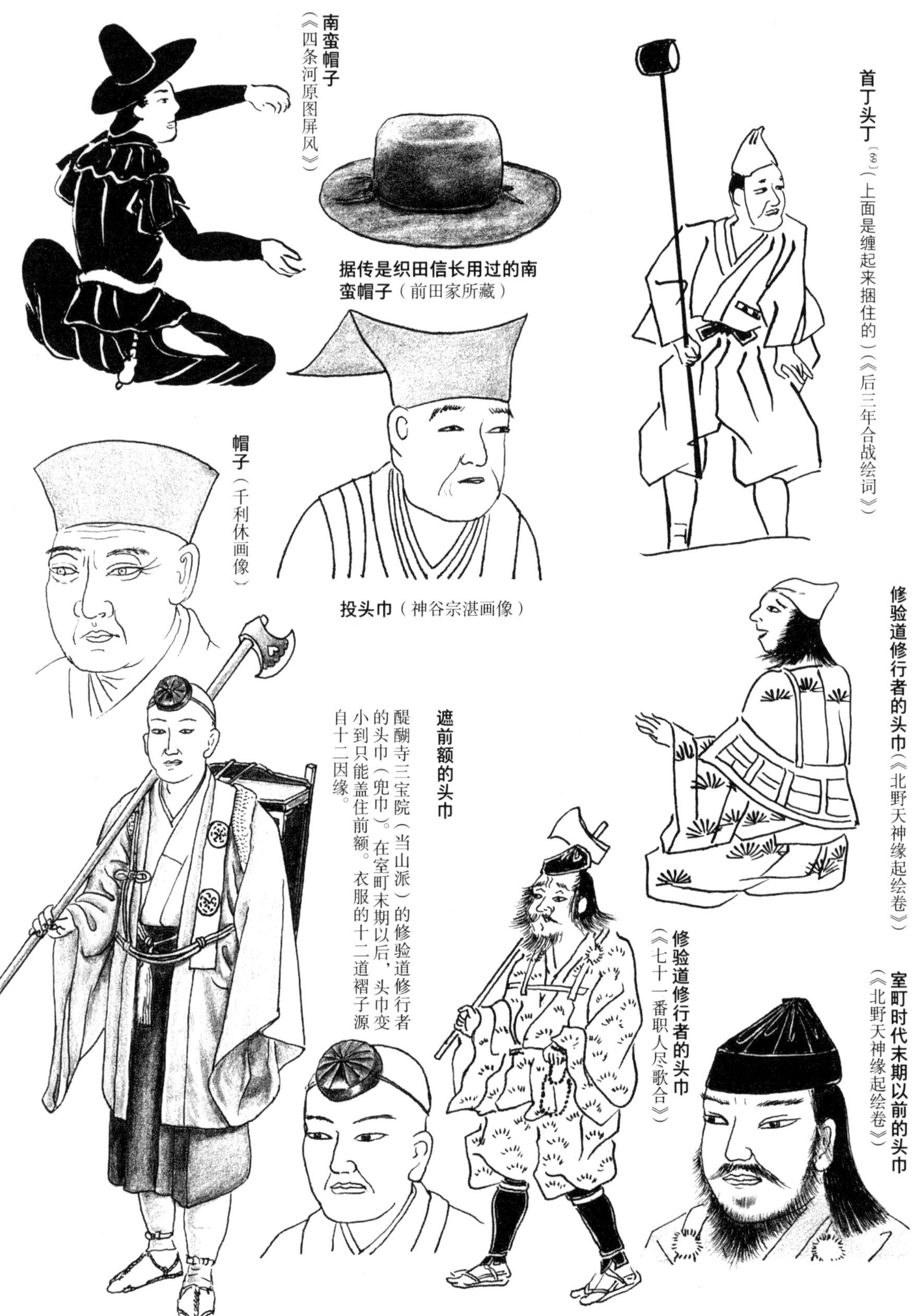
南蛮帽子（《四条河原图屏风》）
据传是织田信长用过的南蛮帽子（前田家所藏）
首丁头丁[69]（上面是缠起来捆住的）（《后三年合战绘词》）
帽子（千利休画像）
投头巾（神谷宗湛画像）
修验道修行者的头巾（《北野天神缘起绘卷》）
遮前额的头巾
醍醐寺三宝院（当山派）的修验道修行者的头巾（兜巾）。在室町末期以后，头巾变小到只能盖住前额。衣服的十二道褶子源自十二因缘。
修验道修行者的头巾（《七十一番职人尽歌合》）
室町时代末期以前的头巾（《北野天神缘起绘卷》）

参考：江户时代的浮世绘

猫头巾
城市消防队的头巾
宗十郎头巾
绢头巾
圆头巾
角头巾
角头巾
防寒头巾（幕末）
妇女用遮脸头巾
（绑头巾）
气尽头巾
（只露出眼睛的头巾）
气尽头巾
带护颈的锅形巾
圆头巾
突盔头巾（幕末）
男子用的遮脸头巾
袖头巾
（御高祖头巾）
熊坂头巾
（冈崎头巾）
圆头巾
讲武所头巾（幕末）
奇特头巾
（气尽头巾）
苎茎编屋顶状头巾
投头巾
（黑船头巾）
韮山头巾（幕末）
武家用消防头巾
山冈头巾
竹田头巾
与作头巾

出典：《故典丛书·历世女装考》

参考：江户时代浮世绘

宽永年间的市女笠[71]

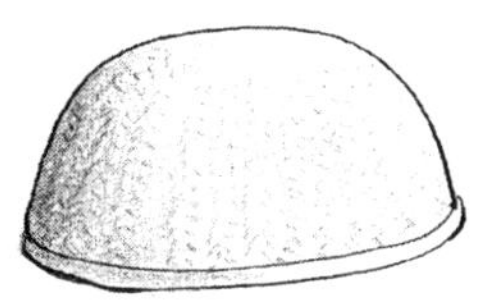
禅宗的云水笠[72]

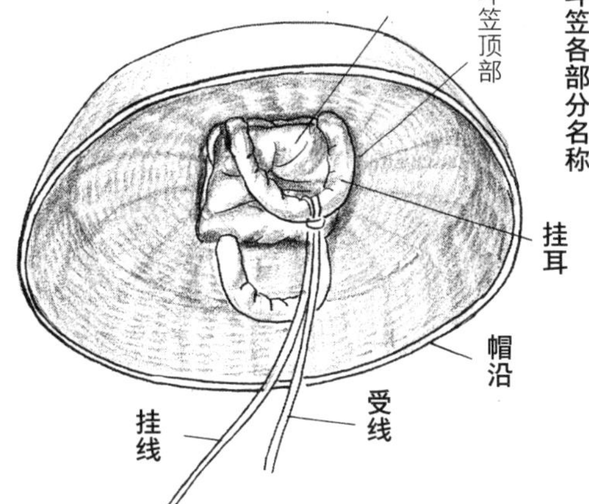

深编笠[73]（《大和耕作绘抄》）

市女笠（室町时代）

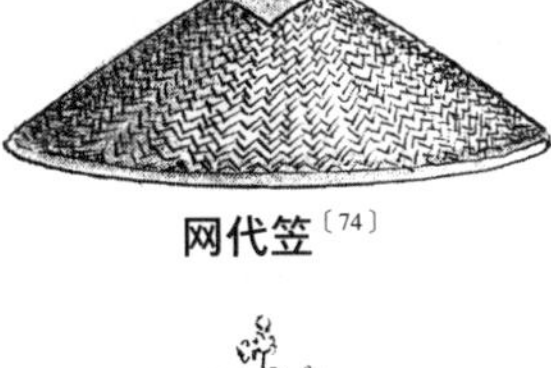
网代笠[74]

市女笠（《粉河寺缘起绘卷》）

祭礼时的深编笠（《年中行事绘卷》）

女编笠（《大和耕作绘抄》）

种田时的市女笠

王子神社田乐舞的花笠

笠（《一遍上人绘传》）

祭礼用化妆笠（《年中行事绘卷》）

女笠（《和国百女》）

武士的深编笠

武田流绫绘笠[75]

祭祀时的绫蔺笠[76]

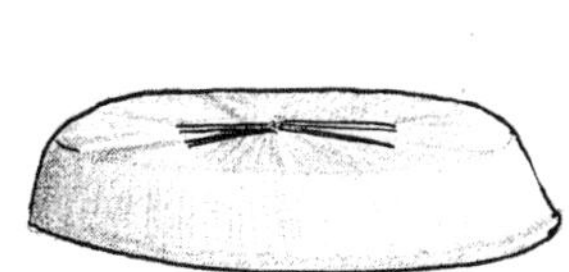
妇人用草帽（江户时代）

宽文年间的妇人用黑漆笠

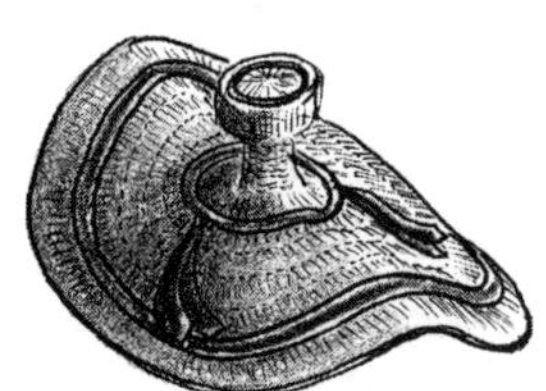
绫蔺笠（二）

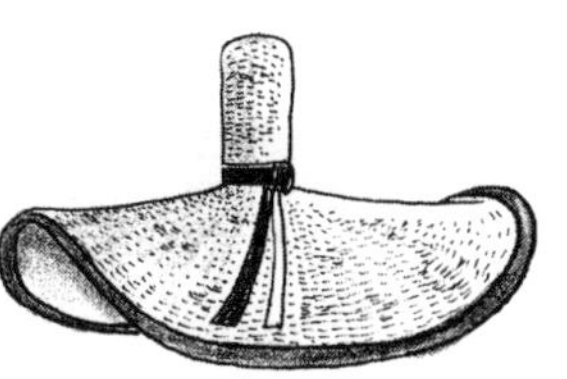
绫蔺笠（一）

出典：*《戊辰战争绘卷》　参考：江户时代的浮世绘

幕府骑兵队阵笠
（如果是炮兵队，则上书“炮”字）*

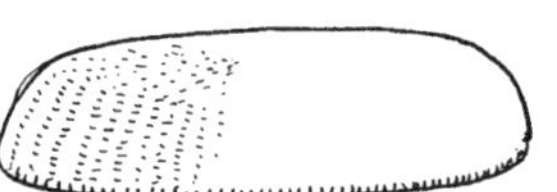
铁制阵笠

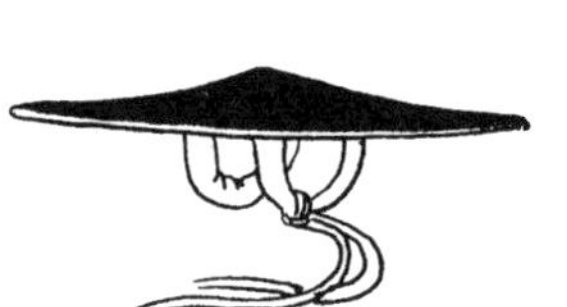
旅行用藤笠

江户初期的桔梗笠

幕府骑兵队阵笠（幕末）

高岛秋帆[77]的三角带沿帽

一贯漆黑一文字笠

鸟追笠（编笠）

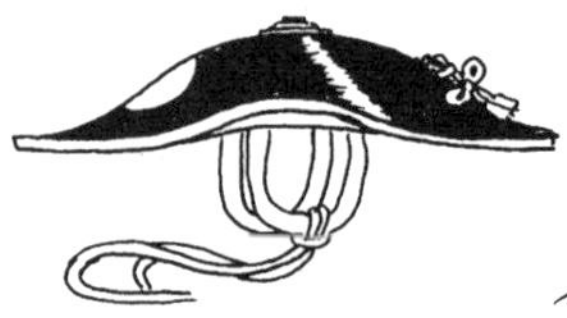
涂黑漆阵笠（幕末）

一贯张黑漆阵笠

小型一文字笠

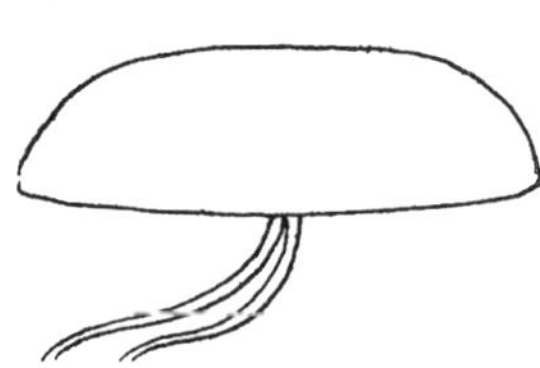
馒头笠（旅行用）

韭山笠（幕末）*

一桥庆喜的阵笠*

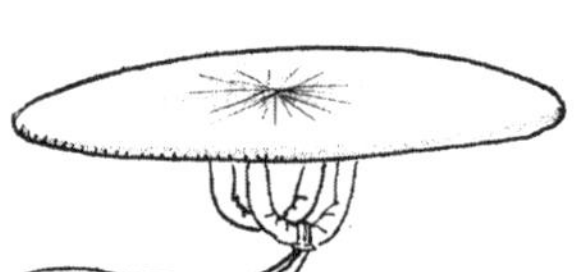
武士的一文字笠

网代笠（骑射用）

萨摩藩阵笠（幕末）*

幕府陆军奉行阵笠

足轻[78]的阵笠

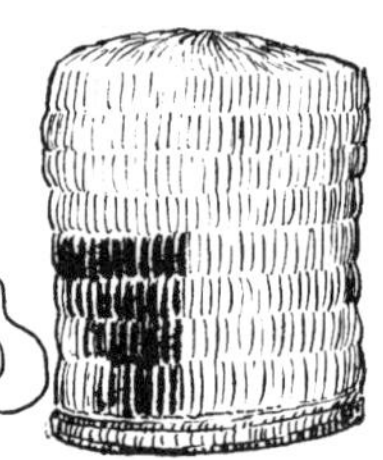
深草笠

长州藩阵笠（幕末）

幕府军的馒头笠

三上超顺[79]的铁制莲叶笠

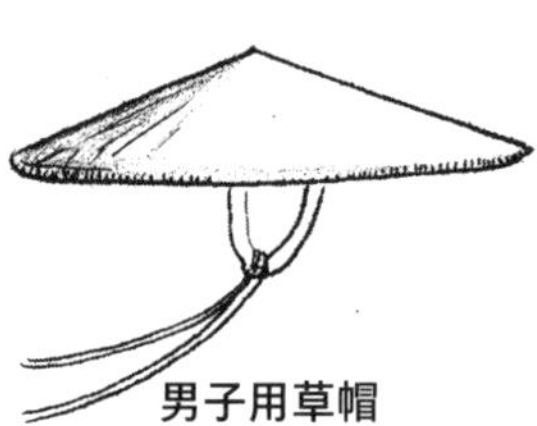
男子用草帽

抹头
置手拭
抹头
抹头
颊冠（火男[80]冠）
颊冠（盗贼）
后钵卷
捻钵卷
向钵卷
浮世绘中出现的女人包手拭的样式
姐姐冠
姐姐冠
置手拭
抹头
抹头
五条袈裟（白麻）
裹头包
桂包（鬘包）
桂包（室町时代）
天台宗僧侣挂在领口的帽子
真言宗僧侣的帽子
六十六部[81]的帽子

蓑

出典:《莫尔斯见到的日本》

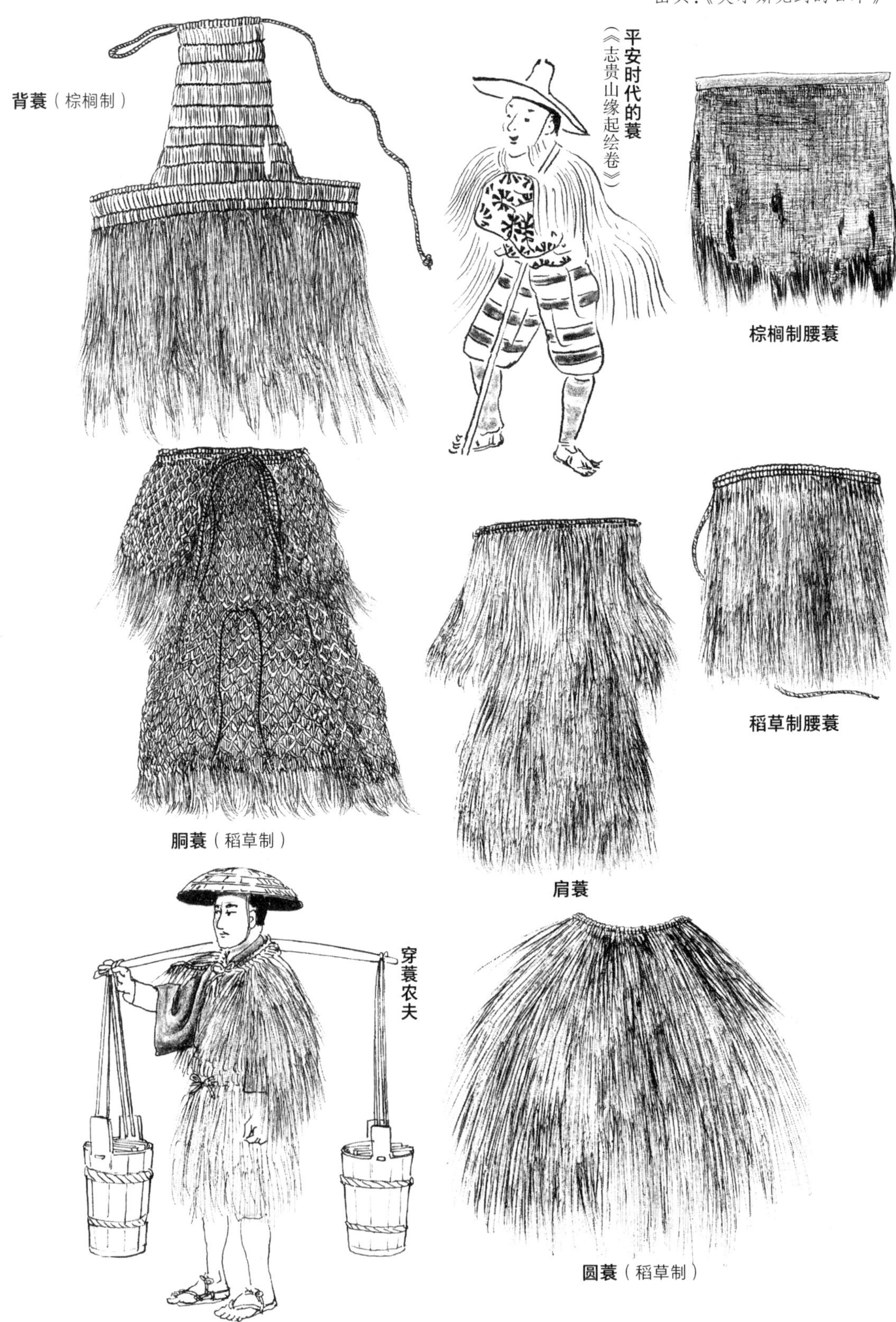

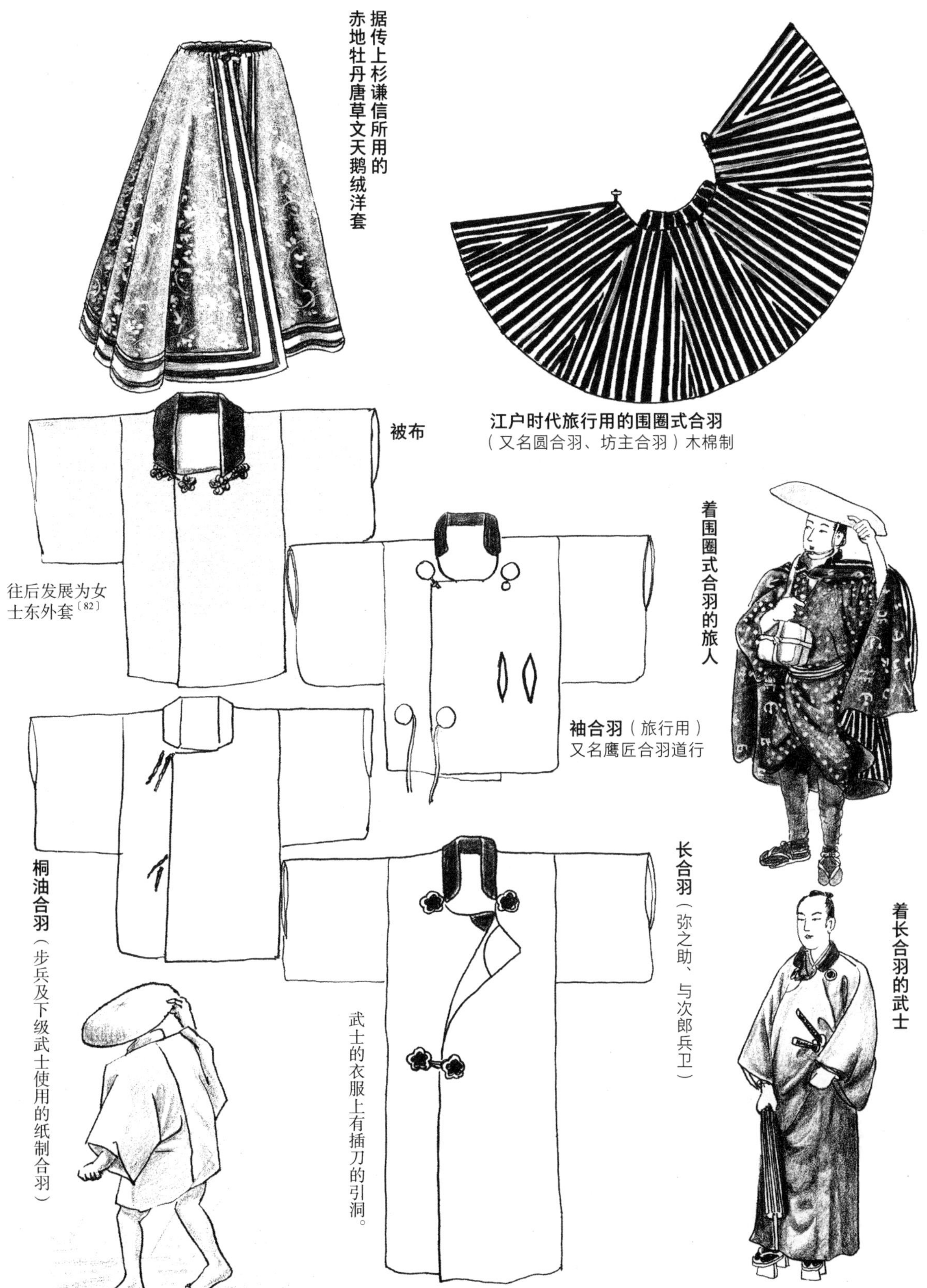
据传上杉谦信所用的赤地牡丹唐草文天鹅绒洋套
江户时代旅行用的围圈式合羽
（又名圆合羽、坊主合羽）木棉制
被布
往后发展为女士东外套[82]
着围圈式合羽的旅人
袖合羽（旅行用）
又名鹰匠合羽道行
桐油合羽（步兵及下级武士使用的纸制合羽）
长合羽（弥之助、与次郎兵卫）
武士的衣服上有插刀的引洞。
着长合羽的武士

出典：*《故实丛书·服饰图解》

皮足袋（鹰野足袋）
显文纱袜
（《装束图式》）
手腕处的系线法（《军用记》）
弓悬[84]（《吉部密训抄》）
带扣足袋
（白色足袋配礼服穿用）
生平绢袜
武田家
小笠原家
卷三圈
（《军用记》）
带扣足袋
（白色足袋配礼服穿用）
连贯[85]袜（不分趾）*
手腕系绳
深蓝、黑色足袋（里白）
皮足袋（行军用）
军阵用皮手套
（皮为染皮或燻皮。无布质）

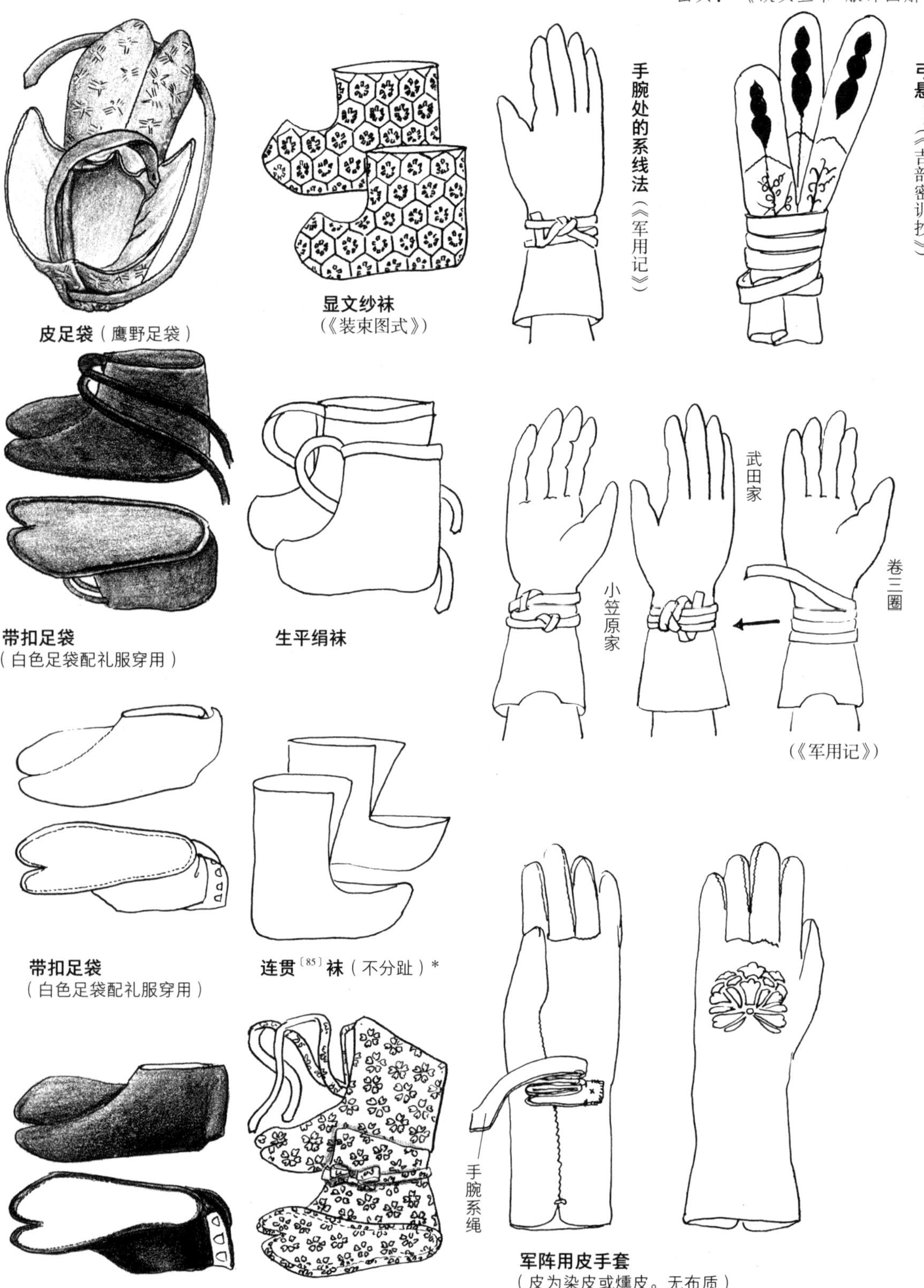

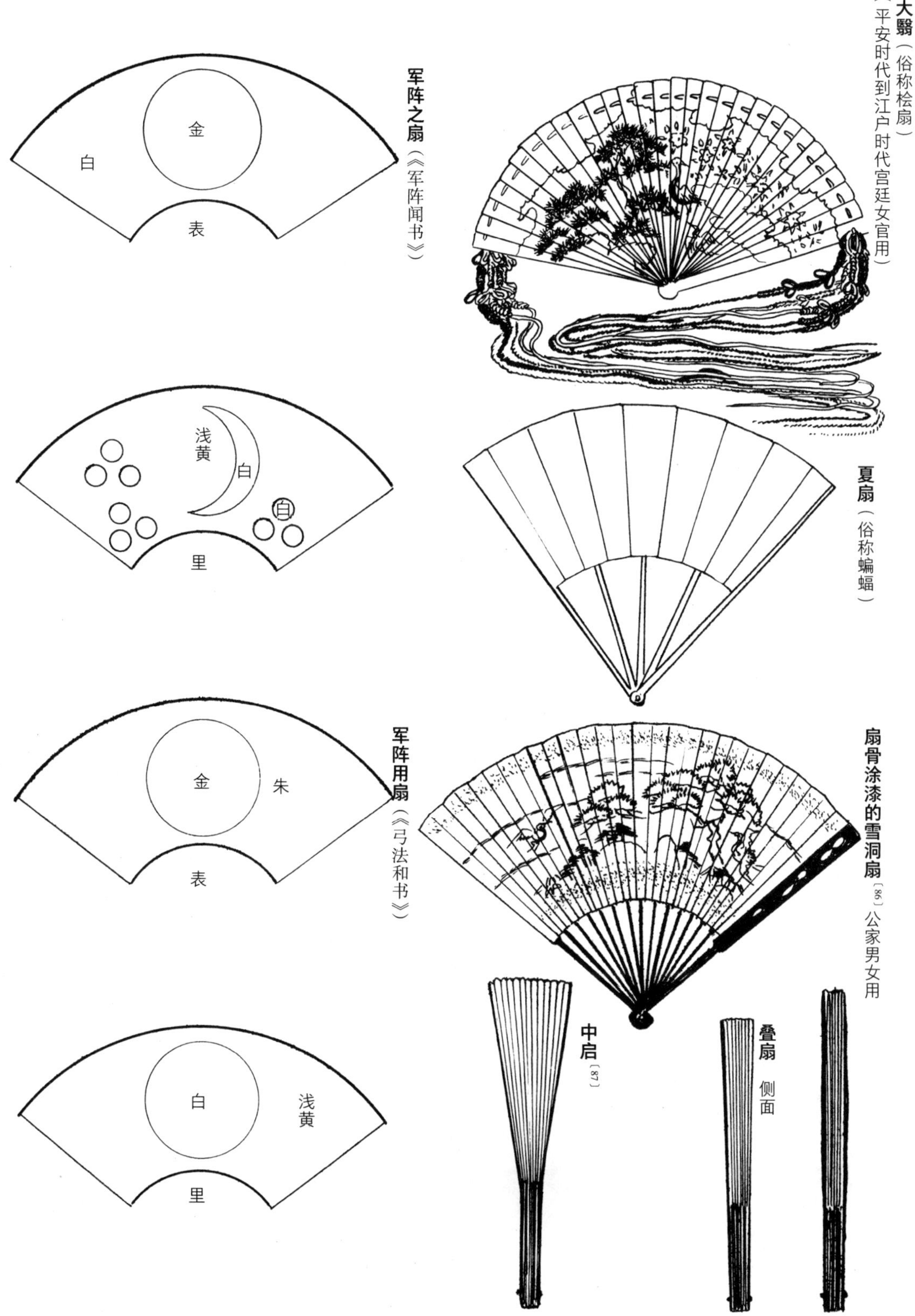

军阵之扇（《军阵闻书》）

大翳（俗称桧扇）（平安时代到江户时代宫廷女官用）

夏扇（俗称蝙蝠）

军阵用扇（《弓法和书》）

扇骨涂漆的雪洞扇[86]公家男女用

中启[87]

叠扇

团扇

平安时代
蒲扇
《志贵山缘起绘卷》
江户时代以及现在的团扇
江户时代以后的团扇
绘卷中所画蒲扇
《病草纸》
江户时代以及现在的团扇
江户时代以后的团扇
鬼面团扇
中世以后
近代的稻草团扇
天狗用的羽毛团扇
（可以用来施展法术）
涩团扇
（纸面用苦柿涂擦过）
棕榈叶团扇
江户时代的团扇
涩团扇
相扑军配团扇
[88]
天下
泰平

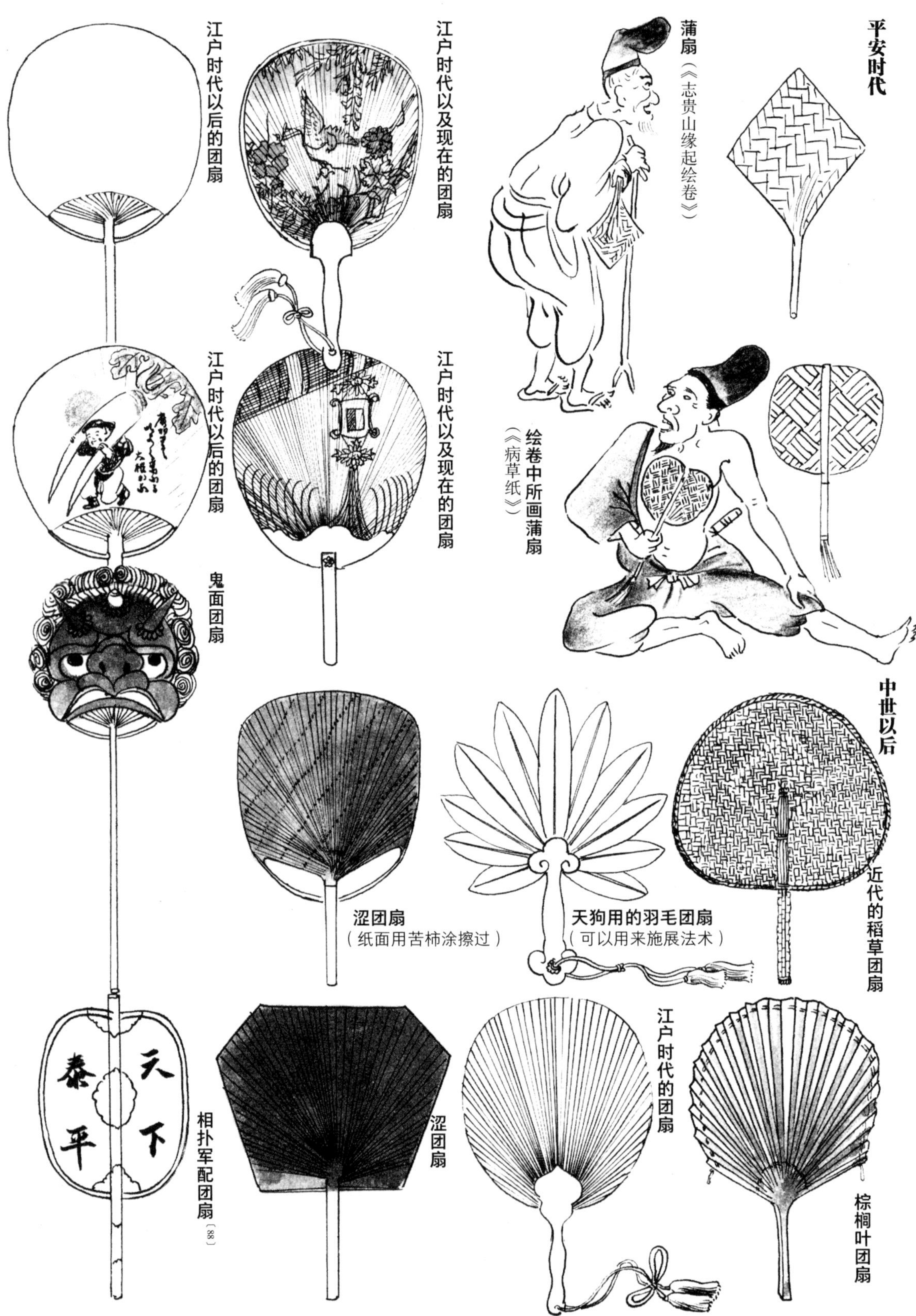

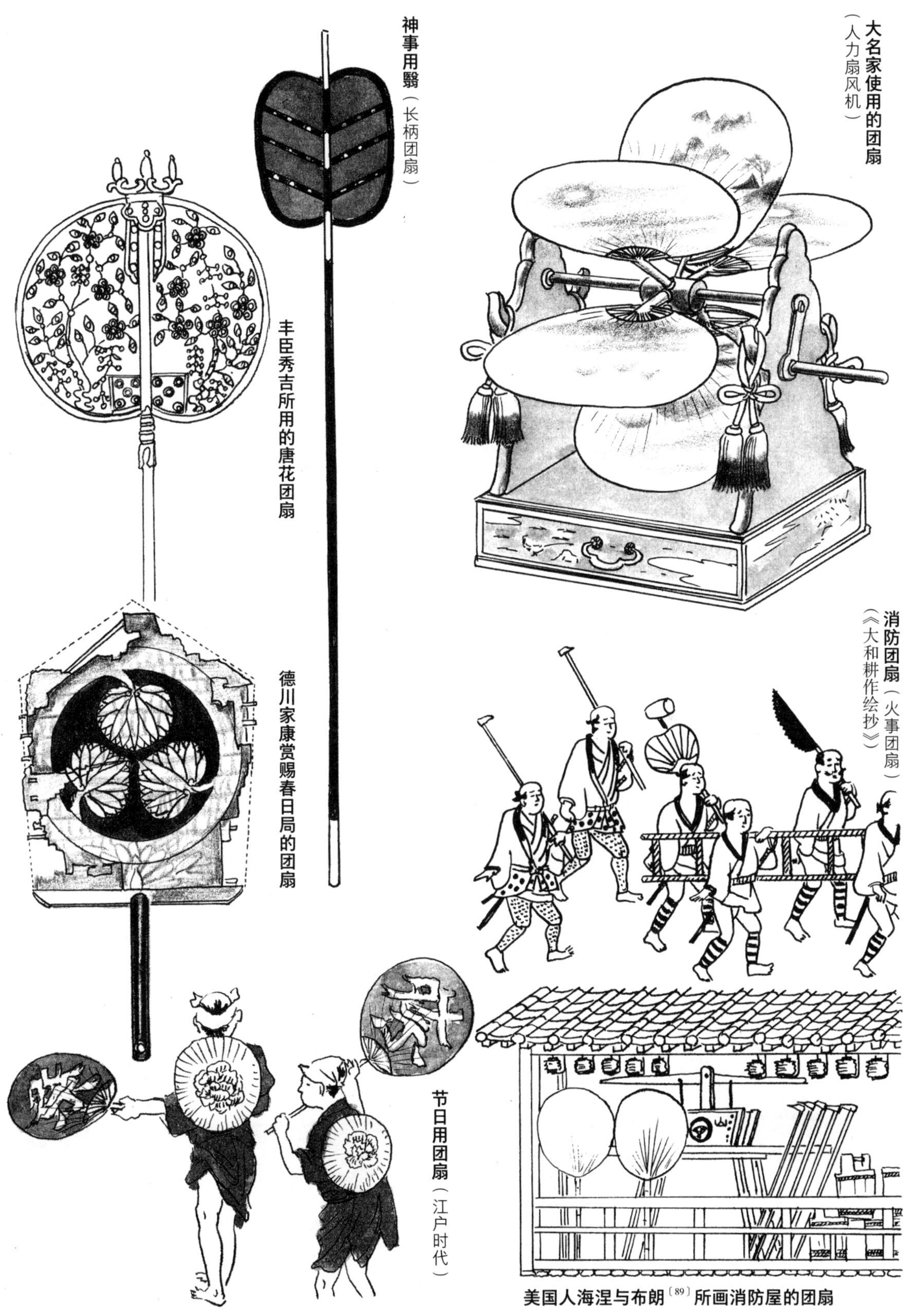

美国人海涅与布朗[89]所画消防屋的团扇

草鞋（平安时代以后）

锦鞋（奈良时代）

奈良时代的乌皮沓（文官）

群马县邑乐郡出土的穿沓埴轮

鞠沓[90]（平安时代以降）

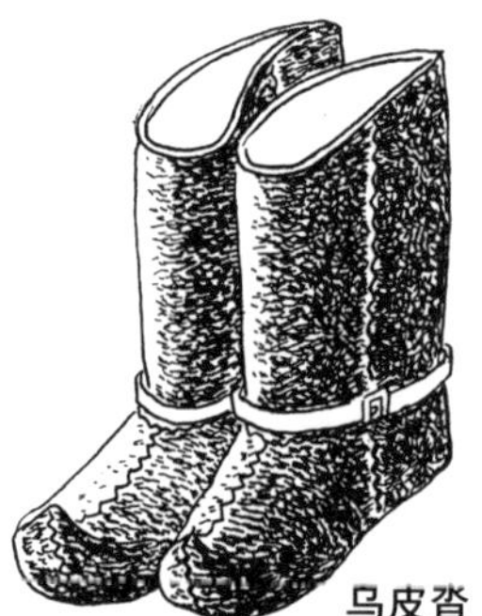

乌皮沓

圣德太子画像中的沓

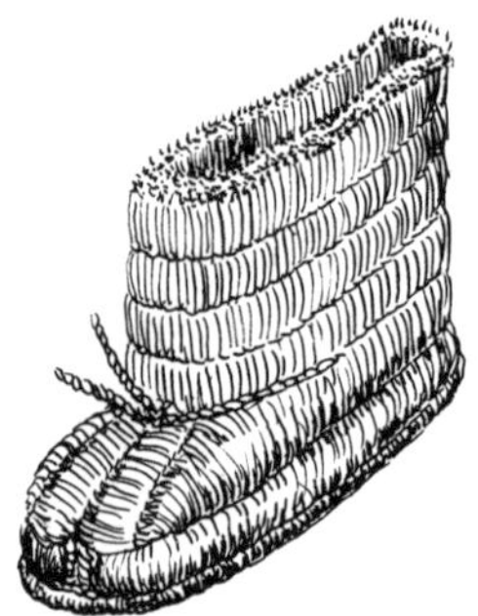

稻草沓（平安时代以后）

文官的浅沓（平安时代）
（根据宇治上神社相传文物所制仿品）

熊本县玉名郡菊水町船山古坟出土的金铜制沓

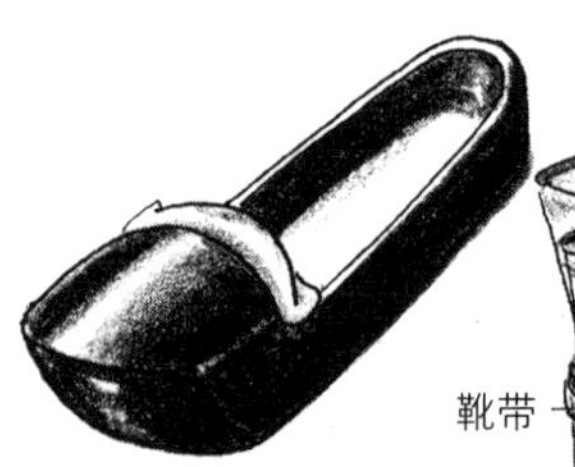

浅沓（平安时代以后）

武官的靴子（平安时代）
（帮筒上部为红色锦缎织物）

奈良时代的靴子（武官）
（根据东大寺流传文物所制仿品）

仿制的古坟时代的沓
（黑漆牛皮浅沓）

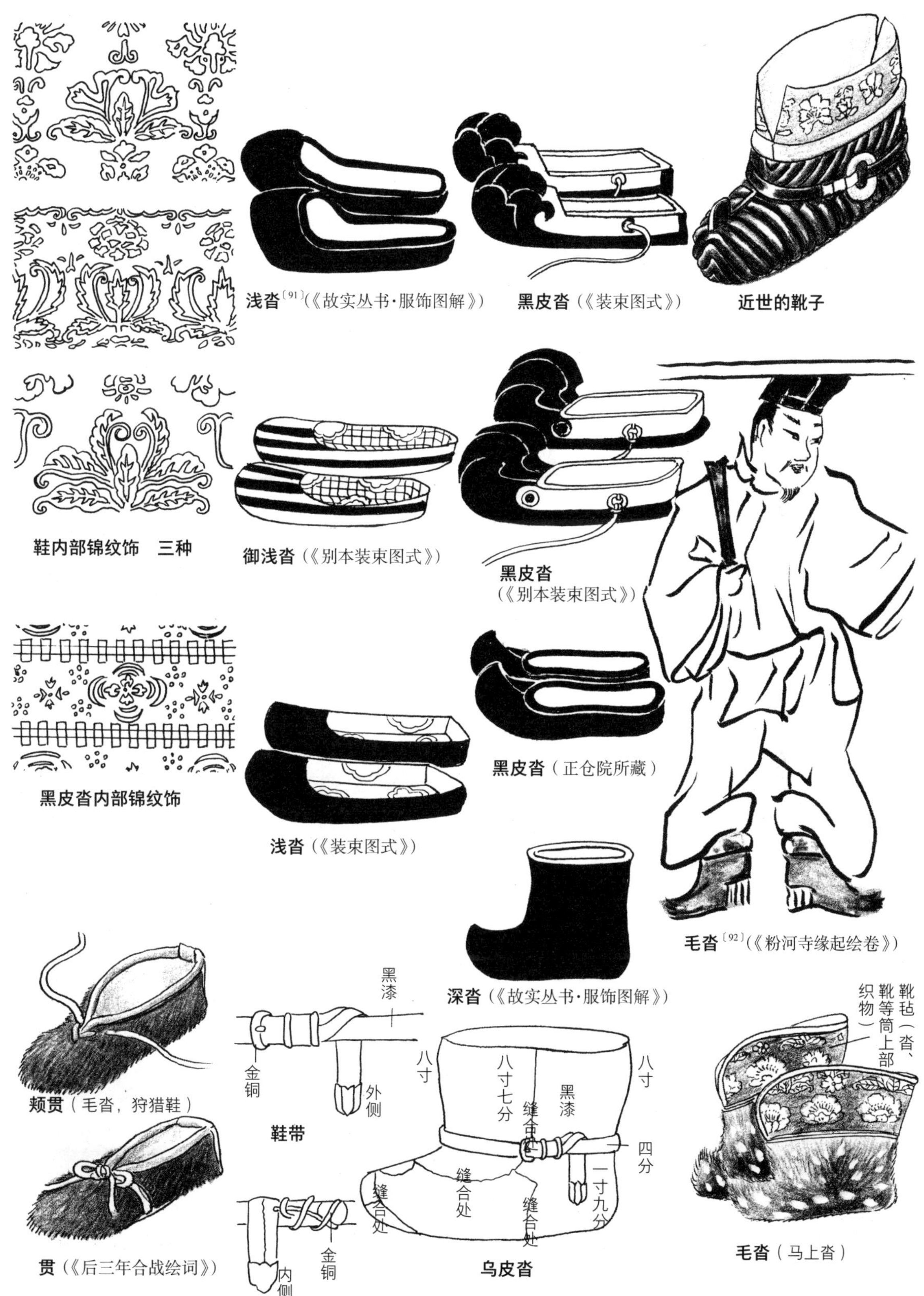

鞋内部锦纹饰　三种

浅沓[91]（《故实丛书·服饰图解》）

黑皮沓（《装束图式》）

近世的靴子

御浅沓（《别本装束图式》）

黑皮沓（《别本装束图式》）

黑皮沓内部锦纹饰

浅沓（《装束图式》）

黑皮沓（正仓院所藏）

毛沓[92]（《粉河寺缘起绘卷》）

深沓（《故实丛书·服饰图解》）

颊贯（毛沓，狩猎鞋）

鞋带

贯（《后三年合战绘词》）

乌皮沓

毛沓（马上沓）

沓、草鞋

出典：*《故实丛书·历世服饰考》**《摩士所见的日本》

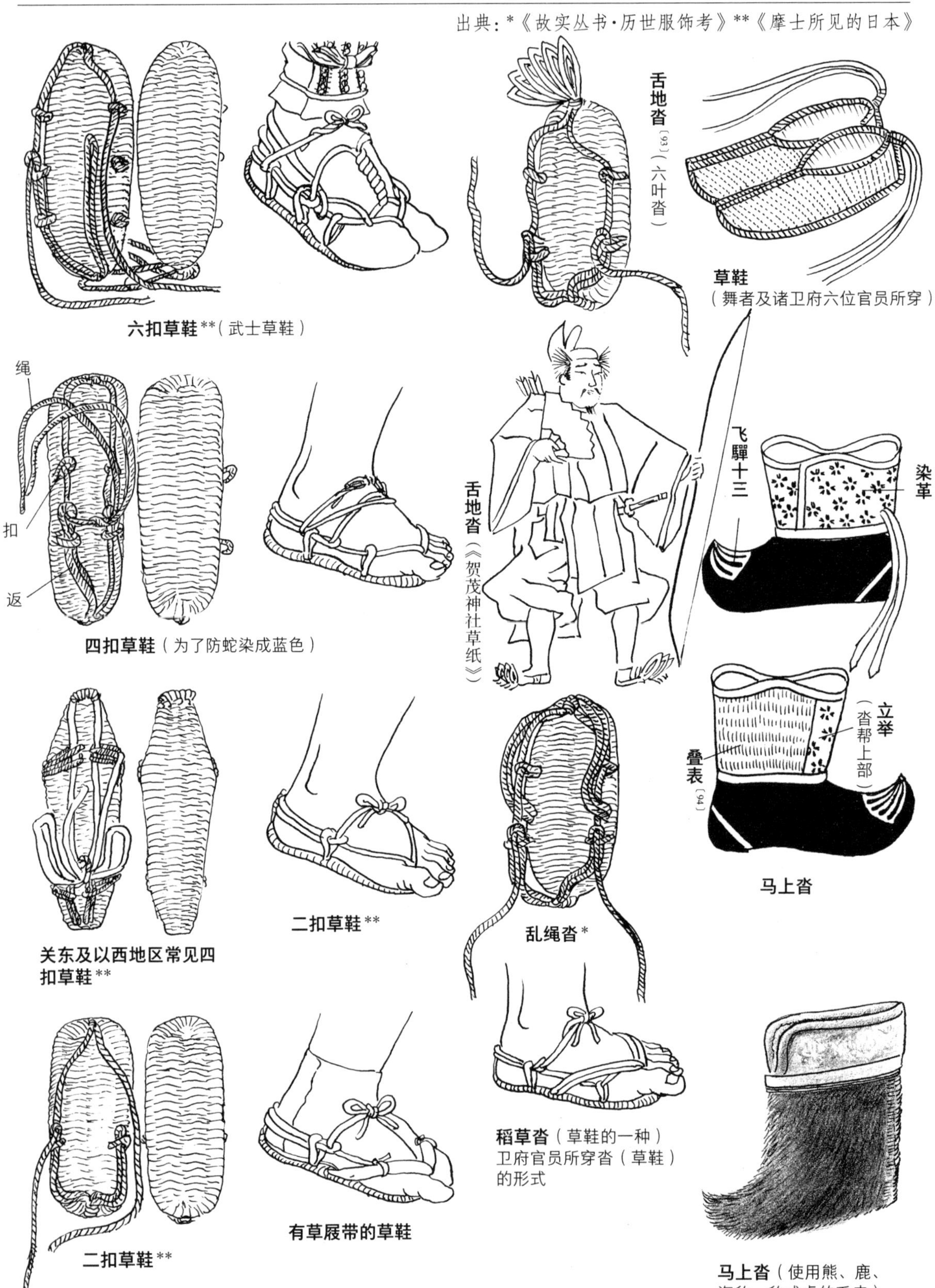

也有为了保护脚趾，而用稻草编的套子套住脚趾的草鞋。例如“权兵卫”“涩洛”“抓挂”。

高齿木屐、草鞋

木屐，据《和名抄》所载，写作「屐」字，发音为「ASHIDA」另外也有以「屐字」二字的音读作「KEISHI」的情况。从江户时代起，将其叫作「GETA」，这一读音在京都、大阪一带普及，江户称高齿的为「足駄」（ASHIDA），低齿的为「下駄」（GETA）。

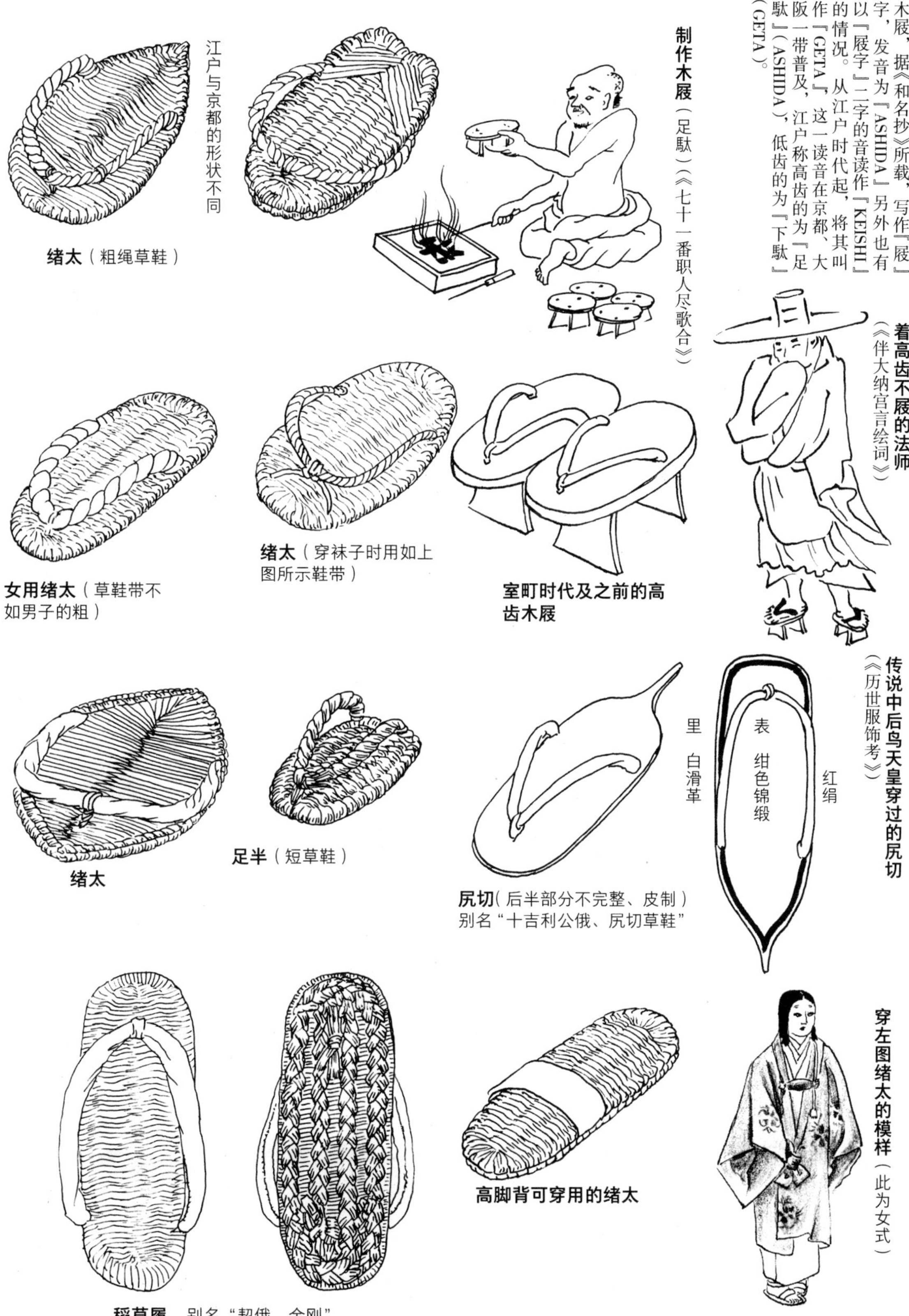

制作木屐（足駄）（《七十一番职人尽歌合》）

着高齿不屐的法师（《伴大纳宫言绘词》）

绪太（粗绳草鞋）

女用绪太（草鞋带不如男子的粗）

绪太（穿袜子时用如上图所示鞋带）

室町时代及之前的高齿木屐

传说中后鸟天皇穿过的尻切（《历世服饰考》）

绪太

足半（短草鞋）

尻切（后半部分不完整、皮制）别名“十吉利公俄、尻切草鞋”

穿左图绪太的模样（此为女式）

高脚背可穿用的绪太

稻草履 别名“契俄、金刚”

参考:《东京风俗志》《摩士所见的日本》及其他

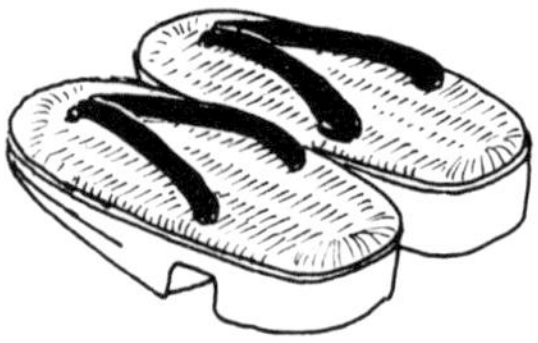

后圆

童款木屐

日和木屐
（鞋齿高而薄）

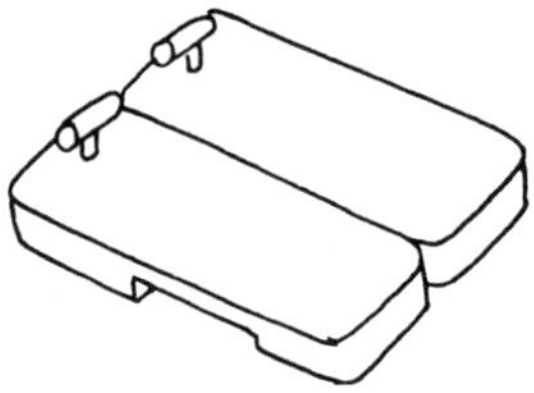

庭木屐

福草鞋

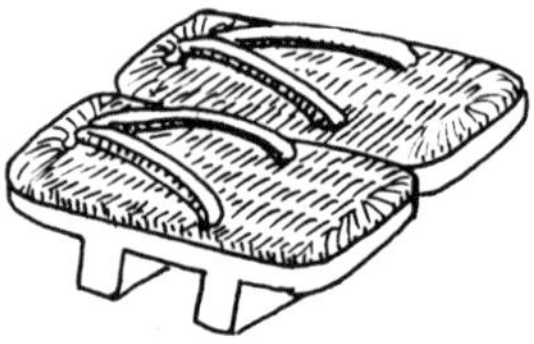

日光木屐

萨摩木屐

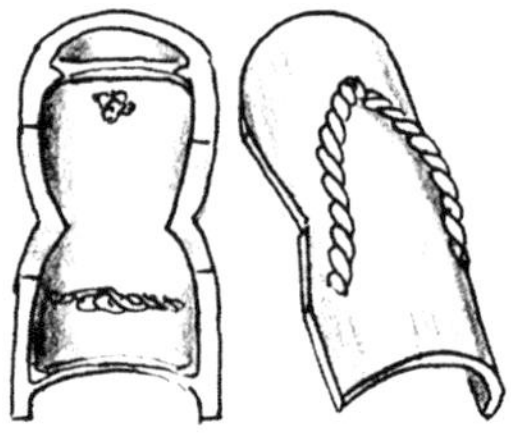

竹木屐

麻里草鞋

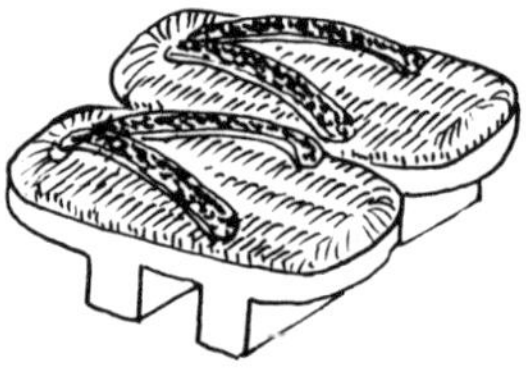

两刳

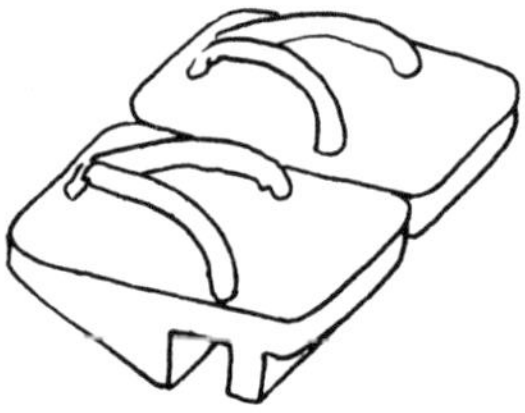

艺玩木屐

庭木屐

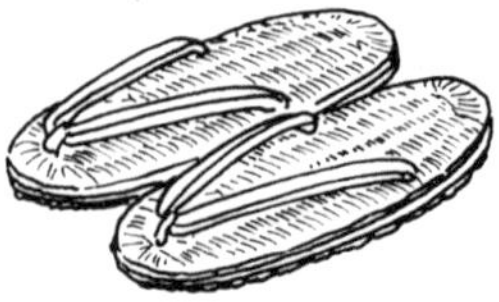

扬麻里草鞋

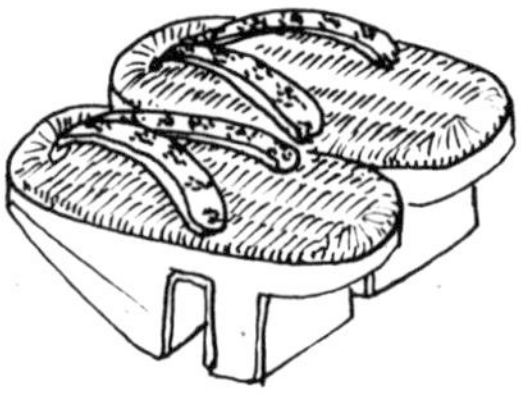

堂岛

新桥形

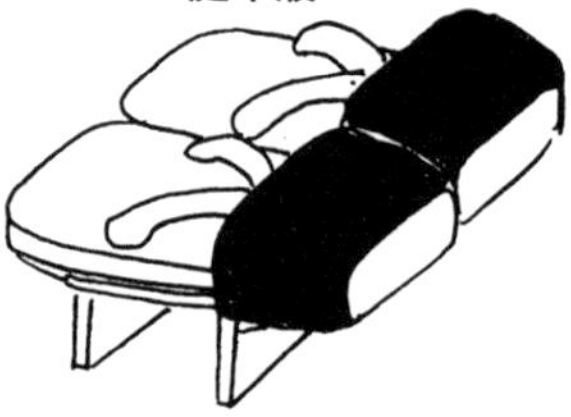

雨雪天用木屐

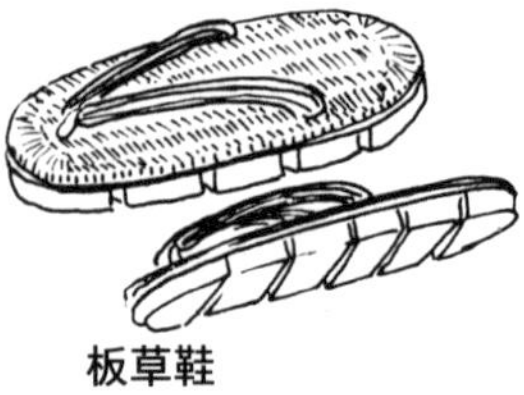

板草鞋

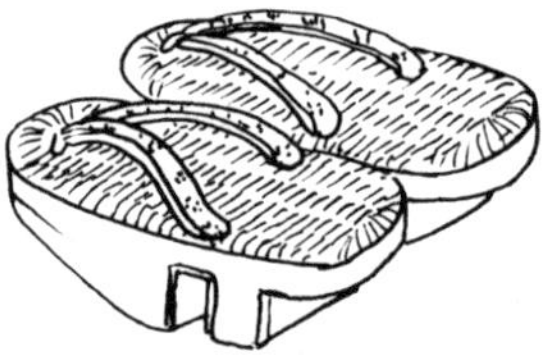

堂岛

童款芝玩木屐

高齿木屐

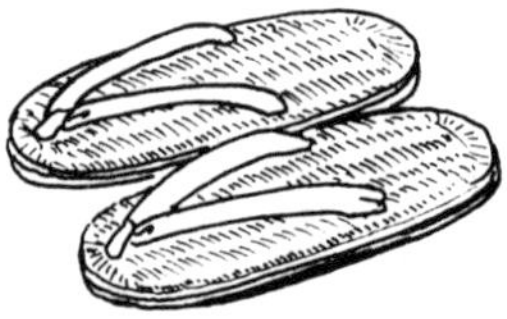

雪屐（鞋底贴皮革以防水，鞋跟处带金属片，为日本传统草鞋的一种。也称雪踏）

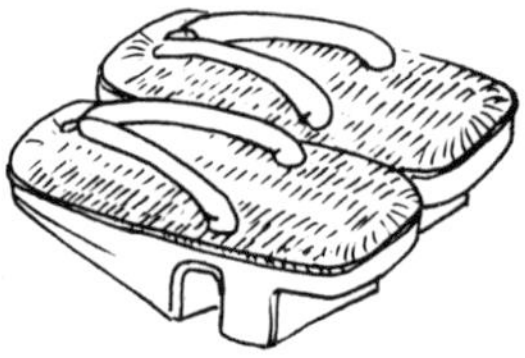

梳形

童款日和木屐

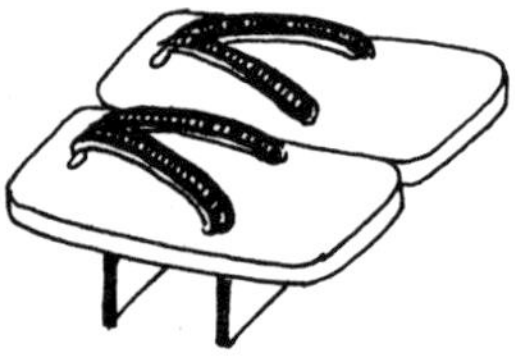

吉原木屐

女式木屐、草鞋

参考:《东京风俗志》《摩士所见的日本》及其他

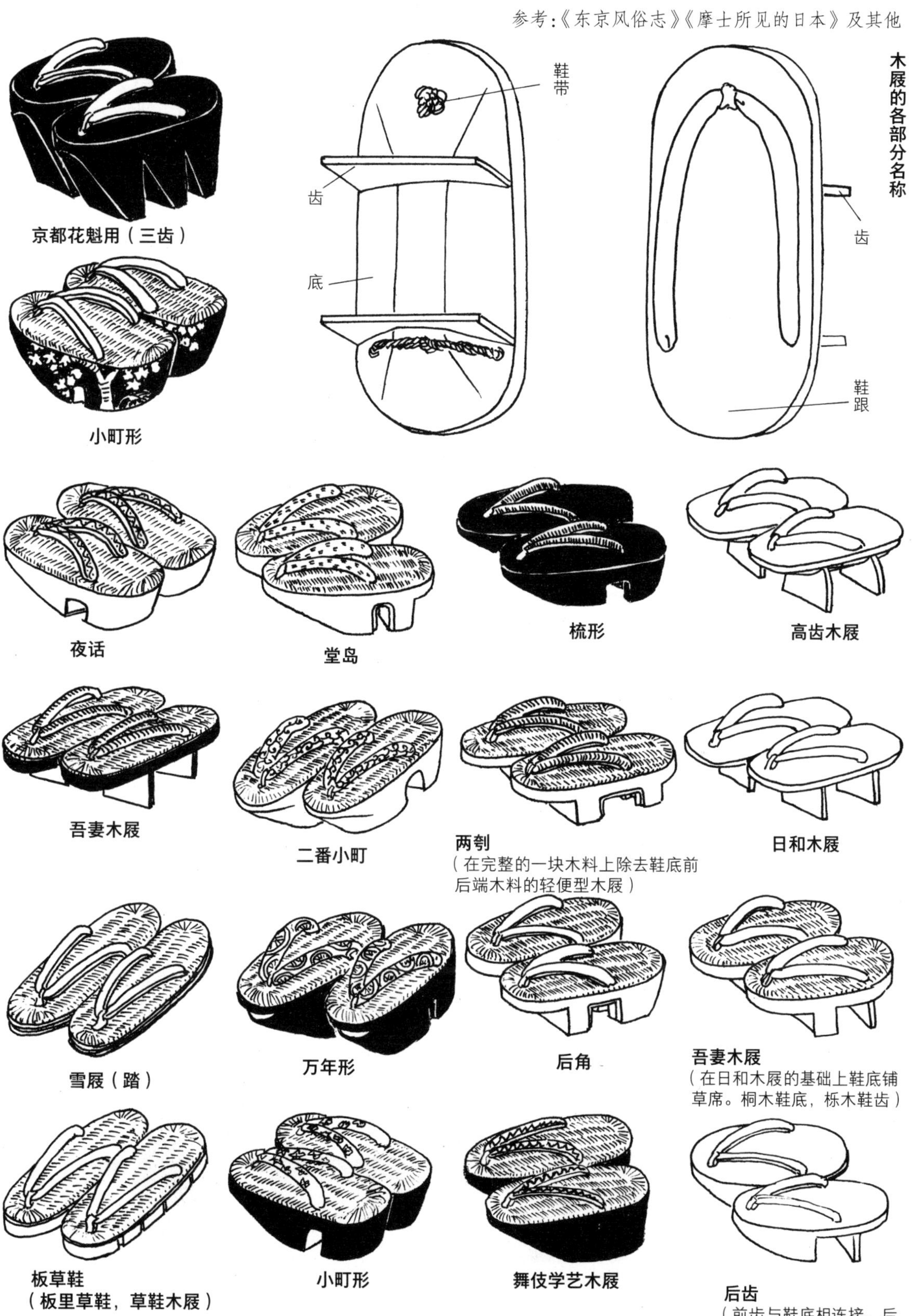

京都花魁用（三齿）

小町形

夜话

堂岛

梳形

高齿木屐

吾妻木屐

二番小町

两刳
（在完整的一块木料上除去鞋底前后端木料的轻便型木屐）

日和木屐

雪屐（踏）

万年形

后角

吾妻木屐
（在日和木屐的基础上鞋底铺草席。桐木鞋底，栎木鞋齿）

板草鞋
（板里草鞋，草鞋木屐）

小町形

舞伎学艺木屐

后齿
（前齿与鞋底相连接、后齿为插入式的木屐）

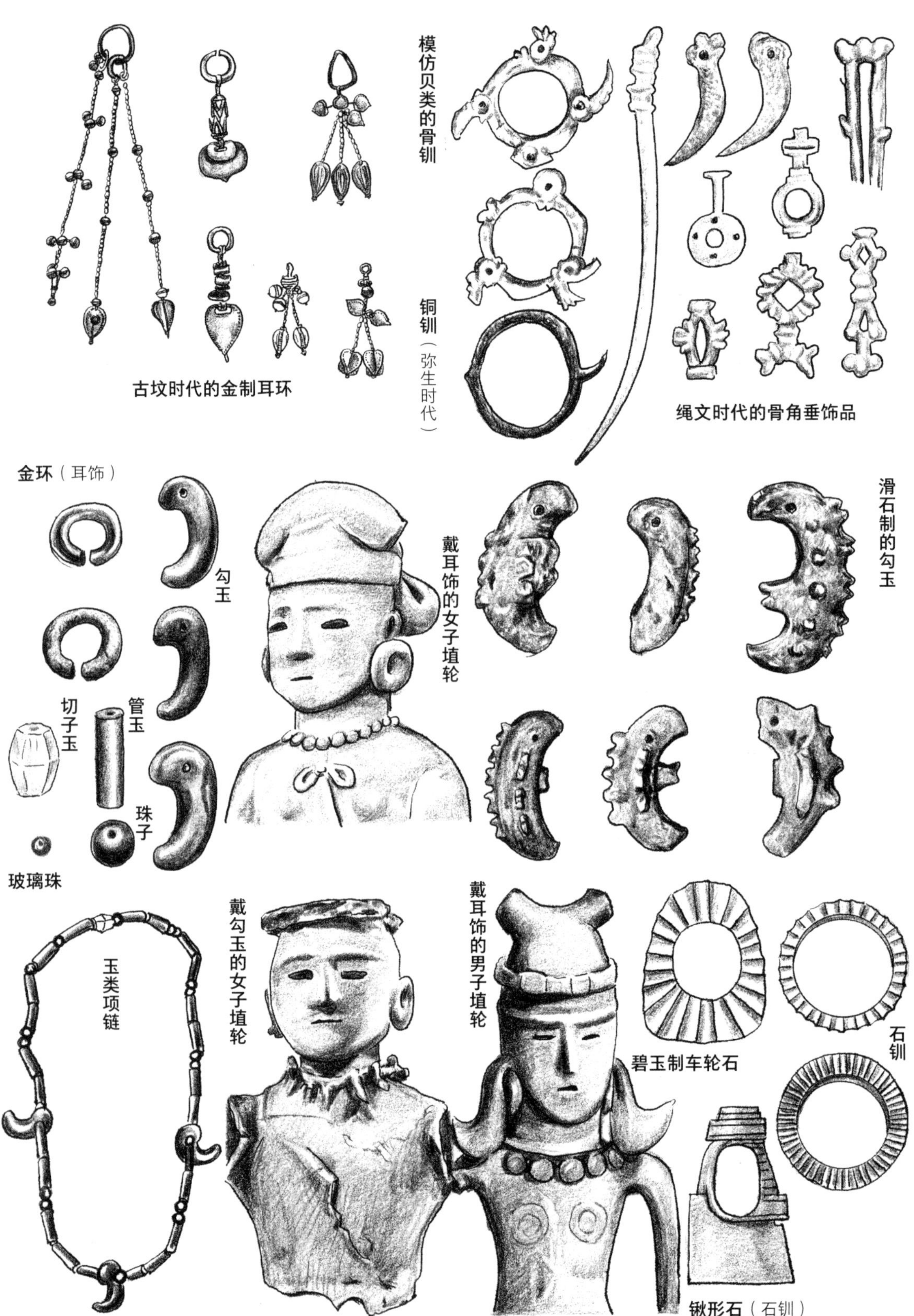
模仿贝类的骨钏
铜钏（弥生时代）
古坟时代的金制耳环
绳文时代的骨角垂饰品
金环（耳饰）
勾玉
戴耳饰的女子埴轮
滑石制的勾玉
切子玉
管玉
珠子
玻璃珠
戴勾玉的女子埴轮
戴耳饰的男子埴轮
玉类项链
碧玉制车轮石
石钏
锹形石（石钏）

化妆工具

梳子盒
挂镜子的地方
水晶宝珠
上手
打开时
枕
小足
鹭足
关合时
平安时代的贵族镜台
（根形镜台、章鱼形镜台、镜挂、镜撑）
镜盒
镜盒
唐梳盒
泔杯
（盛洗头发的水）
莳绘镜台（江户时代）
镜撑（江户时代）
江户时代末期的箱形镜台
幕末、明治的箱形镜台
江户时代演员的镜台

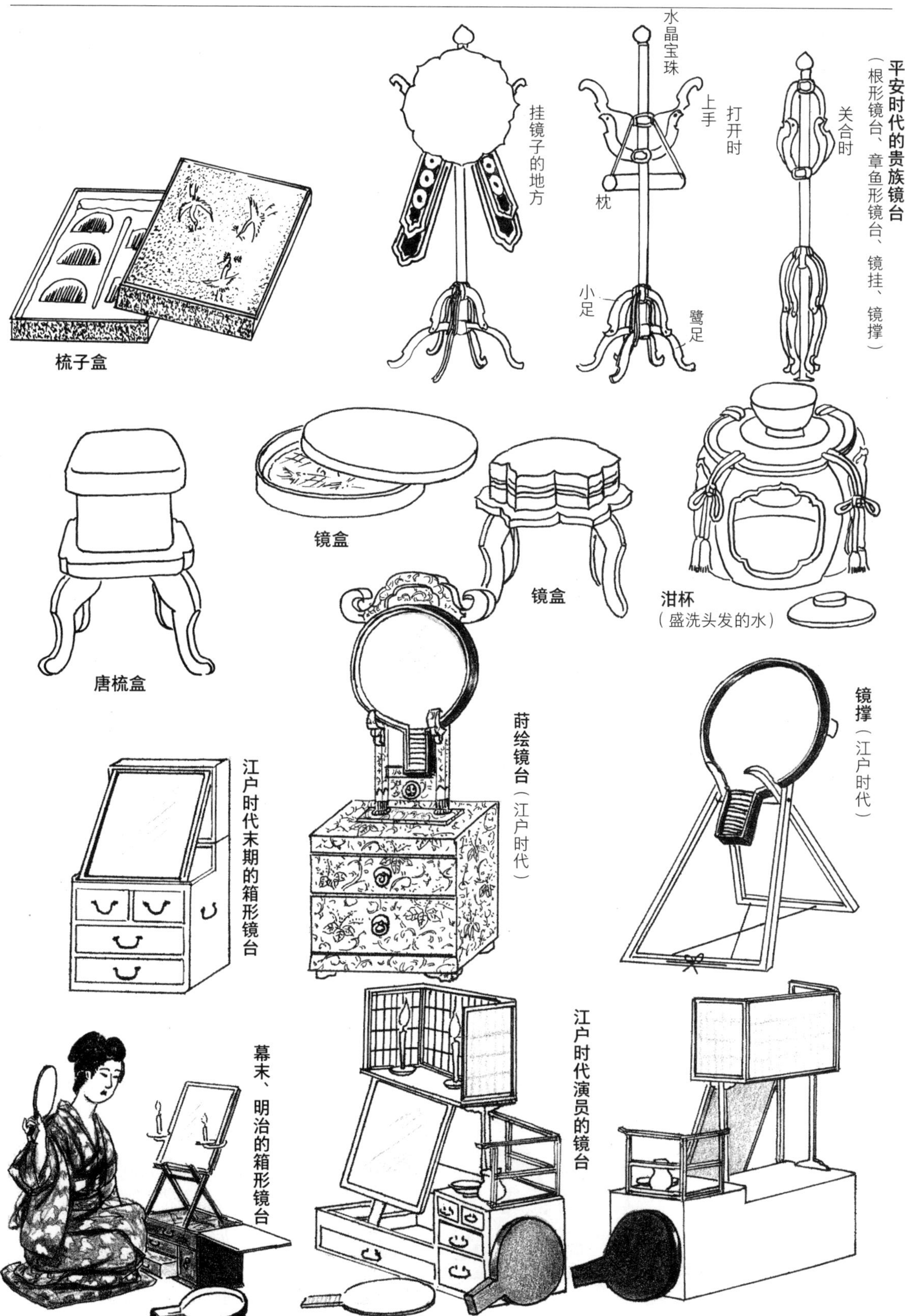

梳子

近世插梳（装饰梳）的种类
政子形
月形
要形
半京形
三日月形
初形
木曾梳
木曾六梳
埴轮里的梳子
峰
齿
梳子各部分的名称
山形漆山古坟出土的梳子的原形
齿
疏齿
密齿
梳头发的梳子
室町时代的梳
鬓出
鬓梳
毛立梳
奈良时代的象牙细梳（梳发用）
平安时代的插梳（玻璃制）

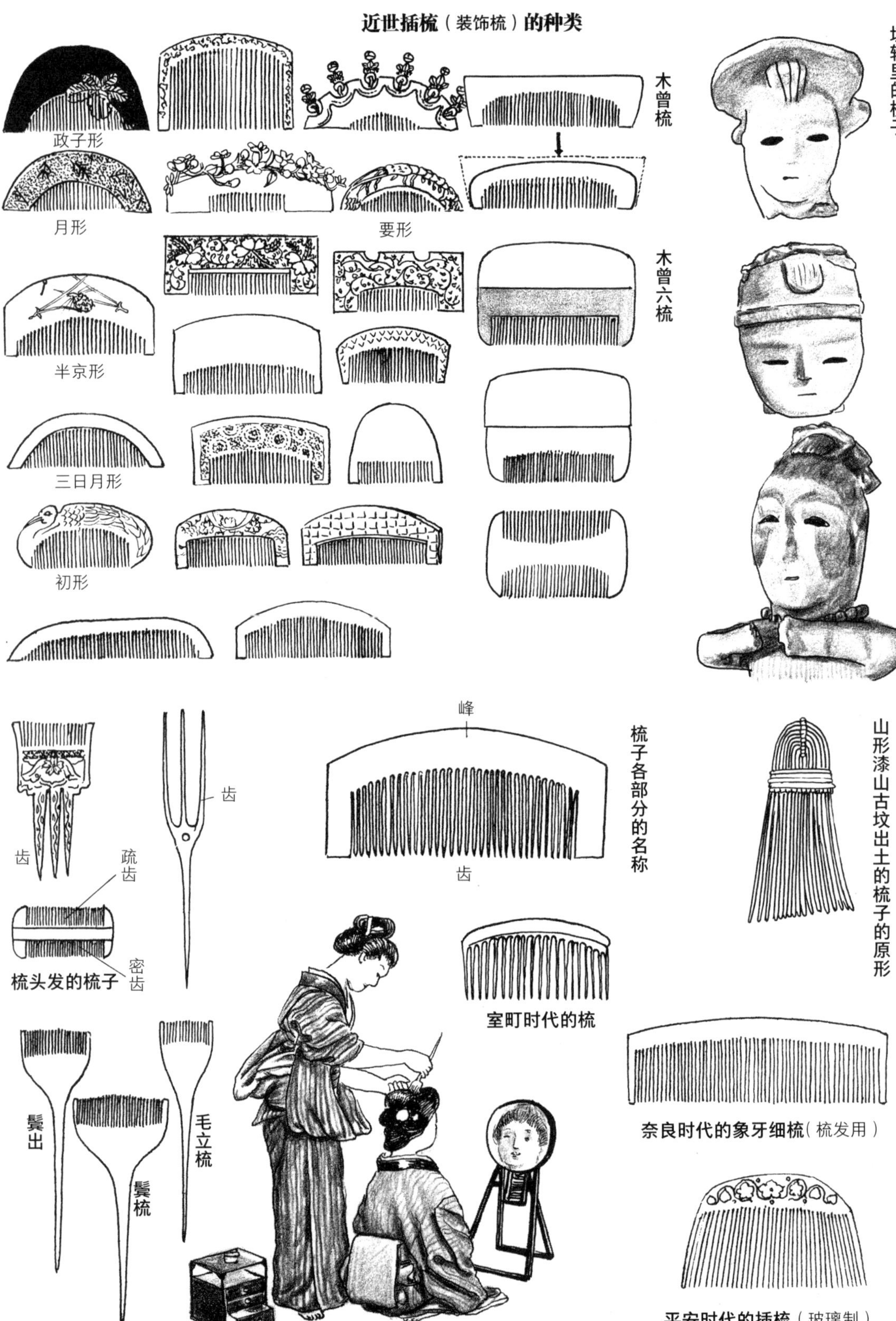

簪子

出典：*《莫尔斯见到的日本》

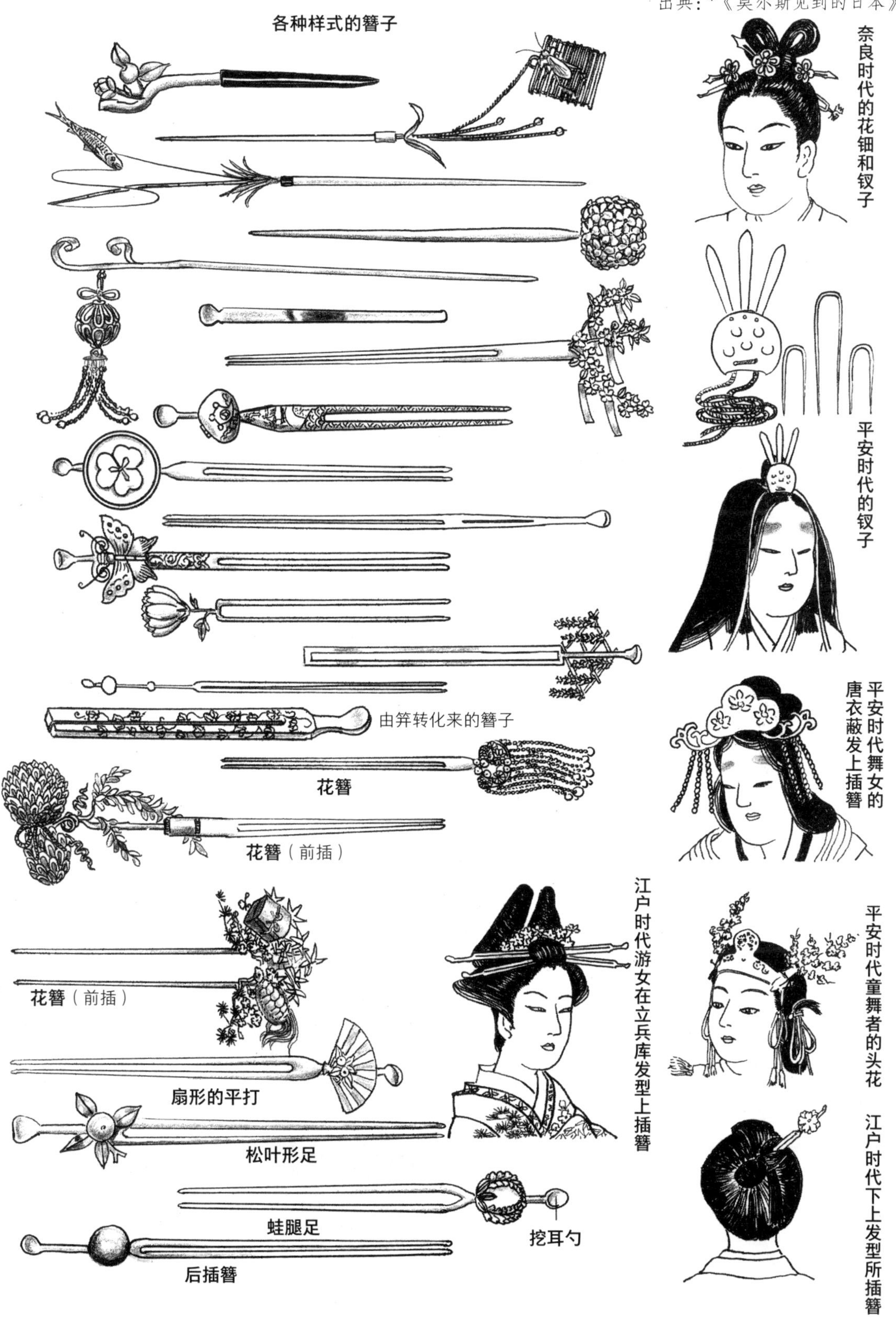

整发工具及涂黑齿工具

出典：*《莫尔斯见到的日本》

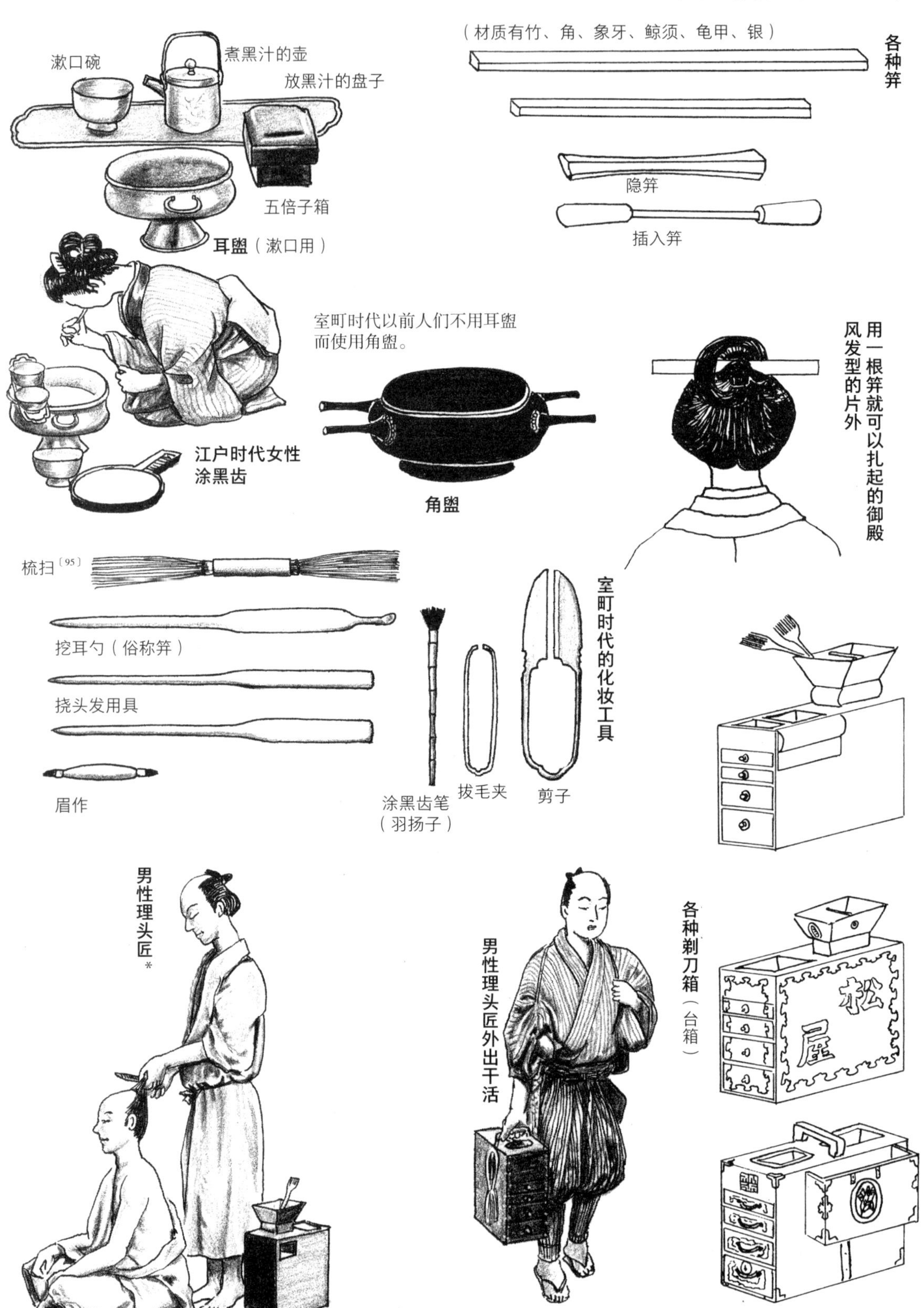

室町时代末的各类发型

室町时代的渔夫
（《七十番职人尽歌合》）
丁髷［96］
全发上的发髻
（镰仓时代）
埴轮中的角发
少年的稚儿轮
（《严治物语绘卷》）
手工艺人的茶筅髷
（《七十一番职人尽歌绘》）
茶筅髷［97］
剃了月代头的武士
（《蒙古袭来绘词》）
角发中插梳子的发型
前发和茶筅髷
剃了月代头的手工艺人
（《建保职人绘歌合》）
渔夫
少年的垂发
（《暮归绘》）
大月代发髷
（浅井长政画像）
奈良时代的冠下髻
杂兵
大月代发髷
（传为武田信长画像）
幼儿的额前发
（《慕归绘》）
传说中足利尊氏的乱发形象
平安时代的馆下髻
（《伴大纳言绘词》）
大月代发髷
（织田信长像）
少年的垂发
（《酒饭论绘卷》）

男性发型

参考：江户时代的浮世绘

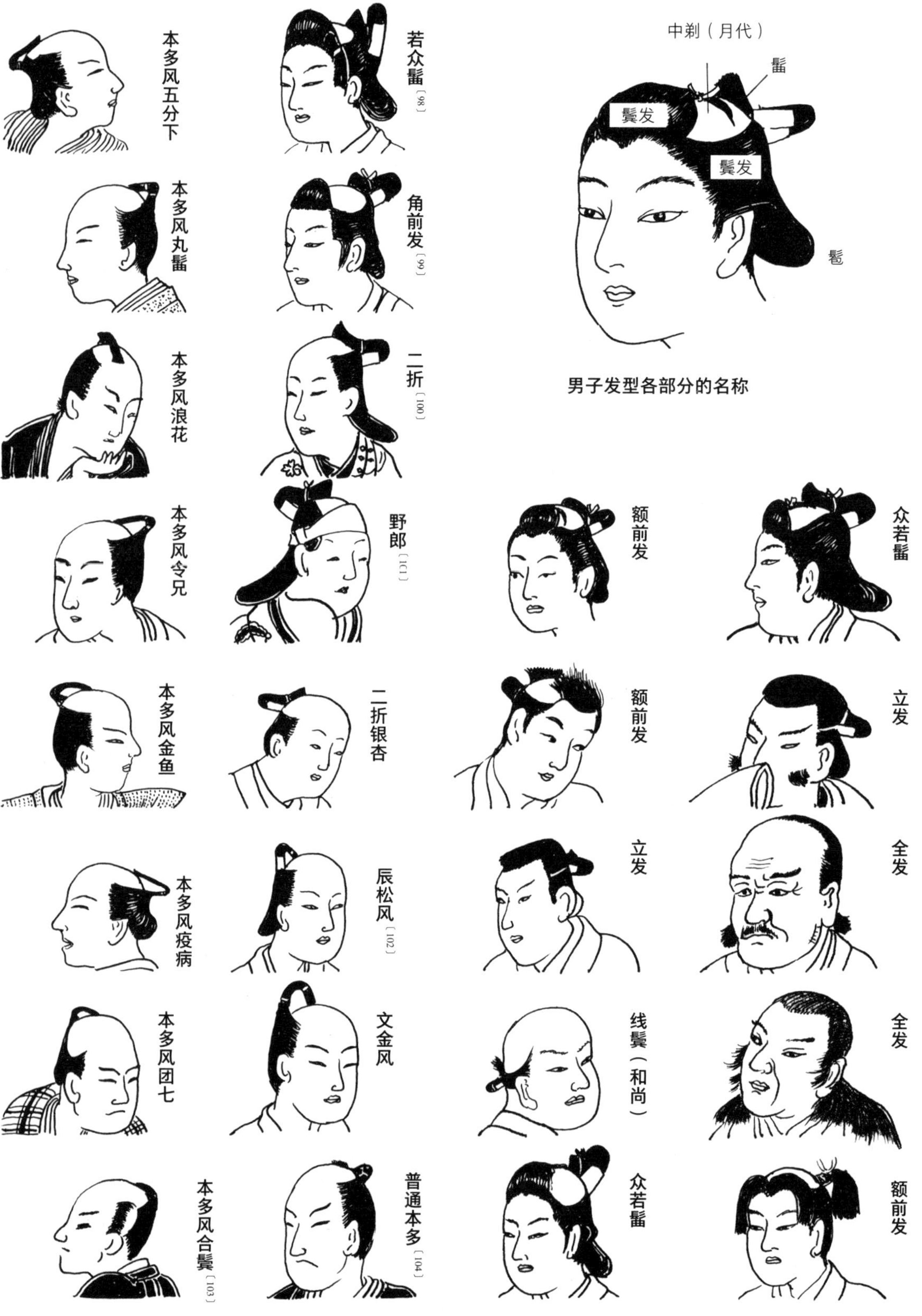

男子发型各部分的名称

男性及幼女的发型

江户后期至明治时代

参考：浮世绘与《东京俗志》

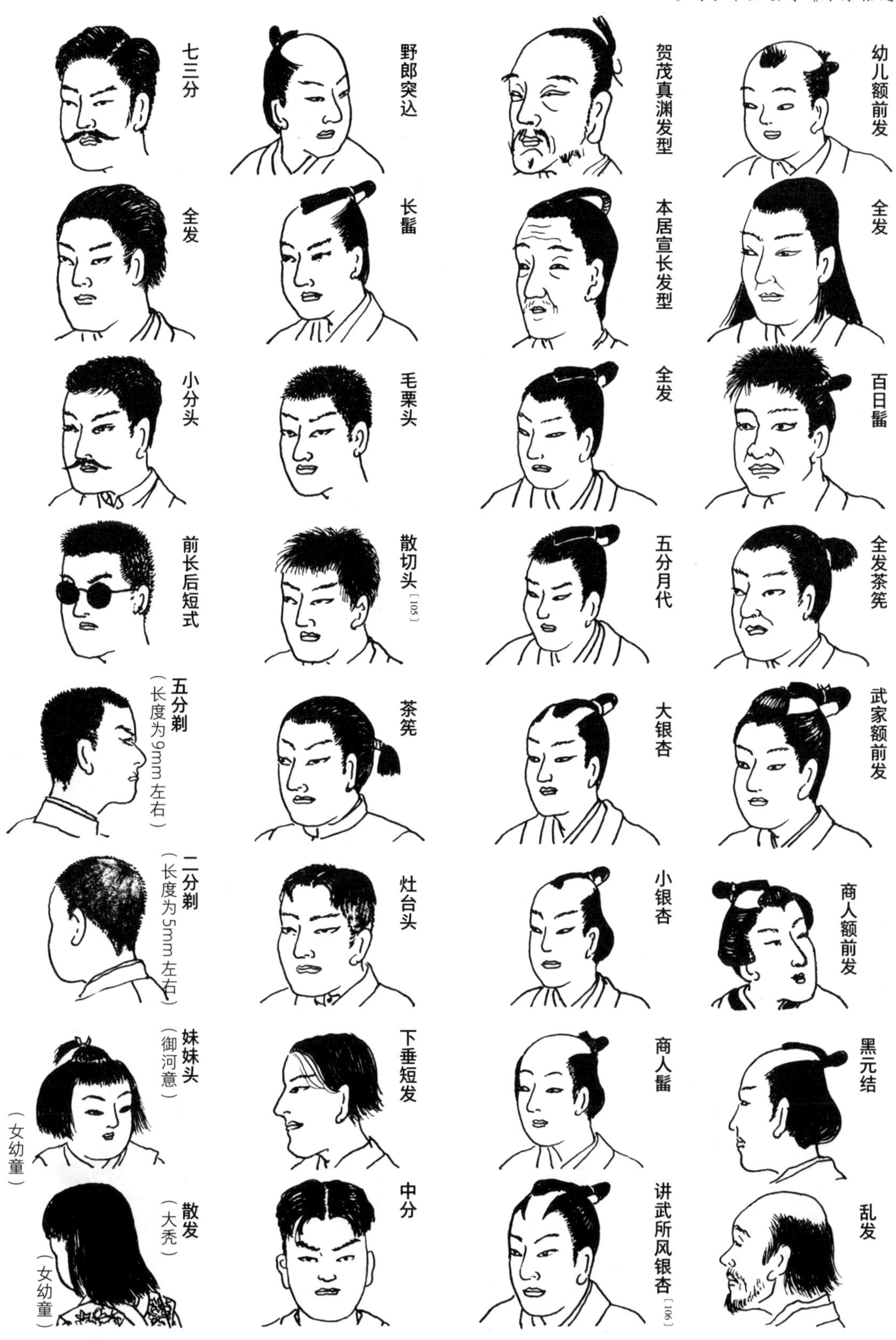

唐轮（桃山时代）
束发（室町时代末期以前）
高髷（奈良时代）
埴轮中的岛田髷〔107〕
石榴包（将唐轮发型中的发髻包起）
扎住发根的垂发
垂发（平安时代）
古代的岛田髷
小判
中判
额前发
鬓发
后脑发
各部分名称
额前发
岛田
鬓发
后脑发
宝髻（平安时代）
古代的垂发
蔽发（平安时代女官着礼服时戴于额前发上的装饰物）
奈良时代的双髷
单边鬓发
大垂发中使左右两边头发鼓起而垫入的添发
添发〔108〕的种类
盘发《扇面法华下绘》
中吊刷毛
芥子棒
蓑衣状添发
吊幡
唐祥发型《鸟毛妄屏风》
垂发庶民女（平安时代以后）
长添发
中添发
插入式后脑添发
放入式后脑添发
庶民女的发型《一遍上人绘传》
双髷《药师寺吉祥天画像》
《当世添发雏形》
发角的添发
竹筏状添发
科针
额前发

女性发型

参考:《女用训蒙图汇》《都风俗化妆传》《百人女郎品定》等

参考:《百人女郎品定》《绘本常盘草》《绘本红叶桥》《当世髩雏形》

女性发型　　江户后期

参考：《都风俗化妆传》《吾妻余波》《柳暮魁双子》

参考:《东京风俗志》

梳卷
姨子
久米三
投岛田
裂唐子
老人姨子髷
裂桃式
长船
松叶返
奴岛田
老人丸髷
赤熊式
胜山
岛田崩
福良雀
茶筅
英吉利卷
新桥形丸髷
御盥
兵库
切发
夜会结
贵妇人形丸髷
结绵
御虾蛄
御下
玛格丽特
三轮
蝴蝶髷
达摩返
付髷(付唐人髷)
扬卷
蔓下地
夫妇髷
艺伎结
御稚儿髷
中年丸髷
天神
艺伎髷
银杏返

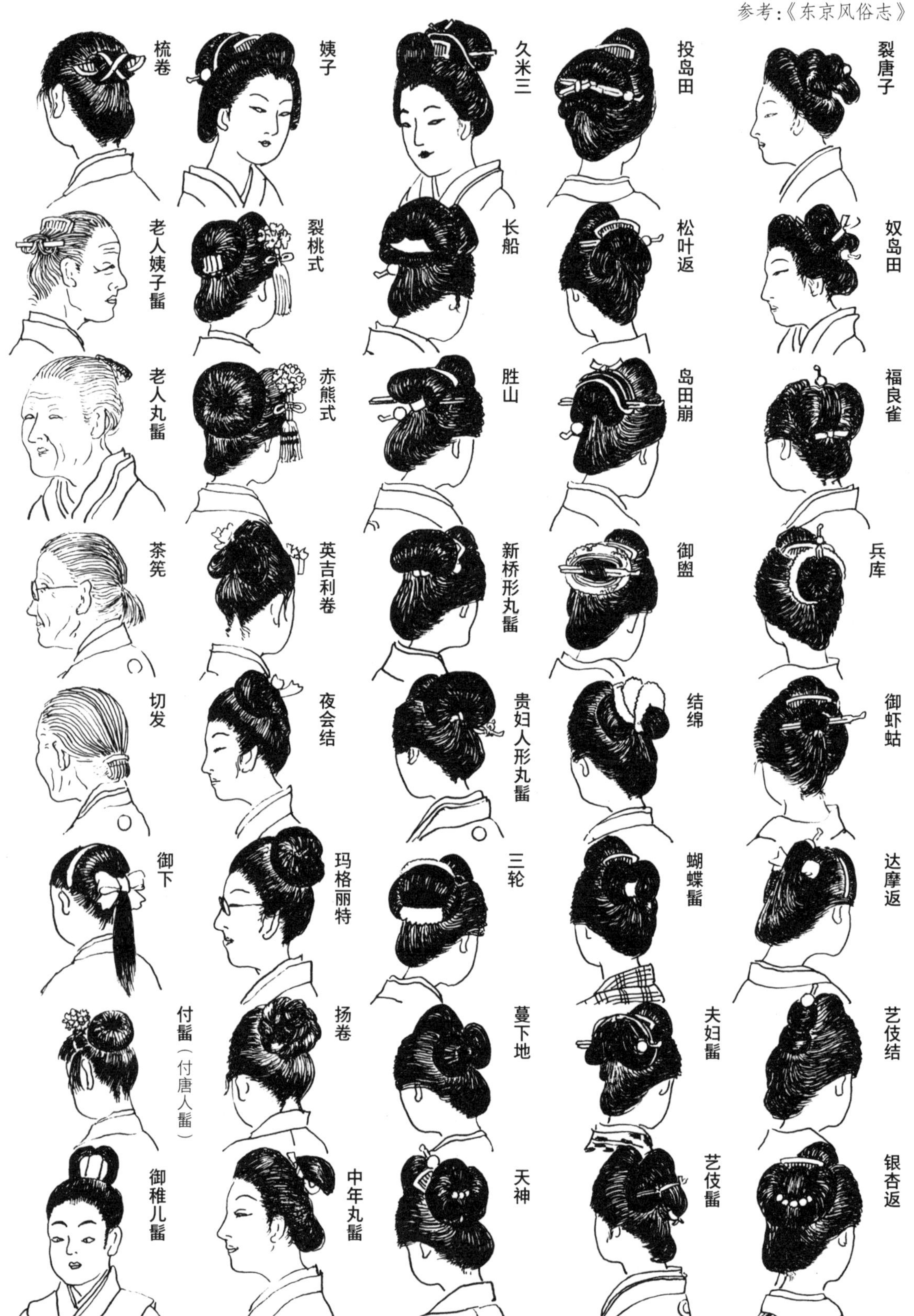

注释

1. 美豆罗，将头发左右分开，在耳边挽起的发型。
2. 倭文绫带，以麻等材质织成的、带青色红色条纹的古代布料。
3. 单，没有衬里的和服。
4. 重，平安时代，在袍下面叠穿的衣服。
5. 山吹，棣棠花的日语名。
6. 垂领，由衣襟左右两边向胸前垂下的衣饰。
7. 素袄，也写作素袍。
8. 长襦袢，穿于内衣与外衣之间的长款服饰。
9. 襻膊儿，由肩部起，挂于颈项间，用来捋起衣袖的带子。（现代日本，此为和服常用品，但在古代为神事中的装饰品。）
10. 写经生，在写经所工作，负责抄写佛经的人。
11. 散乐，奈良时代由中国传入日本的曲艺、魔术、舞蹈等娱乐性强的艺术门类的总称。
12. 裲裆，仪式时，武官穿于礼服之上的套头罩衫。
13. 平胡箓，箭壶，携带箭支的武具。
14. 笏，一般指象牙笏，此处为桧木代替象牙制成的笏。
15. 襕，为显得走路好看而设计的缝腋袍下摆处横布。
16. 首上，袍、水干、狩衣等的圆形衣领。
17. 格袋，袍背后像袋子一样的部分。
18. 强装束，给衣服上浆，冠帽涂漆，使服饰呈现棱角分明的一种着装样式。流行于平安末期。
19. 狩衣，本来是在打猎时所穿的运动服装，袖子跟衣服的主体没有完全缝合，以方便运动。
20. 半尻，自平安时代末期，皇族与上级公家的公子所着装束之一。后裾短于前裾，且衣宽较窄。
21. 小袖，一种窄袖垂领的长和服。贵族经常以其为内衣，或夜间值班时穿在里面。
22. 直垂，一种上衣下裙式服装。上衣交领，三角形广袖，胸前系带。
23. 首纸，即首上。
24. 胸纽，衣服或者羽织胸前的系带。
25. 奴袴，袴的一种，裤腿肥大、裤脚有束带的和服裤。贵族着直衣或狩衣时穿用，或在着正束冠、衣裤装时穿用。
26. 白拍子，平安末期兴起的一种表演，一般由男装游女或少年载歌载舞。白拍子也可指代表演者。
27. 禁里，即皇宫，这里指天皇。
28. 衵扇，宫廷女性穿正装时手持的扇子，扇骨多为桧木或杉木。
29. 引腰，从裳的腰部起，左右两侧向后拖垂的装饰性带子。
30. 汗衫，侍奉后宫的童女的正装。
31. 衵，穿于表着之内、单之外的中间一层。
32. 小袿，贵族女子中地位极高者才有资格穿着的上衣。
33. 生袴，与喜庆及正式场合所着的“张袴”对应，生袴为日常装束。
34. 袭，上装的一种，套在外层。
35. 打衣又称捣衣，指表面有光泽的衣服。
36. 苎麻垂绢，女子外出时戴的斗笠上垂下的长条薄布，以遮住面部与身体。
37. 市女，在市场上卖东西的女子。
38. 菊缀，在水干、水干袴或铠直垂、铠直垂袴等服饰中，缝合处的一种穗状装饰，也有一些呈打结状。
39. 十德，类似素袄、但腋下缝合的一种男士和服。
40. 肩衣袴，武士服装的一种。上身为肩衣（无袖短衣），下身为袴。
41. 被衣，平安时代以后，公家、武家的女子外出时穿的从头上罩下来的一种衣服，可以遮挡素颜。
42. 打挂，室町时代起，富裕武家的女性在小袖外披着穿的衣物。
43. 腰卷，高级别武家女性的夏日正装。

44. 汤卷，平安时代起女官下身装的一种。为了在浴室服侍时不弄湿弄脏衣服而裹在腰间的无裆袴装束。
45. 名古屋带，女士腰带的一种。据说首先在名古屋出现，因而得名。
46. 振袖，年轻女性穿用的大衣袖和服。
47. 裁付袴，下摆用绳系住的袴。
48. 旗本，日本中世至近世时期的一种武士身份，地位较高。
49. 长羽织，作为防寒礼服等，着于长衫之外。
50. 半缠，类似羽织的短上衣。
51. 尻端折，为了行动方便而撩起和服下摆掖在腰带上。
52. “老中”与“高家”都是江户幕府中的职位。
53. 与力，辅佐町奉行的一种官职，类似现代的警察署长。
54. 同心，江户幕府的下级官员，在与力的管理下，担当维护城市治安的职责。
55. 卷羽织，羽织的下摆卷入腰带内。
56. 水木结，垂下部分较长的腰带打结方式。
57. 夜鹰，站在路口拉客的游女。
58. 削袖，江户时代流行的一种边缘圆滑的小袖口。
59. 段袋裤，为了方便武士训练，将袴改良为宽松的裤子。
60. 日荫蔓，石松的一种，中文译名为东北石松。
61. 心叶，一种假花。
62. 透额冠，头冠的“甲”开口呈月牙形，覆上较薄的布。
63. 挟木，夹住卷缨的木。
64. 圭冠，涂漆的布帽子。
65. 招，乌帽子正面部分。
66. 比奈佐伎，乌帽子前面凹陷处的小突起部分。
67. 折乌帽子，顶部折叠凹陷的乌帽子，因武士戴用而另称“侍乌帽子”。
68. 引立乌帽子，戴在头盔下的乌帽子，脱去头盔后可将它立起。
69. 首丁头丁，和尚或武僧戴的头巾。
70. 扬帽子，江户时代的武士和平民中的上流女性所用的防尘帽。
71. 市女笠，帽子中央高高凸起。起初因是卖货女所戴帽子的样式而得名。
72. 禅宗的修行僧，称为云水。
73. 深编笠，可以遮住脸的深帽。
74. 网代笠，用薄竹片纵横交错编织而成的斗笠。
75. 绫绘笠，用薄桧木片编成的、交错条纹样式的斗笠。
76. 绫蔺笠，由灯心草编织成的、交错条纹样式的斗笠。
77. 高岛秋帆，江户后期至末期的炮术家，高岛流炮术的创始者。
78. 足轻，根据战争的不同需要，可以使用不同装备的步兵。
79. 三上超顺，松前藩法华寺僧人，松前藩正义队队长。
80. 火男，日本一种传统男性面具，造型古怪。主要特征有：睁大的眼睛，有时一大一小；嘟起的吹火嘴，有时会歪向一边。
81. 六十六部，将自己抄写的六十六份《法华经》亲自送到六十六个灵验地点供奉的佛教朝圣者。
82. 东外套，防雨雪、防寒的和服外套。形状与被布类似，下摆更长，多见及至脚踝处样式。
83. 足袋，分趾鞋袜，是拇指与四指分开的鞋子和袜子。
84. 弓悬，弓道中拉弓时用的手套。左手持弓，右手戴弓悬以保护拇指。
85. 连贯，纵向用生线、横向用拧线平织出的绢织物。

注释

86. 雪洞扇，上半部分的张开幅度小于中启的扇子。
87. 中启，叶状的扇子，因从中间打开而得名。
88. 相扑军配团扇，相扑的裁判（行司）用来判定胜利的道具。
89. 海涅与布朗，黑船来航时，随同佩里来到日本的画家。
90. 鞠沓，褐色皮质沓，为蹴鞠用鞋。
91. 浅沓，源于日本平安时代男性贵族（殿上人以及公卿）的装束，多为涂黑漆桐木制，亦有黑色皮制。
92. 毛沓，以鹿或野猪皮制成，狩猎及骑马时穿着。
93. 舌地沓，脚趾位置编出竹叶形。
94. 叠表，沓帮上类似草席织面的部分。
95. 梳扫，清理梳子的工具。
96. 丁髷，江户时代老年男性的发型。
97. 茶筅髷，安土桃山时代前后流行的年轻男性发型。
98. 若众髷，江户时代未成年男子的发型。
99. 角前发，江户时代，临近成年的武家少年的发型。
100. 二折，在发髻处将头发折两回，再在发根处扎住。
101. 野郎，指江户时代剃去额前发，留出月代的成年男子发型。后该词带侮辱性含义，指成年男子。
102. 辰松风，江户中期始于辰松八郎兵卫的发型。
103. 本多风合鬓，将左右鬓发汇合至脑后发髻下扎住。
104. 普通本多，由本多忠胜而起的发型。
105. 散切头，剪去发髻，流行于明治初期的发型，象征文明开化。
106. 讲武所风银杏，在讲武所习武的年轻人所喜欢的发型。讲武所是幕府末期江户幕府设立的武艺训练机关。
107. 岛田髷，日本旧时代女性发型中最常见的一种。多用于未婚女性、艺伎或游女。
108. 添发，做发型时，本身头发无法满足造型需求而使用的部分假发。

第四辑

武装及武器

胴丸

色色威胴丸
（室町时代）

大铠

重要文物　紫裾浓威铠
（镰仓时代中期/武州御岳神社所藏）

腹卷

重要文物　黑韦威肩白红白腹卷
（室町时代/大山祇神社所藏）

当世具足

伊予扎紫丝缀具足
（桃山时代/上杉祇神社所藏）

当世具足

银陀美基石头札菱缀二枚胴具足
（桃山时代/鹿岛市佑德博物馆所藏）

甲胄（衣袖处铠甲连接绳的种类）

甲胄（衣袖处铠甲连接绳的种类）

齿朵威　锦威　樫鸟威　伏绳目威

百丝褄取威　褄取威　逆泽泻威　泽泻威

红百段威　近世纹柄威　肩取褄取威　群浓威

色色威　色色威　色色威　立涌威

甲胄（绘韦[1]的种类）

武州御岳神社所藏日本国宝赤丝威铠的绘韦纹样

同右铠的弦走韦的绘韦纹样

严岛神社所藏与日本国宝小樱威铠配套的张筋伏兜钵里的绘韦纹样

传闻为圣德太子的玩具铠（泽潟威铠雏形）的绘韦纹样

同右铠残缺的弦走韦的绘韦纹样

都都古别神社所藏铠残缺的带蝙蝠的绘韦纹样
（《集古十种》所载）

菅田天神社所藏日本国宝小樱黄返威铠的绘韦纹样

严岛神社所藏日本国宝绀丝威铠的绘韦纹样

不动绘韦（镰仓时代末至南北朝时代）

波浪上有龙梵字的绘韦（室町时代末期）

菖蒲韦

树木骑马

花形菖蒲

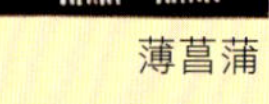
薄菖蒲

杉菖蒲

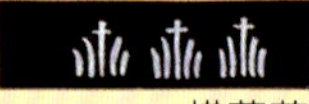
横菖蒲

竖菖蒲

钉菖蒲

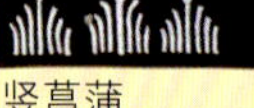
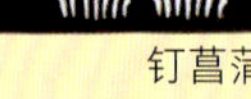

花菖蒲

花菖蒲

方指甲形菖蒲

指甲形菖蒲

春日大社所藏日本国宝赤丝威竹与雀虎金物铠的弦走韦的绘韦纹样

藻狮子的绘韦
（室町时代）

杂文的绘韦
（镰仓时代）

红色小缘韦

红底白点五星韦

引目熏韦

鹌鹑毛色熏韦

参考:《日本军装》

挂甲武装
受钵
伏钵
管金物
眉庇
肩铠
颈铠
挂甲（胴丸式挂甲）
覆臂
剑
刀
膝铠
足缠
鞋
冲角付胄
雉羽饰物
短甲武装
崎玉县旧中条村出土的短甲埴轮
短甲
草摺
短甲
群马县太田市出土的挂甲埴轮
大阪府藤井寺市长持山古坟出土的铁札挂甲
眉庇付兜
裲裆式挂甲（奈良时代）
绵袄甲（奈良时代，据考证其原型为唐代兵俑）

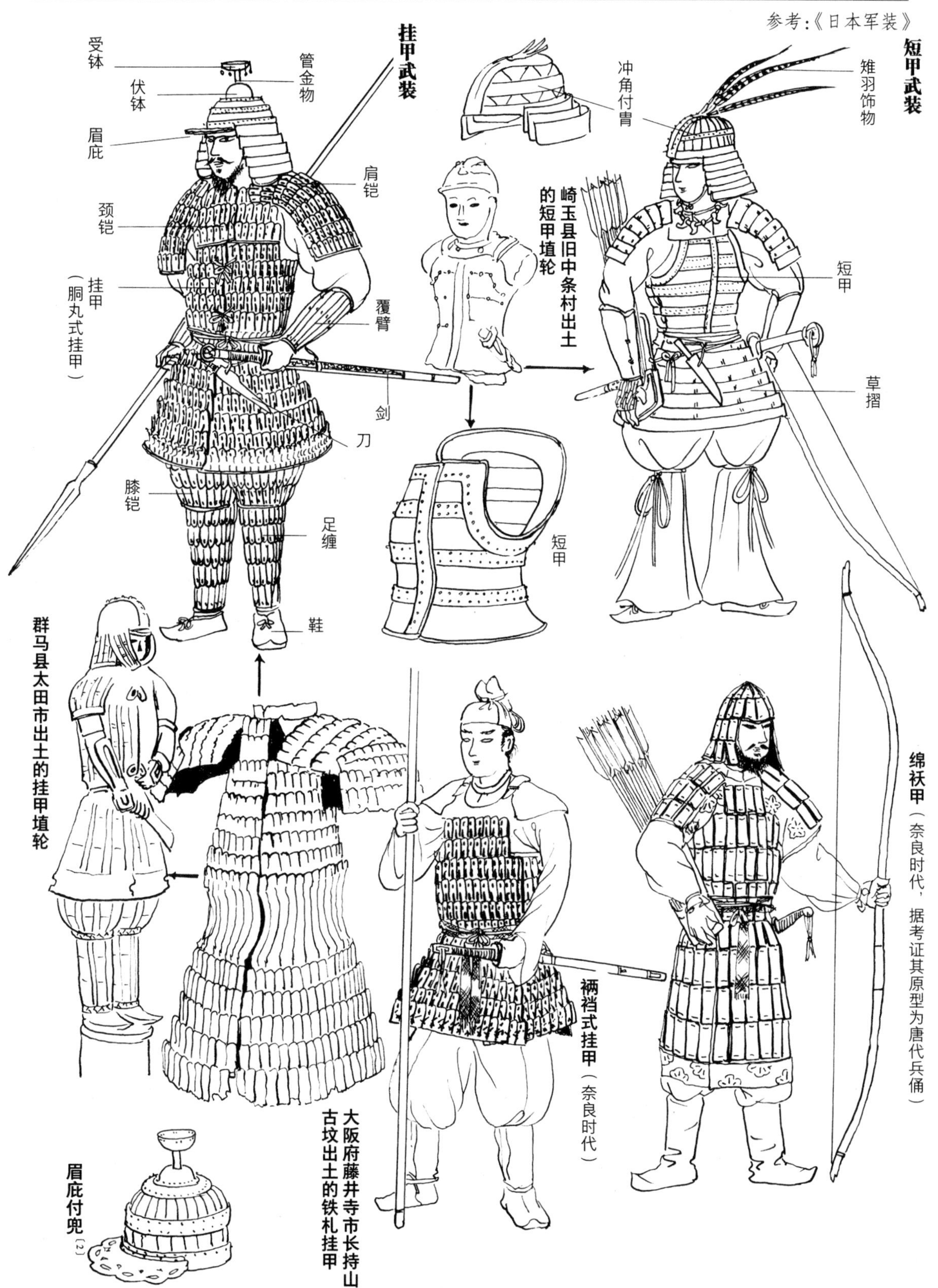

参考:《日本军装》

肩上的高纽
障子板
胴
袖付栴檀
胸部的高纽
胸板
肩上
押付
一文字
逆板
化妆板
引合绪
胁壶
化妆板
水引
总角伏环
总角
弦走韦
引合绪
草摺
(引敷草摺)
裾金物
前面的草摺
射向草摺
胴先绪
蝙蝠付
冠板
执加绪
袖付绪
袖
水吞绳
袖付绪
天边座
锹形
栴檀板
鸠尾板
壶板
覆轮
胁盾
壶绪
头盔
笈垂
吹返
蝙蝠付
护颈
头盔绳
眉庇
马手草摺

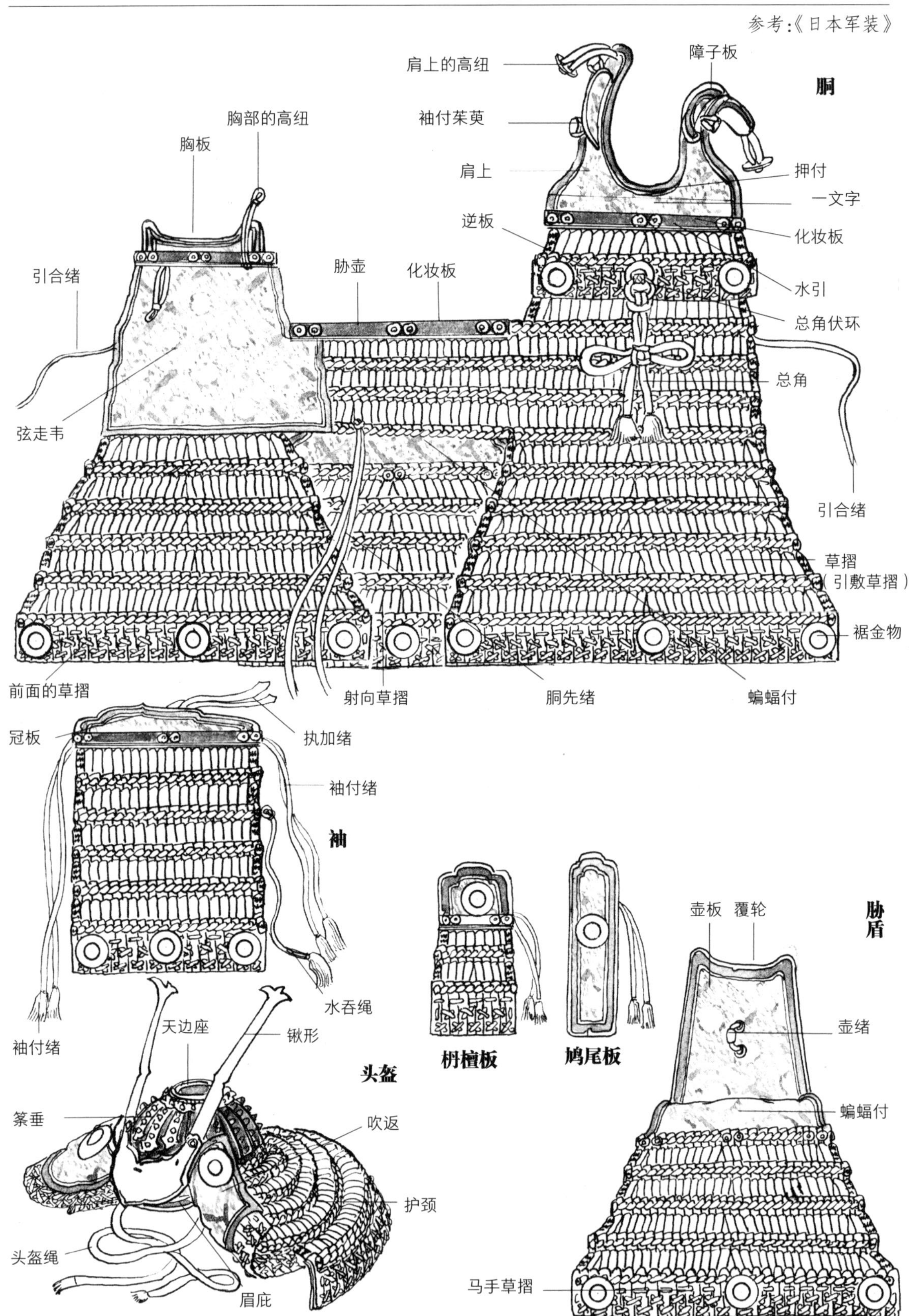

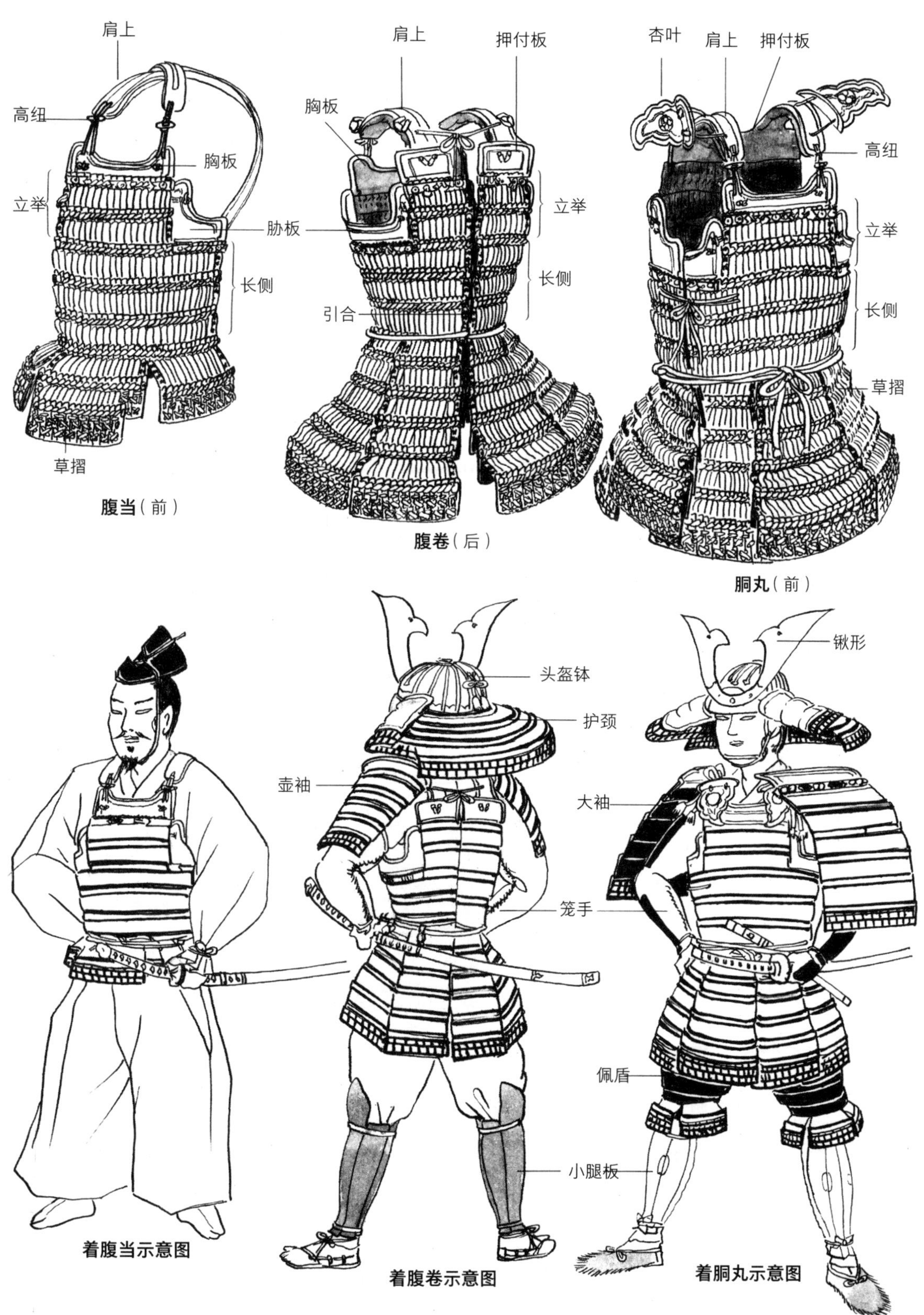

腹当（前）

腹卷（后）

胴丸（前）

着腹当示意图

着腹卷示意图

着胴丸示意图

头盔的种类
唐冠头盔
桃形头盔
置手拭头盔
鲶鱼尾头盔
长乌帽子头盔
一谷头盔
乌帽子头盔
角头巾头盔
胴的种类
鱼鳞札胴
纸牌铁胴
伊予札二枚胴
最上胴
桶侧胴胸取
本小札丸胴
佛五枚胴
佛二枚胴
南蛮胴
当世具足的各部分名称
前立
头形头盔
日根野护颈
小鳍
当世袖
笼手
摇
草摺（下散）
佩盾
小腿板
指示旗
合当理
受筒
待受

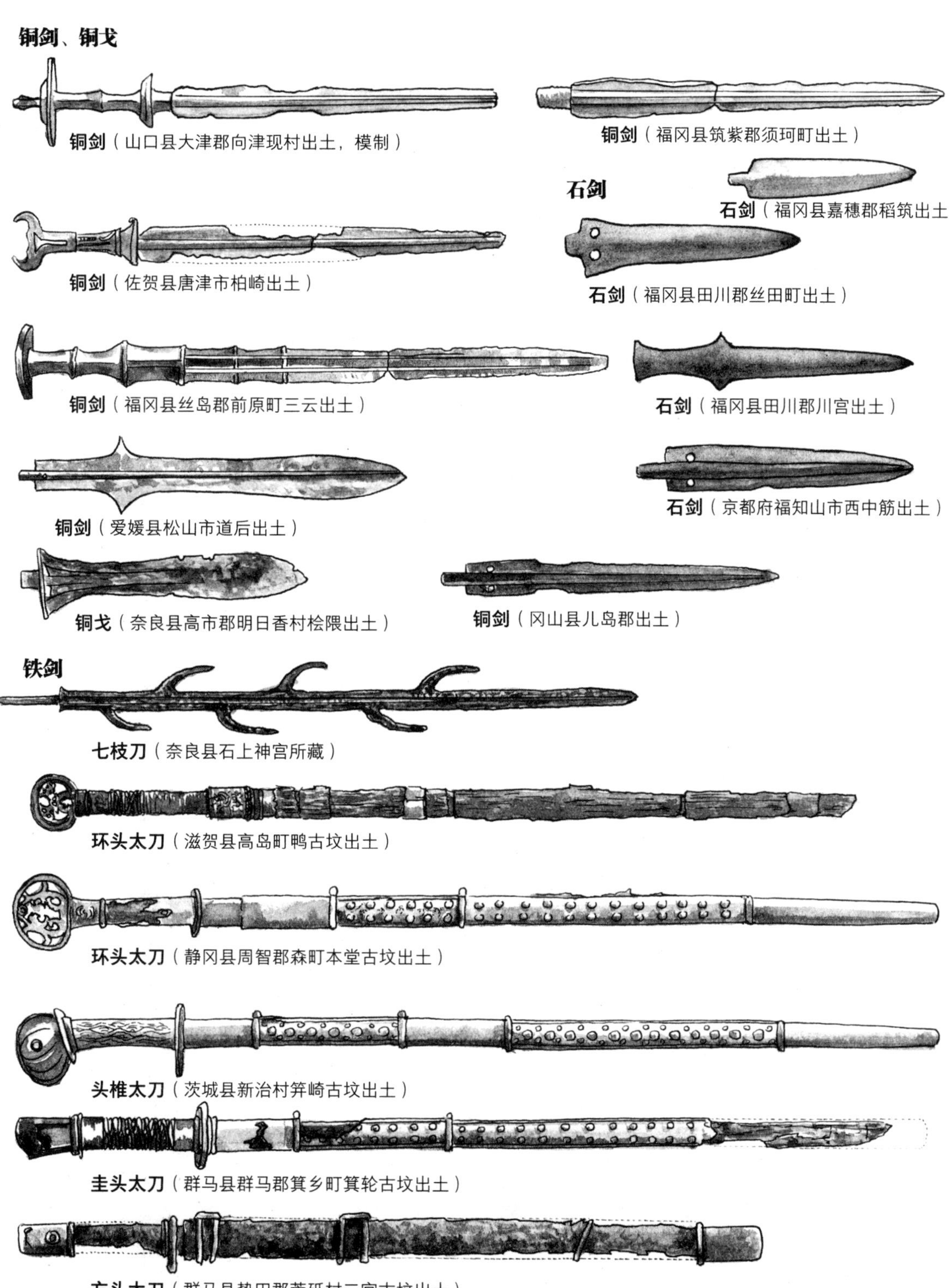
铜剑、铜戈
铜剑（山口县大津郡向津现村出土，模制）
铜剑（福冈县筑紫郡须玽町出土）
石剑
石剑（福冈县嘉穗郡稻筑出土）
铜剑（佐贺县唐津市柏崎出土）
石剑（福冈县田川郡丝田町出土）
铜剑（福冈县丝岛郡前原町三云出土）
石剑（福冈县田川郡川宫出土）
石剑（京都府福知山市西中筋出土）
铜剑（爱媛县松山市道后出土）
铜戈（奈良县高市郡明日香村桧隈出土）
铜剑（冈山县儿岛郡出土）
铁剑
七枝刀（奈良县石上神宫所藏）
环头太刀（滋贺县高岛町鸭古坟出土）
环头太刀（静冈县周智郡森町本堂古坟出土）
头椎太刀（茨城县新治村筓崎古坟出土）
圭头太刀（群马县群马郡箕乡町箕轮古坟出土）
方头太刀（群马县势田郡荒砥村二宫古坟出土）

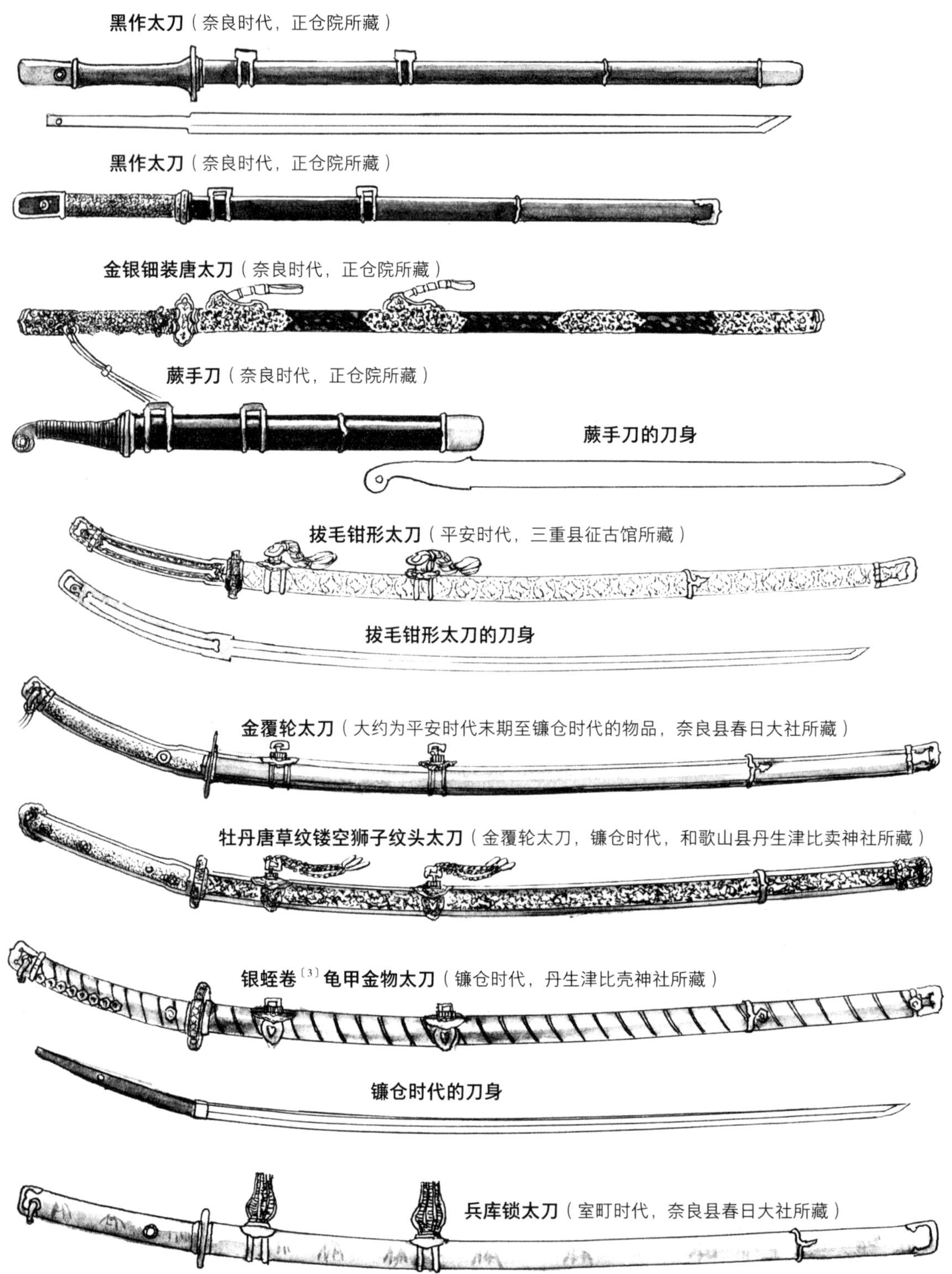
黑作太刀（奈良时代，正仓院所藏）
黑作太刀（奈良时代，正仓院所藏）
金银钿装唐太刀（奈良时代，正仓院所藏）
蕨手刀（奈良时代，正仓院所藏）
蕨手刀的刀身
拔毛钳形太刀（平安时代，三重县征古馆所藏）
拔毛钳形太刀的刀身
金覆轮太刀（大约为平安时代末期至镰仓时代的物品，奈良县春日大社所藏）
牡丹唐草纹镂空狮子纹头太刀（金覆轮太刀，镰仓时代，和歌山县丹生津比卖神社所藏）
银蛭卷[3]龟甲金物太刀（镰仓时代，丹生津比壳神社所藏）
镰仓时代的刀身
兵库锁太刀（室町时代，奈良县春日大社所藏）

黑作太刀（奈良时代，正仓院所藏）

草包太刀（鬼丸拵[4]，南北朝时代）

丝卷太刀（室町时代）

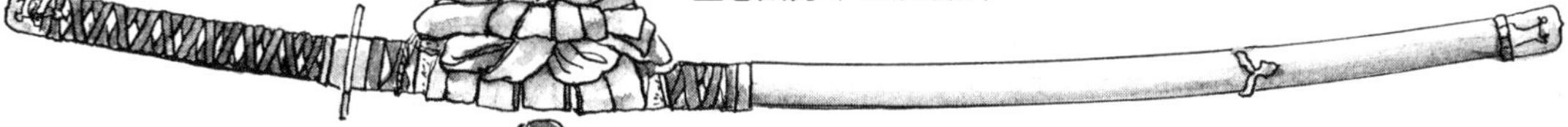

丝卷太刀（卫府太刀，江户时代）

乌颈太刀（江户时代，南部家所藏）

打刀（室町至江户时代）

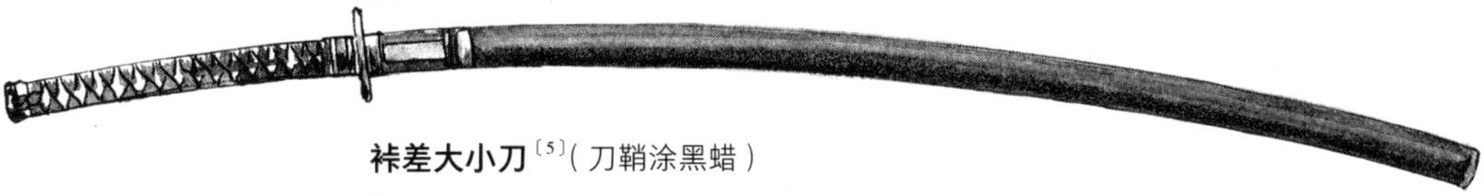

裃差大小刀[5]（刀鞘涂黑蜡）

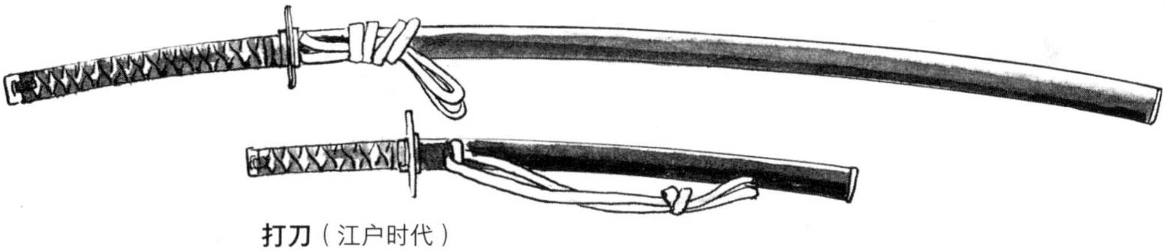

打刀（江户时代）

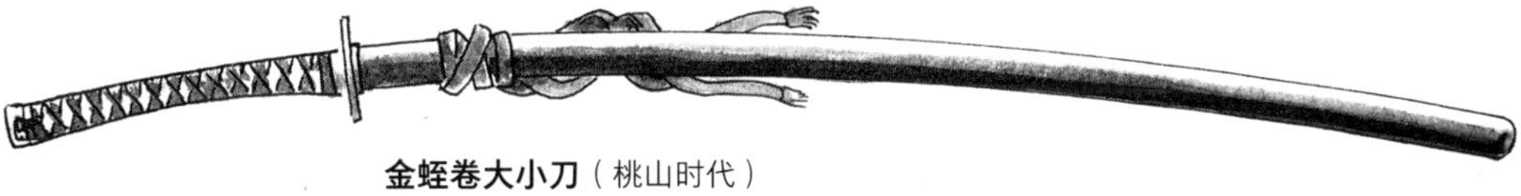

金蛭卷大小刀（桃山时代）

半太刀拵（江户时代末期）

刀剑各部位的名称，腰刀、镡的种类

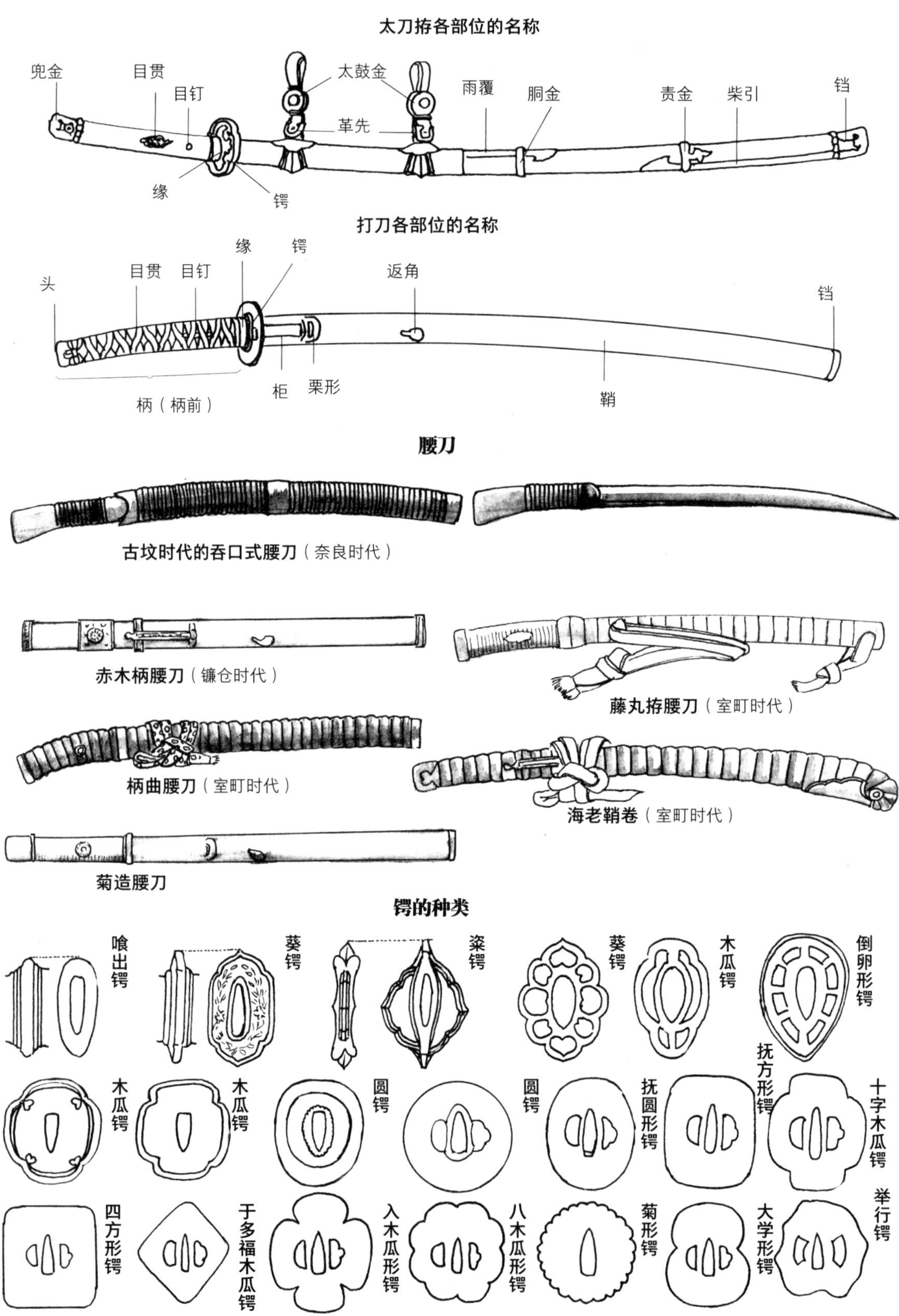

刀剑各部位名称

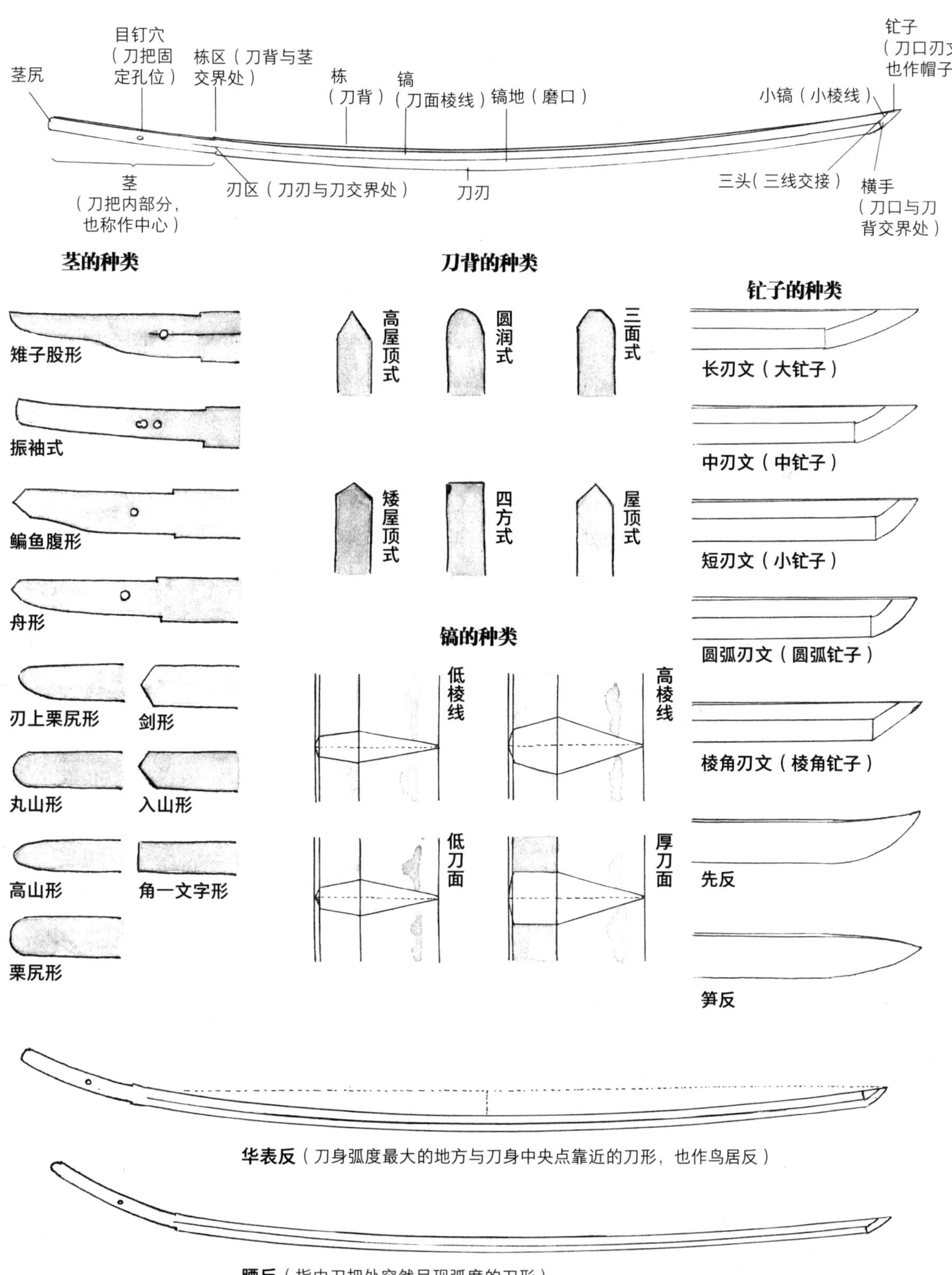

华表反（刀身弧度最大的地方与刀身中央点靠近的刀形，也作鸟居反）

腰反（指由刀把处突然呈现弧度的刀形）

矛、薙刀

水返
石突
矛的各部位名称
锋（穗先）
镐
关（区）
盐首
茎
石突的种类
鹤嘴形
兜巾形
笋形
卵形
圆形
立鼓形
宝珠形
乳头形
长乳头形
立鼓形
锥形
锥栗形
百足形
猪目形
牛角形
蟹夹形
牛角形
猪目形
鸭嘴形
兜巾形
角形
方头形
铆钉形
猪目形
平三角矛身
平三角矛身
菱形矛身
带钩矛身
打柄
袋穗（中空构造）
矛身
手矛（正仓院所藏）
薙刀的种类及其各部位名称
蛭卷
口金
九尺柄薙刀
筑紫薙刀
胴金
逆轮
口金
鎺

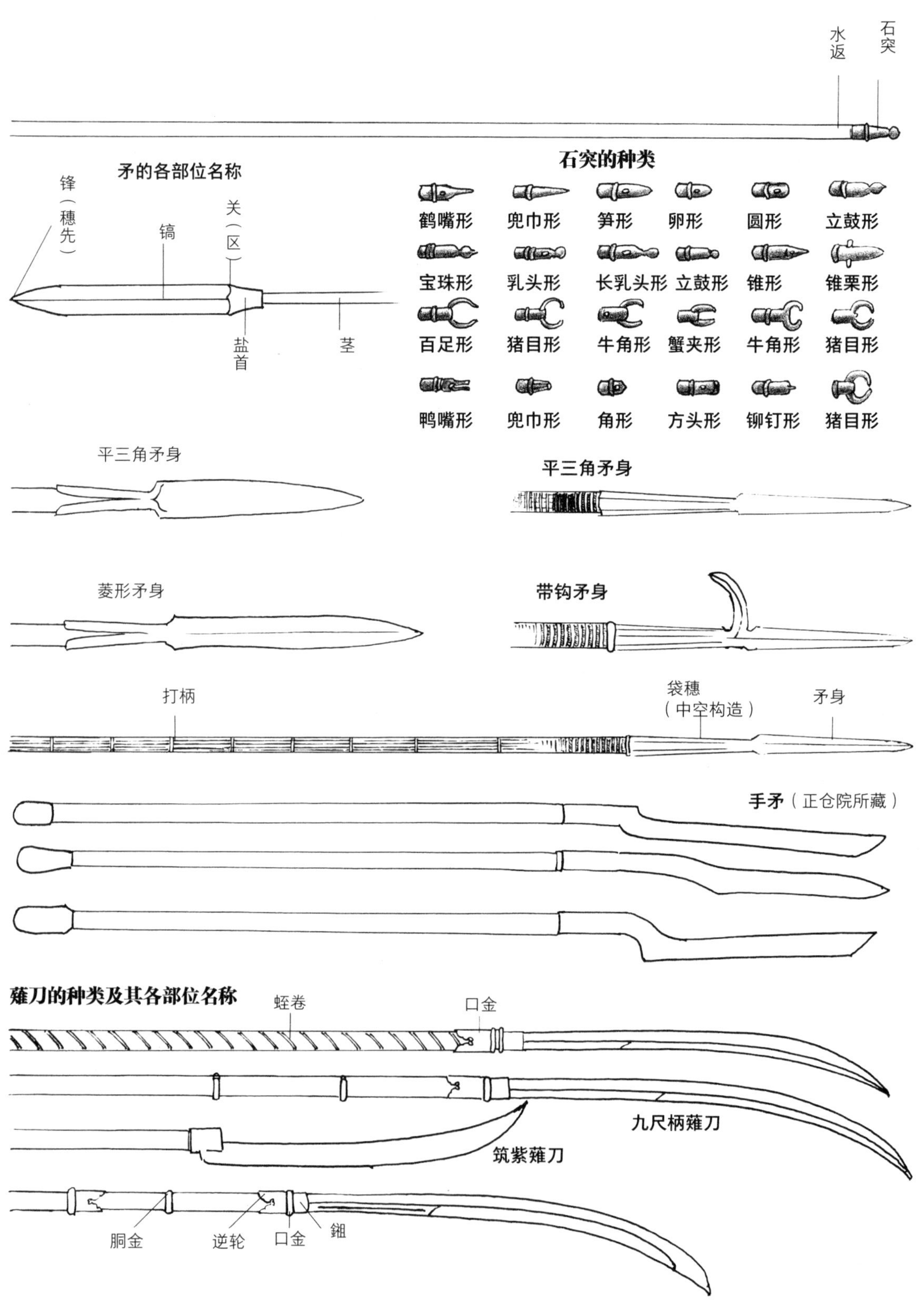

枪、矛、薙刀

枪的各部分名称

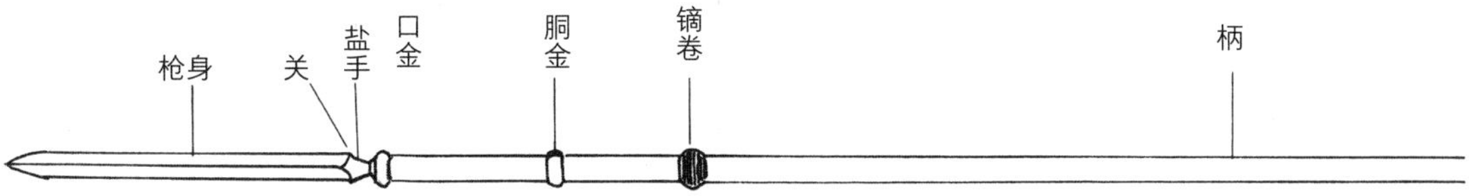

枪身 关 盐手 口金 胴金 镝卷 柄

枪身的种类

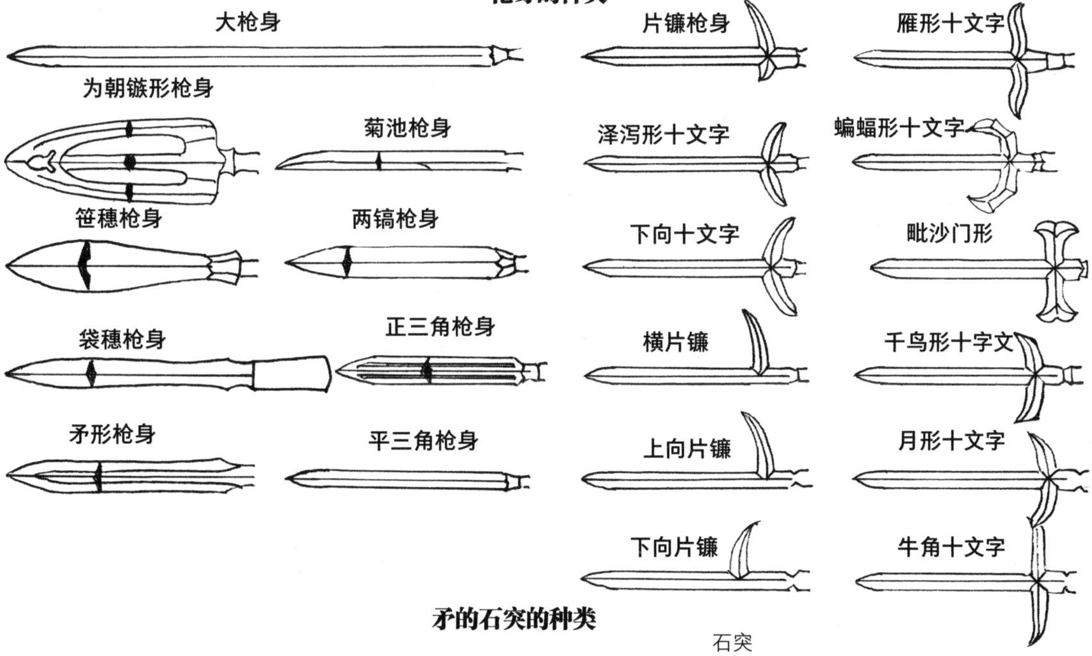

大枪身

片镰枪身

雁形十文字

为朝镞形枪身

菊池枪身

泽泻形十文字

蝙蝠形十文字

笹穗枪身

两镐枪身

下向十文字

毗沙门形

袋穗枪身

正三角枪身

横片镰

千鸟形十字文

矛形枪身

平三角枪身

上向片镰

月形十文字

下向片镰

牛角十文字

矛的石突的种类

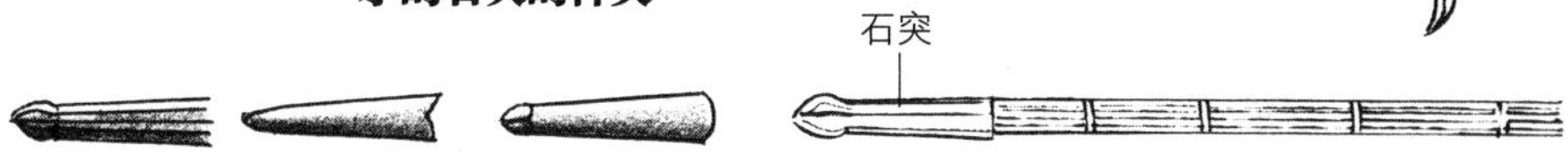

石突

管枪的管金物（把手处）

薙刀石突的种类

石突

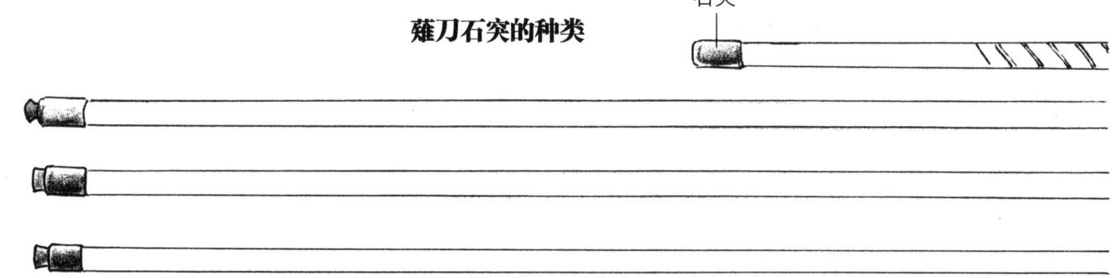

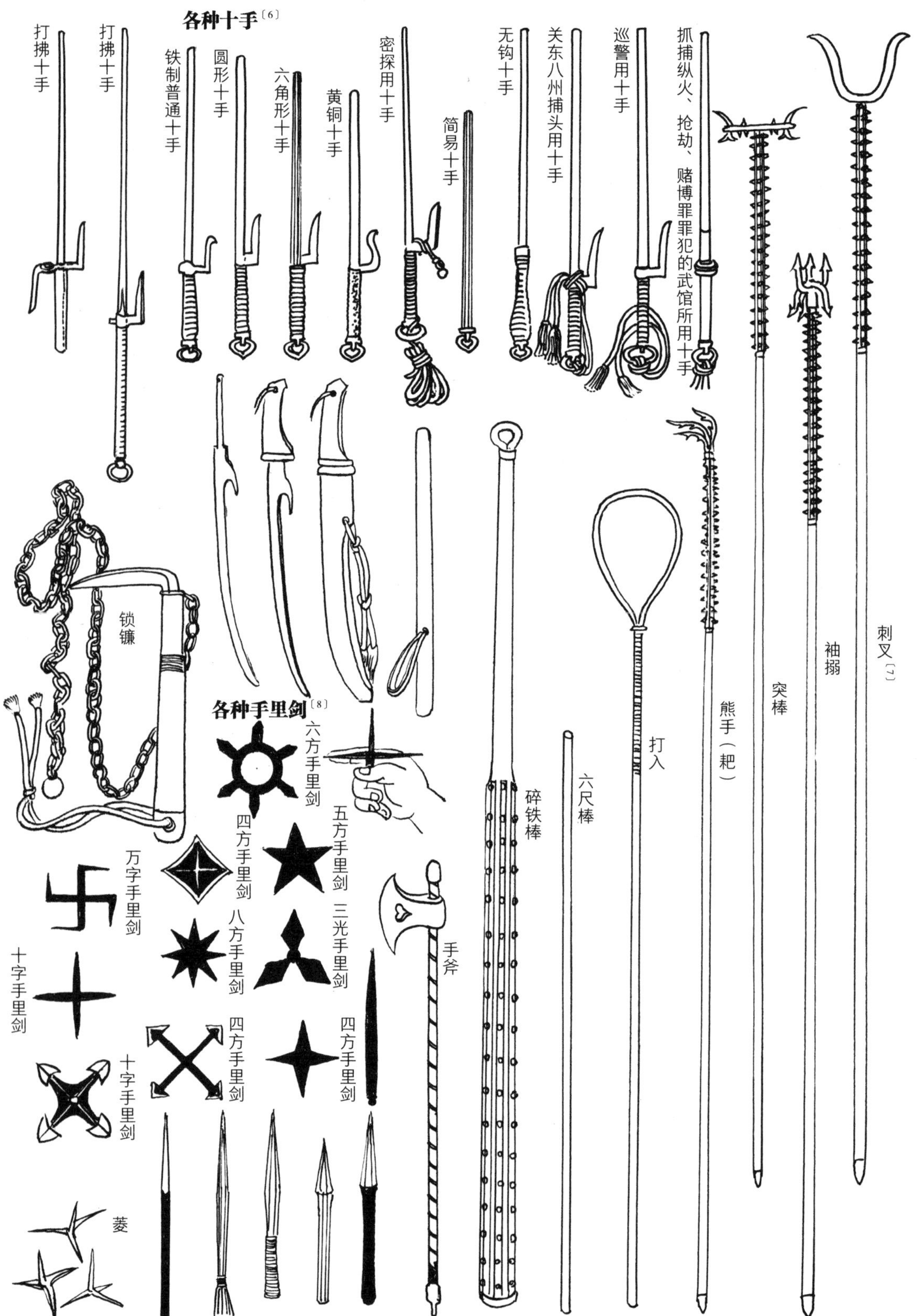
各种十手[6]
打拂十手
打拂十手
铁制普通十手
圆形十手
六角形十手
黄铜十手
密探用十手
简易十手
无钩十手
关东八州捕头用十手
巡警用十手
抓捕纵火、抢劫、赌博罪罪犯的武馆所用十手
锁镰
各种手里剑[8]
六方手里剑
五方手里剑
四方手里剑
万字手里剑
八方手里剑
三光手里剑
十字手里剑
四方手里剑
四方手里剑
十字手里剑
菱
手斧
碎铁棒
六尺棒
打入
熊手（耙）
突棒
袖搦
刺叉[7]

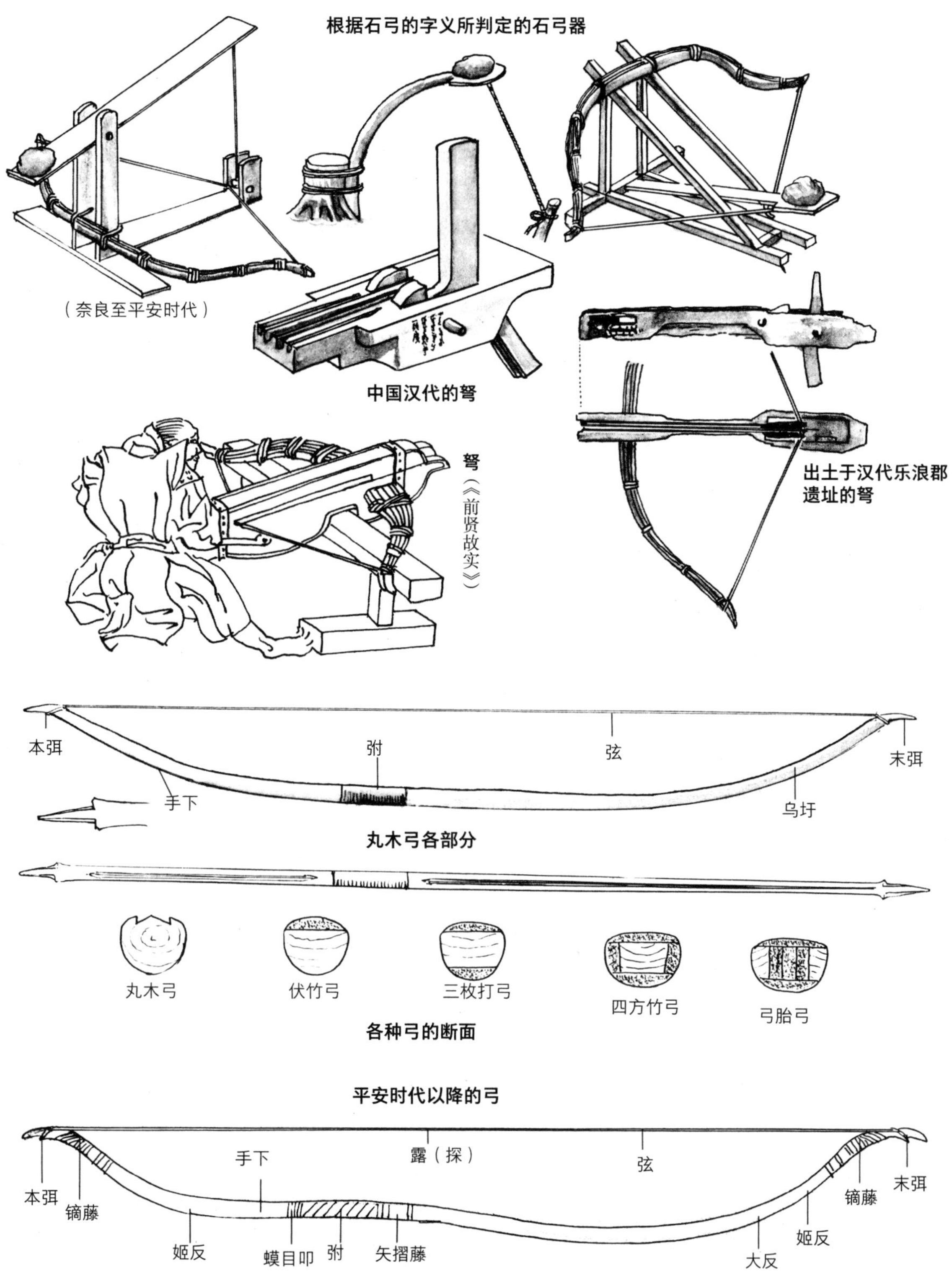
根据石弓的字义所判定的石弓器
（奈良至平安时代）
中国汉代的弩
弩
《前贤故实》
出土于汉代乐浪郡
遗址的弩
本弭
弭
弦
末弭
手下
乌圩
丸木弓各部分
丸木弓
伏竹弓
三枚打弓
四方竹弓
弓胎弓
各种弓的断面
平安时代以降的弓
手下
露（探）
弦
本弭
镝藤
末弭
镝藤
姬反
蟆目叩
弭
矢摺藤
姬反
大反

藤卷弓的种类

重藤弓（握手处以上缠绕二十八圈，以下缠绕三十六圈）
相位弓
重藤弓（将藤条间隔一段距离绕卷的藤卷弓都称作重藤弓）
村重藤弓
本重藤弓
镝藤弓
末重藤弓
吹寄藤弓
剑摺藤弓
负重藤弓
段藤弓
勾重藤弓
中重藤弓
干段重藤弓
引两重藤弓
鵺重藤弓
白重藤弓

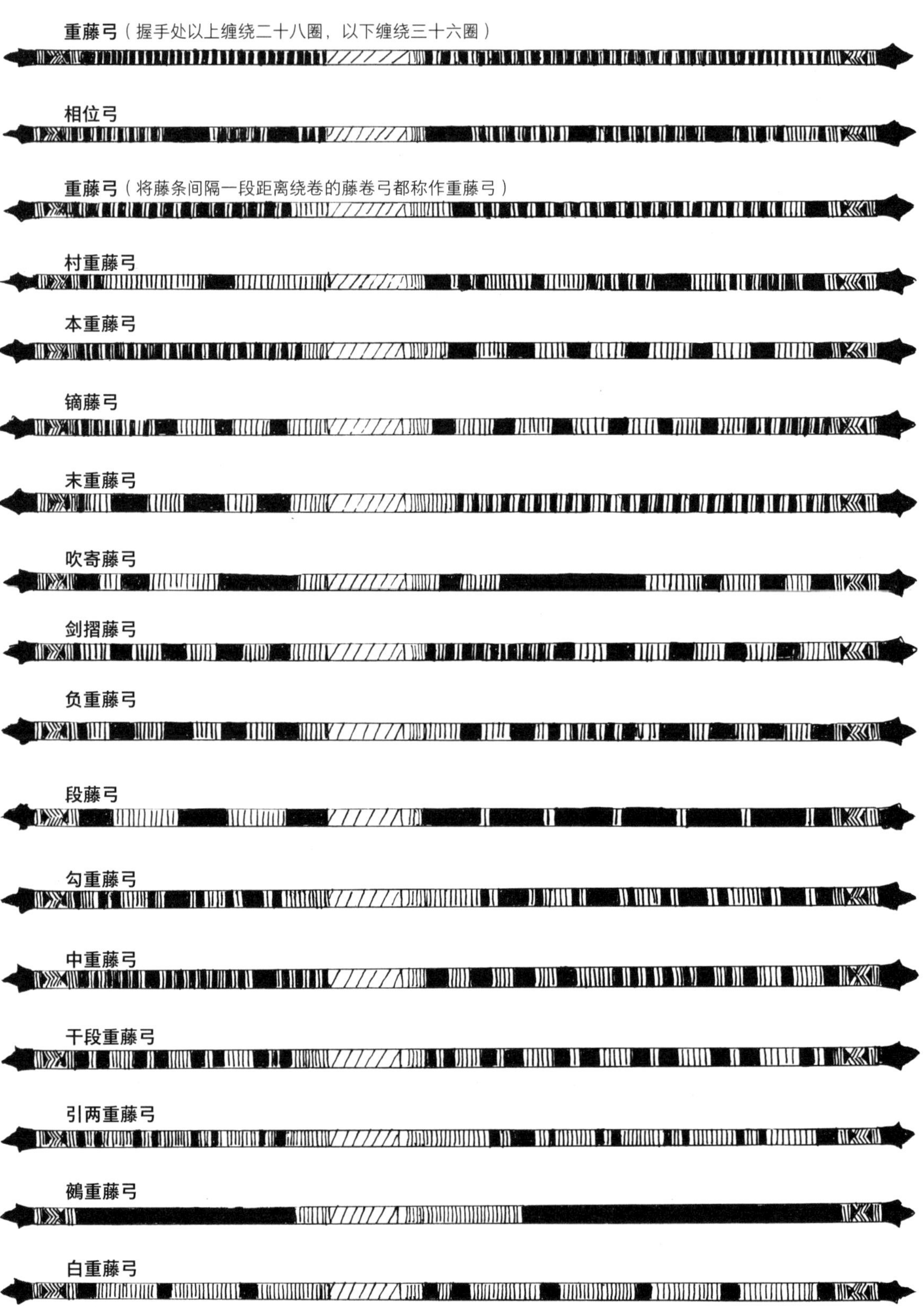

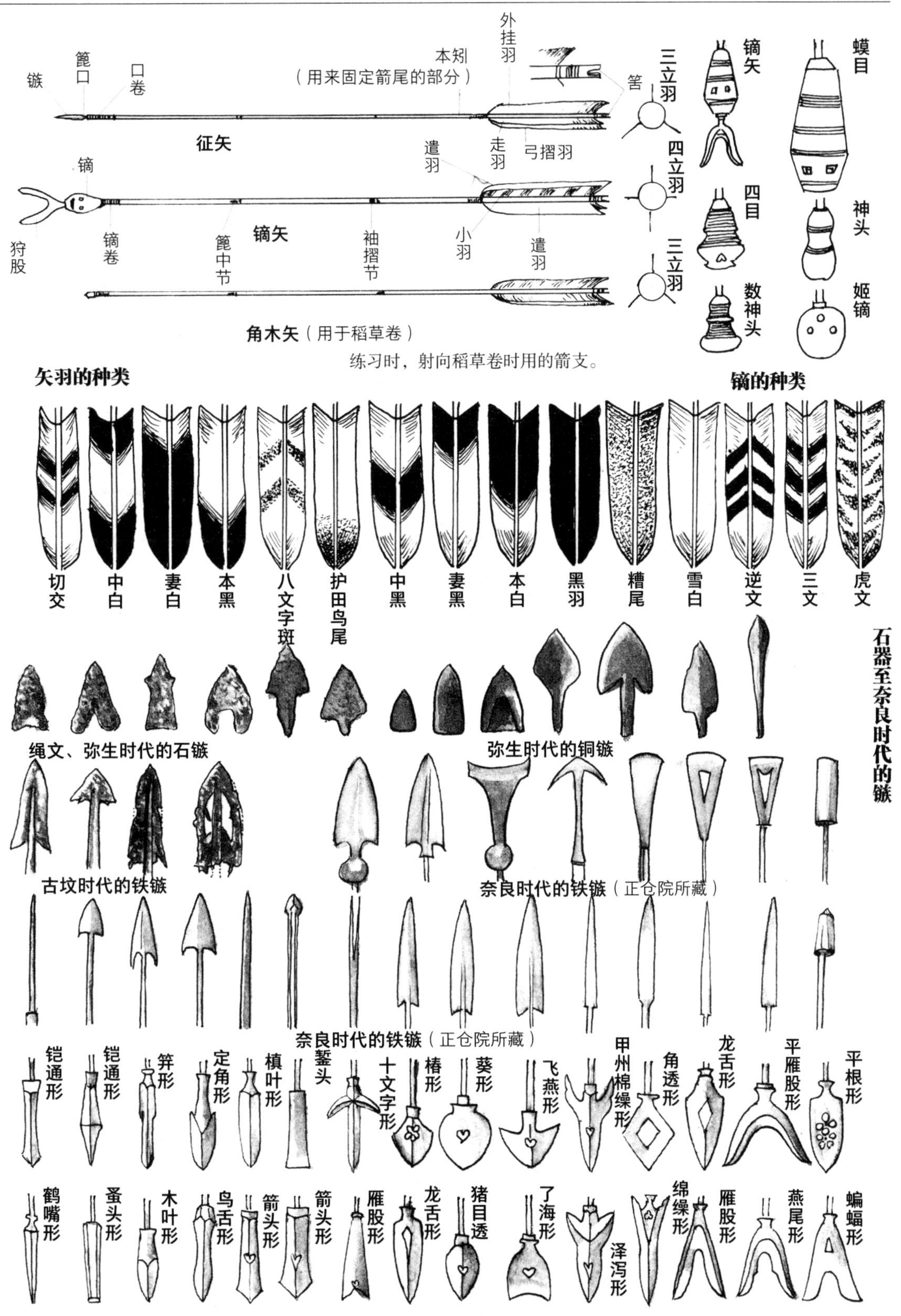

平安时代以后的镞的种类

其他的弓箭、靶、骑射

笼半弓（李满弓）
长一米左右的弓、长六十厘米的箭
内矢
内矢有两种投掷方式：回转法和直投法
手突矢
打根
鞘
各种靶
十一月 雪靶
九月 菊靶
七月 荷叶靶
五月 早苗靶
三月 花靶
正月 霞靶
阳靶
十二月 冰靶
十月 时雨靶
八月 红叶靶
六月 禊靶
四月 青叶靶
二月 雁金靶
阴靶
草鹿靶
流镝马[9]
在约十二米的距离上放三个靶。
犬追物
54.5厘米
夹物靶（用于流镝马）
106厘米
笠悬
矢取
笠
矢取
垛
栅栏
笠悬里有远笠悬和小笠悬两种。

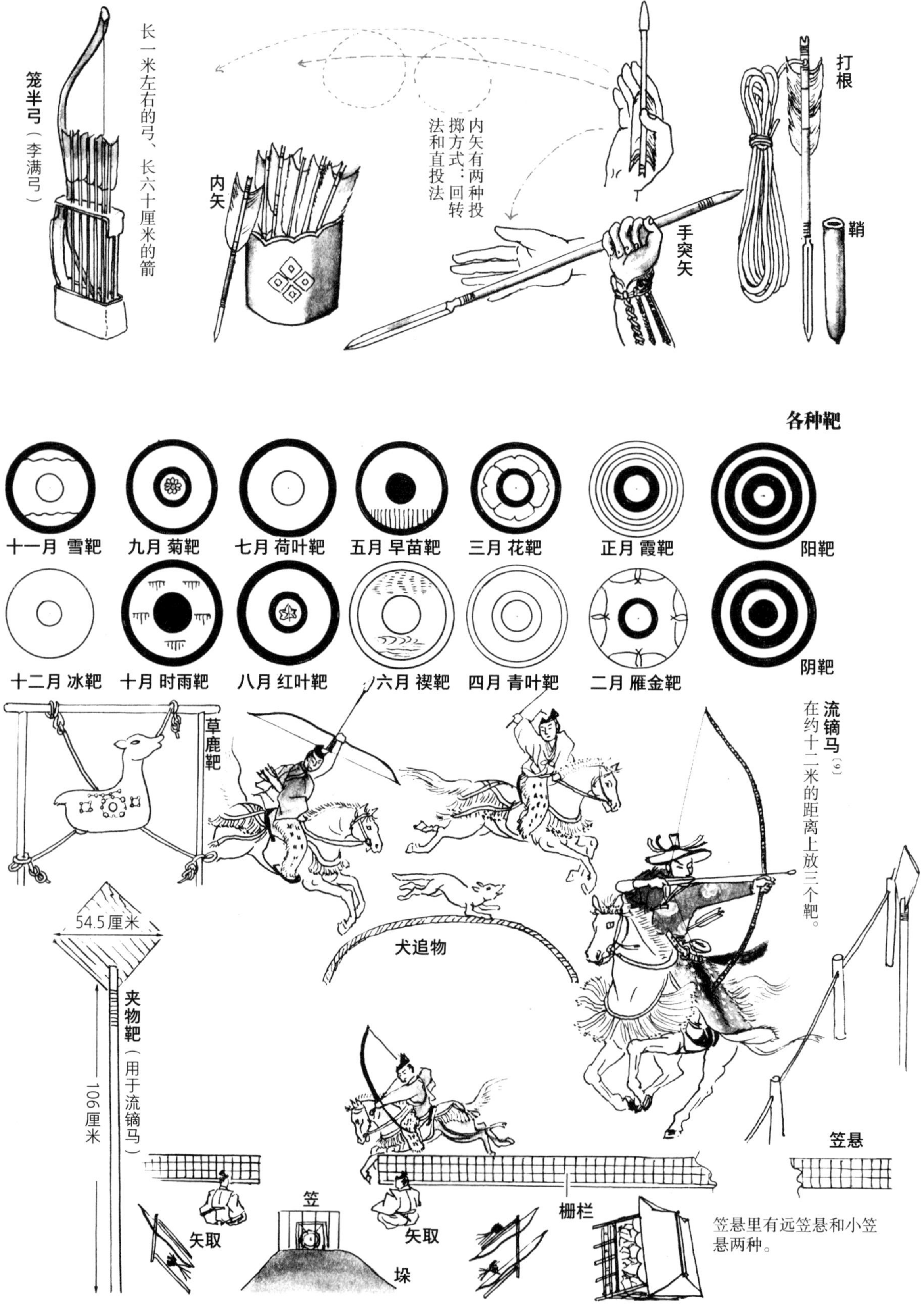

放箭的器具

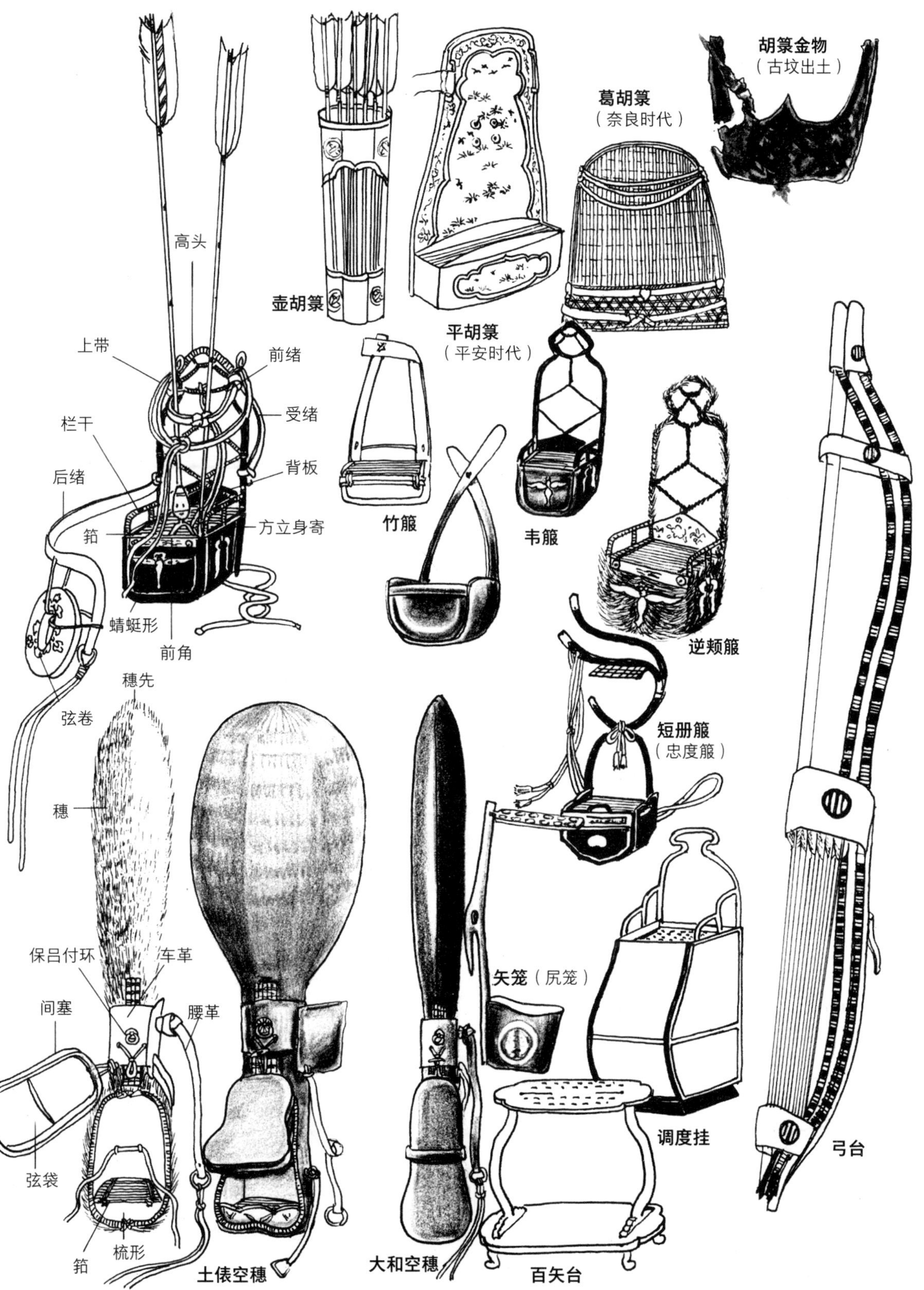

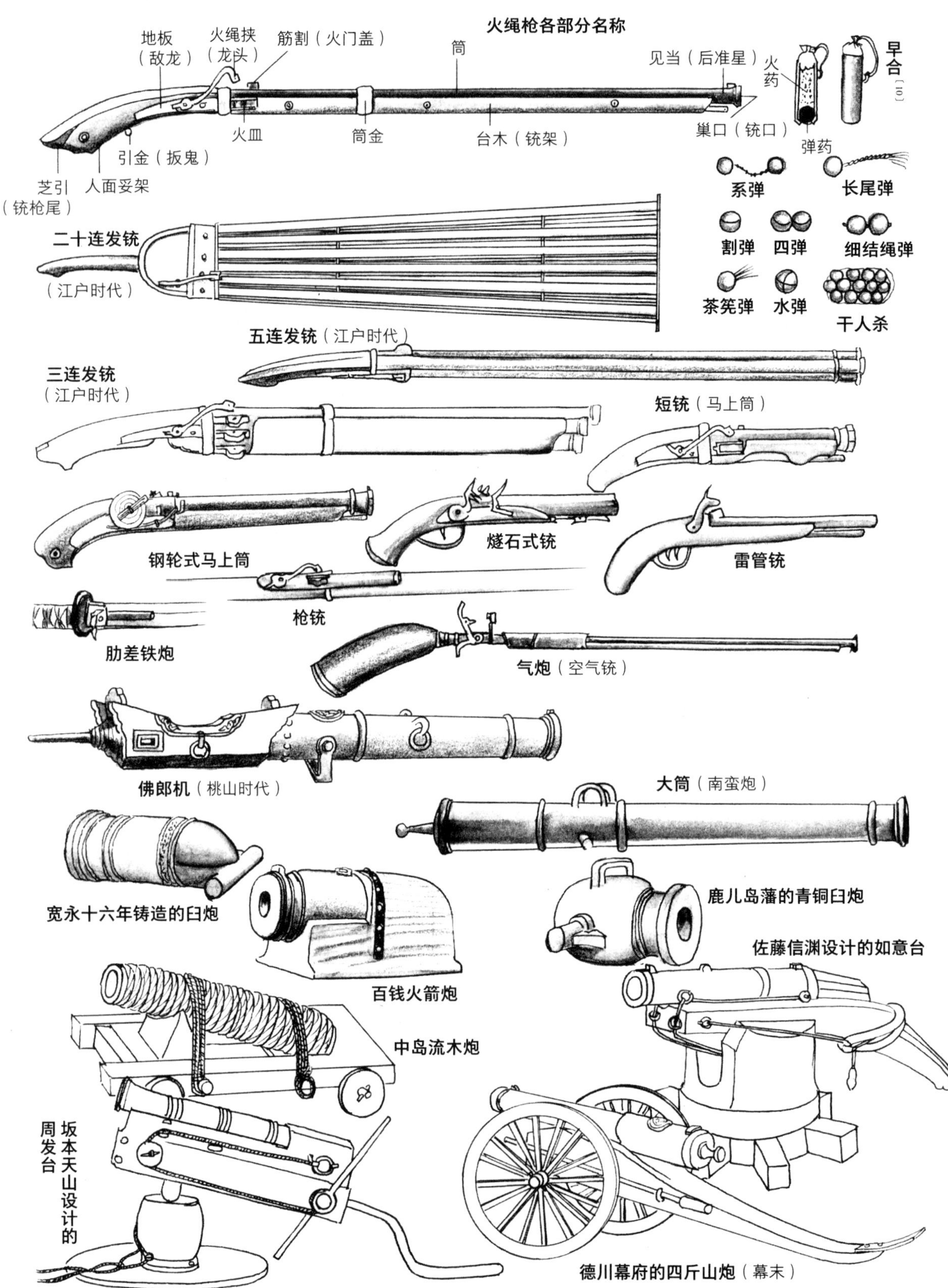

火绳枪各部分名称
地板（敌龙）
火绳挟（龙头）
筋割（火门盖）
筒
见当（后准星）
火药
早合[10]
火皿
筒金
台木（铳架）
巢口（铳口）
弹药
引金（扳鬼）
芝引（铳枪尾）
人面妥架
系弹
长尾弹
二十连发铳（江户时代）
割弹
四弹
细结绳弹
茶筅弹
水弹
千人杀
五连发铳（江户时代）
三连发铳（江户时代）
短铳（马上筒）
钢轮式马上筒
燧石式铳
雷管铳
枪铳
肋差铁炮
气炮（空气铳）
佛郎机（桃山时代）
大筒（南蛮炮）
宽永十六年铸造的臼炮
百钱火箭炮
鹿儿岛藩的青铜臼炮
佐藤信渊设计的如意台
中岛流木炮
坂本天山设计的周发台
德川幕府的四斤山炮（幕末）

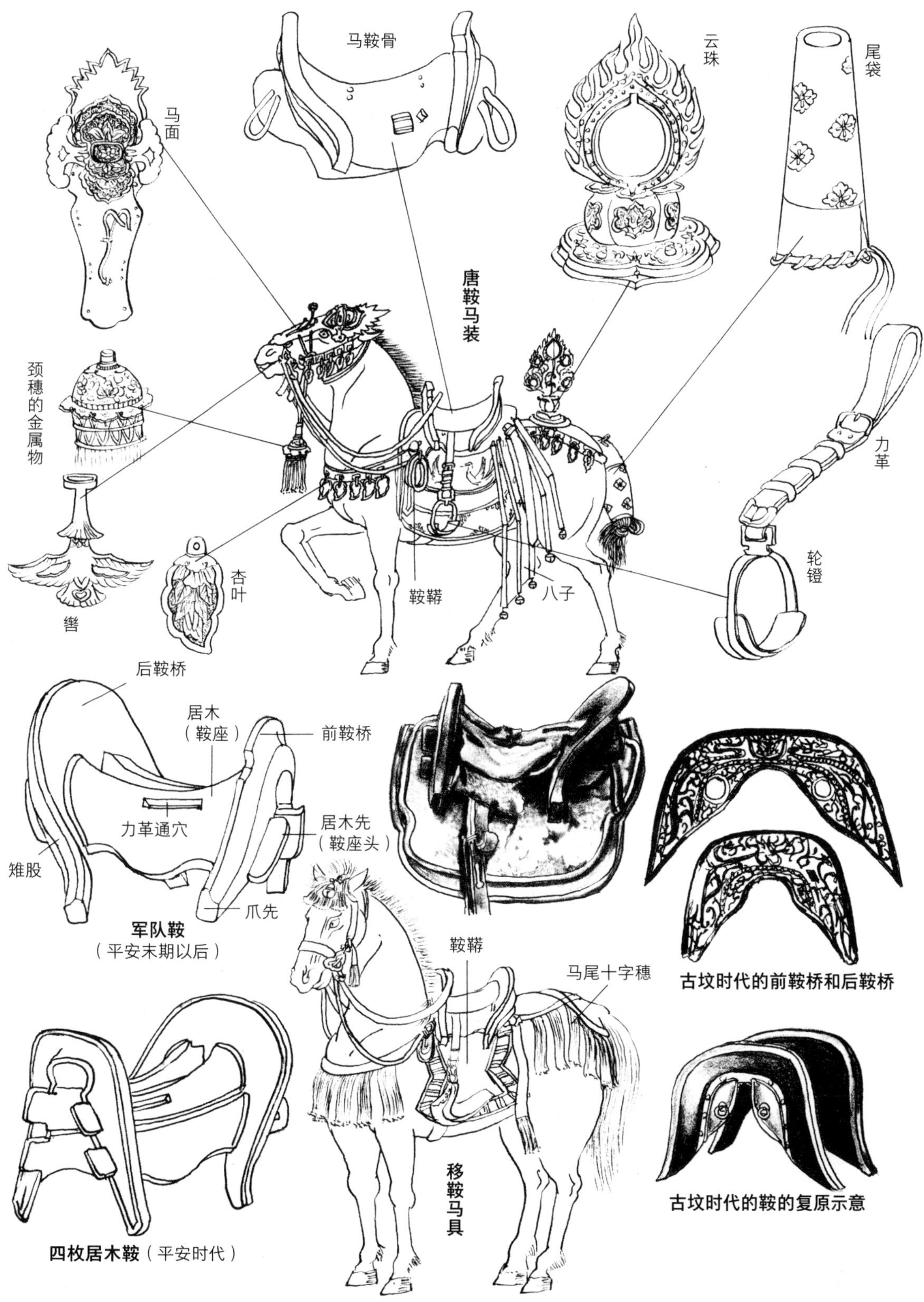

军队鞍（平安末期以后）

古坟时代的前鞍桥和后鞍桥

古坟时代的鞍的复原示意

四枚居木鞍（平安时代）

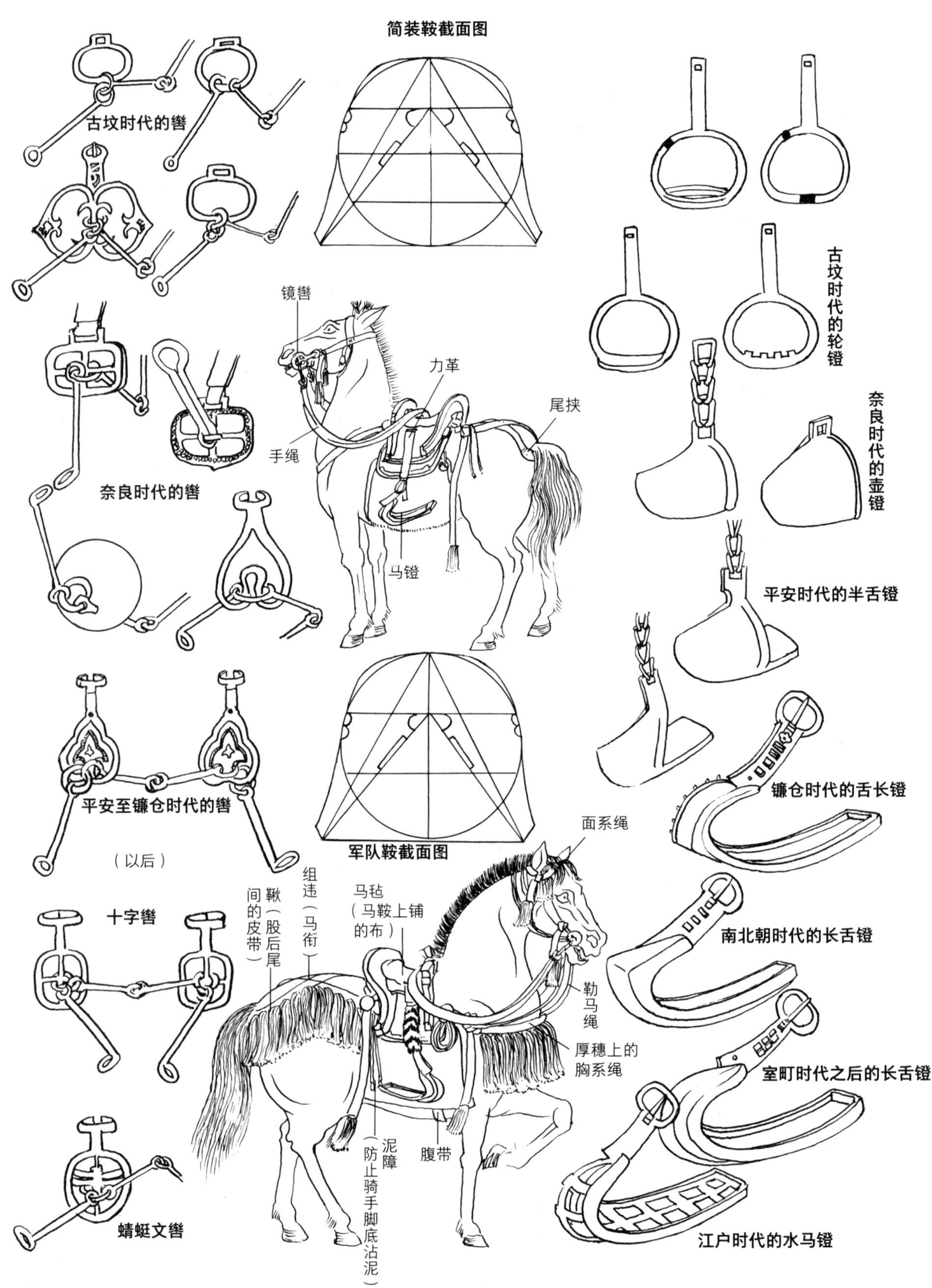
简装鞍截面图
古坟时代的辔
镜辔
力革
尾挟
手绳
马镫
古坟时代的轮镫
奈良时代的壶镫
奈良时代的辔
平安时代的半舌镫
军队鞍截面图
镰仓时代的舌长镫
平安至镰仓时代的辔
（以后）
面系绳
南北朝时代的长舌镫
组违（马衔）
鞦（股后尾间的皮带）
马毡（马鞍上铺的布）
十字辔
勒马绳
厚穗上的胸系绳
室町时代之后的长舌镫
泥障（防止骑手脚底沾泥）
腹带
蜻蜓文辔
江户时代的水马镫

幕、幔、帟

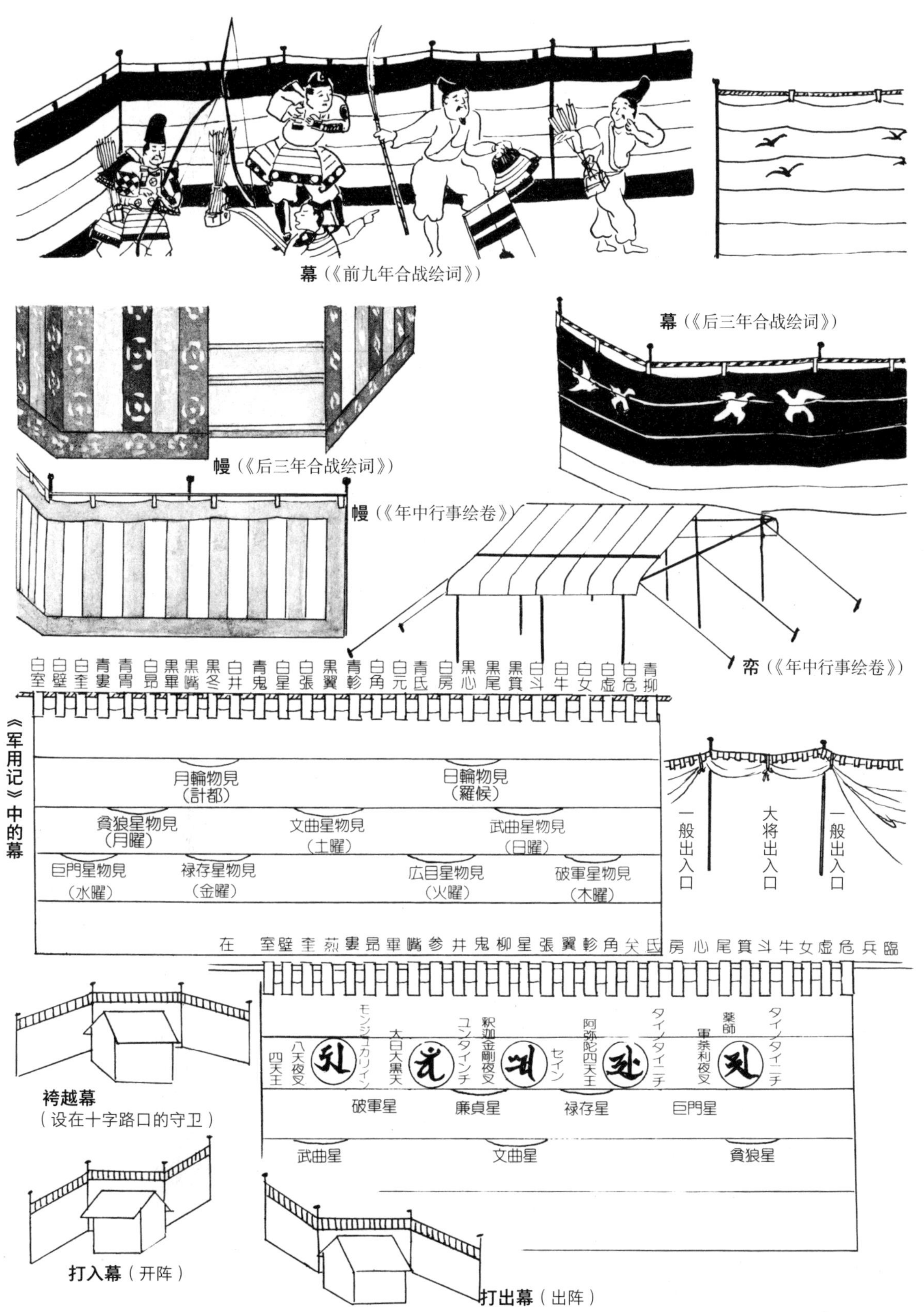

幕（《前九年合战绘词》）

幕（《后三年合战绘词》）

幔（《后三年合战绘词》）

幔（《年中行事绘卷》）

帟（《年中行事绘卷》）

《军用记》中的幕

袴越幕（设在十字路口的守卫）

打入幕（开阵）

打出幕（出阵）

盾

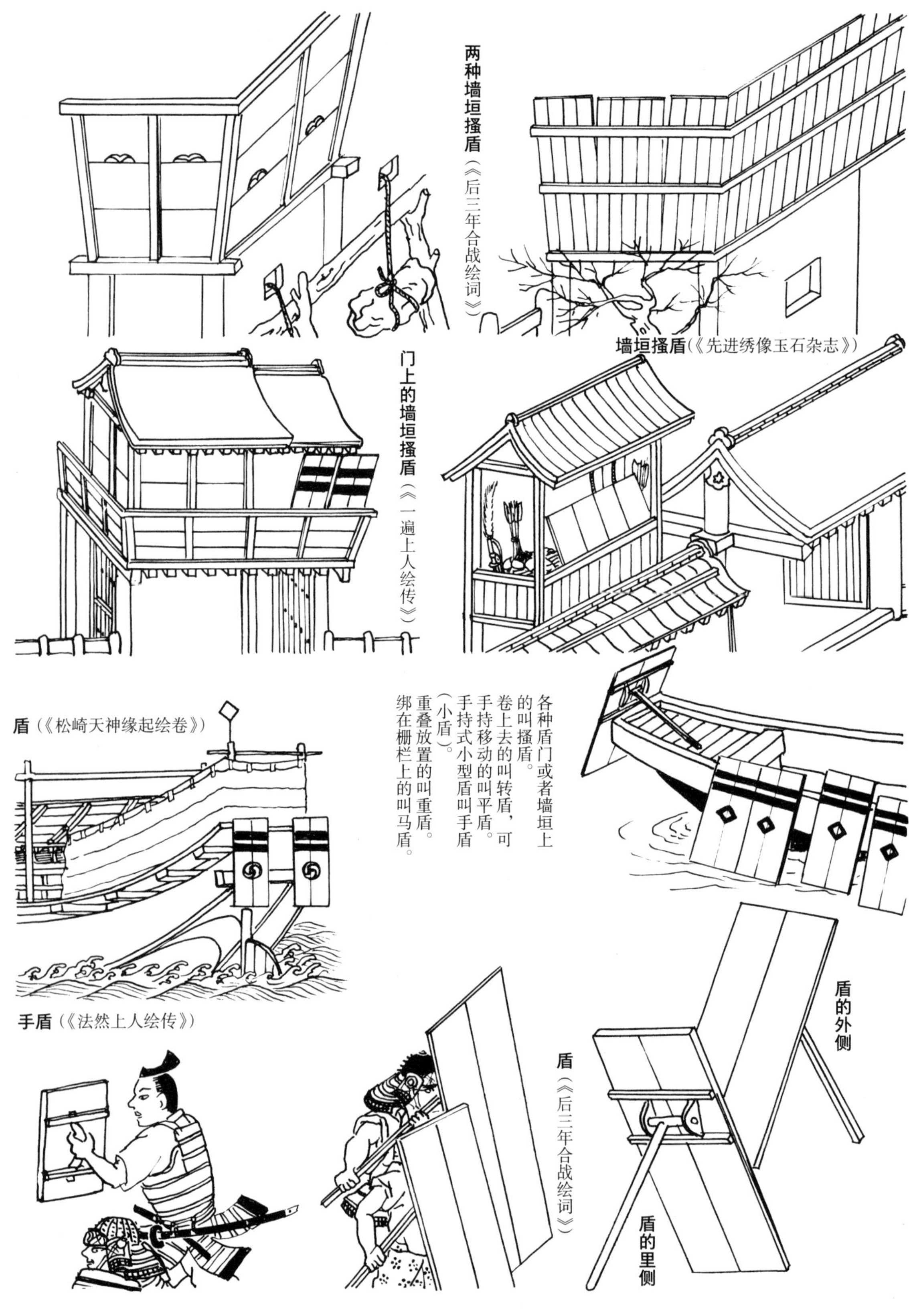

两种墙垣搔盾（《后三年合战绘词》）

墙垣搔盾（《先进绣像玉石杂志》）

门上的墙垣搔盾（《一遍上人绘传》）

盾（《松崎天神缘起绘卷》）

各种盾门或者墙垣上的叫搔盾。卷上去的叫转盾，可手持移动的叫平盾。手持式小型盾叫手盾（小盾）。重叠放置的叫重盾。绑在栅栏上的叫马盾。

手盾（《法然上人绘传》）

盾（《后三年合战绘词》）

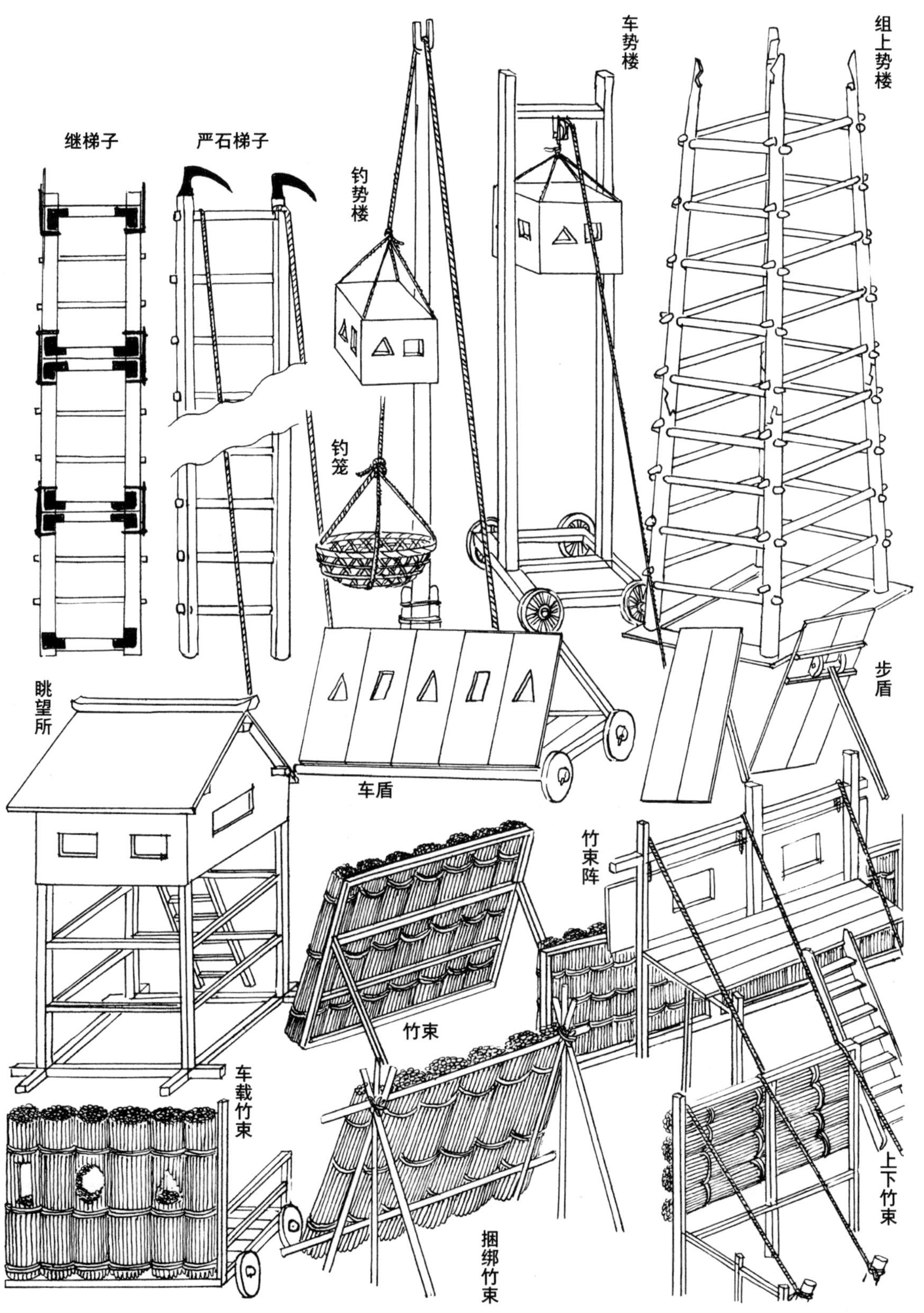

继梯子
严石梯子
钓势楼
车势楼
组上势楼
钓笼
眺望所
车盾
步盾
竹束阵
竹束
车载竹束
捆绑竹束
上下竹束

旗差物[11]、马验[12]

蛇笼
三阶笠
唐伞
三团子
天盖
位牌
天冲
钓钟
塔婆
帜旗（室町时代以后）
流旗（平安至室町末期）
酒林
四手桶
薄
鹿角
捻芭蕉
母衣
三日月
团扇
羽团扇
制札
捻马蔺
柄弦
角取纸
帛轮
打出
竖伞
驹
旗卷起时
旗升起时
蝶羽
四手车
四手轮
御币
四半
五轮
切裂
吹贯
蛇袋
吹流

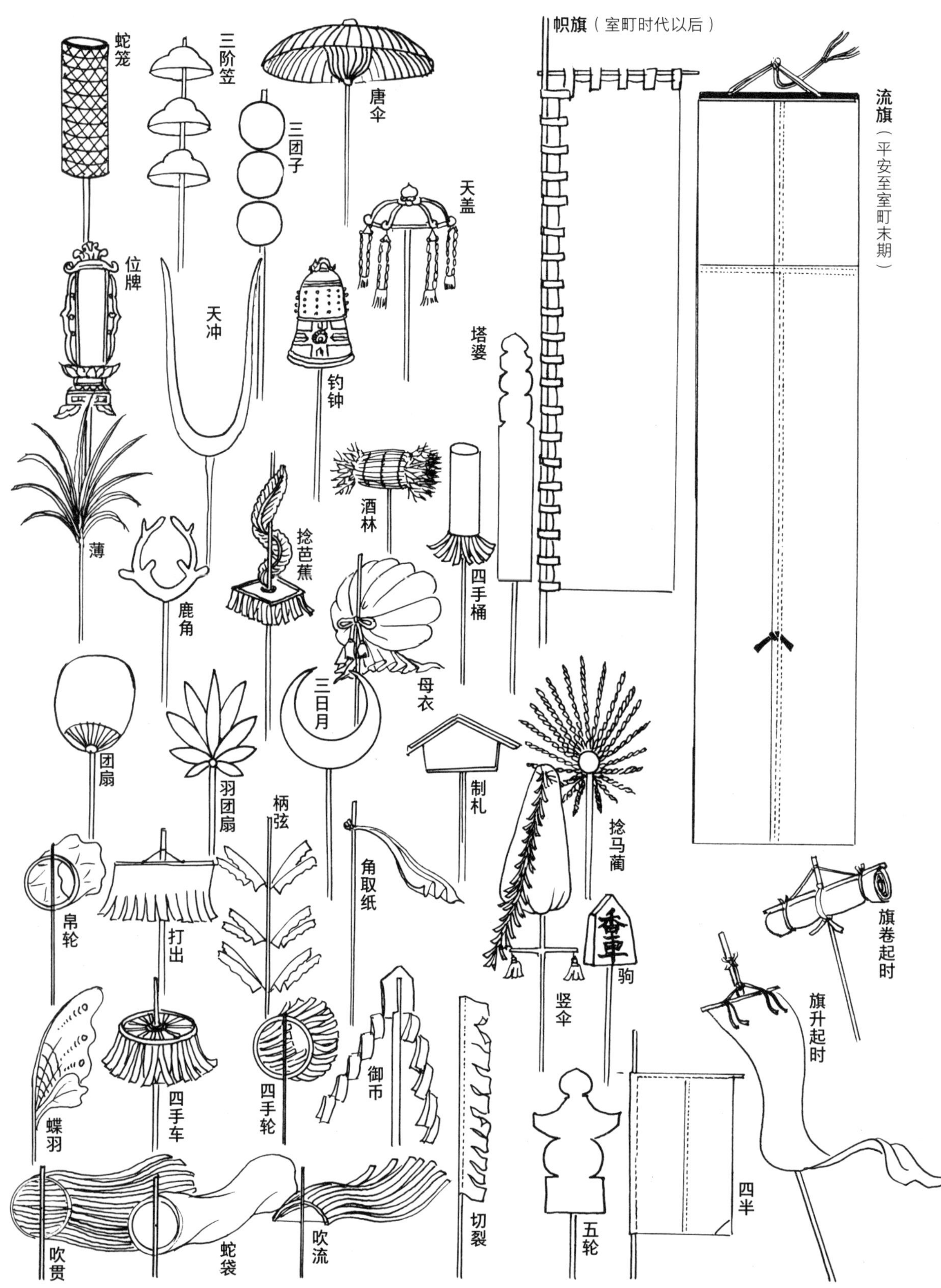

注释

1. 绘韦，耳朵两侧盔甲片的纹样。
2. 眉庇付兜，带遮眉盔甲片的头盔。
3. 蛭卷，为了增强刀柄及刀鞘的强度，且具有一定装饰效果而做出的螺旋状纹路。
4. 拵，日本刀刀装配件组合。由于“天下五剑”之一的鬼丸刀所配刀装为革包太刀之刀装，于是以“鬼丸拵”代替“革包太刀拵”，指此类刀之刀装。
5. 袮差，也作袮指、殿中指、番指，特指江户时代的武士在正式场合佩带的大小刀组合。大小刀指武士全副武装时所佩的一大一小两把刀。
6. 十手，外形为带钩短棒的常用武器，以“十手术”闻名的武术流派亦有不少。
7. 突棒、袖搦、刺叉合称三大捕具，是抓捕罪犯时常用工具。
8. 手里剑，或称飞镖，主要是日本忍者所使用的投射武器。
9. 流镝马，日本的一种骑射艺术，射手策马奔驰在约 218 米的直道上，同时持弓连续向左边的标靶射击。日本将流镝马、笠悬、犬追物合称“骑射三物”。
10. 早合，用于封装火绳枪一次射击所需的弹丸和火药的竹筒或纸包。
11. 旗差物，铠甲背后筒囊中的小旗。
12. 马验，日本古代战场上立于大将马旁的标记，亦作马印、马标。

第五辑

生产与其他产业

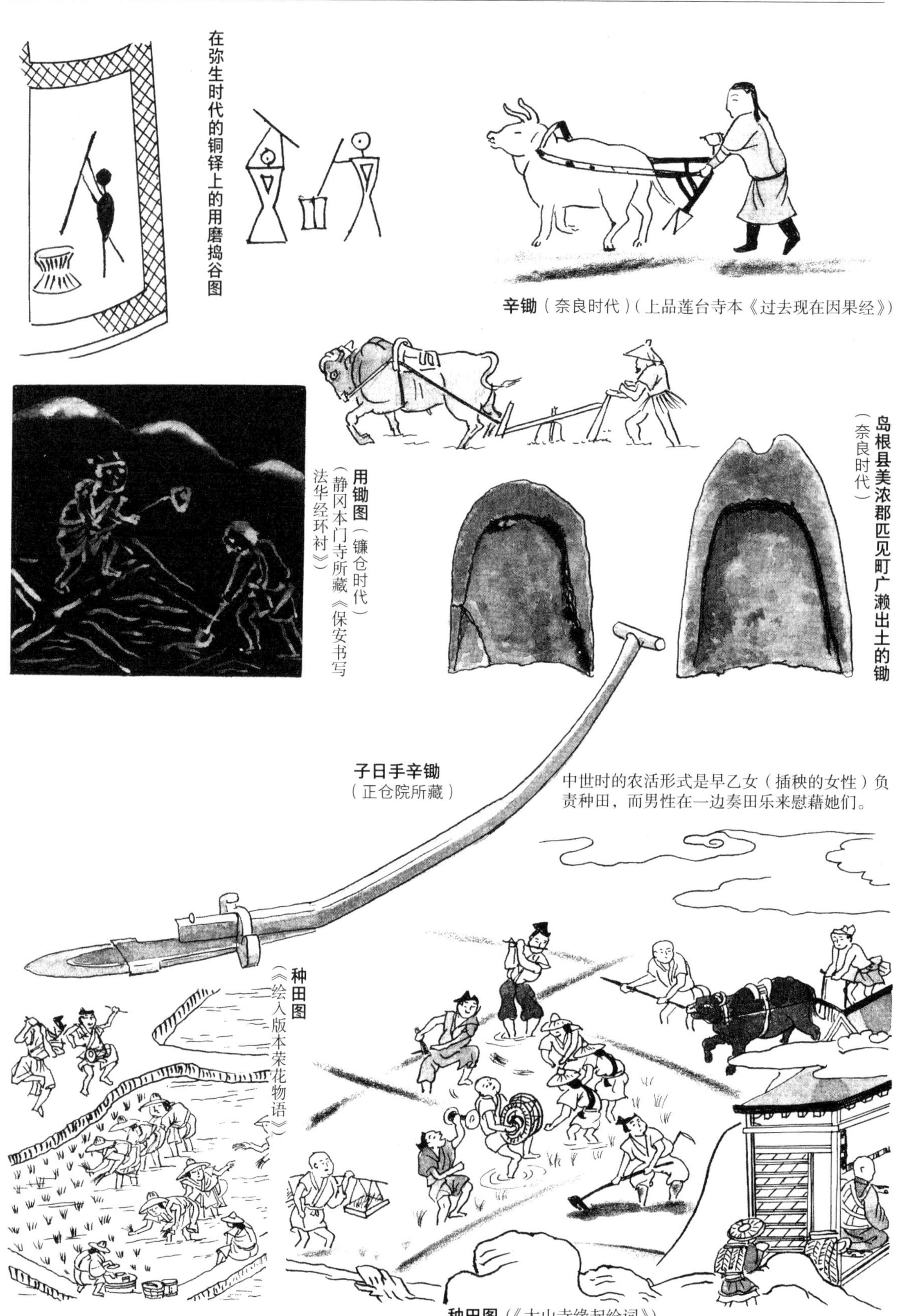

在弥生时代的铜铎上的用磨捣谷图

辛锄（奈良时代）（上品莲台寺本《过去现在因果经》）

岛根县美浓郡匹见町广濑出土的锄（奈良时代）

用锄图（镰仓时代）（静冈本门寺所藏《保安书写法华经环衬》）

子日手辛锄（正仓院所藏）

中世时的农活形式是早乙女（插秧的女性）负责种田，而男性在一边奏田乐来慰藉她们。

种田图《绘入版本荣花物语》

种田图（《大山寺缘起绘词》）

注水与排水

出典：*《农具便利论》**《算法地方大成》

插秧女（早乙女）
（《名古屋城次间镜袄绘》）

取水桶和龙骨水库
《重俵耕作绘卷》

取水桶

龙骨水车

小水车*

脚踏水车*

脚踏水车*（注水用）

带外挂框的导水井**（给水田注水排水用）

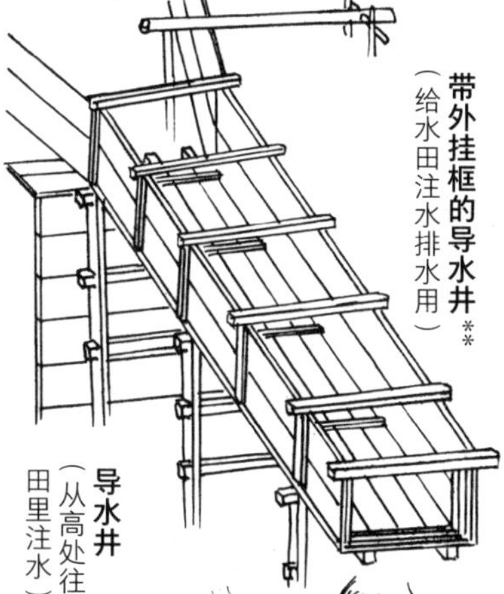

一户前引水门**（从田里往河中排水的关口）

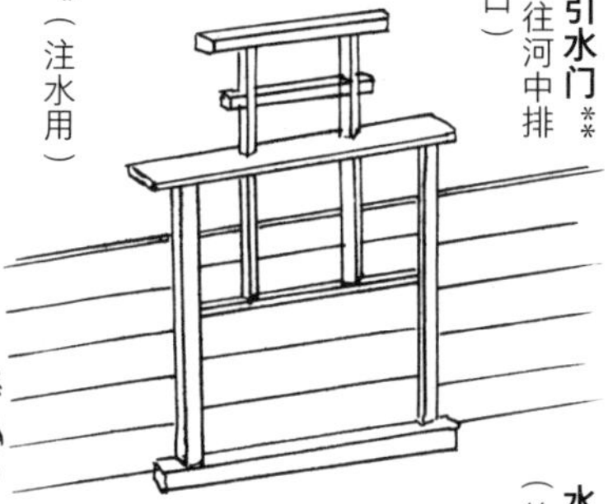

导水井（从高处往低处的田里注水）

储水池**（在不方便从河川取水的田中设置的储水池）

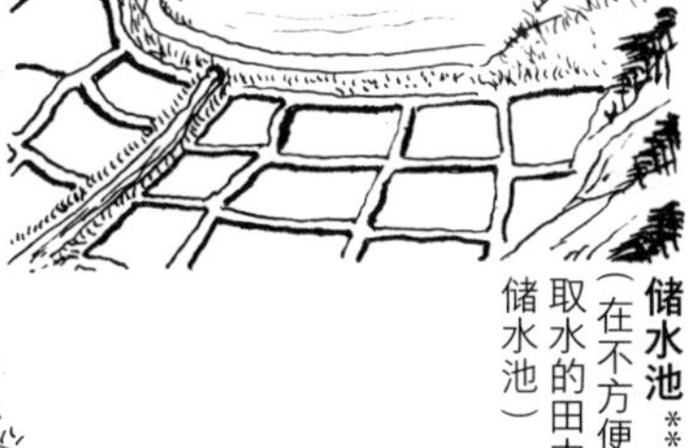

水井（给田浇水）

出典:《农具便利论》

铁锹和锄头
大黑铁锹（尾张知多）
土地工程用铁锹（尾张）
推拉铁锹（远江滨松地区）
江户附近使用的铁锹
推拉铁锹（下野、下总地区）
推拉铁锹（尾张）
良田用锹（三河）
推锹（小田原大矶）
打锹（伊势龟山）
打锹（近江海津）
中锹（越前福井）
刨锹（摄津）
推拉铁锹（若狭小滨）
京锹
推锹
大和国一带的铁锹
中锹（纪伊）
打锹（纪伊）
河内锹
播磨国西成郡一带的铁锹（用于表土或表土下层）
推锹（播磨明石）
推拉铁锹（备后福山）
播磨国西成郡一带的铁锹
用于沙地
备中座锹（玉岛一带）
尾张的备中锹
窗锹（备中锹）
耜先锹
播磨的备中锹
章鱼备中
大阪附近所用的锄头
关东锄
大阪附近所用的锄头
卖树种的商铺的锄头
京锄（朱雀）

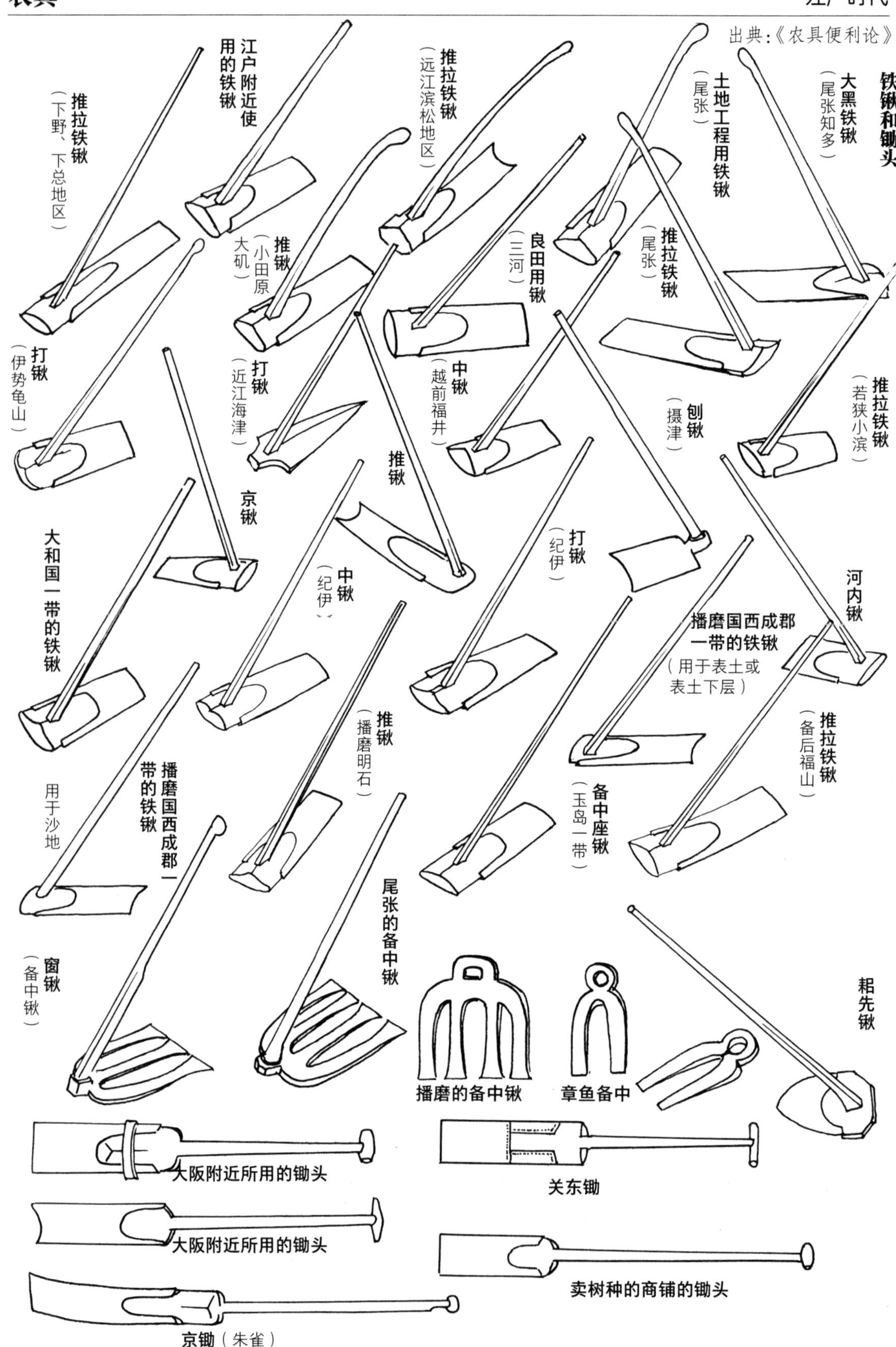

出典：*《农具便利论》**《耕稼春秋》

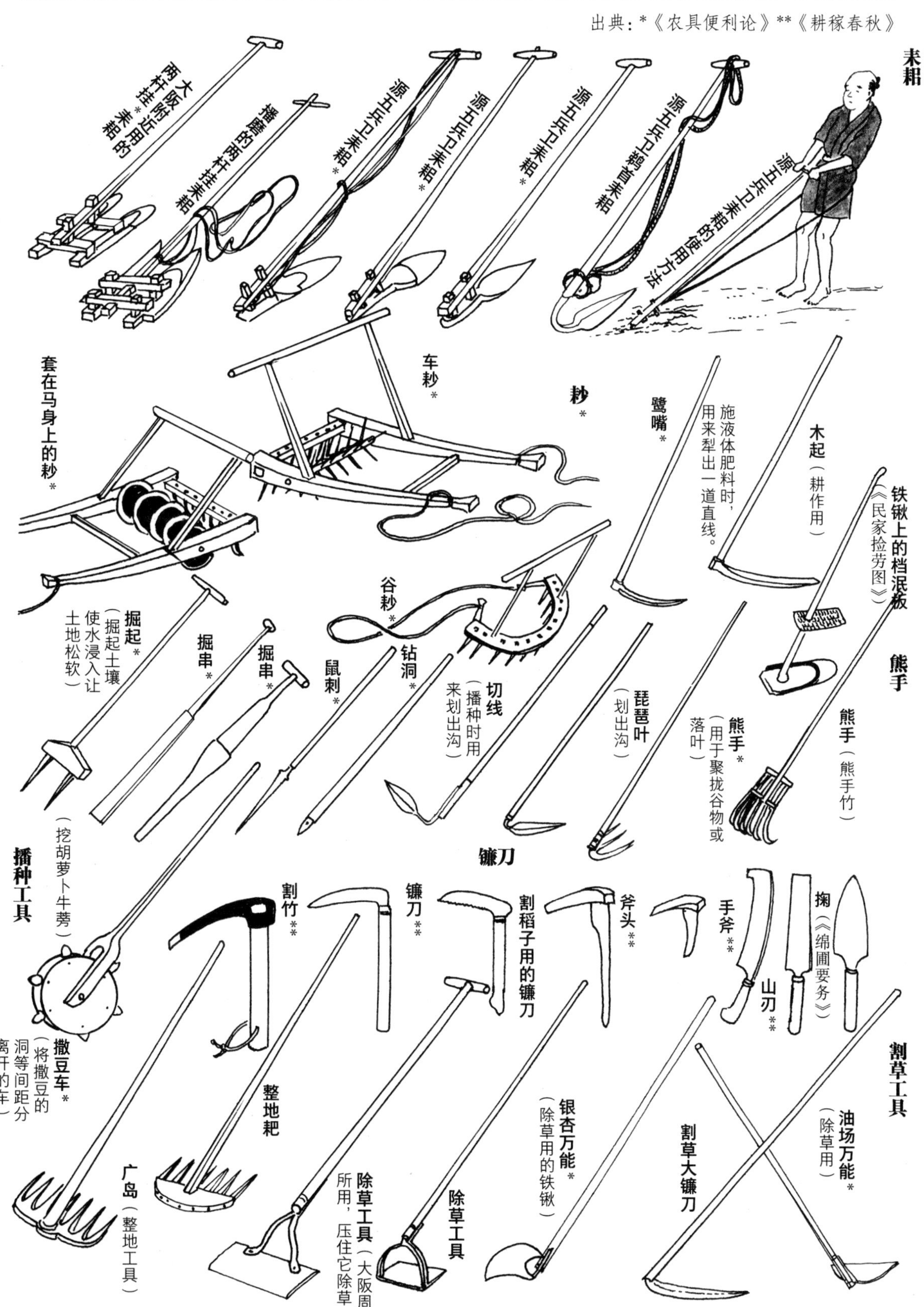

出典：*《农具便利论》**《民家检劳图》

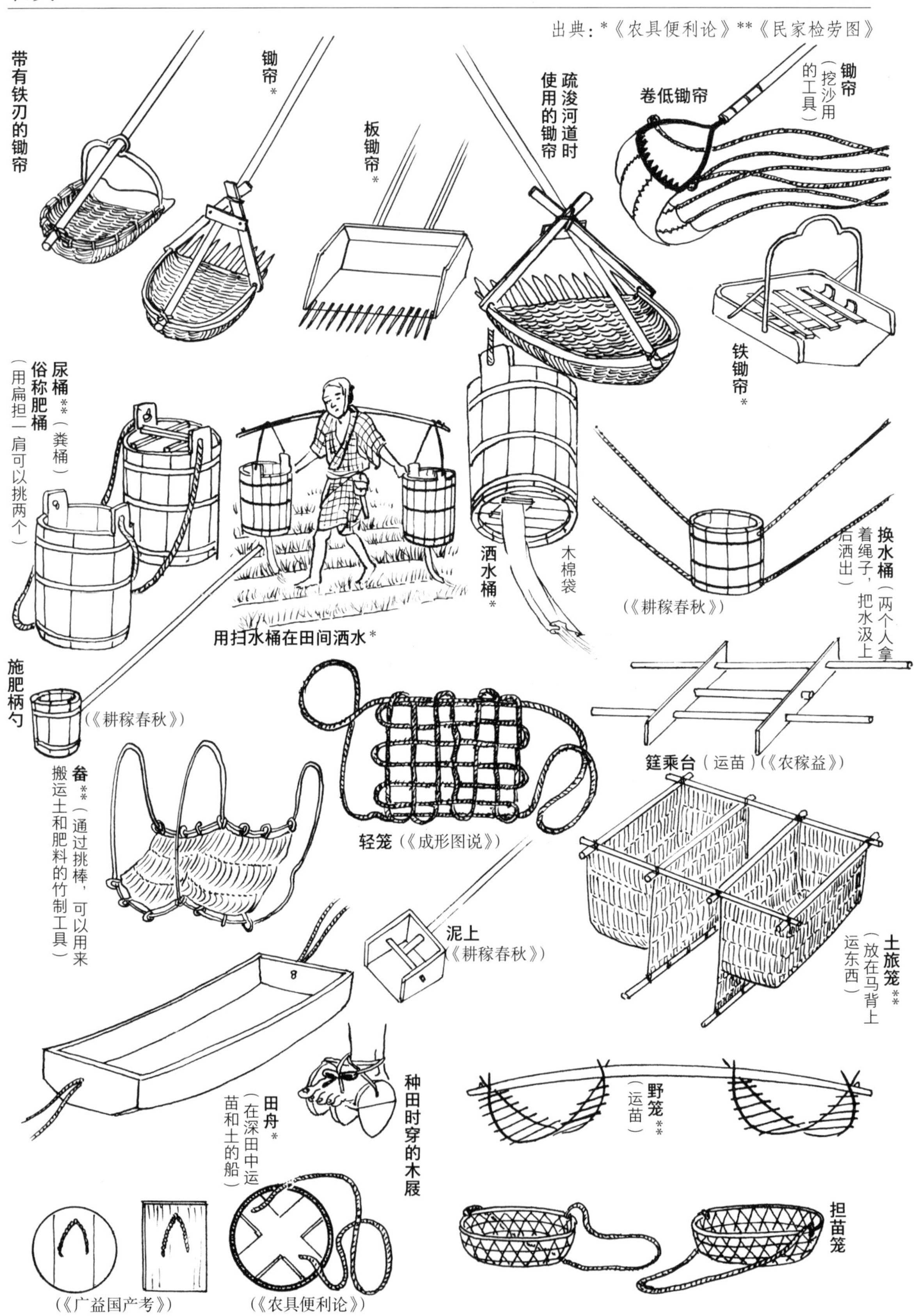

出典：*《农具便利论》

千齿扱*
《农术鉴正记》
唐竿（谷物脱壳用）
千齿扱（为谷物去壳）
《耕稼春秋》
千齿扱*
千齿扱**
《农术鉴正记》
各种脱稻壳臼
《耕稼春秋》
《民家检劳图》
《民家检劳图》
簸箕
在簸箕上放稻谷，以筛去扬尘
《成形图说》
竹笼筛
筛子（使米被筛起落下来以挑选区分颗粒大小）
吊着用的筛子
《和汉三才图会》
唐箕（将微尘、谷壳除去，用把手操作的机械）
《民家检劳图》
千石通（挑选区分米粒大小的机器）《成形图说》
万石筛（使米被筛起落下，以挑选区分颗粒大小）《民家检劳图》
《耕稼春秋》
米俵《成形图说》
脱壳臼
两种杵
俵制（装米用的秸秆带）
《纸漉重宝记》
风起*（甄选谷壳与糙米）
摇筛（甄选谷壳与糙米）

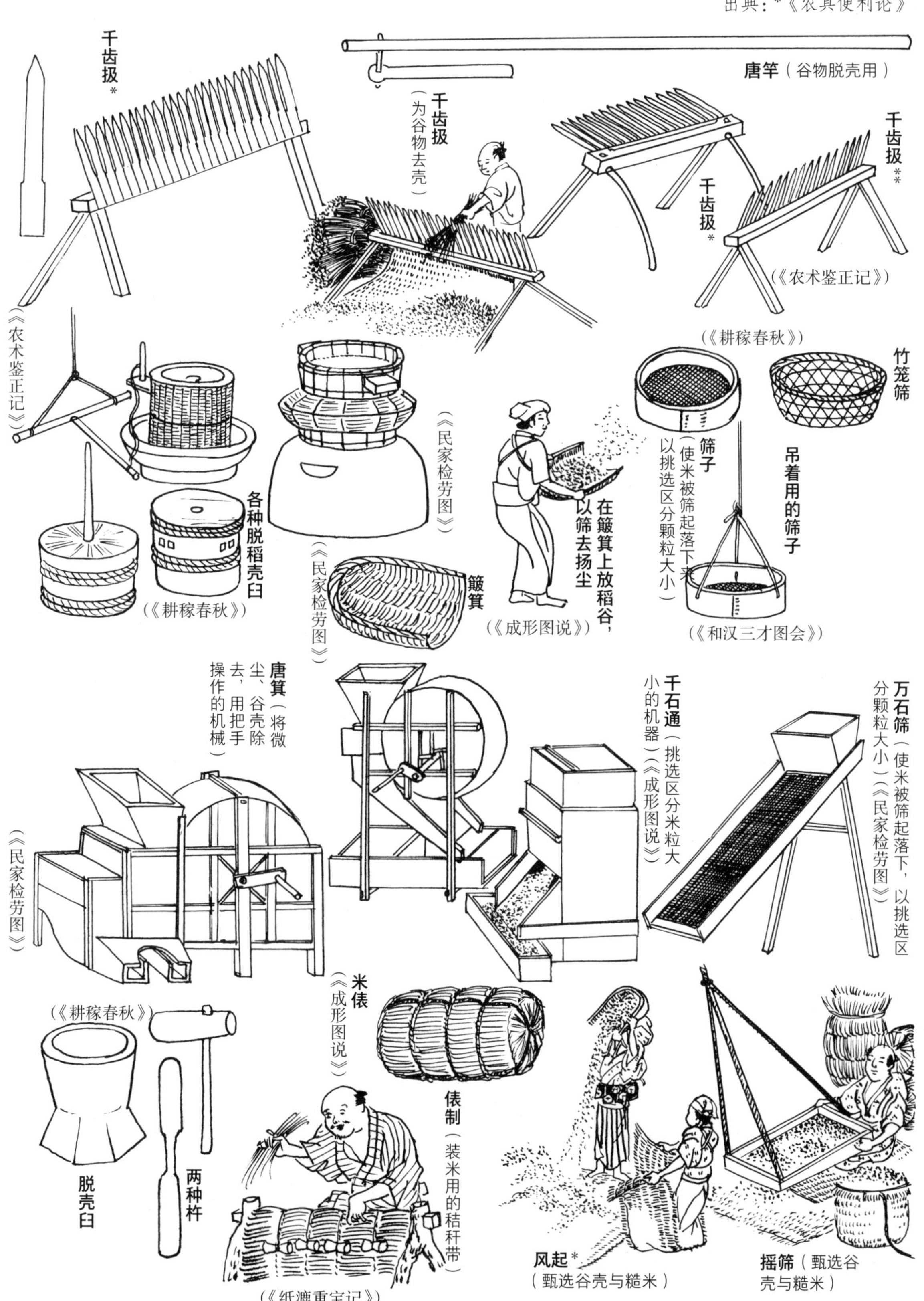

出典：*《民家检劳图》**《成形图说》

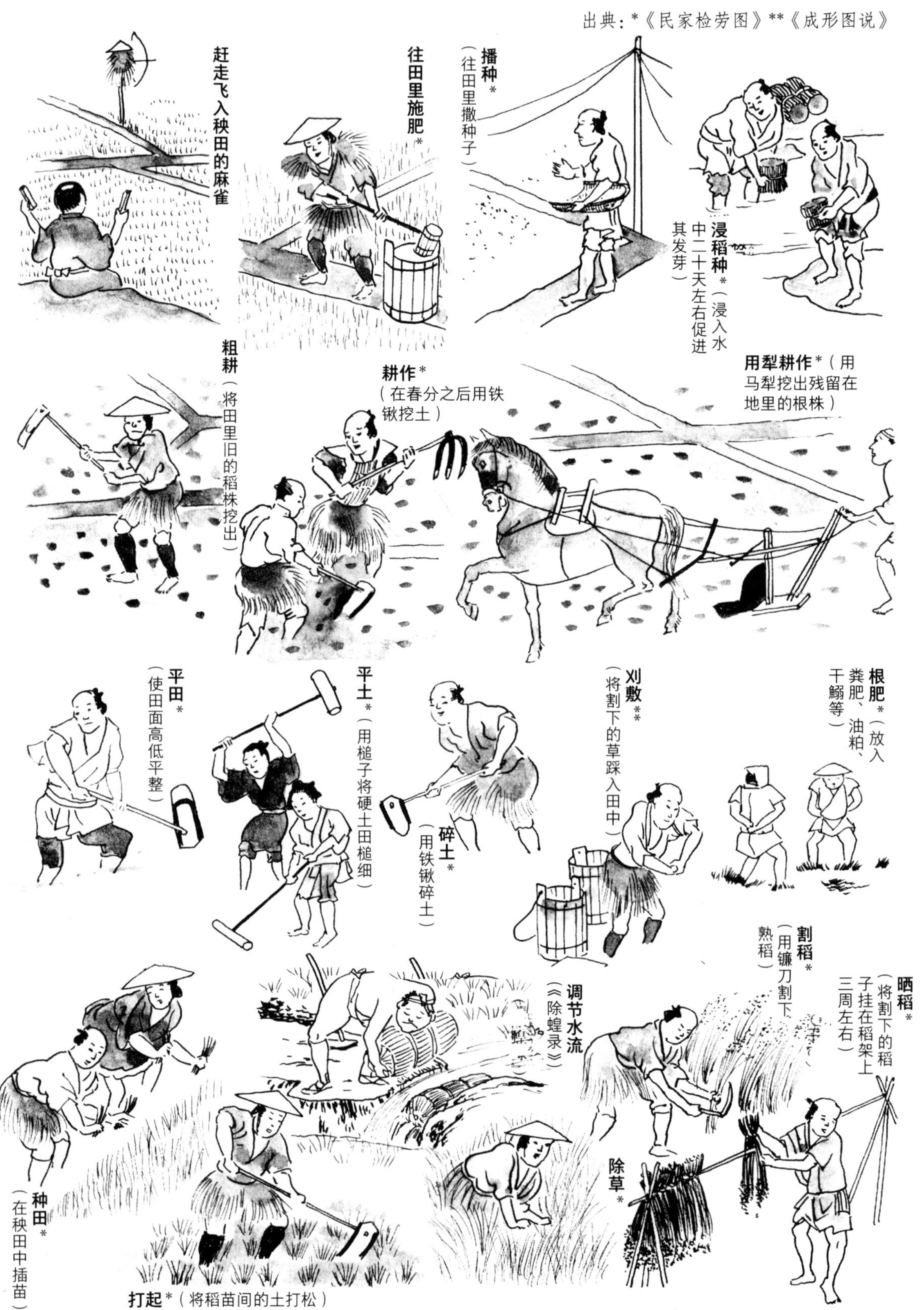

出典：*《农具便利论》**《民家检劳图》

出典：*《吉野林业全书》**《木曾式伐木运材图会》

①绘树采种*

②杉树采种*

③选种*（选择良种）

④播种*（整理耕地）

⑤播种杉树、松树*

⑥将苗分拣后拔出*

⑦将杉树苗移植到田里*

⑧杉树苗除草与施肥*

砍伐杉树**

修枝（北斋《庭训往来》）

伐下的木材札成木筏，从河流运出**

桴士**（船夫，操纵木筏运送物品的人）

小筏**

前挽（用大锯子锯木材）
（北斋《富岳三十六景》）

出典:《吉野林业全书》

一本梯
锅锹
投网
大绳
目笼
平锹
间指
备中锹
目笼
手绳
小鸢
大鸢
柴刀
虾形柴刀
鐻（锉刀）
柴刀
大锯
锯
目付
镰
大斧
中斧
木绳
手绳
大绳
镰
大天平
中天平
小天平
杖
木马
枥环
地车
油桶
锔子

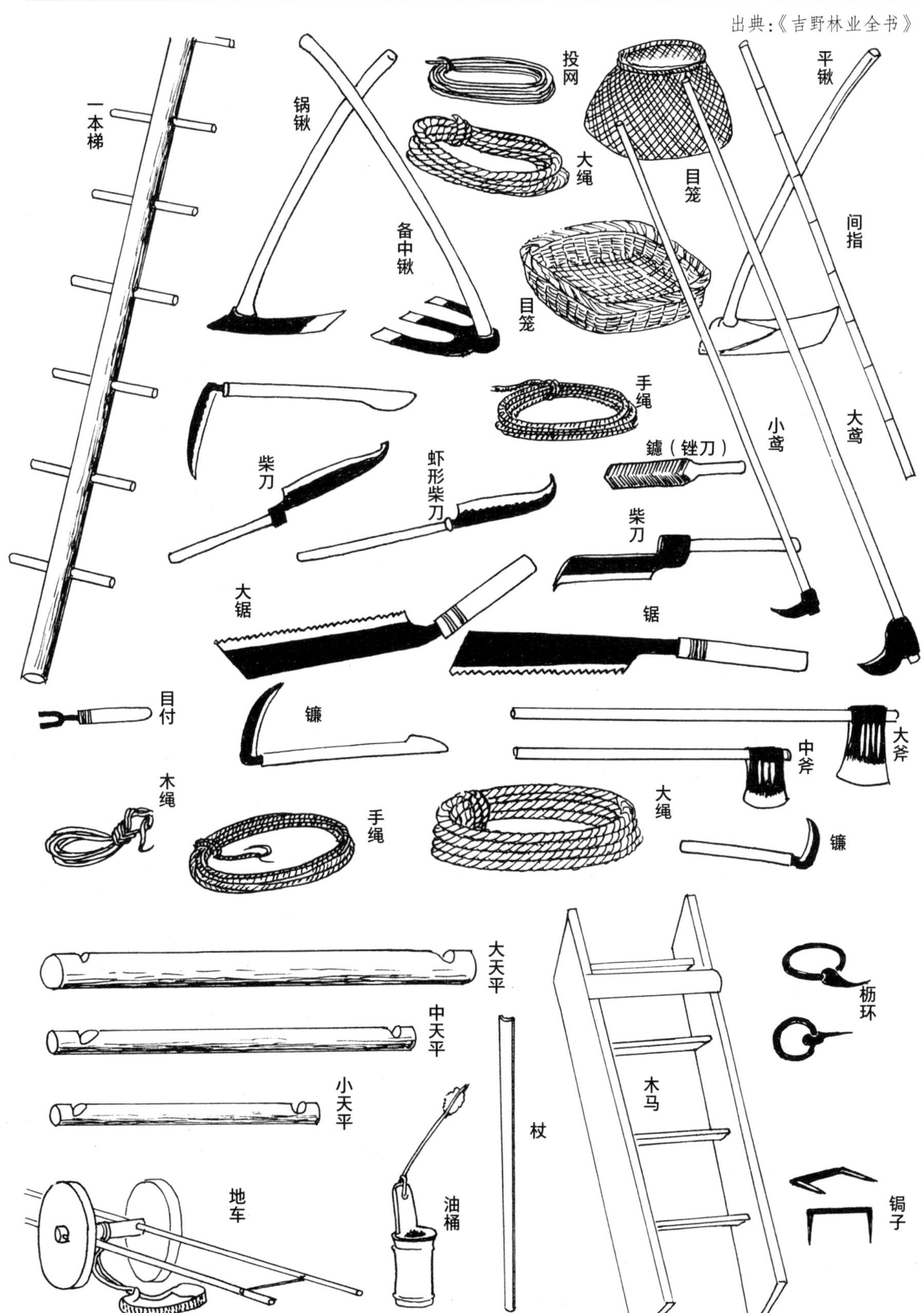

出典:《吉野林业全书》

二叉锄头
三叉锄头
锯子
河川疏浚工具
凿子
尺
桩子
叉棍
水途棒
立板
金属杠杆
锄镰
环形卡箍
流水卡箍
蛇形笼子
稻架
水栅
石榔头
制造酒桶的工具
柴刀
斧
玄翁榔头
批刀
破盖刀
外筌
手斧
竹环
棒杆
大割刀
小割刀
内筌
小割槌
矢立
（笔和墨壳）
引落
烙铁
大割槌
指
卷槌
砥袋
目分
木槌
前当

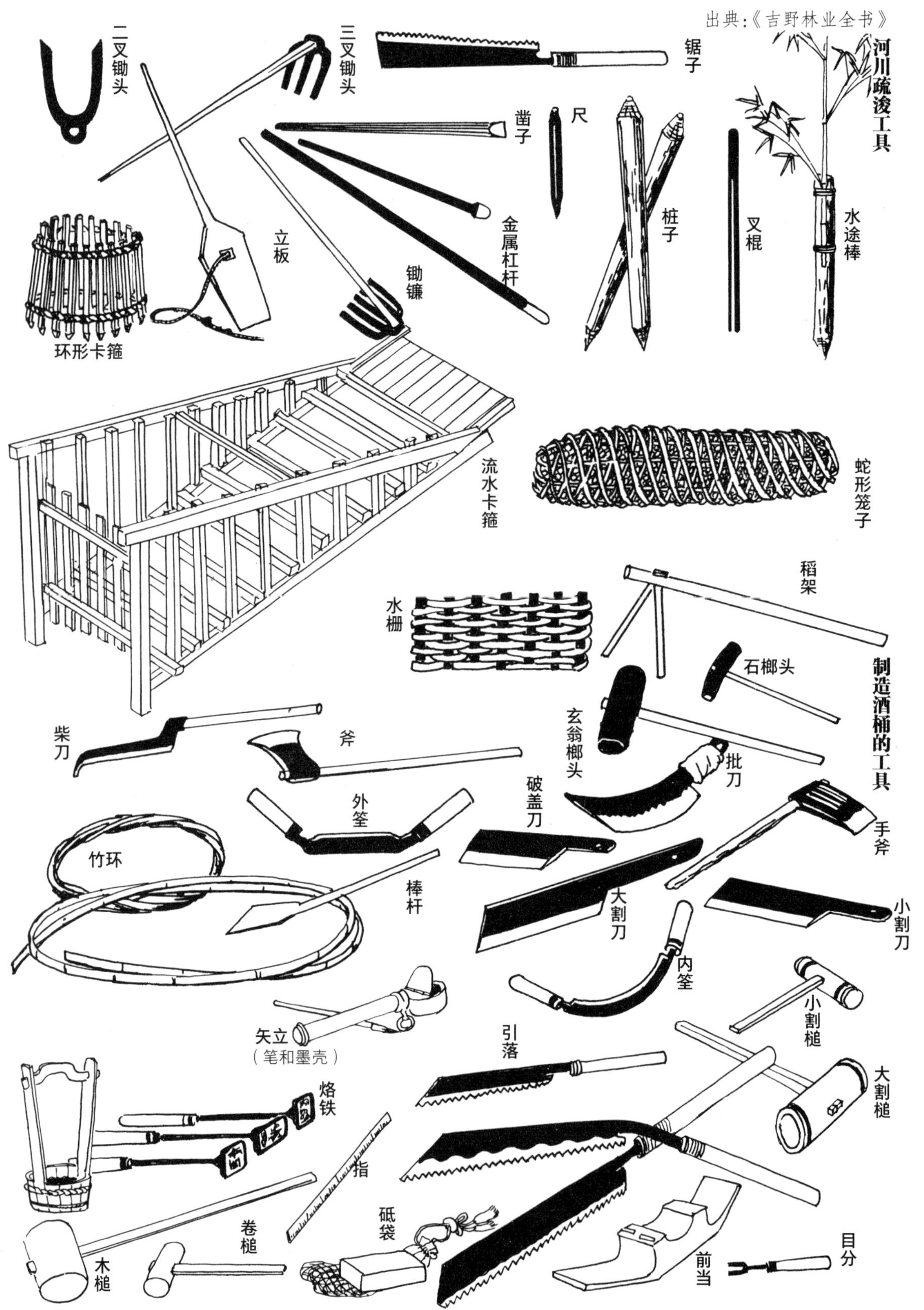

出典：*《木曾氏伐木运材图会》**《吉野林业全书》

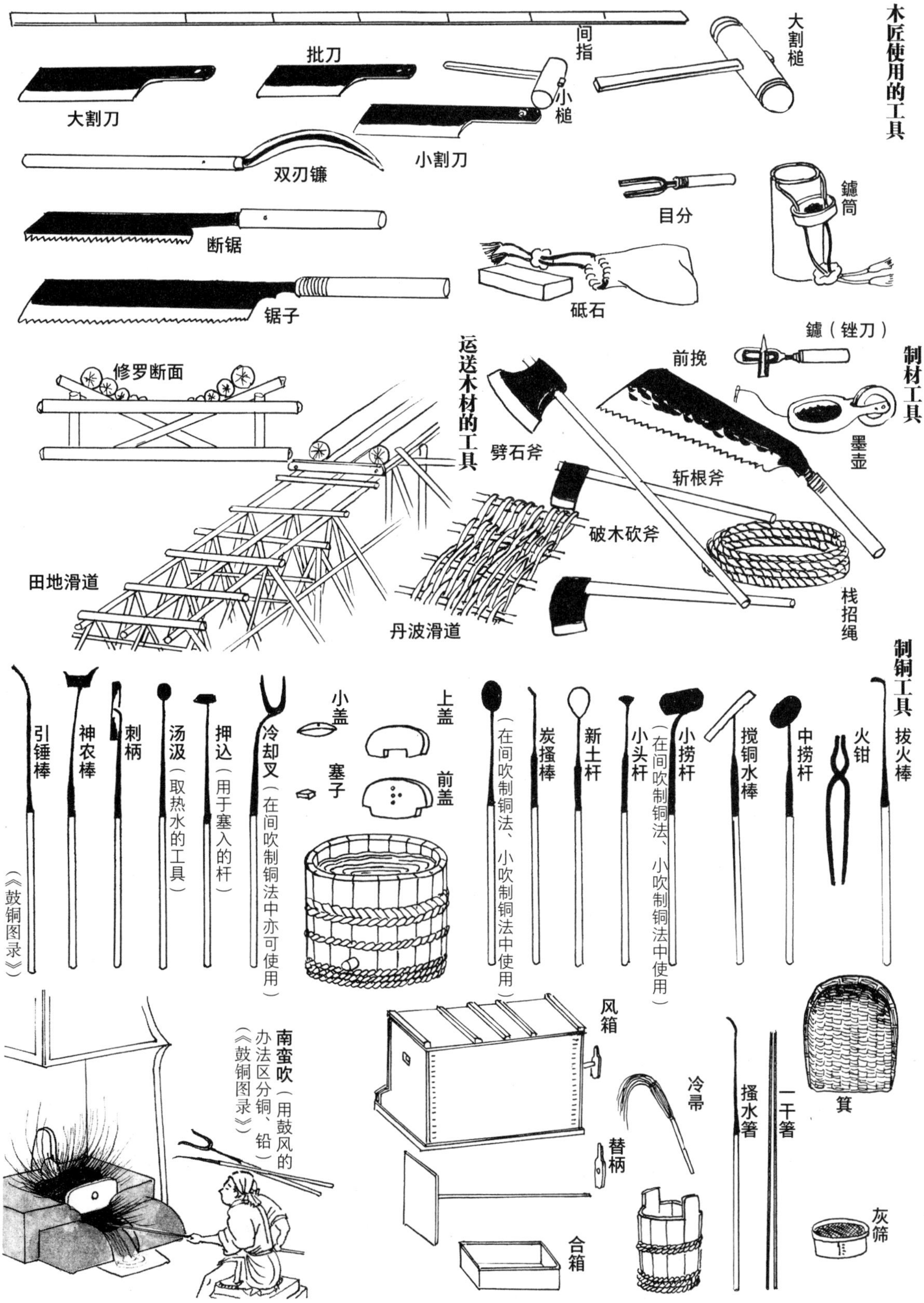

木匠使用的工具

间指
大割槌
批刀
小槌
大割刀
小割刀
双刃镰
目分
辘筒
断锯
砥石
锯子

运送木材的工具

修罗断面
田地滑道
丹波滑道

制材工具

辘（锉刀）
前挽
墨壶
劈石斧
斩根斧
破木砍斧
栈招绳

制铜工具

引锤棒（《鼓铜图录》）
神农棒
刺柄
汤汲（取热水的工具）
押込（用于塞入的杆）
冷却叉（在间吹制铜法中亦可使用）
小盖
上盖
塞子
前盖
（在间吹制铜法、小吹制铜法中使用）
炭搔棒
新土杆
小头杆
小捞杆（在间吹制铜法、小吹制铜法中使用）
搅铜水棒
中捞杆
火钳
拔火棒
南蛮吹（用鼓风的办法区分铜、铅）（《鼓铜图录》）
风箱
冷帚
替柄
合箱
搔水箸
一干箸
箕
灰筛

出典：*《金银山敷内稼方之图》**《成形图说》

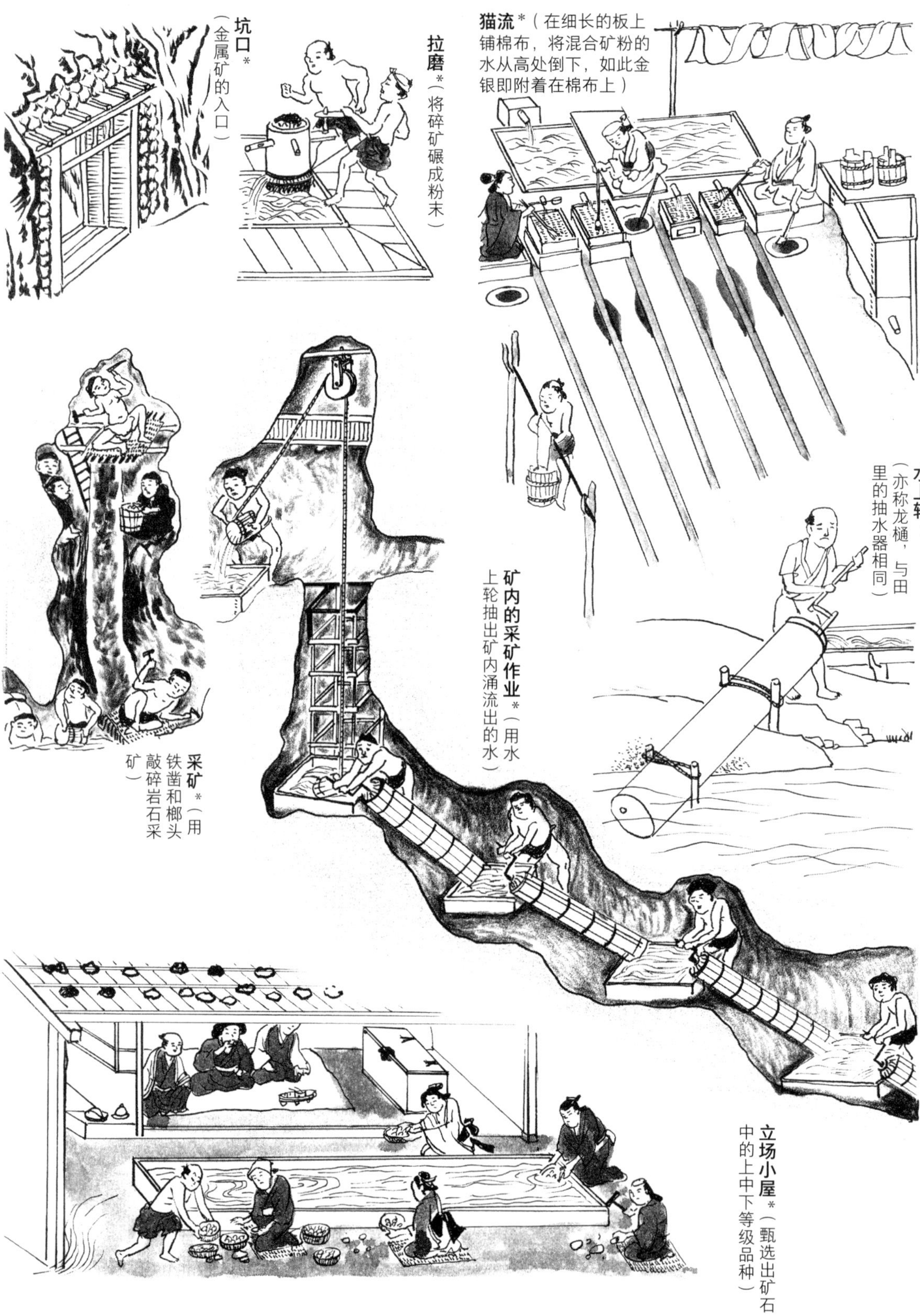

坑口*（金属矿的入口）

拉磨*（将碎矿碾成粉末）

猫流*（在细长的板上铺棉布，将混合矿粉的水从高处倒下，如此金银即附着在棉布上）

水上轮**（亦称龙桶，与田里的抽水器相同）

矿内的采矿作业*（用水上轮抽出矿内涌流出的水）

采矿*（用铁凿和榔头敲碎岩石采矿）

立场小屋*（甄选出矿石中的上中下等级品种）

出典：*《鼓铜图录》**《日本山海名产图会》

南蛮风箱**

这一侧是风箱

风口

（炼精铜的风箱）

间吹*（真吹）

（将粗铜炼成精铜）

棹吹*

（将精铜注入模型中以制作棹铜[1]）

合吹*

（制作铜铅合金）

素吹*

（在烧铂[2]中加入硅石后加热）

铸铅**

（将粗铅熔解于矿床中，注入铜制的成型装置）

作彩**

（用于制膏药及染料。揭碎矿石加水，使其腐化）

脚踏大风箱的横截面图

木吕　头　风箱　灰　小舟　木炭　黏土　坊主石　土

（作图依据：《小判·生系·和铁》）

脚踏大风箱制铁的工具（《铁山沉》）

出铁钩子　小头钩子　窑杆　铁钩子　铁钩子　搅水杆　汤引　炭锄　拔杆　卷种锄　火床付　窑吊　躄筬

石工（《人伦训蒙图汇》）

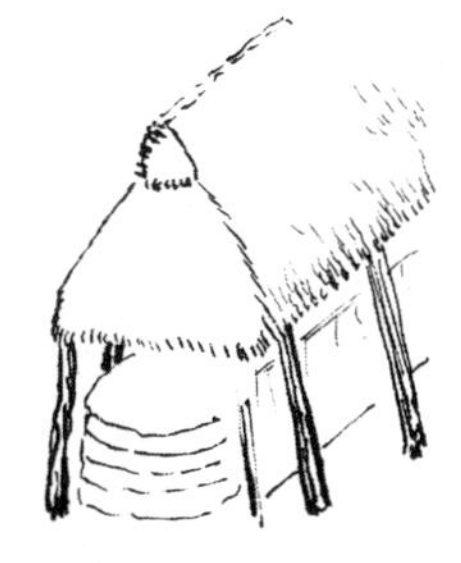

制炭（这是用于脚踏大风箱制铁工序中的炭）（《芸州加计隔屋铁山绘卷》）

烧煤（《人伦训蒙图汇》）

用煤的农家
（《西游日记》）

狩猎和畜牧

出典：*《斐太后风土记》**《日本山海名物图绘》

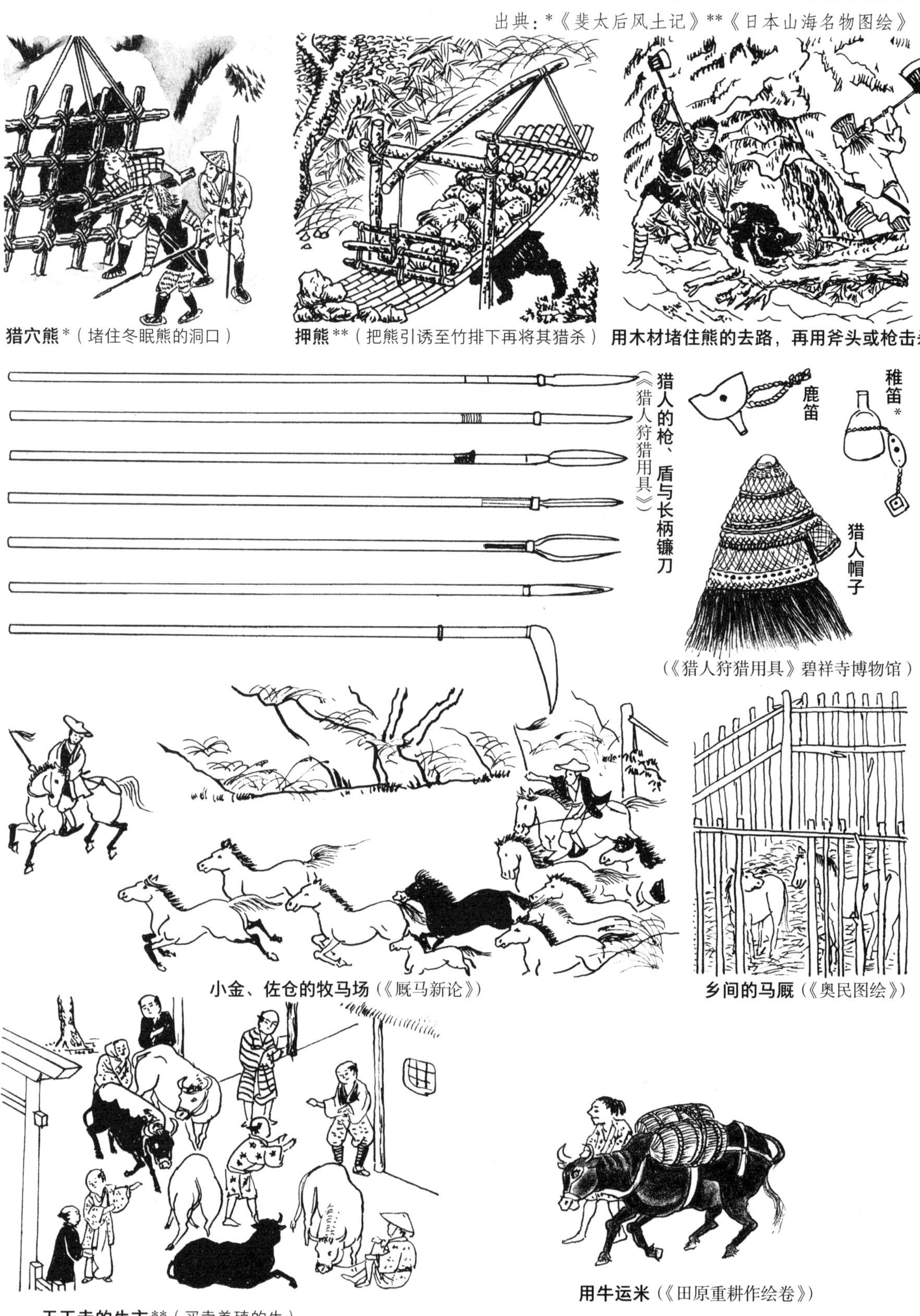

猎穴熊*（堵住冬眠熊的洞口）

押熊**（把熊引诱至竹排下再将其猎杀）

用木材堵住熊的去路，再用斧头或枪击杀

（《猎人狩猎用具》碧祥寺博物馆）

小金、佐仓的牧马场（《厩马新论》）

乡间的马厩（《奥民图绘》）

天王寺的牛市**（买卖养殖的牛）

用牛运米（《田原重耕作绘卷》）

铜峰上描绘的狩猎景象

武士狩猎（在树上搭木板，占据高位狩猎）（《矢田地藏缘起绘卷》）

武士狩猎（《石山寺缘起绘卷》）

猎人（《弘法大师绘图》）

公家的鹰（《春日权现灵验记》）

鹰的遮眼头巾

鸠袋

鸠袋（放入训鹰用的鸽）

伏衣（捉鹰袋）

丸鸠入

水箱（鹰用水桶）

饵合子（放碎饲料）

抉（给鹰穿足革时所用）

韘（射箭用的皮手套）

训鹰人（江户时代）（大津绘）

霞网（《斐太后风土记》）

坂网（《日本山海名产图会》）

用铁炮狩猎（《人伦训蒙图汇》）

出典：*《教草》**《香蕈播制录》

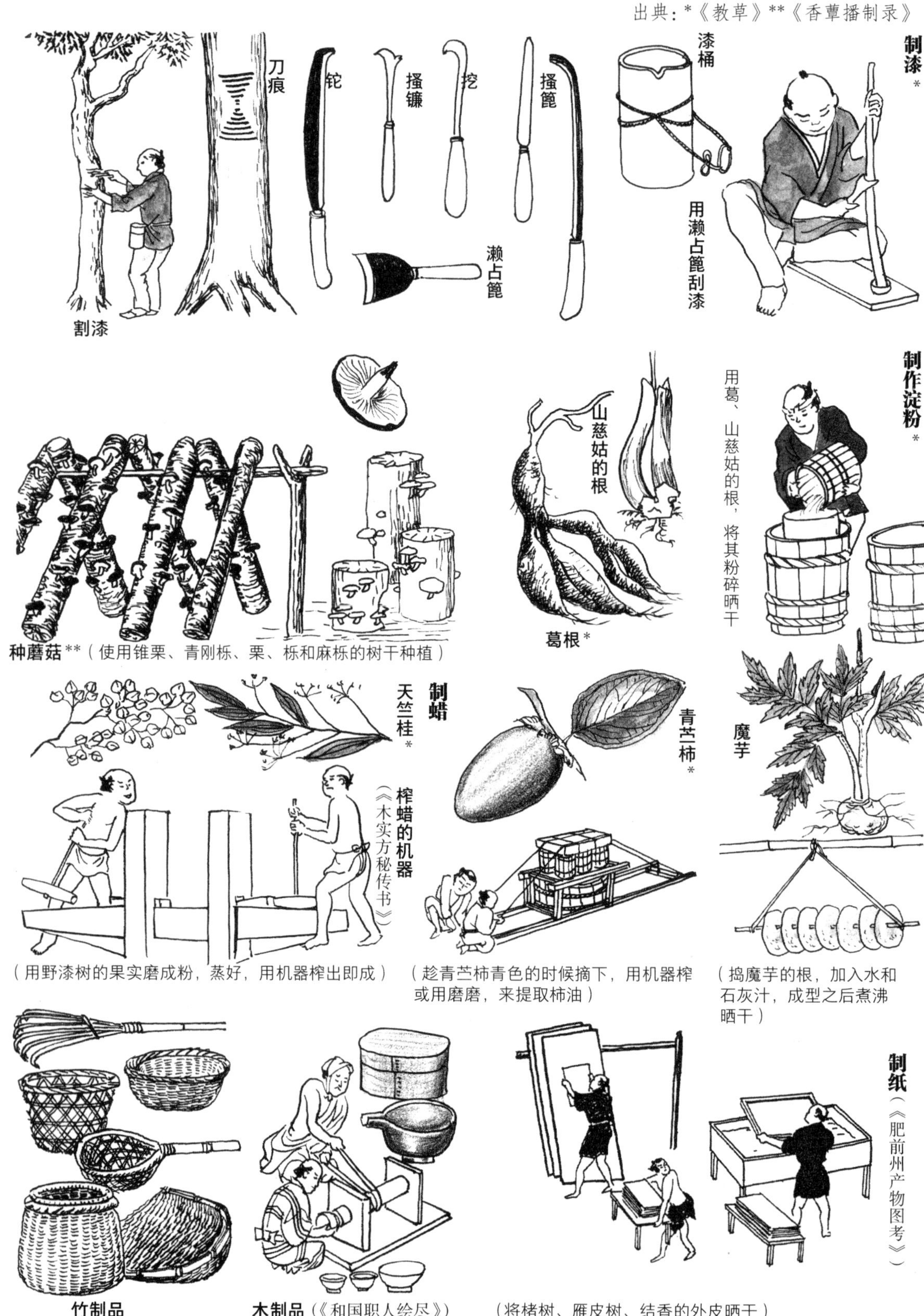

种蘑菇**（使用锥栗、青刚栎、栗、栎和麻栎的树干种植）

（用野漆树的果实磨成粉，蒸好，用机器榨出即成）

（趁青苎柿青色的时候摘下，用机器榨或用磨磨，来提取柿油）

（捣魔芋的根，加入水和石灰汁，成型之后煮沸晒干）

竹制品

木制品（《和国职人绘尽》）

（将楮树、雁皮树、结香的外皮晒干）

捕鱼法和渔具

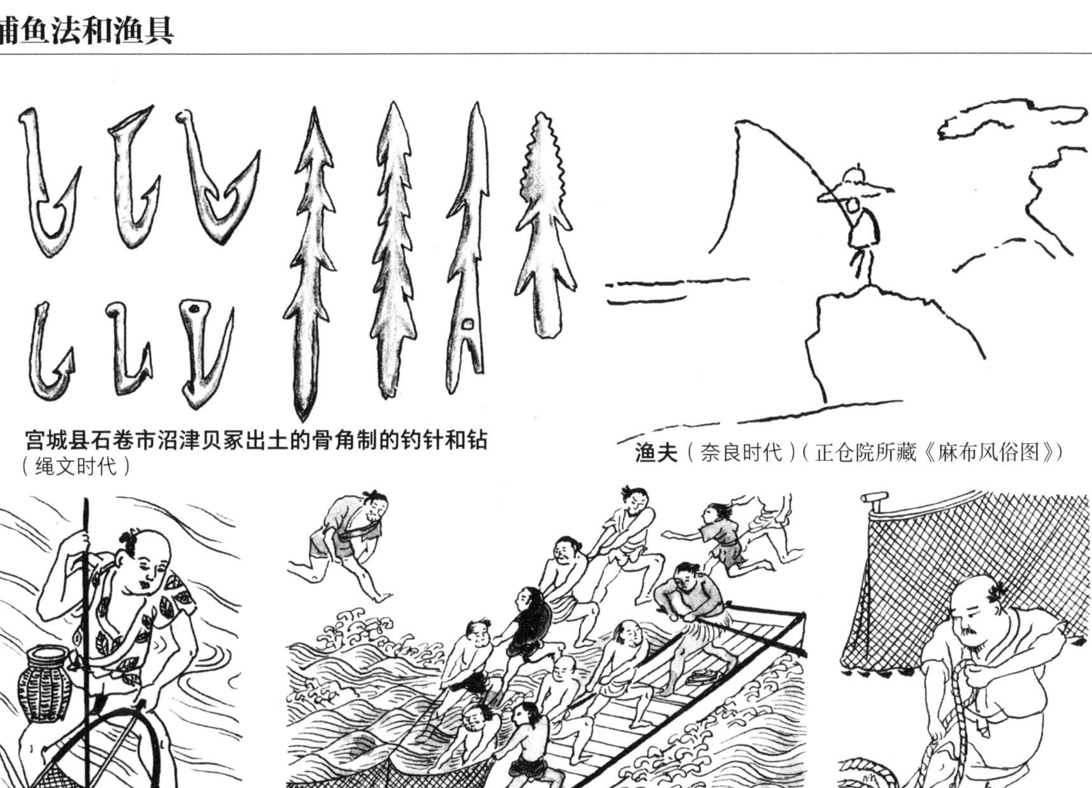

宫城县石卷市沼津贝冢出土的骨角制的钓针和钻（绳文时代）

渔夫（奈良时代）（正仓院所藏《麻布风俗图》）

用清网捕鳗鱼（《真如堂缘起绘卷》）

地曳网（《日莲上人注画赞》）

渔夫（《七十一番职人尽歌合》）

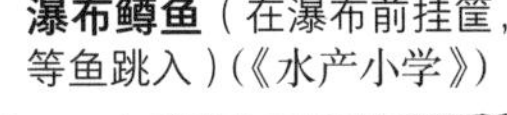

抱鲤鱼（潜到水里用手捕鱼）（《俳谐取业尽》）

瀑布鳟鱼（在瀑布前挂筐，等鱼跳入）（《水产小学》）

捕淡水鱼（将簸箕沉入河底，等鱼游入）（《日本山海名产图会》）

鱼梁竹筒（依靠河川的落差架起竹筒来抓鱼）（《熊本县渔业志》）

竹排捕香鱼（将竹子排在竹席上以捕香鱼）（《日本山海名产图会》）

捕鱼法和渔具

出典：*《日本捕鱼图说》**《湖州沼渔略图》***《熊本县渔业志》

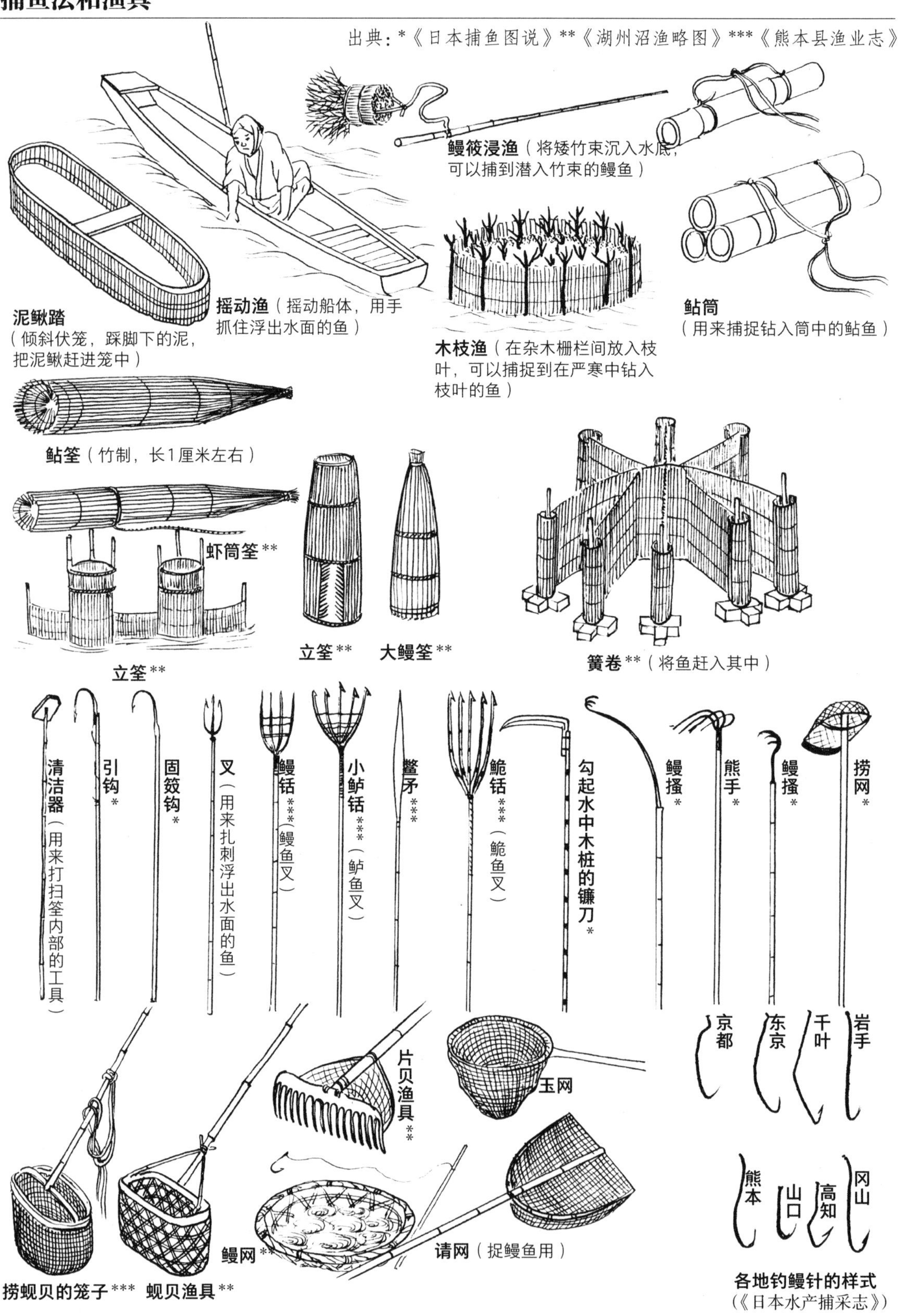

各地钓鳗针的样式
(《日本水产捕采志》)

捕鱼法和渔具

出典：*《日本山海名产图会》**《日本捕鱼图说》

虾虎鱼饵床（在水鸟成群处停船捕捞虾虎鱼）
（《渔业图解》）

白鱼捞网（四手网）
（《东京捕鱼采藻图录》）

打网渔**（投网）

捕鲑鱼、鳟鱼时用的建网
（《水产小学》）

捕鳟*（越中神通川）

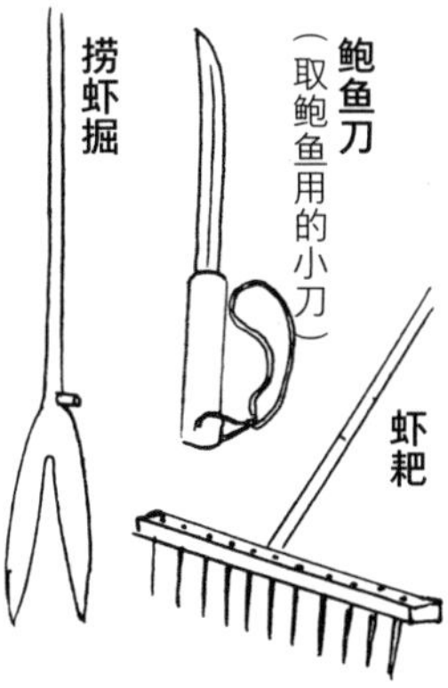

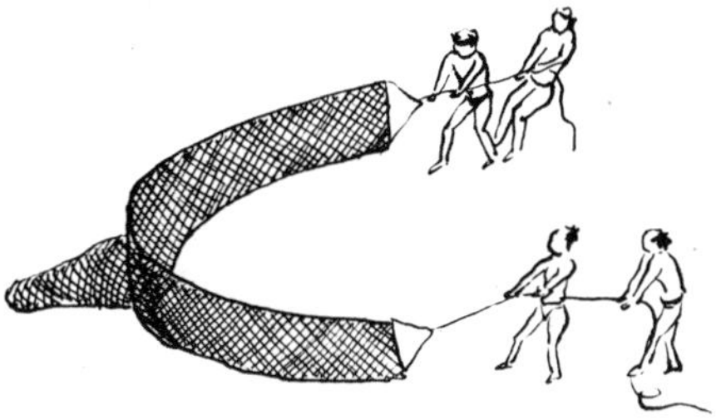

川地曳网（浅水处人少时所用的捕鱼网）
（《湖川沼渔略图》）

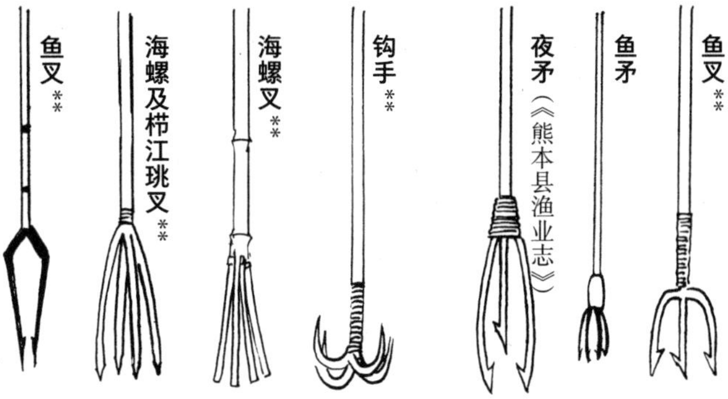

捕鲣鱼（一本钓）（《熊本县渔业志》）

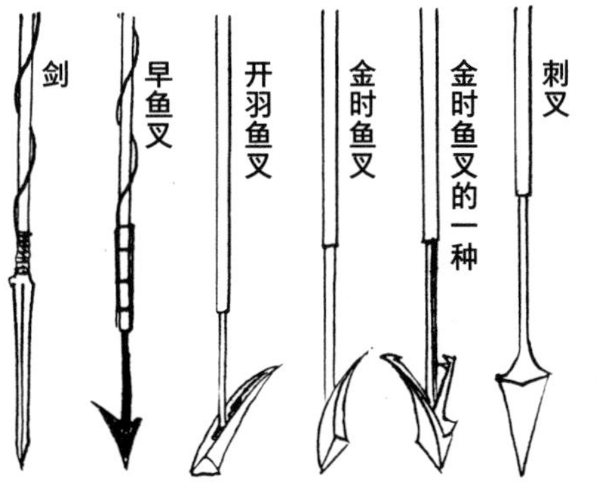

捕鲸用的鱼叉（《日本捕鲸汇考》）

捕鲸、种海苔、制寒天粉、制盐

出典：*《日本捕鲸汇考》

将鲸鱼赶进网里，用船围住后用鱼叉敲打使它留在网中（《高知县捕鲸图》）

将鲸鱼往仓房拉（《鲸史藁》）

小仓房（从大仓房送来的鱼肉、内脏与骨头在这里加工）

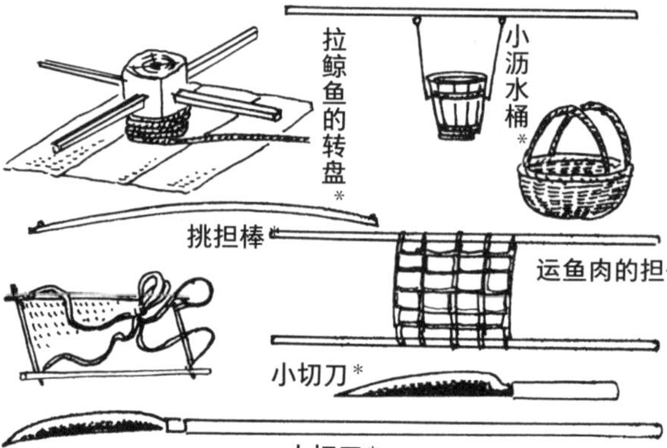

挂鲸鱼的担子*

拉鲸鱼的转盘*

小沥水桶*

挑担棒

运鱼肉的担子*

小切刀*

大切刀*

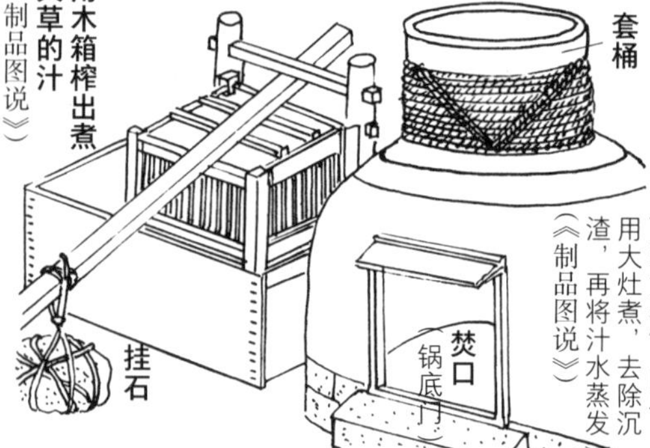

用木箱榨出煮天草的汁（《制品图说》）

挂石

套桶

焚口（锅底门）

煮寒天粉的炉子（天草洗净、晒干，用大灶煮，去除沉渣，再将汁水蒸发）（《制品图说》）

种海苔（将付着海苔的细木枝束种下）（《制品图说》）

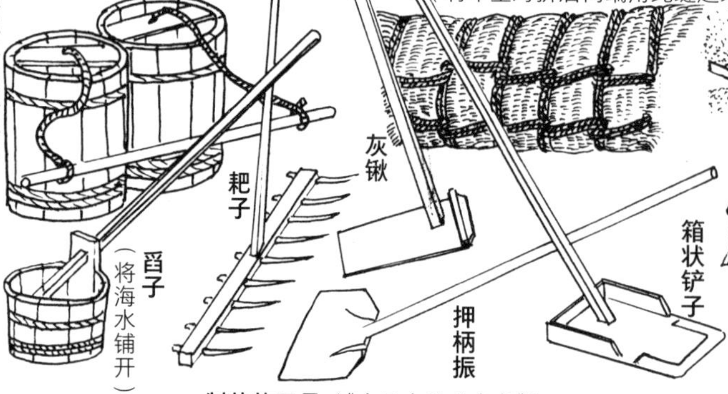

装满盐的稻草袋子（将草垫对折后两端用绳缝起来而成的袋子）

取盐水的挑担桶

耙子

灰锹

舀子（将海水铺开）

押柄振

箱状铲子

制盐的工具（《大日本盐业全书》）

制盐（《大日本盐业全书》）

晒沙

铺沙

撒沙

（在砂地上撒上海水，在日光下晒干，再加海水放炉子里煮干，就得到了盐）

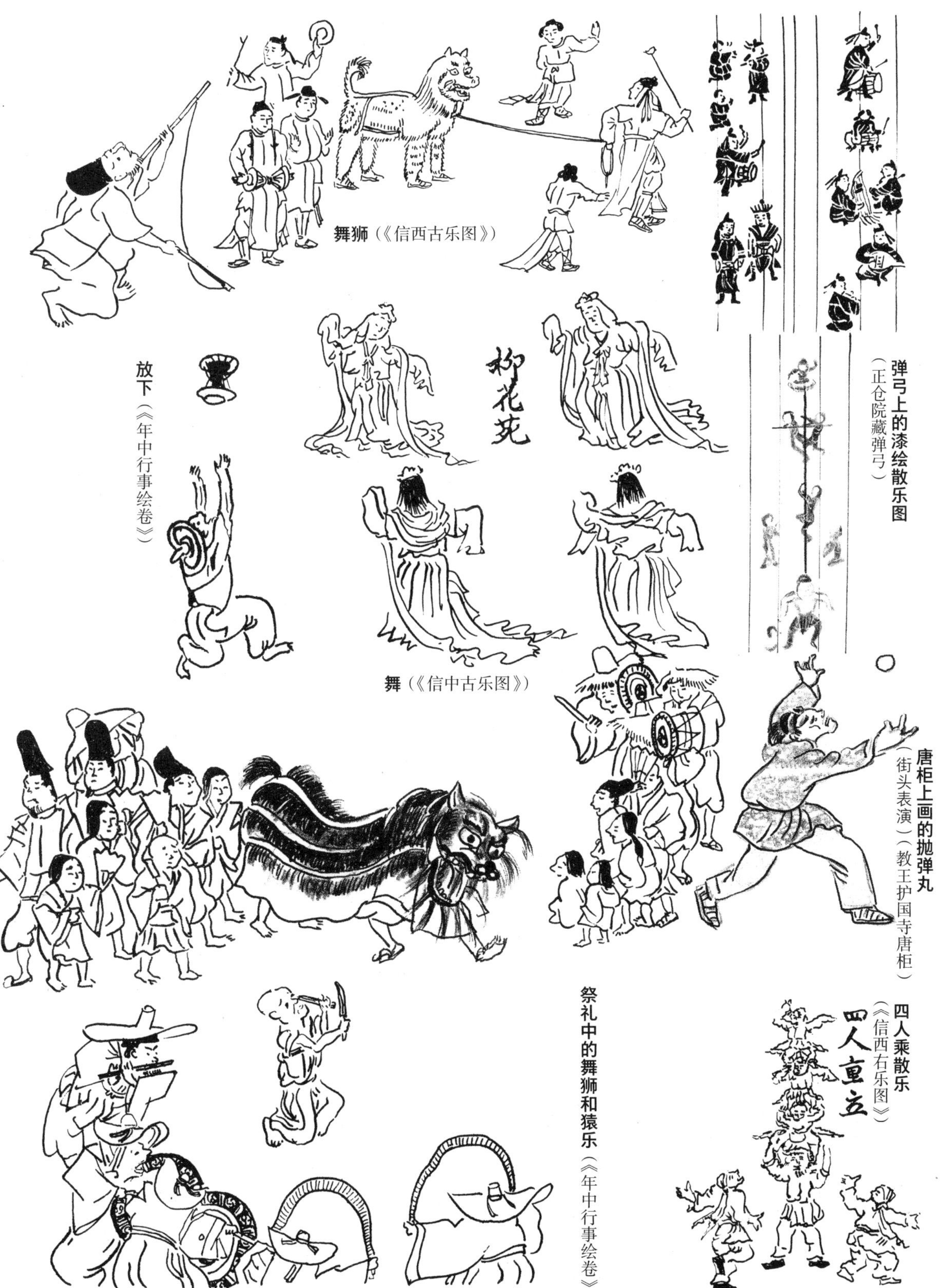

舞狮（《信西古乐图》）

弹弓上的漆绘散乐图（正仓院藏弹弓）

放下（《年中行事绘卷》）

舞（《信中古乐图》）

唐柜上画的抛弹丸（街头表演）（教王护国寺唐柜）

祭礼中的舞狮和猿乐（《年中行事绘卷》）

四人乘散乐（《信西右乐图》）

出典：《七十一番职人尽歌合》《东北院歌合》《建保职人画歌合》

出典:《七十一番职人尽歌合》《东北院歌合》《建保职人画歌合》

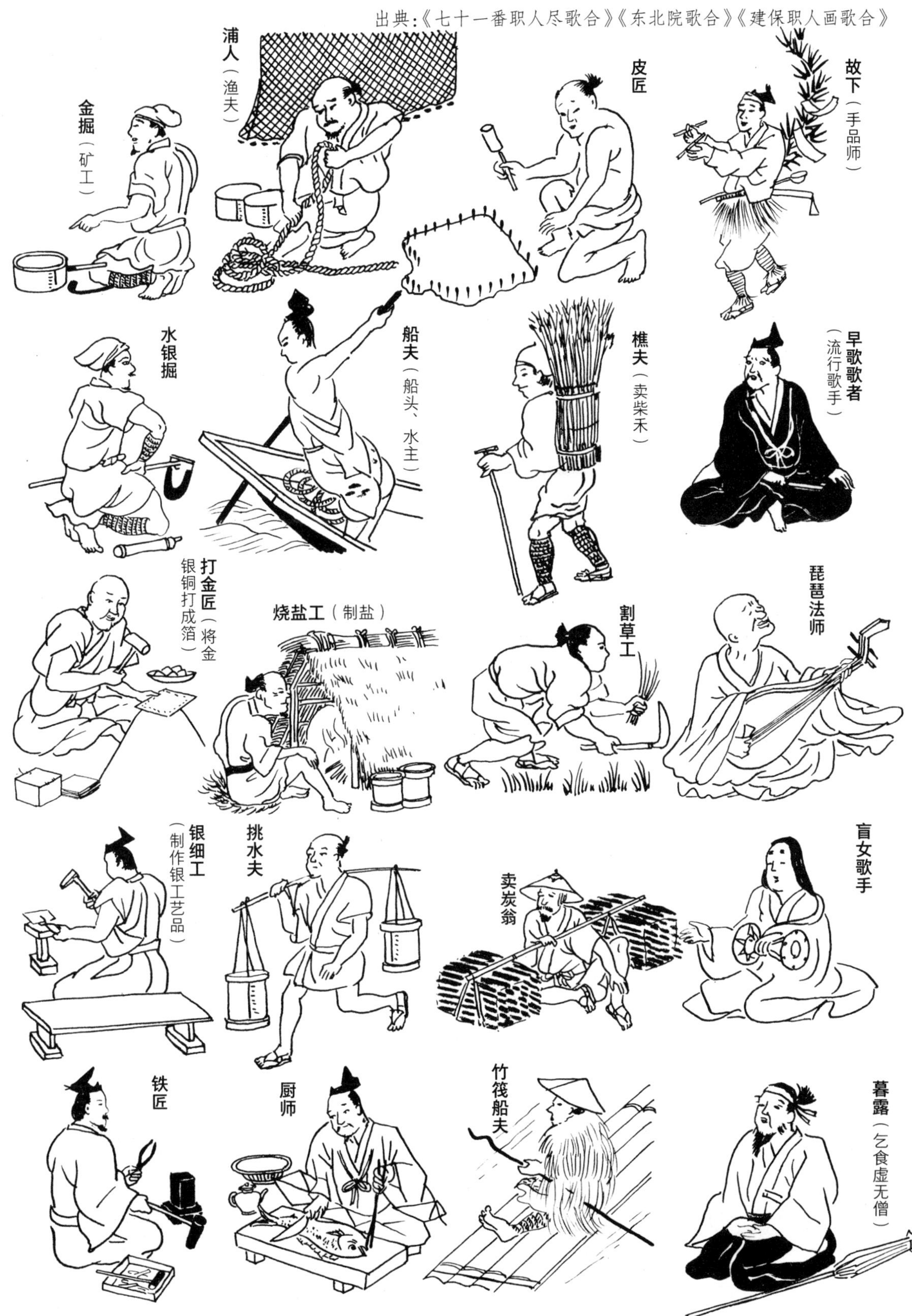

出典:《七十一番职人尽歌合》《东北院歌合》《建保职人画歌合》

出典:《七十一番职人尽歌合》《东北院歌合》《建保职人画歌合》

出典:《七十一番职人尽歌合》《东北院歌合》《建保职人画歌合》

出典：*《七十一番职人尽歌合》

平安至镰仓时代的商店（《直干申文》）

平安至镰仓时代的商店（《年中行事绘卷》）

室町时代的商店（《福富草纸》）

室町末期至桃山时代的商店街（《洛中洛外屏风图》）

出典:《七十一番职人尽歌合》《东北院歌合》《建保职人画歌合》

桧木师（以桧木薄板制弯形）

制鞋（制作一些特殊场合要穿的木鞋）

糊伞面

制衣箱

造车（造牛车、马车、货车等）

制草鞋

泥金画师

花纸匠

制笔

高齿木屐匠

漆工

裱糊匠

制砚台

制梳子

冠帽师

漉纸

制针

辘轳师（制碗，制盆，制针）

制乌帽子

编斗笠

参考：*江户时代浮世绘所作图

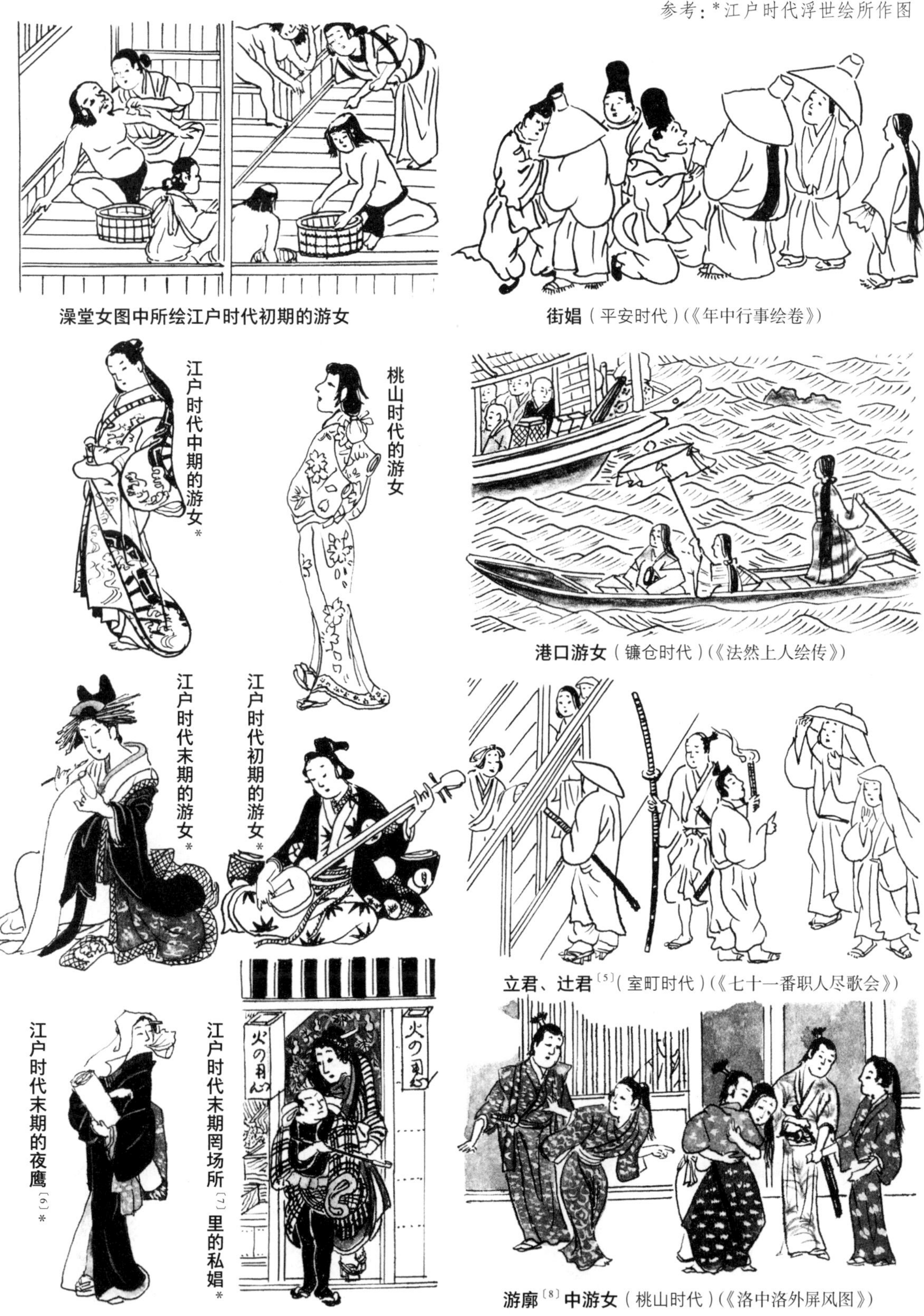

澡堂女图中所绘江户时代初期的游女

街娼（平安时代）(《年中行事绘卷》)

江户时代中期的游女*

桃山时代的游女

港口游女（镰仓时代）(《法然上人绘传》)

江户时代末期的游女*

江户时代初期的游女*

立君、辻君[5]（室町时代）(《七十一番职人尽歌会》)

江户时代末期的夜鹰[6]*

江户时代末期冈场所[7]里的私娼*

游廓[8]中游女（桃山时代）(《洛中洛外屏风图》)

钵叩（《绘本家贺御伽》）

傀儡子（表演木偶戏的流浪艺人）（《绘本御伽品镜》）

神子（《绘本御伽品镜》）

玩铁轮（《绘本御伽品镜》）

春驹（《绘本御伽品镜》）

单手托积木（《绘本御伽品镜》）

卖反魂丹[9]（《绘本御伽品镜》）

越后狮子（《绘本御伽品镜》）

声色屋（模仿秀）（《绘本江户风俗往来》）

节季候[10]（《略画职人尽》）

住吉舞（《绘本御伽品镜》）

阿房陀罗经歌人（《绘本江户风俗往来》）

读《太平记》（《人伦训蒙图汇》）

女太夫[12]《绘本江户风俗往来》
追鸟女[11]
绫织（点歌）《人伦训蒙图汇》
唱追鸟歌的女太夫《守贞漫稿》（正月一日至十五日头戴编笠）
敲竹板《人伦训蒙图汇》
太神乐《金草鞋》
舞狮子《四时交加》
独狂言《此顷草》
舞狮子《拾遗都名所图会》
笼鞠《近世职人尽绘词》
太夫与才藏《风俗画报》
大和万岁[13]《职人尽发句合》

稻荷的狐舞（《绘本家贺御伽》）

一人搞怪几人弹唱起哄（《绘本家贺御伽》）

耍纸工人偶（《绘本家贺御伽》）

三河万岁（《绘本满都鉴》）

耍蛇人（《绘本家贺御伽》）

源太风流舞（《绘本家贺御伽》）

江户万岁（《绘本满都鉴》）

品玉（《绘本家贺御伽》）

耍猴儿（《绘本家贺御伽》）

机关万花筒（《绘本家贺御伽》）

人影戏（《绘本家贺御伽》）

卖手车（《绘本家贺御伽》）（即现代溜溜球）

磨镜子（《绘本家贺御伽》）

卖糖人（《风俗画报》）

愿人坊[14]（《江户职人歌合》）

深井志道轩的辻讲释（路口讲道）

出诊牙医（《绘本家贺御伽》）

女卖糖人

愿人坊中的代垢离[15]（《绘本御伽品镜》）

辻讲释（路口讲道）（《绘本御伽品镜》）

都鸟（纸鸟玩具）（《绘本家贺御伽》）

万卖糖[16]（《风俗画报》）

天满卖糖（《绘本御伽品镜》）

卖长崎祛痰药（《绘本家贺御伽》）

镰仓节卖糖[17]（《绘本江户风俗往来》）

大黑舞（《绘本御伽品镜》）

挑担卖鱼人（《绘本家贺御伽》）

出典：右侧《北斋漫画》，左侧《江户与东京风俗野史》

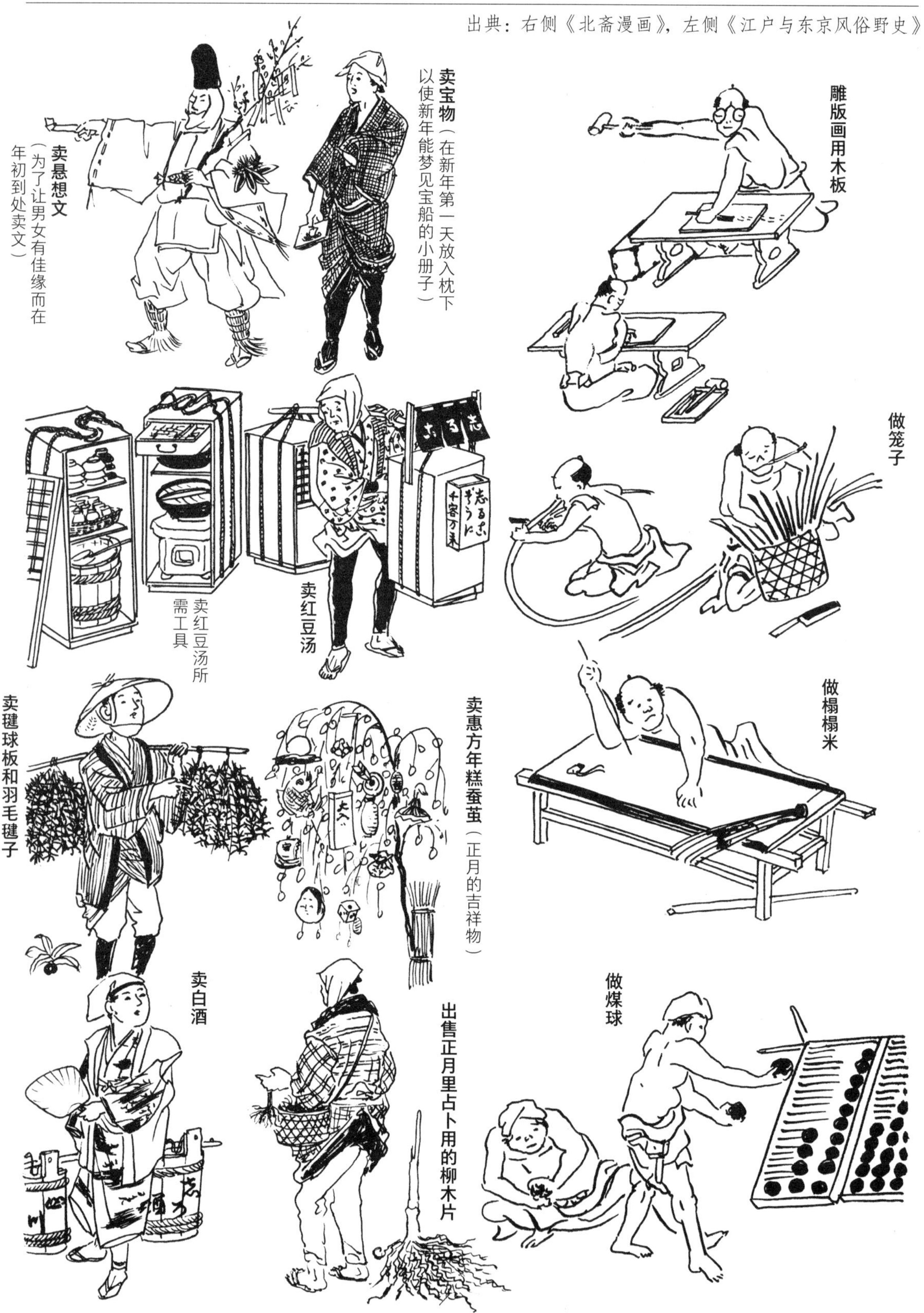

卖鼠药《绘本家贺御伽》

豆藏《绘本御伽品镜》

卖漂白布《绘本御伽品镜》

舟上卖田乐煮《绘本御伽品镜》

卖水中花《绘本家贺御伽》

卖发油、梳子、发圈《绘本御伽品镜》

卖牡蛎《绘本御伽品镜》

卖乌蛤《绘本御伽品镜》

卖蚬《绘本御伽品镜》

卖蓬艾《绘本御伽品镜》

卖红薯《绘本御伽品镜》

卖况香《绘本御伽品镜》

卖花团子《绘本御伽品镜》

卖萤火虫《绘本御伽品镜》

卖松山膏药《绘本御伽品镜》

卖团扇《绘本家贺御伽》

出典:《江户与东京风俗野史》

出典:《江户与东京风俗野史》

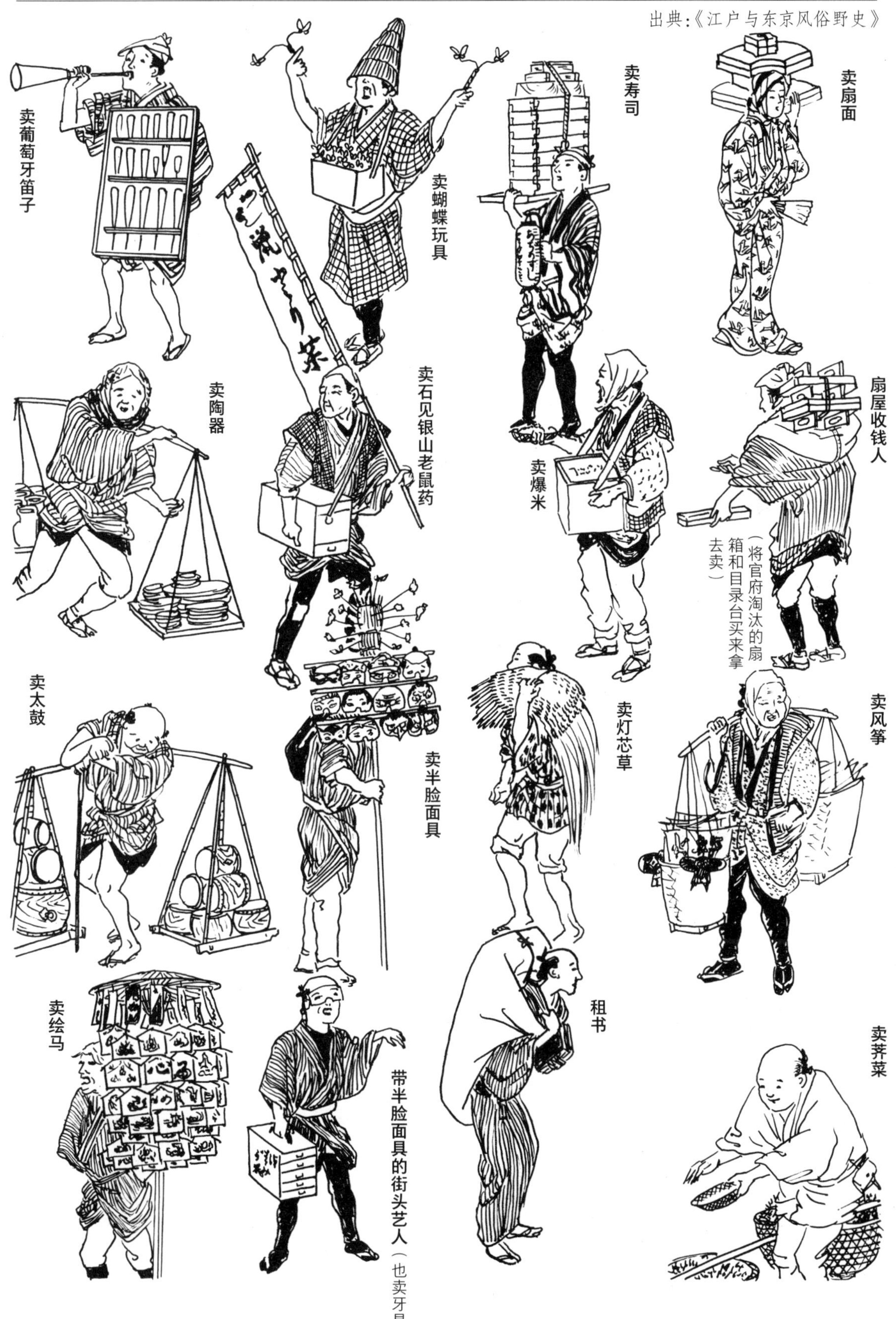

出典:《江户与东京风俗野史》

出典:《江户与东京风俗野史》

出典:《江户与东京风俗野史》

出典:《江户与东京风俗野史》

出典:《江户与东京风俗野史》

注释

1. 棹铜，日本近代主要对外出口的铜的种类。
2. 烧铂，日本近代矿山生产的金、银、铜、锡等矿石。
3. 山伏，修验道的修行者。
4. 游女，艺伎、娼妓。
5. 辻君，《七十一番人尽歌会》中对站在路边招徕客人的街娼的称呼。
6. 夜鹰，在路上揽客的游女，以四五十岁的年长者居多。
7. 罔场所，江户时代未取得幕府许可的游女聚集地。
8. 游廓，风俗街，其形成可追溯至安土桃山时代。
9. 反魂丹，治疗胃痛、腹痛的丸药。
10. 节季候，年末至新年期间以江绢遮面着奇装异服的人，载歌载舞，说着新春祝福向路人讨米讨钱。
11. 追鸟女，作为庆祝新年的一项表演，挨家挨户唱追鸟歌的艺人。
12. 女太夫，戴笠的女子，边弹边说，挨家挨户讨钱要米。
13. 万岁，又称万才。日本传统艺术表演形式之一，是漫才的雏形。
14. 愿人坊，去神社等地替人求福祈愿之人。
15. 代垢离，被参拜伊势神宫的人委托，替其洗冷水澡洁净身心的人。
16. 万卖糖，男扮女装者，边跳舞边卖糖。
17. 节卖糖，边弹三味线边卖糖者。
18. 箱庭，在盒子里放入山水、人偶等按比例缩小的模型，观者可通过盒上的开口向里望，欣赏其中的别样景观。
19. 莽草，其叶散发自然香味，可用来供佛，或干燥后磨粉制香。
20. 灯笼花，红色花萼包着果实，形似引导死者灵魂的灯笼，日本盂兰盆节上，将其带枝装饰在没有死者排位的祭棚上。

第六辑

乘物及旅行风俗

出典:《故实丛书·舆车图考》

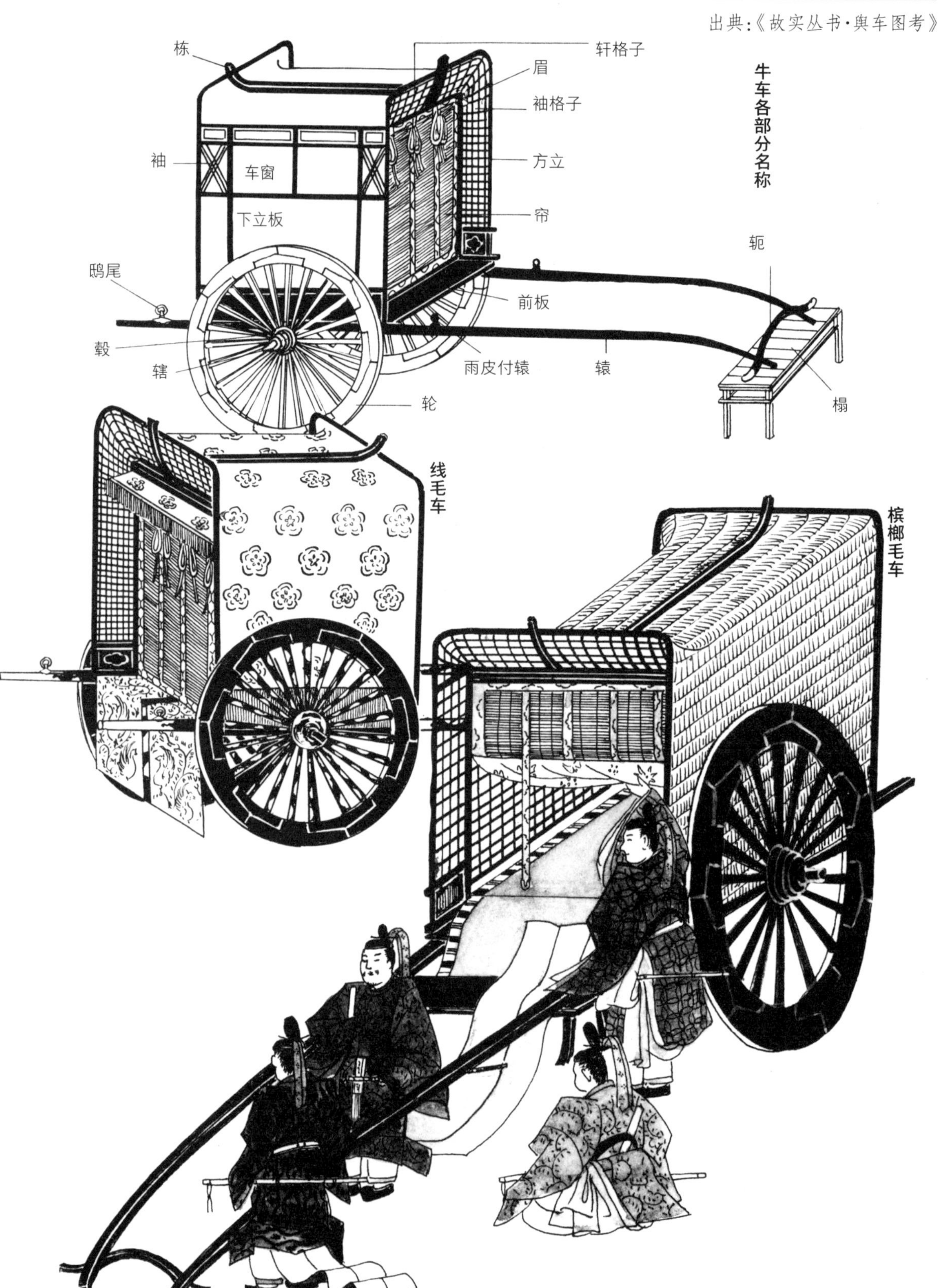

出典:《故实丛书·舆车图考》

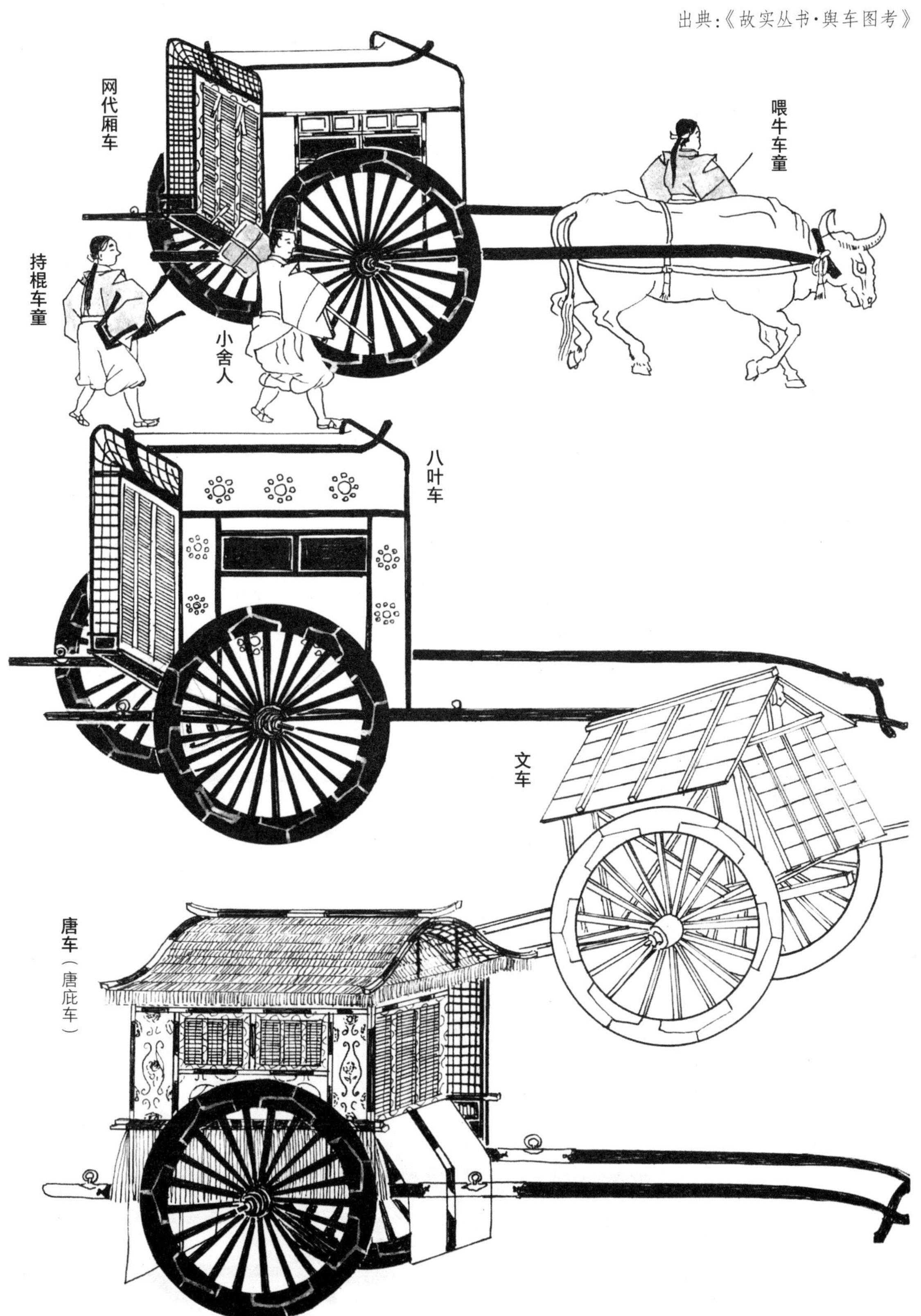

出典:《故实丛书·舆车图考》

凤辇亦称鸾舆，是天皇在朝观与元旦时所坐轿子。

凤辇（《年中行事绘卷》）

出典:《故实丛书·舆车图考》

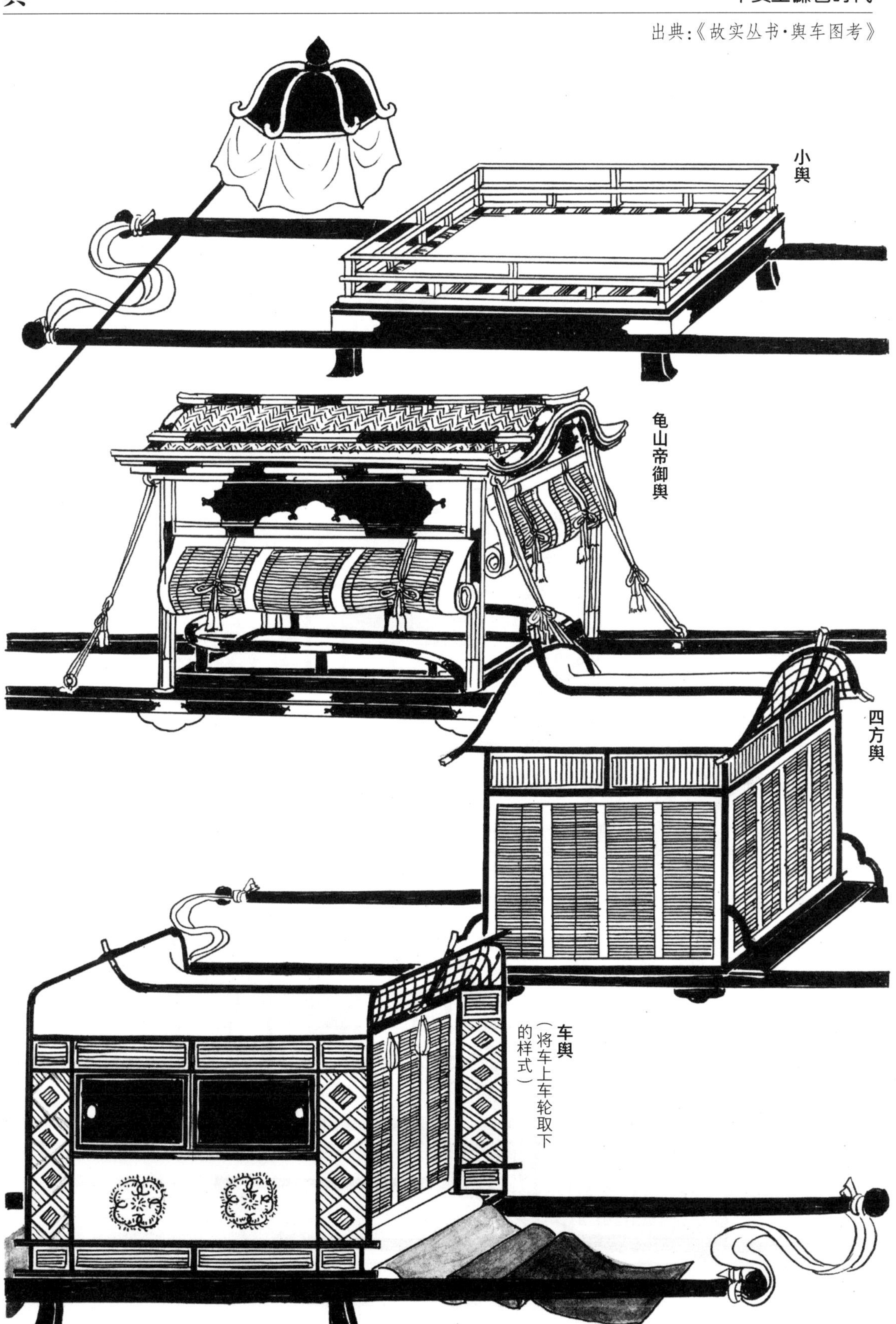

出典：*《故实丛书·舆车图考》

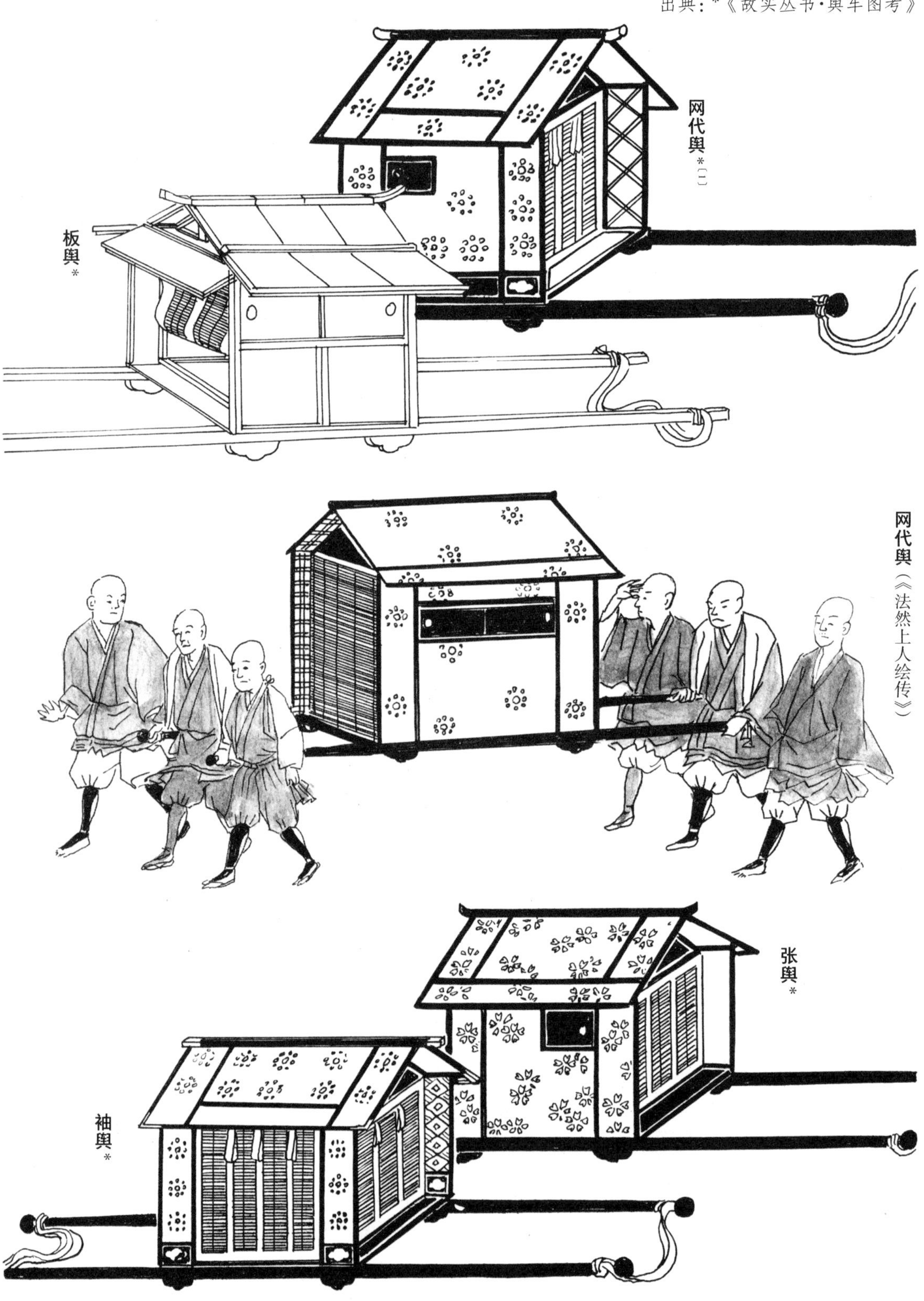

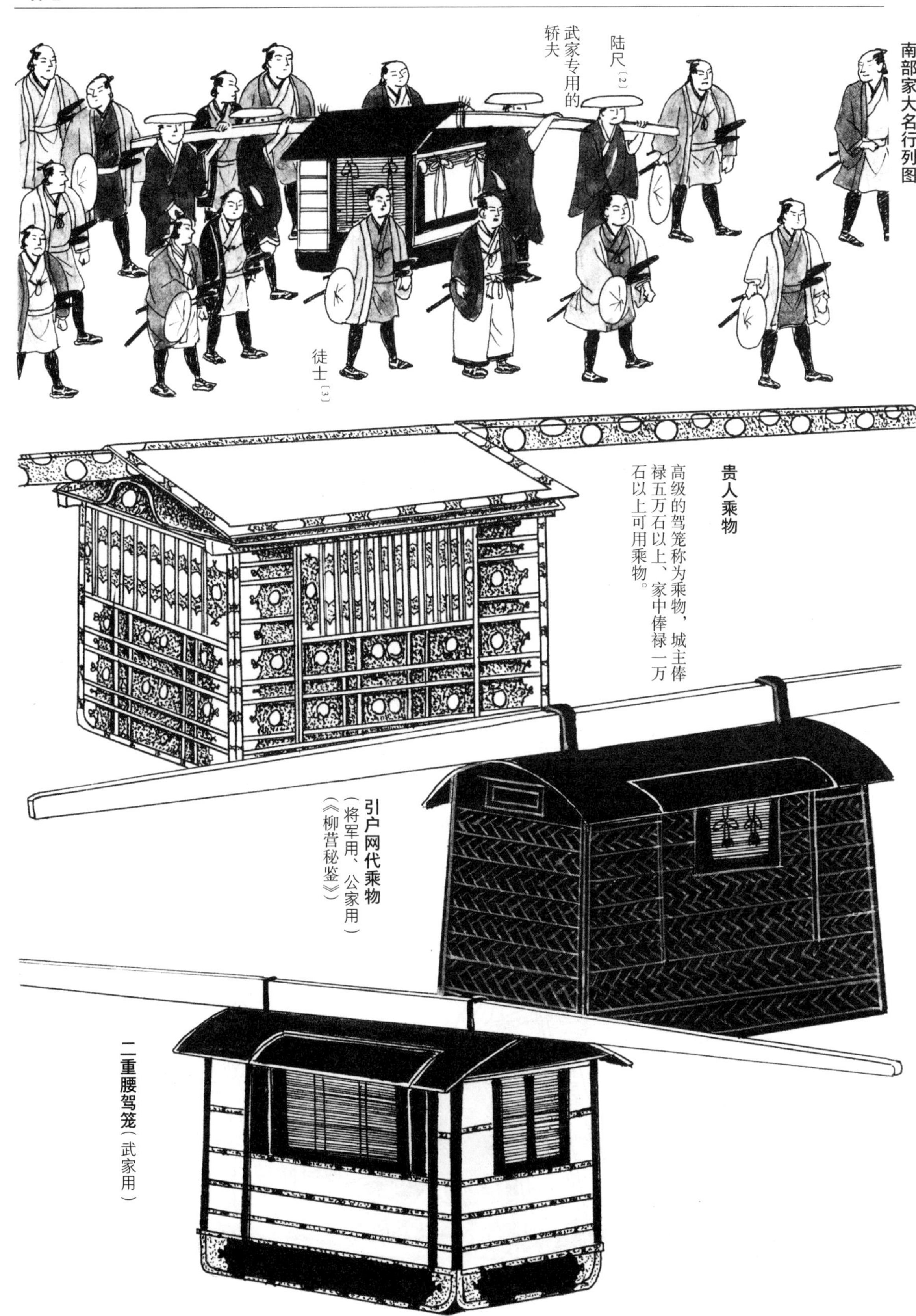
南部家大名行列图
陆尺[2]
武家专用的轿夫
徒士[3]
贵人乘物
高级的驾笼称为乘物，城主俸禄五万石以上、家中俸禄一万石以上可用乘物。
引户网代乘物（将军用、公家用）
《柳营秘鉴》
二重腰驾笼（武家用）

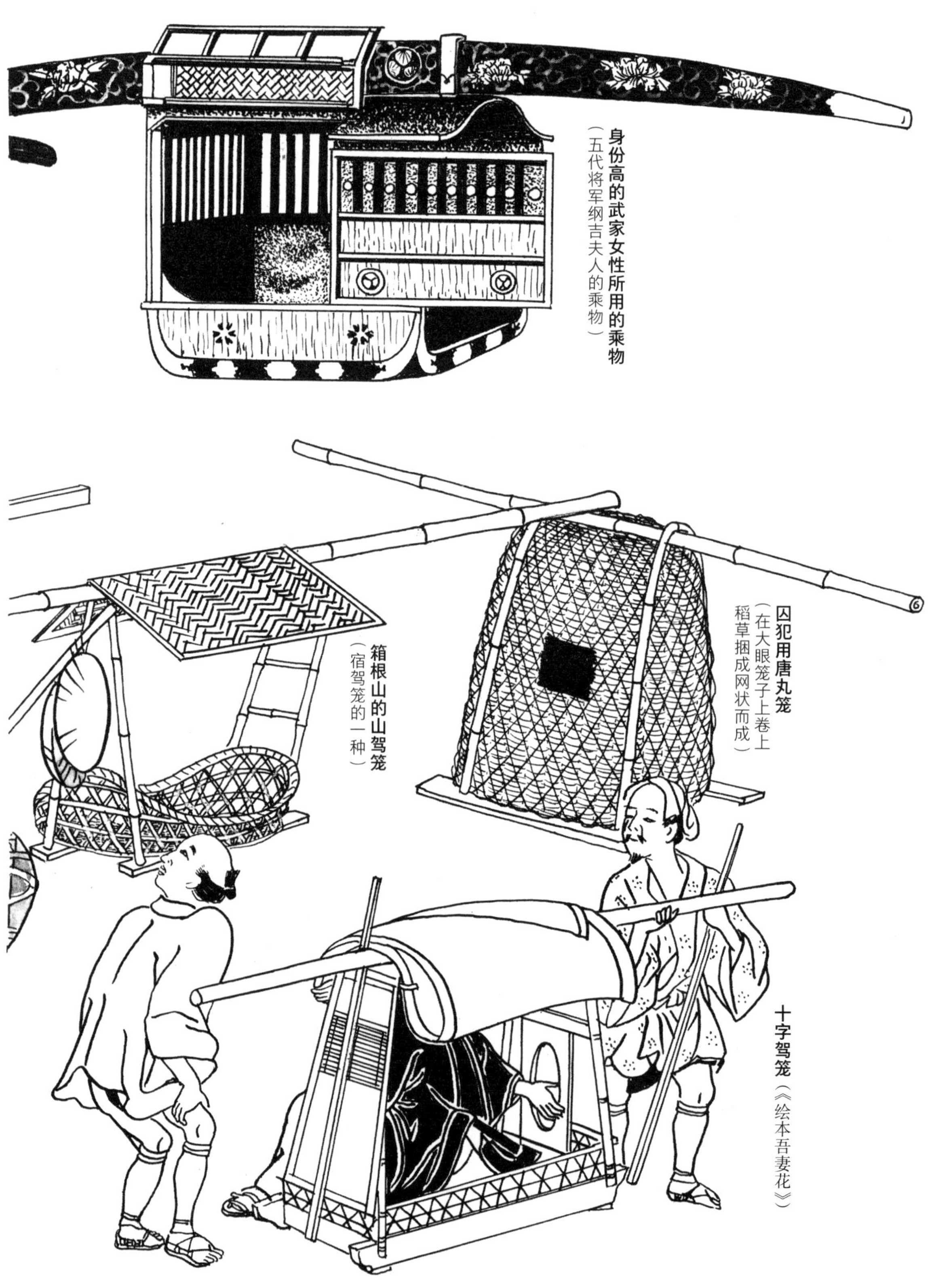
身份高的武家女性所用的乘物
（五代将军纲吉夫人的乘物）
箱根山的山驾笼
（宿驾笼的一种）
囚犯用唐丸笼
（在大眼笼子上卷上稻草捆成网状而成）
十字驾笼
（《绘本吾妻花》）

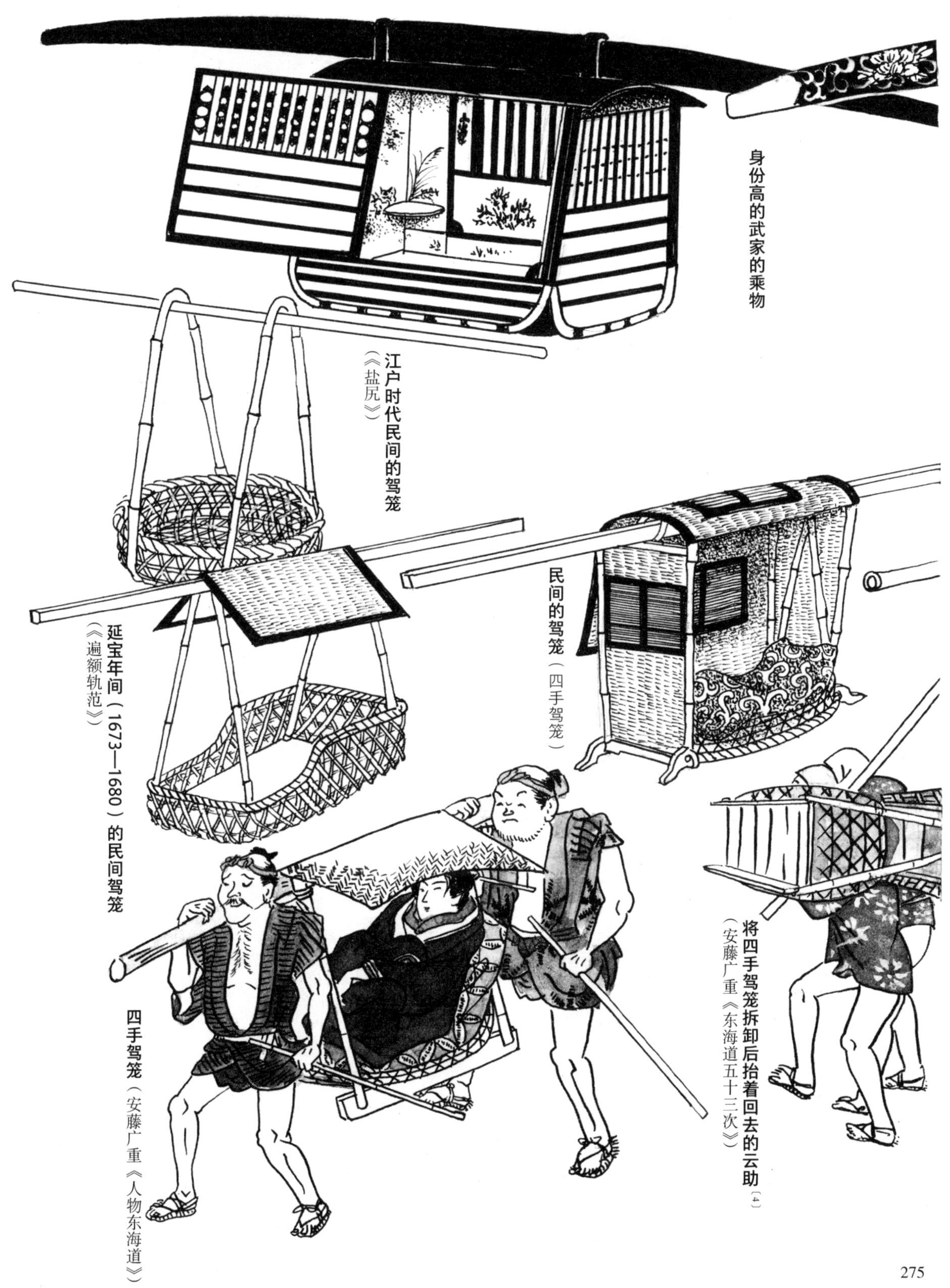

身份高的武家的乘物

江户时代民间的驾笼（《盐尻》）

延宝年间（1673—1680）的民间驾笼（《遍额轨范》）

民间的驾笼（四手驾笼）

将四手驾笼拆卸后抬着回去的云助[4]（安藤广重《东海道五十三次》）

四手驾笼（安藤广重《人物东海道》）

出典:《近世风俗史》

法仙寺驾笼（民间用的高级驾笼）
忍驾笼（大名、夫人用）
行笰（江户与京都、大阪的叫法略有差异。这是平民乘用的轿子的一种）
御留守居驾笼（家老、重臣用）
四路驾笼（京都、大阪）
权门驾笼（武家主人、使者用）

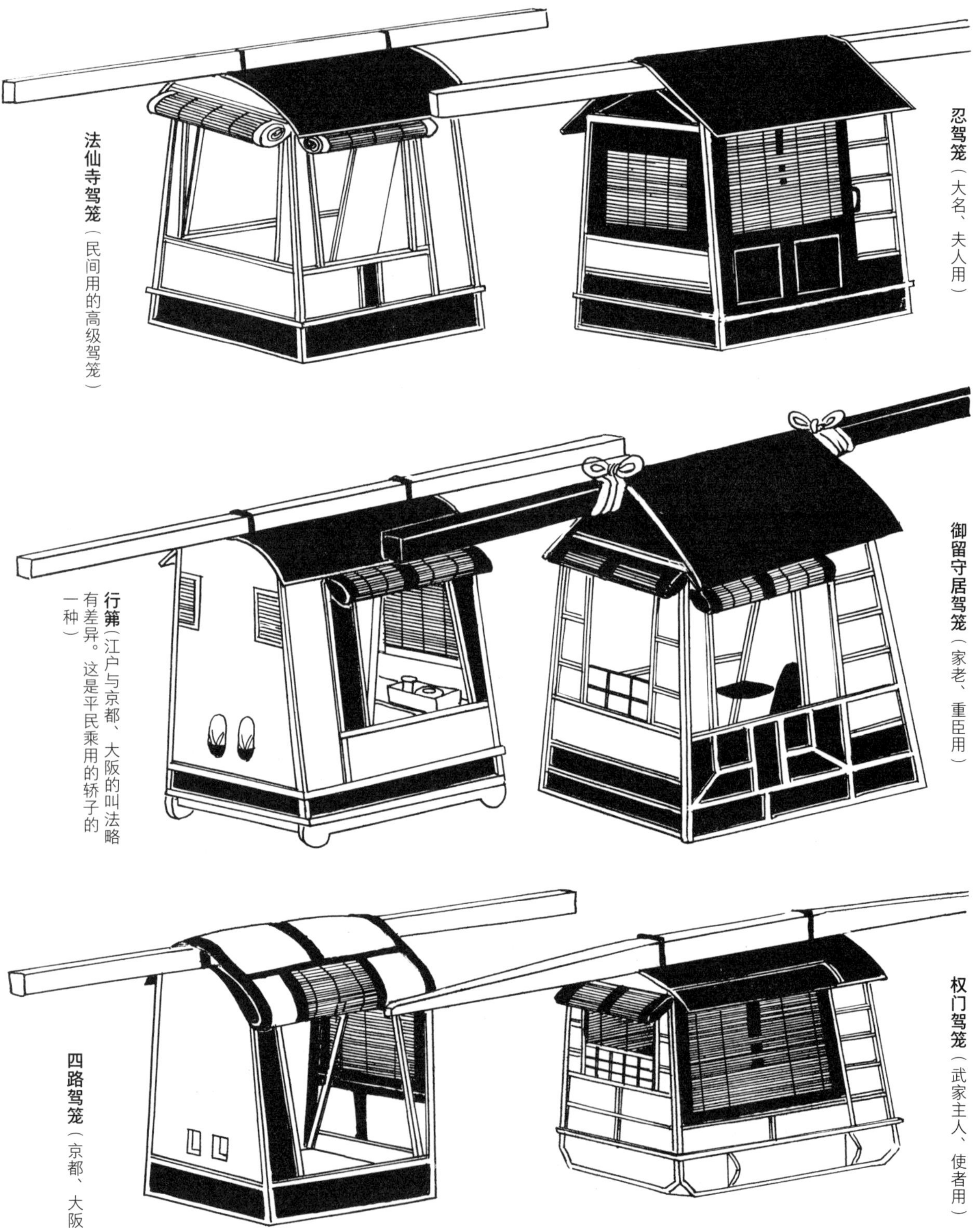

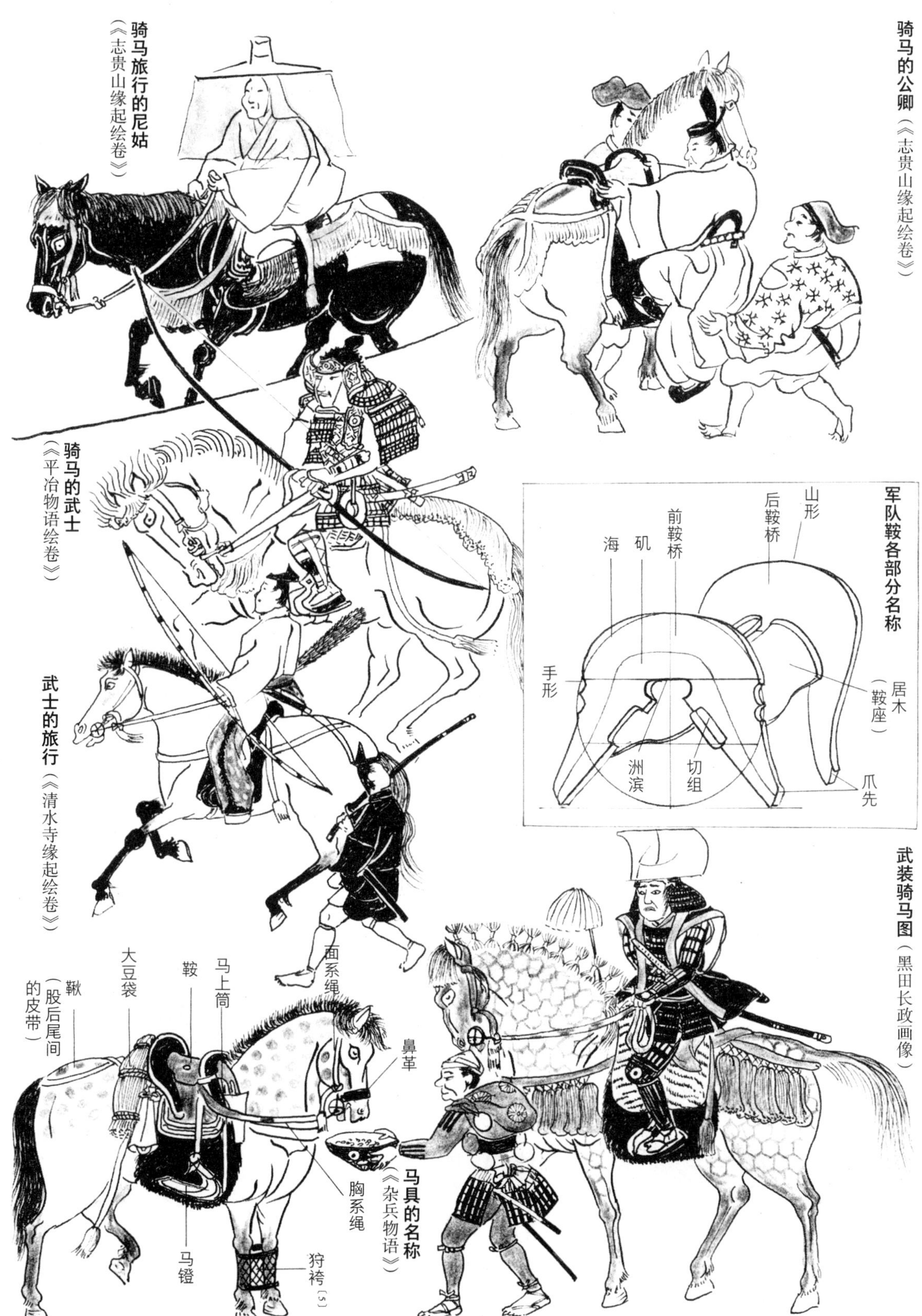
骑马旅行的尼姑（《志贵山缘起绘卷》）
骑马的公卿（《志贵山缘起绘卷》）
骑马的武士（《平治物语绘卷》）
军队鞍各部分名称
山形
后鞍桥
前鞍桥
海
矶
手形
居木（鞍座）
洲滨
切组
爪先
武士的旅行（《清水寺缘起绘卷》）
武装骑马图（黑田长政画像）
鞦（股后尾间的皮带）
大豆袋
鞍
马上筒
面系绳
鼻革
胸系绳
马镫
狩袴[5]
马具的名称（《杂兵物语》）

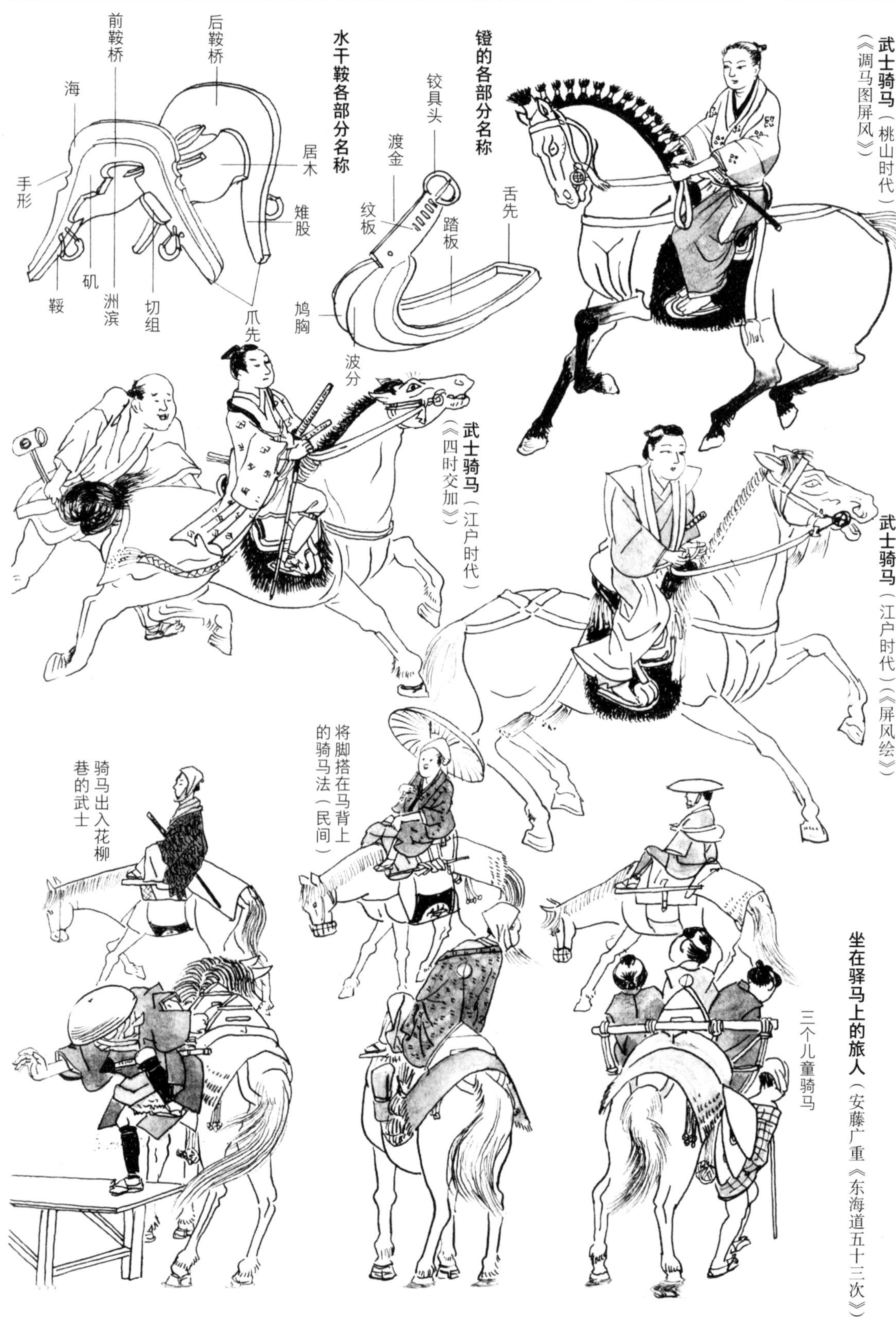
水干鞍各部分名称
前鞍桥
后鞍桥
海
手形
居木
雉股
鞖
矶
洲滨
切组
爪先
镫的各部分名称
铰具头
渡金
纹板
踏板
舌先
鸠胸
波分
武士骑马（桃山时代）《调马图屏风》
武士骑马（江户时代）《四时交加》
武士骑马（江户时代）《屏风绘》
骑马出入花柳巷的武士
将脚搭在马背上的骑马法（民间）
坐在驿马上的旅人（安藤广重《东海道五十三次》）
三个儿童骑马

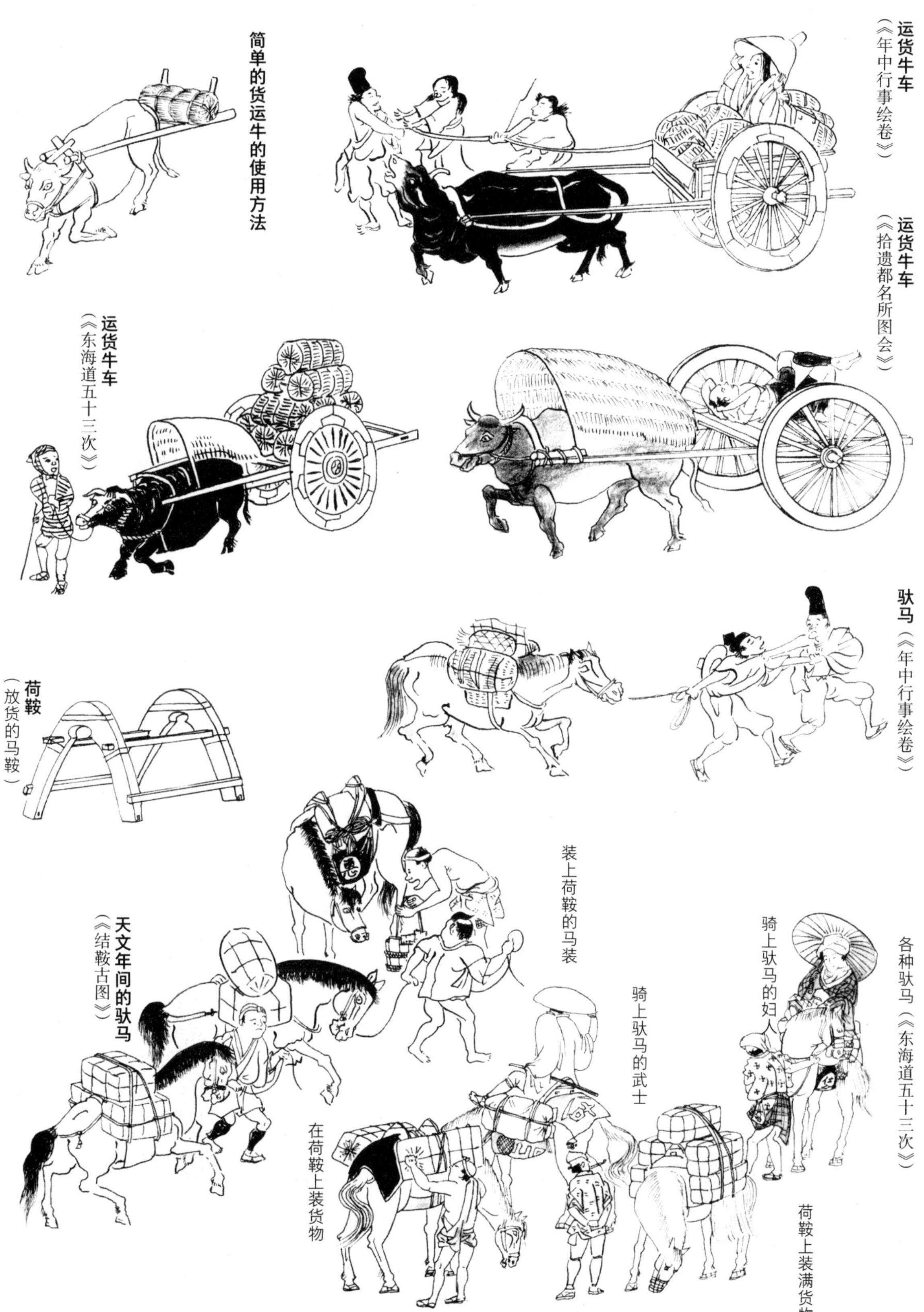
运货牛车（《年中行事绘卷》）
简单的货运牛的使用方法
运货牛车（《拾遗都名所图会》）
运货牛车（《东海道五十三次》）
驮马（《年中行事绘卷》）
荷鞍（放货的马鞍）
装上荷鞍的马装
天文年间的驮马（《结鞍古图》）
各种驮马（《东海道五十三次》）
骑上驮马的妇人
骑上驮马的武士
在荷鞍上装货物
荷鞍上装满货物

各种莲台及肩车（《东海道五十三次》）

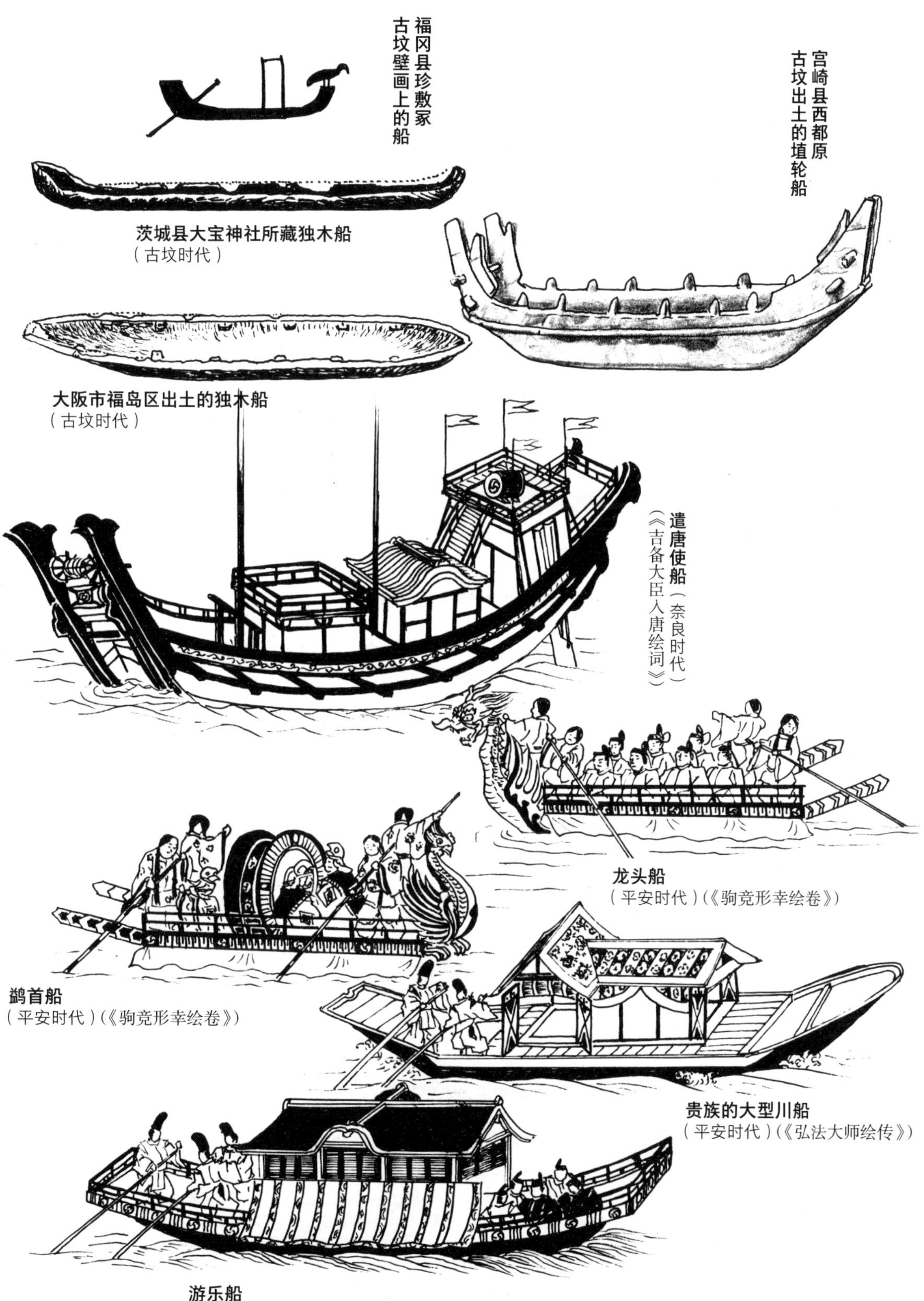
福冈县珍敷冢古坟壁画上的船
宫崎县西都原古坟出土的埴轮船
茨城县大宝神社所藏独木船
（古坟时代）
大阪市福岛区出土的独木船
（古坟时代）
遣唐使船（奈良时代）
（《吉备大臣入唐绘词》）
龙头船
（平安时代）（《驹竞形幸绘卷》）
鹢首船
（平安时代）（《驹竞形幸绘卷》）
贵族的大型川船
（平安时代）（《弘法大师绘传》）
游乐船
（平安时代）（《紫式部日记绘卷》）

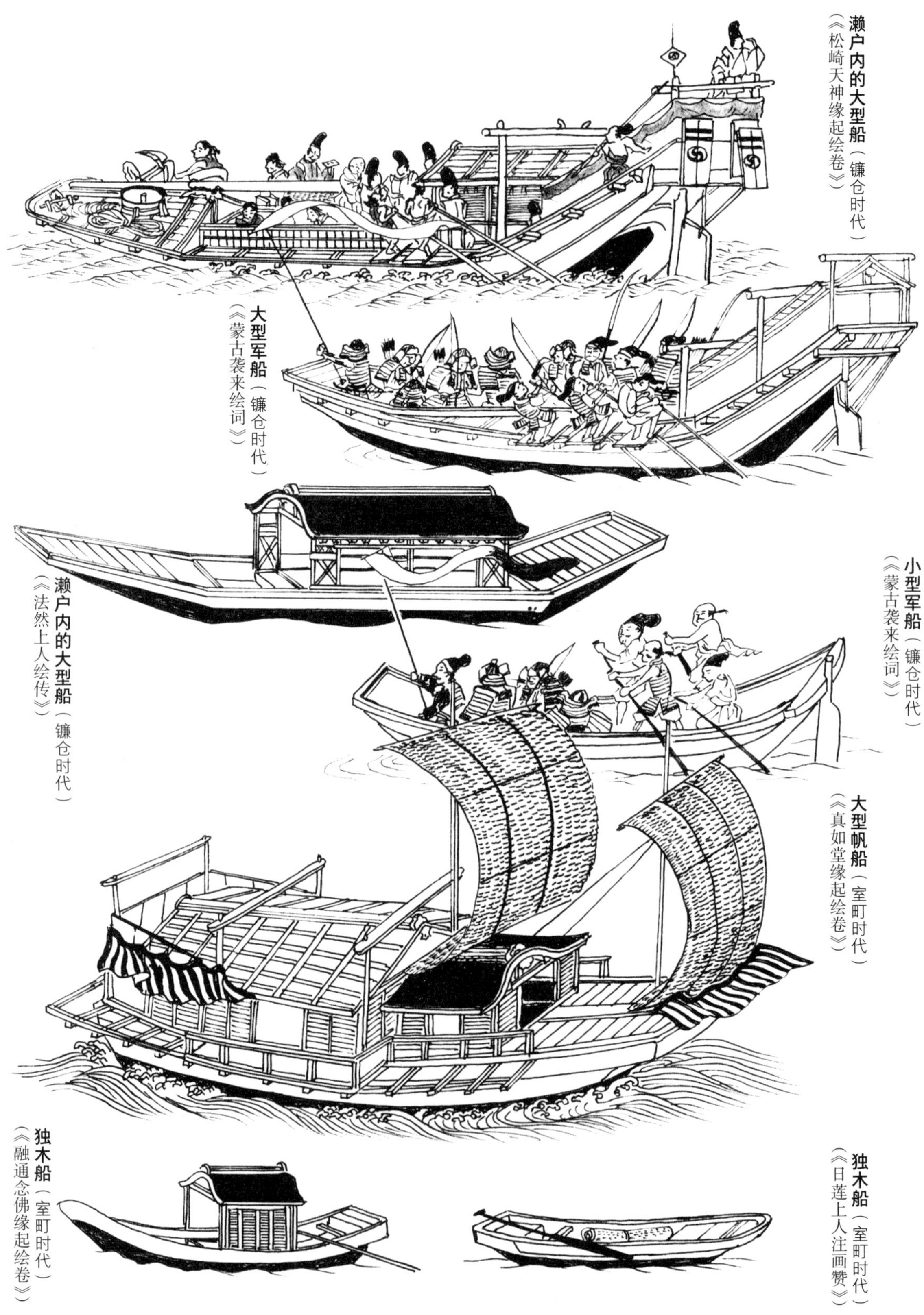

濑户内的大型船（镰仓时代）《松崎天神缘起绘卷》

大型军船（镰仓时代）《蒙古袭来绘词》

濑户内的大型船（镰仓时代）《法然上人绘传》

小型军船（镰仓时代）《蒙古袭来绘词》

大型帆船（室町时代）《真如堂缘起绘卷》

独木船（室町时代）《融通念佛缘起绘卷》

独木船（室町时代）《日莲上人注画赞》

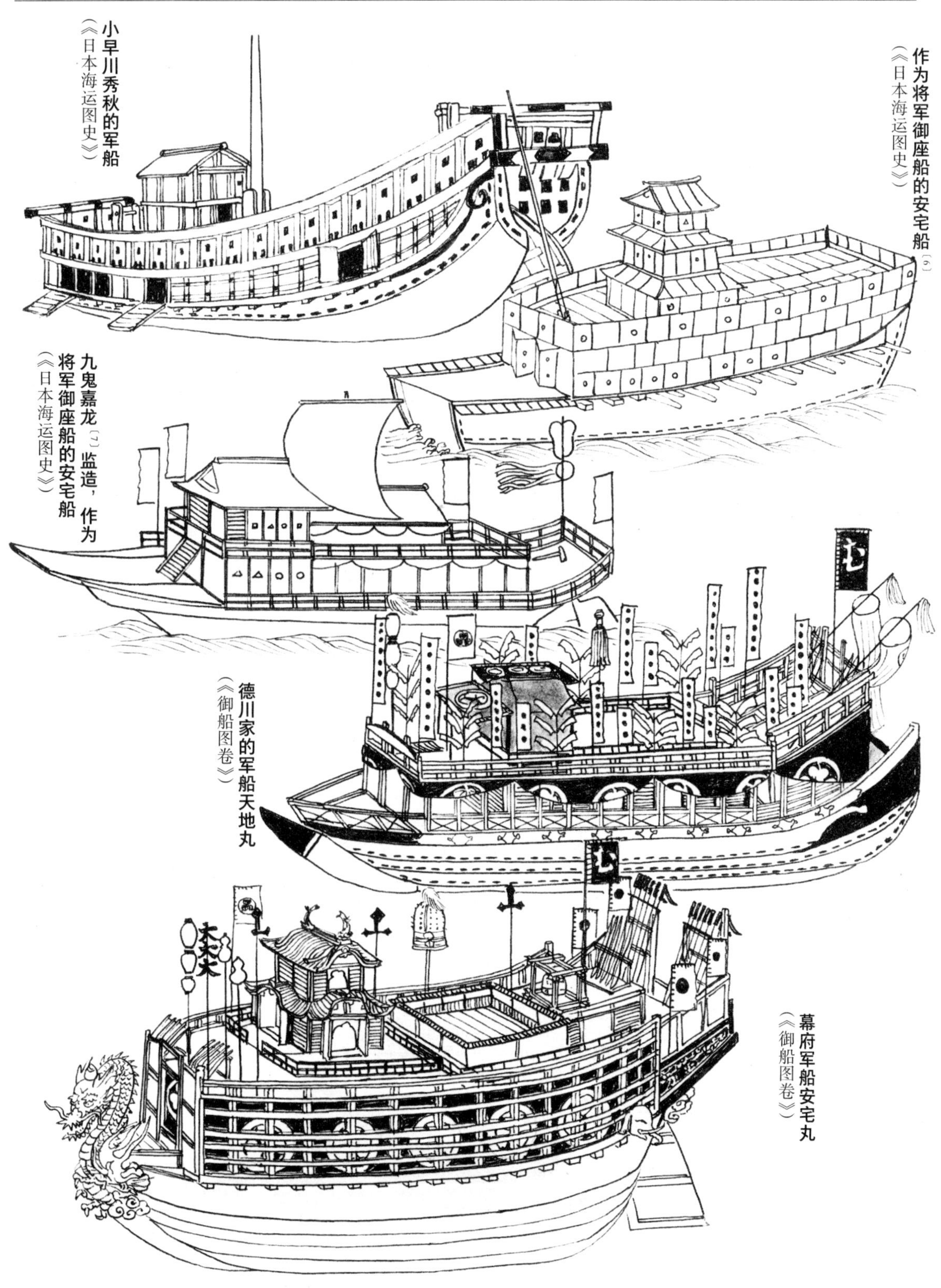

小早川秀秋的军船
《日本海运图史》

作为将军御座船的安宅船[6]
《日本海运图史》

九鬼嘉龙[7]监造，作为将军御座船的安宅船
《日本海运图史》

德川家的军船天地丸
《御船图卷》

幕府军船安宅丸
《御船图卷》

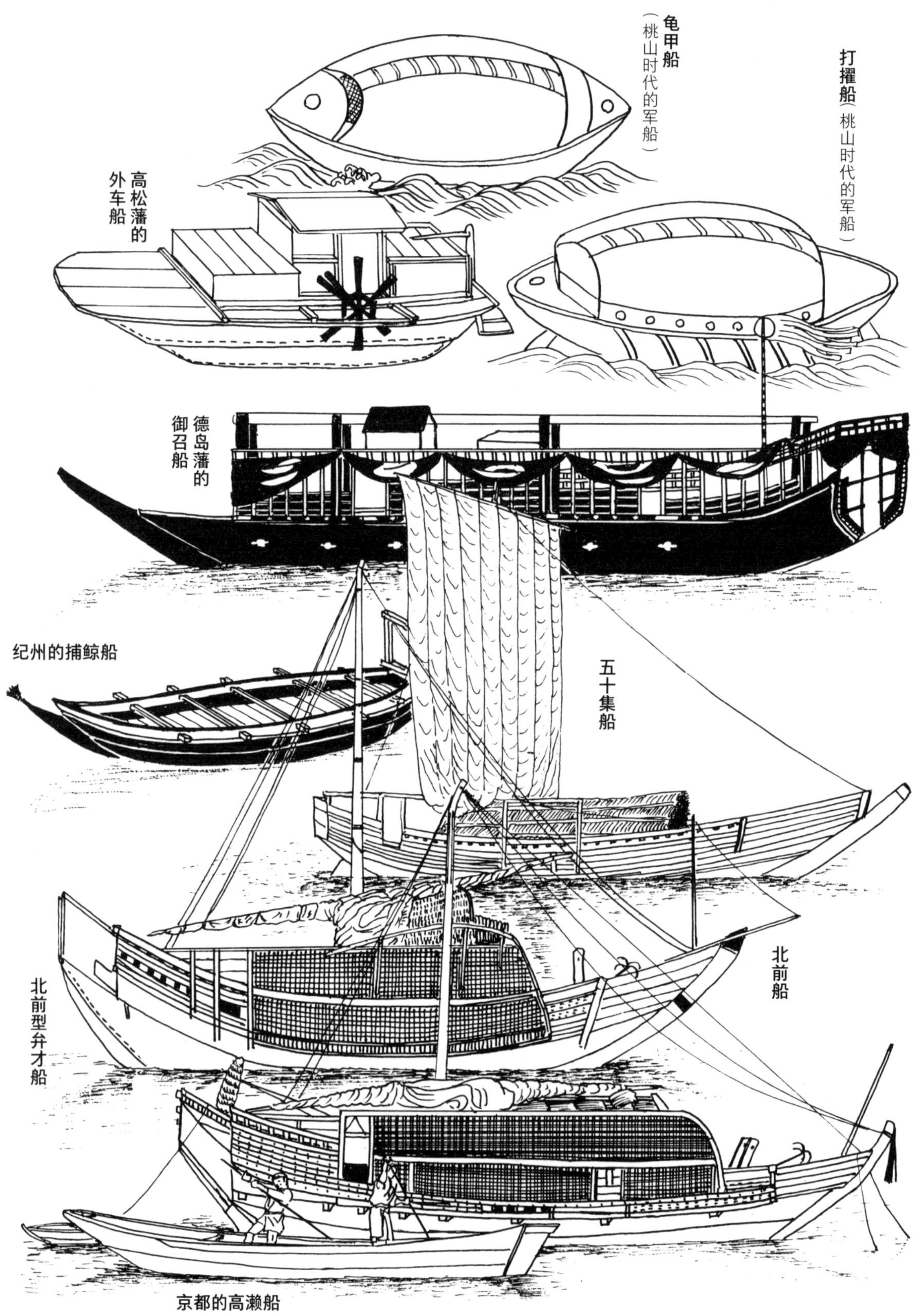
龟甲船
（桃山时代的军船）
打擢船（桃山时代的军船）
高松藩的外车船
德岛藩的御召船
纪州的捕鲸船
五十集船
北前船
北前型弁才船
京都的高濑船

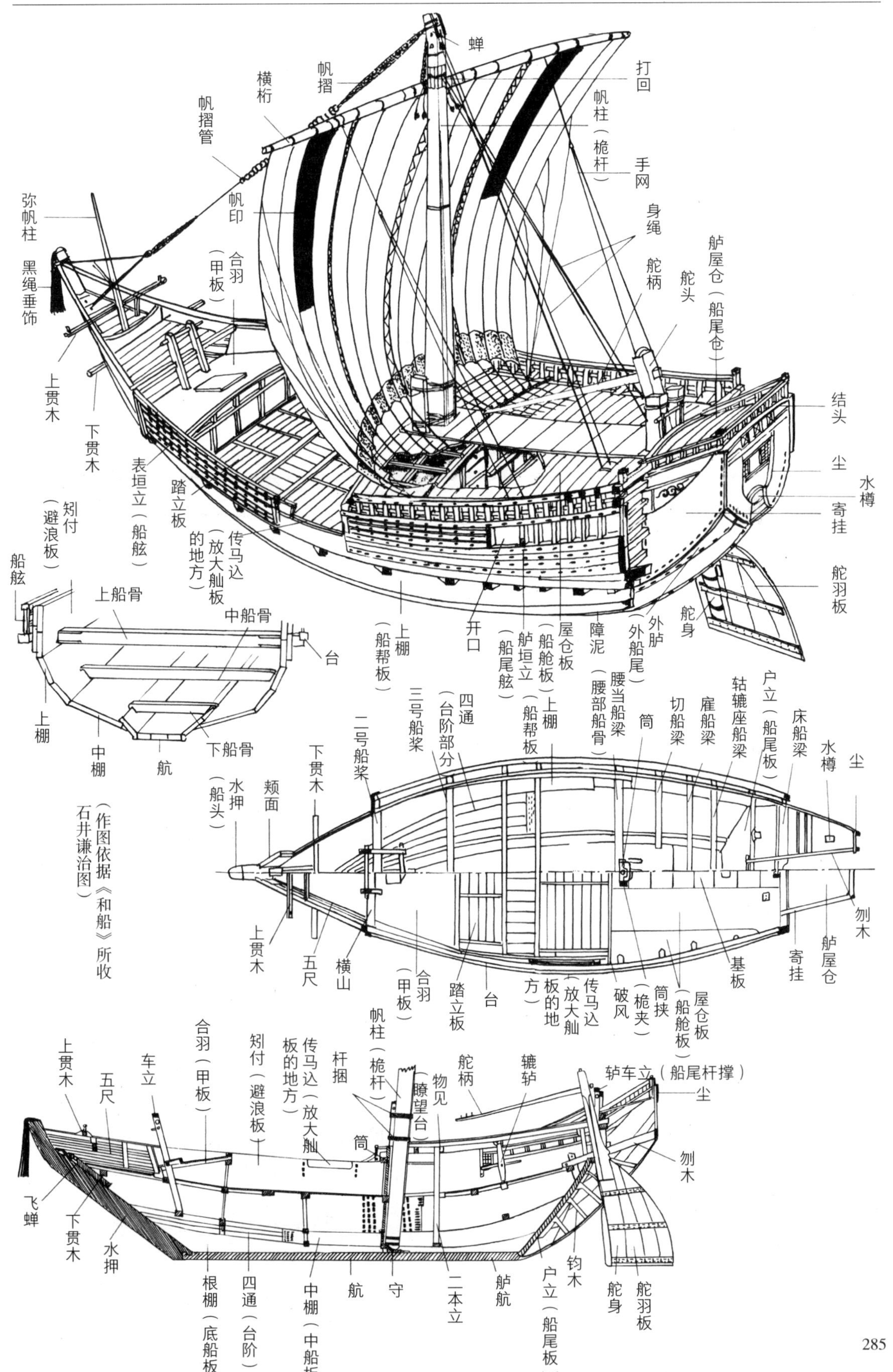
蝉
帆摺
横桁
打回
帆柱（桅杆）
帆摺管
手网
弥帆柱
帆印
身绳
合羽（甲板）
舵柄
舻屋仓（船尾仓）
黑绳垂饰
舵头
上贯木
下贯木
结头
表垣立（船舷）
尘
踏立板
水樽
矧付（避浪板）
寄挂
传马込（放大舢板的地方）
舵羽板
船舷
舵身
上船骨
外舻（外船尾）
中船骨
障泥
台
上棚（船帮板）
开口
屋仓板（船舱板）
舻垣立（船尾舷）
上棚（船帮板）
上棚
中棚
航
下船骨
腰当船梁（腰部船骨）
筒
切船梁
雇船梁
轱辘座船梁
户立（船尾板）
床船梁
水樽
尘
四通（台阶部分）
三号船桨
二号船桨
下贯木
水押（船头）
颊面
（作图依据《和船》所收石井谦治图）
上贯木
五尺
横山
合羽（甲板）
踏立板
台
传马込（放大舢板的地方）
破风
筒挟（桅夹）
屋仓板（船舱板）
基板
寄挂
舻屋仓
刎木
帆柱（桅杆）
杆捆
物见（瞭望台）
舵柄
辘轳
轳车立（船尾杆撑）
尘
上贯木
五尺
车立
合羽（甲板）
矧付（避浪板）
传马込（放大舢板的地方）
筒
刎木
飞蝉
下贯木
水押
根棚（底船板）
四通（台阶）
中棚（中船板）
航
守
二本立
舻航
户立（船尾板）
钓木
舵身
舵羽板

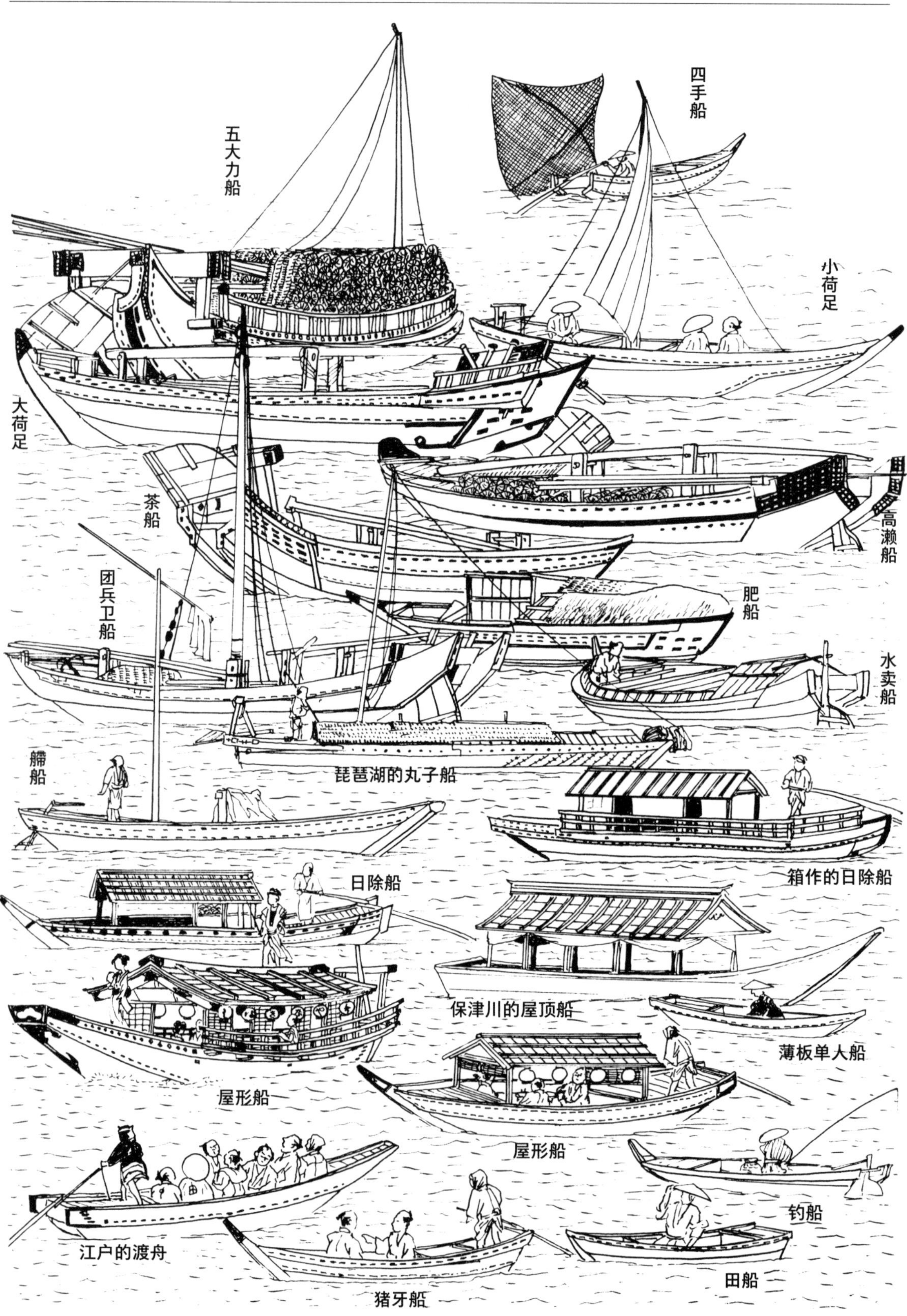
四手船
五大力船
小荷足
大荷足
茶船
高濑船
团兵卫船
肥船
水卖船
艜船
琵琶湖的丸子船
日除船
箱作的日除船
保津川的屋顶船
薄板单人船
屋形船
屋形船
钓船
江户的渡舟
田船
猪牙船

注释

1. 网代舆，将竹子或桧木等削薄，编织成竹箔或竹栅。
2. 陆尺，以轿夫为代表的、包括清扫夫等群体的下层杂役。
3. 徒士，步行随侍在驾笼周围的低级武士。
4. 云助，指江户时代运货物、抬驾笼等的人。
5. 狩袴，多指狩猎时猎人的下身着装，此处指马的绑腿。
6. 安宅船，日本战国时代开始出现的近海大型战船。
7. 九鬼嘉隆，日本战国至安土桃山时代的大名及武将，率领九鬼水军。

第七辑

信仰与生活

出典:《绘本风俗往来》《江户与东京风俗野史》

十月十三日（日莲宗家庭举行祈祷仪式）

盂兰盆（家中供养先祖的精灵棚）

原始宗教的土偶容器（里面放有幼儿骨灰）（神奈川县足柄上郡旧和田村出土）

绳文时代的土偶（传其为神像或信仰中有灵性可避邪之物）

石神信仰（广岛县广岛市福田棕山遗迹）

神社中的神栖所（神木）

栃木县盐谷郡高根泽町的石神（古代至今）

神栖所（平安时代）《年中行事绘卷》

道祖神信仰（平安时代）《年中行事绘卷》

巫女祷告（平安时代）《年中行事绘卷》

以山伏修验来祈祷（室町时代）《山王灵验记》

庚申讲（江户时代）《庚申利生记》

在没有河的地方举行千垢离
（江户时代）（野村文沼画）

六月开山（参拜富士浅间，江户时代）

参拜大山石尊的妇人千垢离[1]
（歌川菊麿画）

参考:《新纂佛像图鉴》

金刚界大日如来各部分名称

药师如来（结跏趺坐像）各部分名称

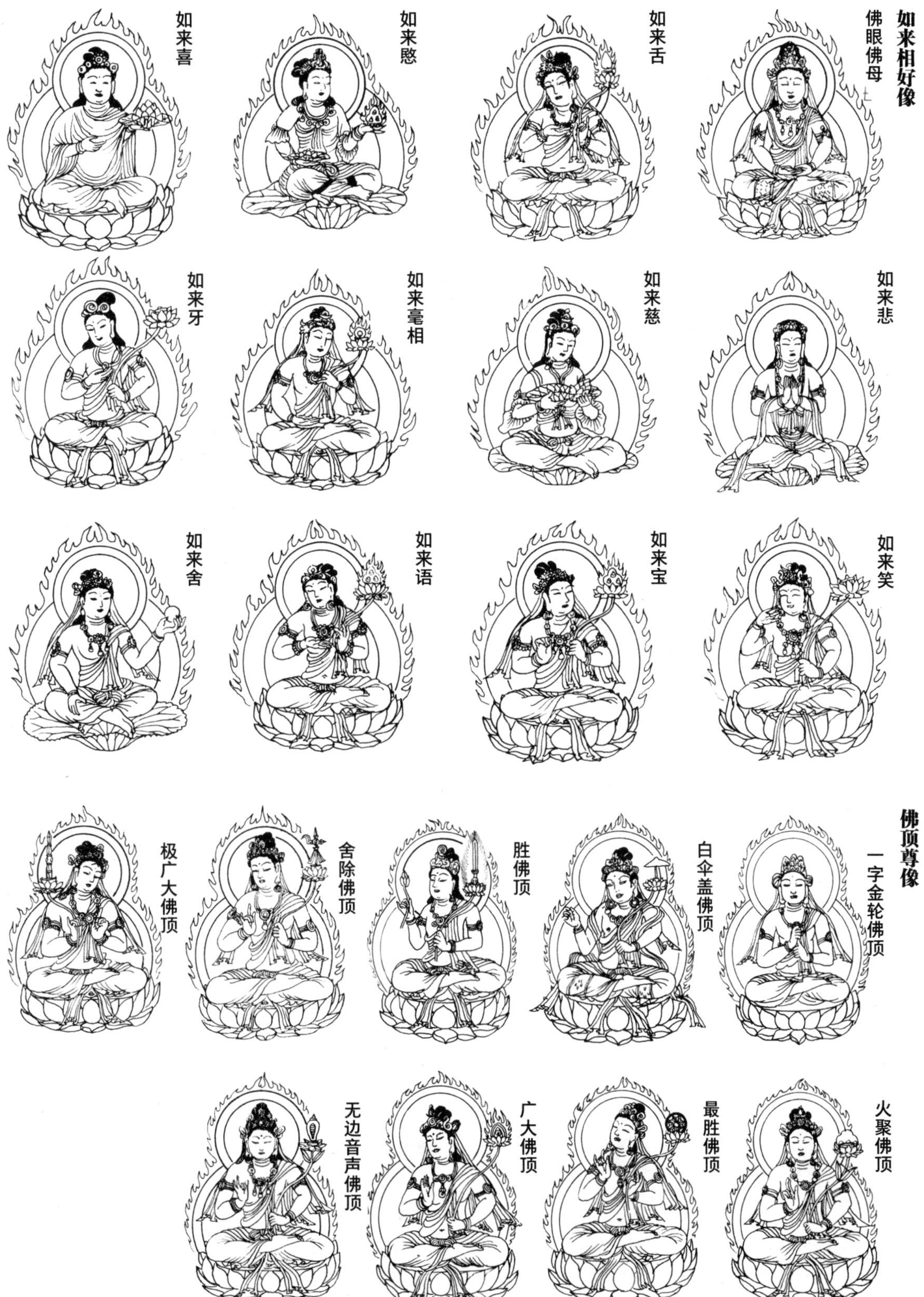
如来相好像
佛眼佛母
如来舌
如来愍
如来喜
如来悲
如来慈
如来毫相
如来牙
如来笑
如来宝
如来语
如来舍
佛顶尊像
一字金轮佛顶
白伞盖佛顶
胜佛顶
舍除佛顶
极广大佛顶
火聚佛顶
最胜佛顶
广大佛顶
无边音声佛顶

莲上佛顶
不空见菩萨
弥勒菩萨各部分名称
头光
宝冠
莲花与军持瓶
垂发
璎珞
身光
臂钏
腕钏
莲花座（台座）
香象菩萨
莲上香器
除恶趣菩萨（阿波夜惹贺）
施无畏印
无尽意菩萨
智幢菩萨
虚空藏菩萨
除忧暗菩萨（除一切忧冥菩萨）
智积（辩积）菩萨
月光菩萨
无量光菩萨
大精进菩萨
普贤菩萨
金刚藏菩萨
网明菩萨
贤护菩萨

文殊菩萨
普贤延命菩萨
普贤菩萨
稚儿文殊
二十五菩萨之普贤
雅尔普贤
文殊菩萨
文殊菩萨（中台八叶院）
龙树菩萨
药王菩萨
大随求菩萨
香王菩萨
持世菩萨
地藏菩萨
般若菩萨
五大力菩萨
日光菩萨
转法轮菩萨
雷电吼菩萨
金刚吼菩萨
无畏十力吼菩萨
无量力吼菩萨
龙王吼菩萨

披叶衣观音

准提观音

圣观音（直立）各部分名称

头光

宝髻

白毫

三道

垂发

璎珞

水瓶

天衣

腕钏

裾（裳）

莲花座（台座）

十一面观音

如意轮观音

观自在观音

马头观音

延命观音
一如观音
大吉祥变观音
千手观世音菩萨
琉璃观音
不二观音
六时观音
多罗尊观音
持莲观音
普悲观音
白身观自在菩萨
水吉祥菩萨
德王观音
洒水观音
马郎妇观音
莲花军荼利菩萨
丰财菩萨
能静观音
威德观音
水月观音
阿耨观音

一叶观音
龙头观音
杨柳观音
不空羂索观音
青头观音
阿摩𩑶观音
青颈观自在菩萨
蛤蜊观音
莲卧观音
白衣观音
游戏观音
鱼篮观音
施药观音
泷见观音
合掌观音
叶衣观音
岩户观音
众宝观音
阿摩提观音

降三世明王
大威德明王
金刚夜叉明王
不动明王
矜羯罗童子
军荼利明王
制吒迦童子
孔雀明王
双头爱染明王
俱利迦罗龙王
爱染明王
六字明王
太元帅明王
马头明王
胜三世明王
步掷明王
乌枢沙摩明王
无能胜明王
大轮明王

波利采天女（八大龙王之妃）
吉祥天各部分名称
摩利支天
轮光（光背）
宝冠
宝珠
背子
鳍袖
带
长袂衣
蔽膝
裙（裳）
褶
莲花座
辩才天
伎艺花
宝藏天
荼吉尼天
荼吉尼天
飞天

增长天各部分名称
火焰光
狮啮
胸甲
戟
腹甲
腰甲
裙（裳）
袴
胫甲
沓
邪鬼
多闻天
持国天
韦驮天
广目天
帝释天
金刚力士（吽形）
金刚力士（阿形）
（两者合称“仁王”）

诃梨帝母（鬼子神母）
（奈良市常光寺）
大黑天（密教）
梵天
圣天（欢喜天）
大黑天（平安时代）（滋贺县明寿院）
圣天（欢喜天）
大黑天（平安时代）（奈良市北濑公民馆）
三面大黑天（毗沙门天、大黑天、辩才天）（山形县立石寺）
大自在天
大黑天（一般）（奈良市常光寺）

十二将神
宫毗罗大将
伐折罗大将
迷企罗大将
安底罗大将
安你罗大将
因达罗大将
婆夷罗大将
摩虎罗大将
真达罗大将
招杜罗大将
毗羯罗大将
珊底罗大将
火天
焰摩天
罗刹天
水天
风天
伊舍那天

地天
月天
日天
那罗延天
神母天
鸠摩罗天
光音天（光净天）
磨醯首罗天（大自在天）
迦楼罗天
他化自在天
黑暗天（黑夜天）
东方天
冰揭罗天
俱毗罗天
娇答摩

罗刹女
微誓耶
（毗社耶）
梵天后
鸠盘荼
阿修罗
遮文荼
菩提树神
俱生神
三宝荒神
迦陵频迦
药叉
夺衣婆
天狗
喜面天
金刚衣服天
金刚饭食天
金刚摧碎天
常醉天

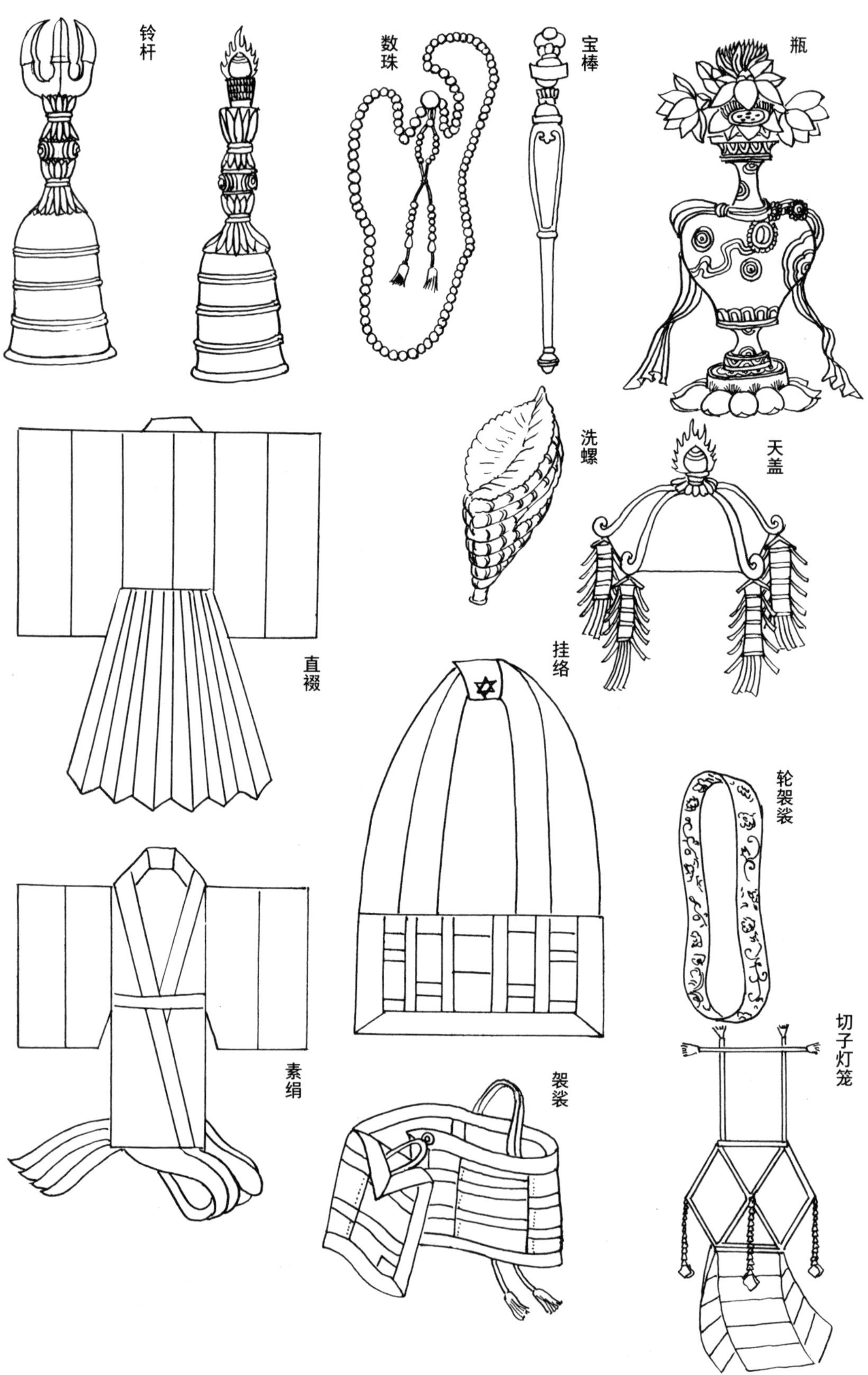
铃杆
数珠
宝棒
瓶
洗螺
天盖
直裰
挂络
轮袈裟
切子灯笼
素绢
袈裟

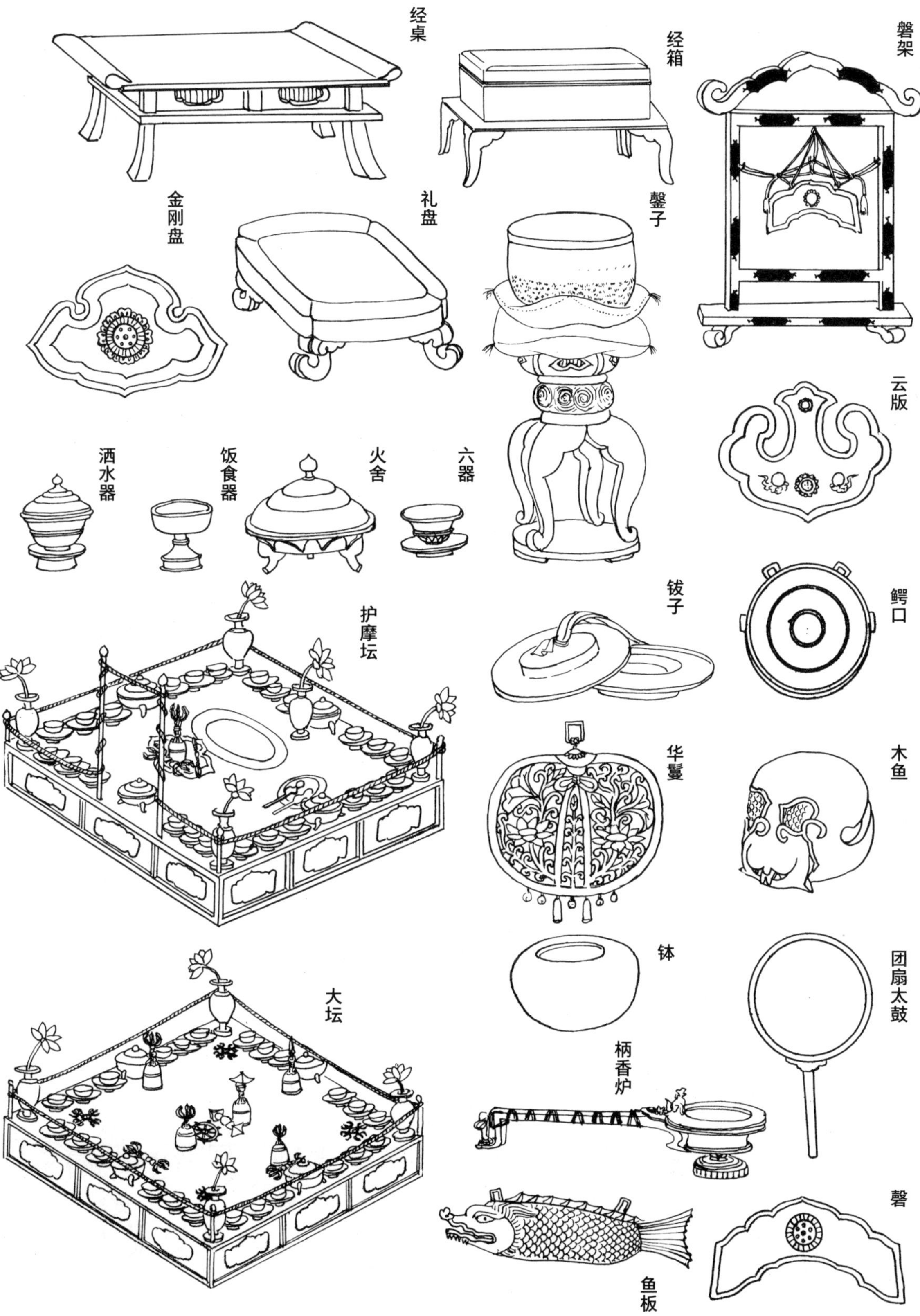
经桌
经箱
磐架
金刚盘
礼盘
鐾子
云版
洒水器
饭食器
火舍
六器
护摩坛
钹子
鳄口
华鬘
木鱼
钵
团扇太鼓
大坛
柄香炉
磬
鱼板

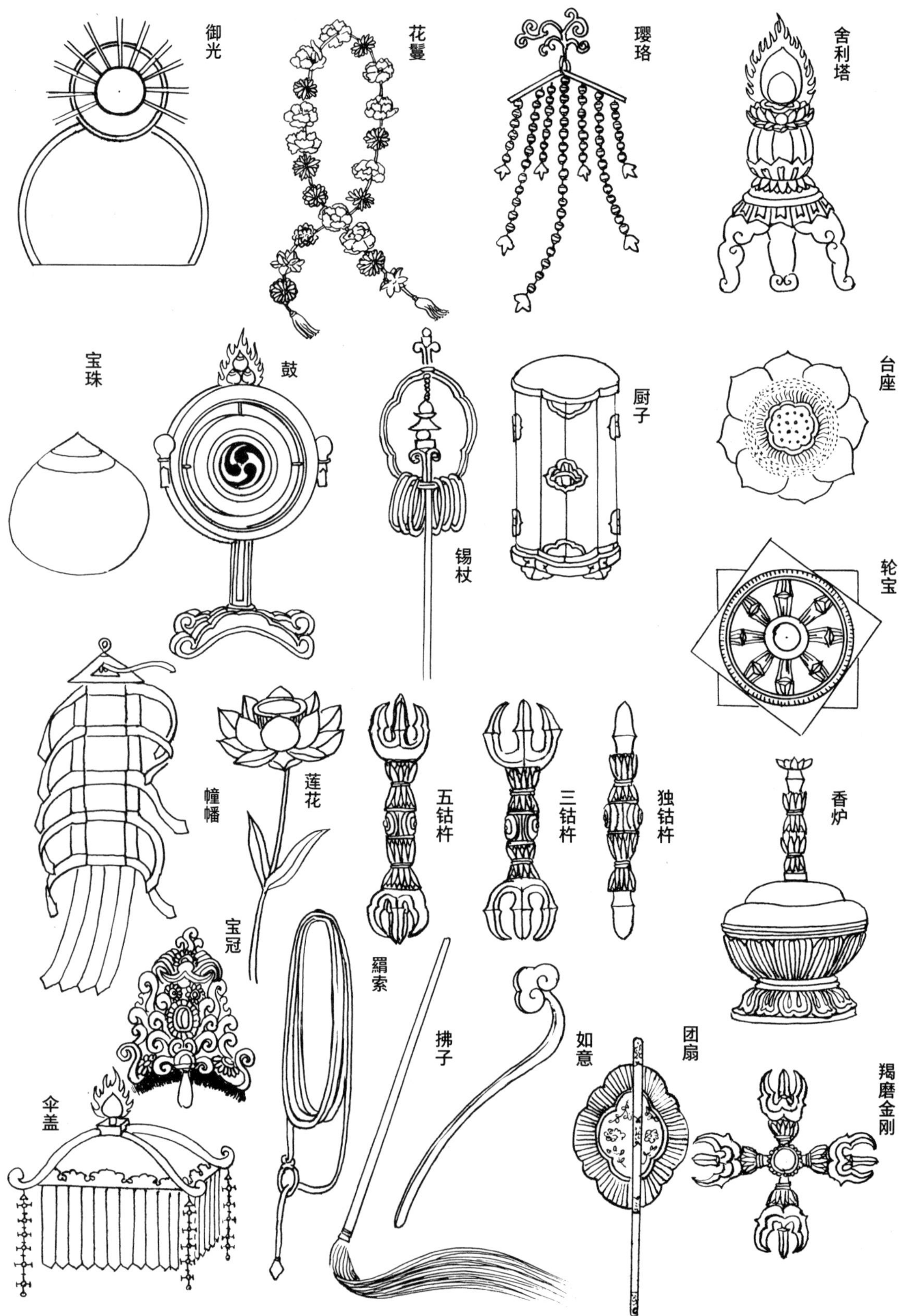
御光
花鬘
璎珞
舍利塔
宝珠
鼓
锡杖
厨子
台座
轮宝
幢幡
莲花
五钴杵
三钴杵
独钴杵
香炉
宝冠
罥索
拂子
如意
团扇
羯磨金刚
伞盖

台座

洲滨座
荷叶座
后座各部分名称
莲肉
莲瓣
上敷茄子
下敷茄子[2]
花盘
反花
上框
下框
方座
琵琶座（不动明王的台座）
礼盘座
须弥座
曲录座
床座
龟趺座
须弥座
鱼鳞座（法金刚院阿弥陀的台座）
禽兽座
圆筒形（广隆寺半迦思惟菩萨的台座）
双盘莲花座
莲花座（法隆寺救世观音的台座）
大佛座
插莲瓣（法隆寺弥勒的台座）

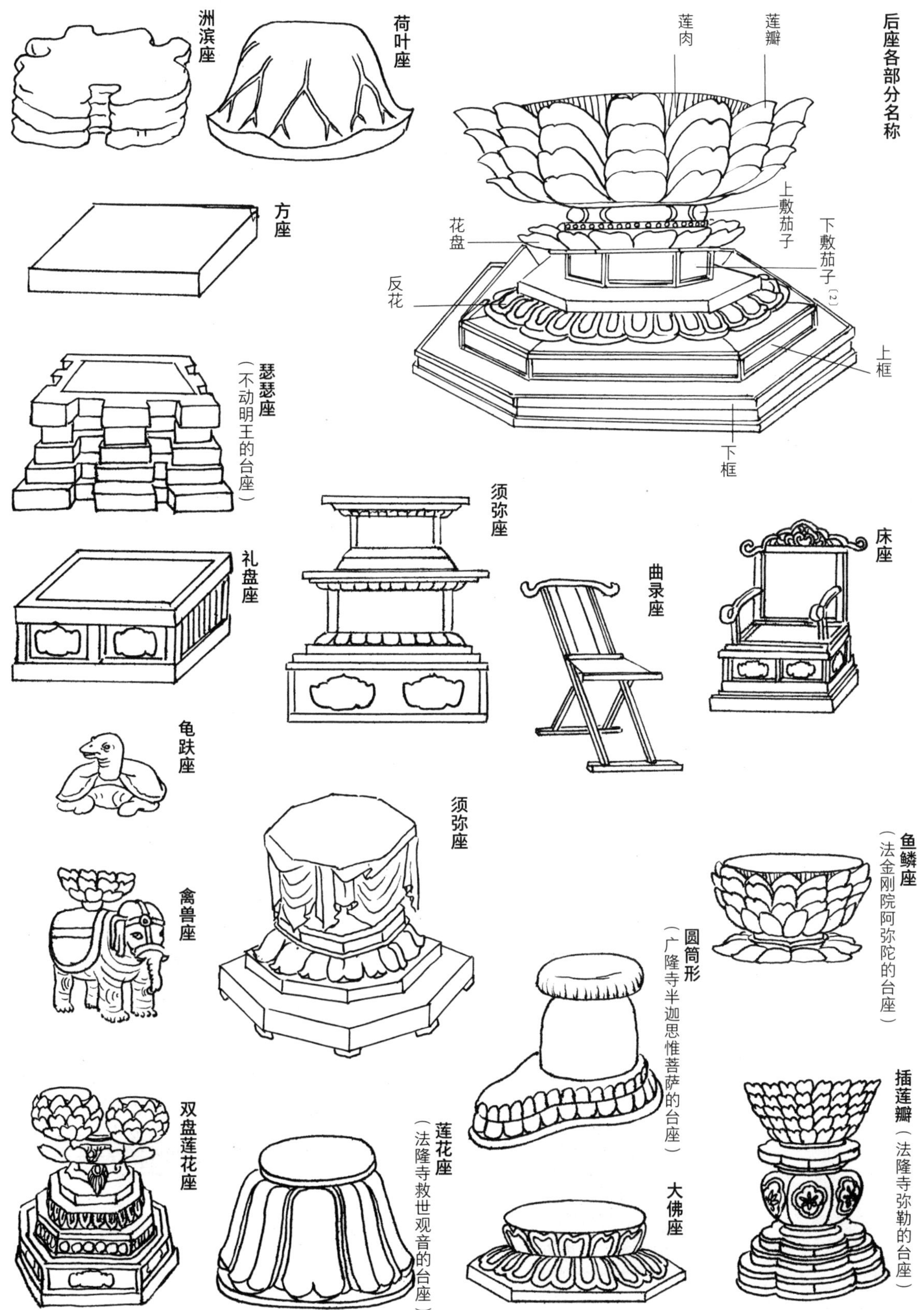

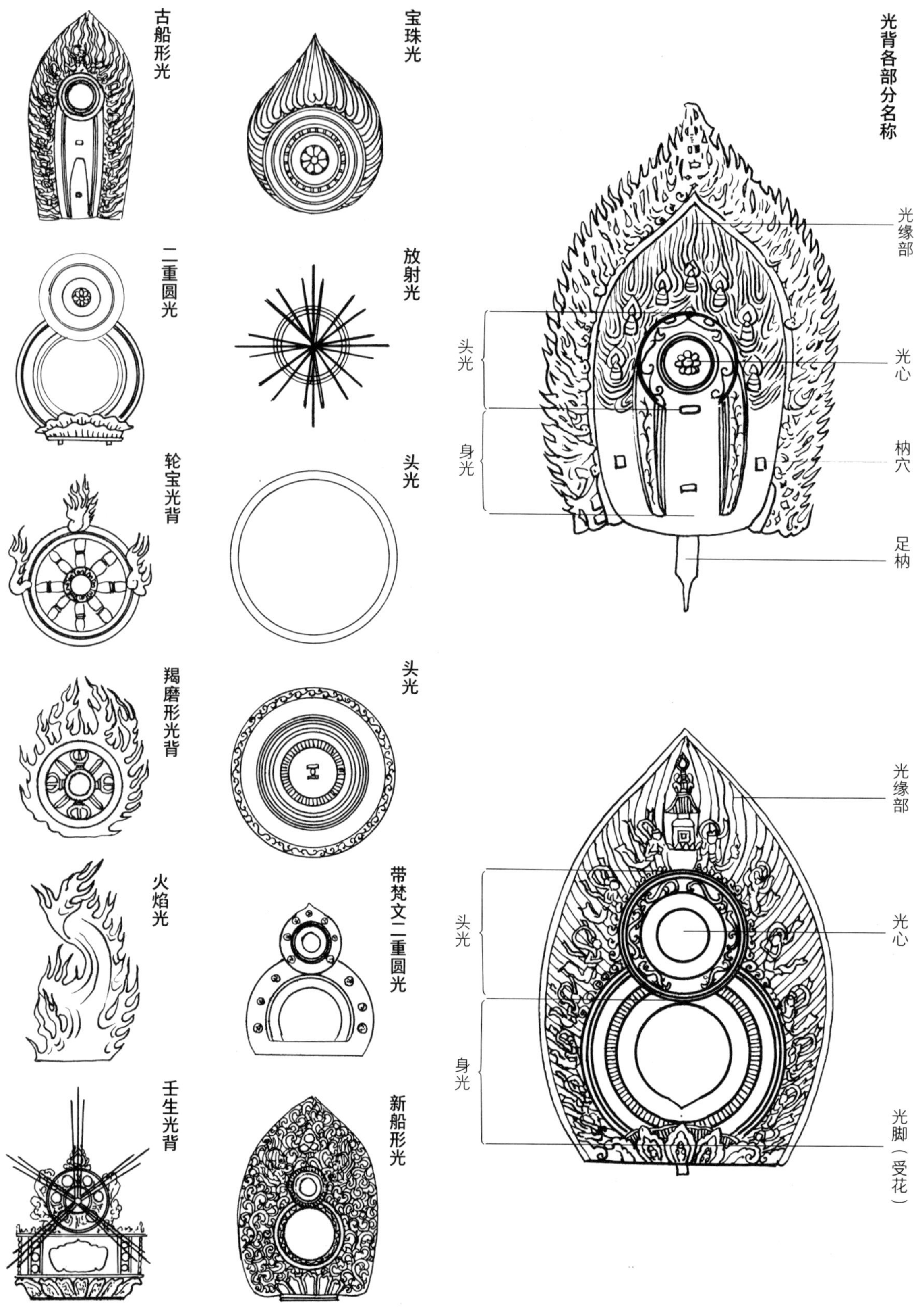
古船形光
宝珠光
光背各部分名称
光缘部
二重圆光
放射光
头光
光心
身光
枘穴
轮宝光背
头光
足枘
羯磨形光背
头光
光缘部
火焰光
带梵文二重圆光
头光
光心
身光
壬生光背
新船形光
光脚（受花）

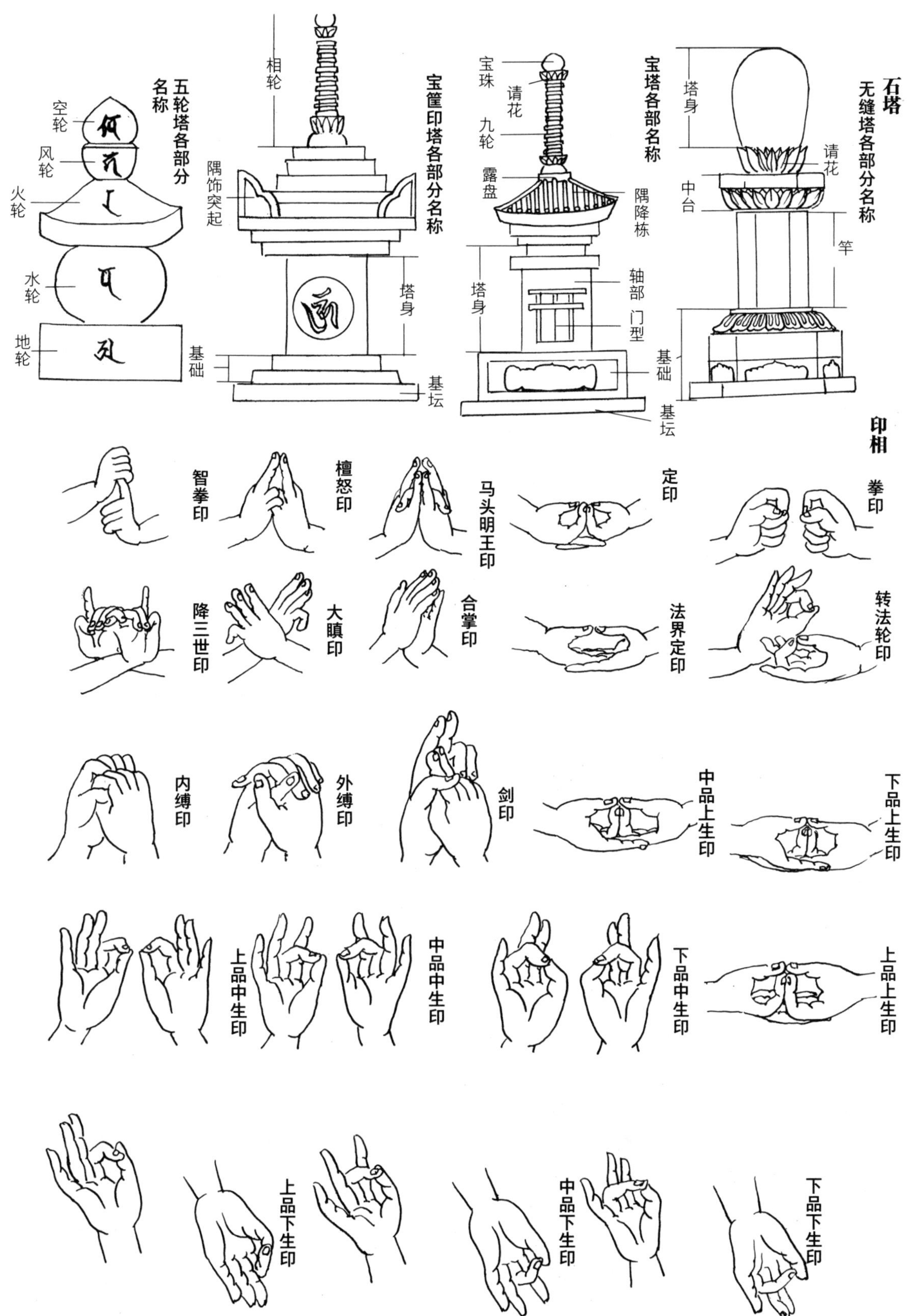
五轮塔各部分名称
空轮
风轮
火轮
水轮
地轮
宝箧印塔各部分名称
相轮
隅饰突起
塔身
基础
基坛
宝塔各部名称
宝珠
请花
九轮
露盘
隅降栋
塔身
轴部
门型
基础
基坛
石塔
无缝塔各部分名称
塔身
请花
中台
竿
印相
智拳印
檀怒印
马头明王印
定印
拳印
降三世印
大瞋印
合掌印
法界定印
转法轮印
内缚印
外缚印
剑印
中品上生印
下品上生印
上品中生印
中品中生印
下品中生印
上品上生印
上品下生印
中品下生印
下品下生印

平安时代的神像、神佛习合[3]神、日本本土神

日本本土神

大原大明神
松尾大明神
加茂大明神
气多大明神
小比睿权现
渡唐天神
春日大明神
平野大明神
圣真子权现
稻荷大明神
大比睿权现
赤山大明神
祇园大明神
兵主大明神
住吉大明神
吉备大明神
苗鹿大明神
三上大明神
健部大明神

日本本土神

一宫丹生都比卖明神
二宫高野御子明神
三宫气比明神
严岛明神
大宫权现
小比睿山王地主大权现
圣真子大权现
三宫
热田大明神
客人权现
八王子权现
广田大明神
气比大明神
诹访大明神
鹿岛大明神
北野大明神
江文大明神
贵船大明神
天照皇大神
八幡大明神

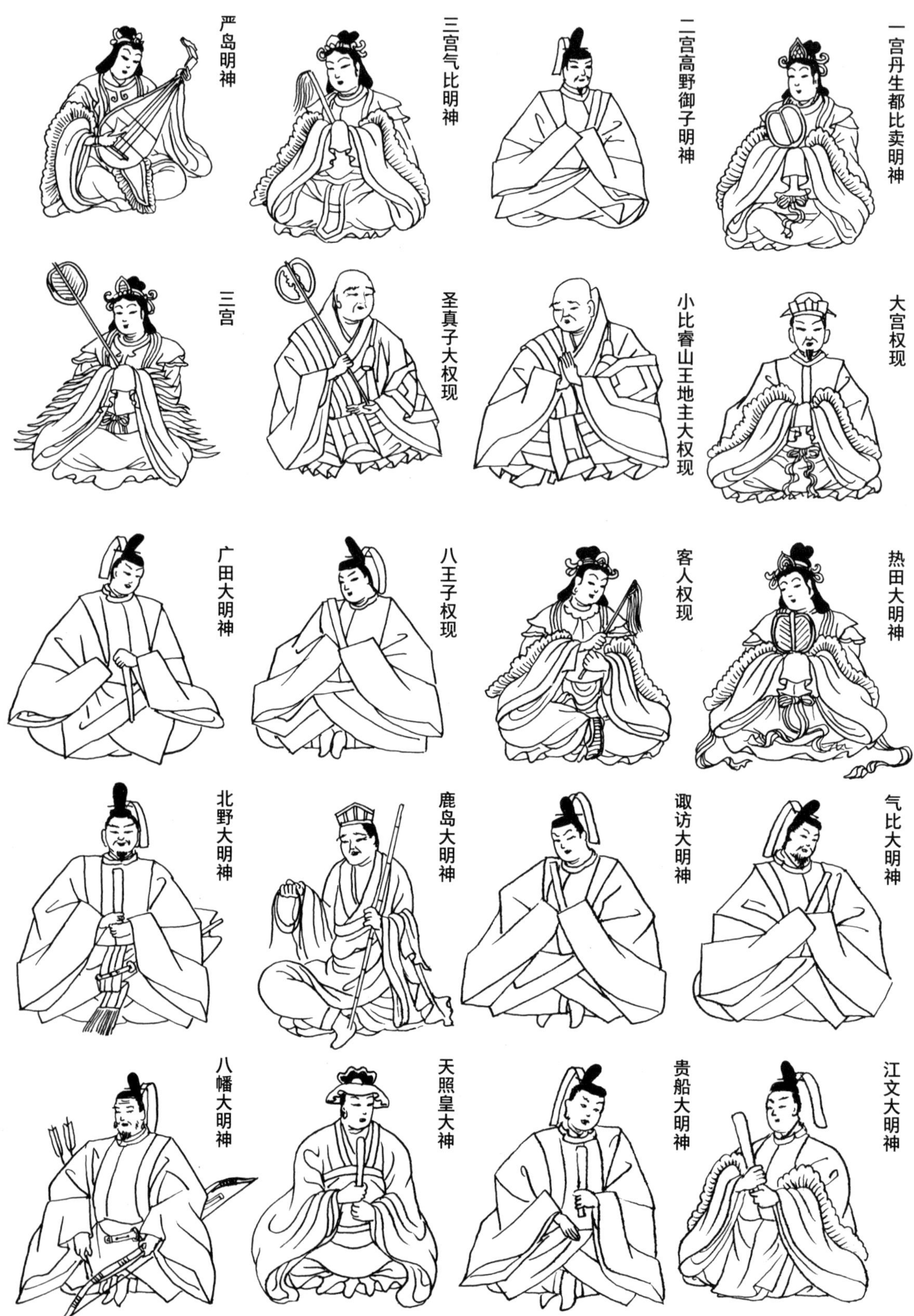

田神、道祖神

鹿儿岛县始良郡姐良町的田神

鹿儿岛县曾于郡末吉町内的田神

鹿儿岛县肝属部串良町内的田神

鹿儿岛县鹿屋市内的田神

静冈县伊豆吉田的安产石

静冈县伊豆上峰的女神

静冈县伊东市大川神社道祖神

静冈县伊东市道祖神

群马县高崎市内道祖神

神奈川县秦野市内道祖神

长野县松本市内道祖神

山梨县南都留郡道祖神

富士山麓的裸体庚申塔

静冈县伊东市富户的安产神

静冈县贺茂郡最福寺庚申塔

长野县松本市松冈道陆神

注释

1. 千垢离，向神佛许愿时，用水洗净身心的一种仪式。
2. 敷茄子，位于莲花座的中部，莲花部、受花、反花之间，犹如受挤压后的球。
3. 神佛习合，日本神道教与佛教产生折衷融合，再习合形成一个信仰系统。

图书在版编目（CIP）数据

日本历史风俗图录 /（日）笹间良彦编著；庄千里译 . -- 成都：四川人民出版社，2019.6

ISBN 978-7-220-11288-1

Ⅰ . ①日… Ⅱ . ①笹… ②庄… Ⅲ . ①风俗习惯史—日本—古代—图集 Ⅳ . ① K893.13-64

中国版本图书馆 CIP 数据核字 (2019) 第 034861 号

四川省版权局
著作权合同登记号
图字：21-2018-712

RIBEN LISHI FENGSU TULU

日本历史风俗图录

编　　著	［日］笹间良彦
译　　者	庄千里
选题策划	后浪出版公司
出版统筹	吴兴元
特约编辑	林立扬
责任编辑	陈　欣
装帧制造	墨白空间 · 曾艺豪
营销推广	ONEBOOK
出版发行	四川人民出版社（成都槐树街 2 号）
网　　址	http://www.scpph.com
E - mail	scrmcbs@sina.com
印　　刷	北京盛通印刷股份有限公司
成品尺寸	185mm × 260mm
印　　张	20.5
字　　数	384 千
版　　次	2019 年 6 月第 1 版
印　　次	2019 年 6 月第 1 次
书　　号	978-7-220-11288-1
定　　价	128.00 元